トマス・アクィナスのエッセ研究

トマス・アクィナスのエッセ研究

長倉久子著

知泉書館

目　次

―――――――

1　トマス・アクィナスにおける神の像なる人間について　　3
　1．神と世界　　5
　2．神の跡　　7
　3．神の像　　8
　4．神の像なる人間　　10
　5．神の像なる人間の完全性　　14
　6．神の像なる人間の完全性の達成　　16
　　むすび　　25

2　トマスの創造論――ボナヴェントゥラの創造論に対するトマスの批判　　29
　1．創造とは何か　　30
　2．創造と時ないし世界の永遠性の問題　　38

3　トマスにおける実在と言葉――言語の分析より ESSE の意味へ　　47
　1．EST に向かって　　48
　　1-1　日常言語の分析　　48
　　1-2　esse と essentia の実在的区別　　55
　　1-3　ESSE の超越性　　59
　2．述語行為と ESSE　　60
　　2-1　再び日常言語へ　　60
　　2-2　言語の背後にあるもの　　64
　　2-3　結び：述語し断定する行為（praedicatio）において露わとなる esse　　68

目次

4 〈だ〉そのものなる神──〈絶対無〉と〈存在〉を超えて　73
はじめに　73
1. トマスにおける〈神〉という問題　75
2. 〈ある〉(EST) を目指して　79
3. 〈絶対無〉と〈だ〉　90

5 ESSENTIA − ESSE − ENS ──エッセと日本語（1）　95
はじめに　95
1. エンスからの出発　98
2. エンスの多義性　107
3. 本性ないし本質を意味表示するエンス　108
4. エッセンチアないしエンスの現実態としてのエッセ（伝統的意味でのエッセ）　114
5. アンセルムスとボナヴェントゥラにおけるエッセ　116
6. 伝統的エッセと二つのエッセンチア（トマスの分析）　119
7. 二つのエッセンチアの現実態としてのエッセ　125

6 生成する自然の究極的根拠を求めて──エッセと日本語（2-1）　129
はじめに　129
1. エンス・エッセ・エッセンチア　130
2. 生成変化の分析からの出発　132
3. 働きとしての自然の原因を求めて　140

7 自然の形而上学的分析から言語の分析へ──エッセと日本語（2-2）　155
はじめに　155
1. 自然の分析から言語の分析へ　159
2. 同と異　164
3. 言葉の使用様式あるいは三つの述語様式　167
4. 言葉の ratio と実在の ratio　170

5．エンスのアナロギア　　　　　　　　　　　　　171
　　6．形相が質料に与えるエッセ　　　　　　　　　　178

8　具体性のエッセンチアに向かって——エッセと日本語（3-1）
　　　　　　　　　　　　　　　　　　　　　　　　　189
　はじめに　　　　　　　　　　　　　　　　　　　　189
　　1．ens と essentia　　　　　　　　　　　　　　 192
　　2．複合実体における essentia　　　　　　　　　 197
　　3．個と個別なるもの：signatio と designatio　 201
　　4．類・種・個　　　　　　　　　　　　　　　　　205
　　5．実体的形相の一性　　　　　　　　　　　　　　208
　　6．分類・命名・述語　　　　　　　　　　　　　　211
　　7．分類の〈言葉〉と実在の〈言葉〉　　　　　　　214
　　8．essentia と natura：分類の二つの図式　　　 217
　　9．全体としての形相と全体としての essentia　　222

付1　LE PROBLÈME DU LANGAGE DANS LA THÉOLOGIE
　　　DE L'IMAGE DE DIEU CHEZ SAINT BONAVENTURE
　　　ET SAINT THOMAS　　　　　　　　　　　　　　229
　　QUI EST L'HOMME?　　　　　　　　　　　　　　　229

付2　LE PROBLEME DE *ESSE/ESSENTIA* DANS LE
　　　COMMENTAIRE DE SAINT THOMAS *IN
　　　PERIHERMENEIAS*　　　　　　　　　　　　　　241
　　1．*LA LANGUE QUE THOMAS ANALYSE*　　　　　　241
　　2．*INTERPRETATIONES*　　　　　　　　　　　　 243
　　3．*NOMINA ET VERBA*　　　　　　　　　　　　　244
　　4．*PRAEDICATIO*　　　　　　　　　　　　　　　246
　　5．*HOC VERBUM QUOD EST ESSE*　　　　　　　　248
　　6．*COMPOSITIO* EXPLICITEE DANS UN ENONCE　 252

付3　DIEU, NÉANT ABSOLU OU *IPSUM ESSE* 　255
　　1．AVANT-PROPOS 　255
　　2．NÉANT ABSOLU OU *IPSUM ESSE* 　258

著者あとがき 　268
編者あとがき 　270
初出一覧 　274
長倉久子略年譜 　277
主要業績一覧 　279
文　献　表 　287
索引（人名・事項・出典） 　295

トマス・アクィナスのエッセ研究

1

トマス・アクィナスにおける神の像なる人間について

　創世記は「人間は神の像として造られた」[1]と記しているが，この記述に基づいて「神の像」imago Dei は，キリスト教的人間論の中核的概念とされ，古来，これに関する多くの思想が生み出されてきた。「神の像」という言葉は，単に人間の本質を語り人間を宇宙に位置づけるのみならず，三位一体論，創造論，キリスト論，救済論，倫理霊性論等に関連する広い意味内容をもつ概念である[2]。従って，これら諸論が発展するに伴い，「神の像」の思想も発展し，内容を深め豊かにしてきたのである。ここでトマスの思想を見るに先立ち，極く簡単にその跡を辿ってみよう[3]。

　創世記冒頭にみられる「神は人間を自らに像り自らに似せて創造し，地上の他の一切のものに対する優位，支配権を与えた」[4]という思想は，旧約全体を貫いている人間観である。人間は，原罪の惨めさの中にあっても，天使には劣るが他の一切の被造物に優る尊厳を変わらず保持している[5]。新約になるとパウロは神の像の思想をキリスト論及び救済論に発展させる。キリストは，父なる神の完全なる像であり，見えざる神を人間に開示するものである[6]。人間は神の像として造られたが，原罪によってそれを損なった。その回復と完成は，キリストの救済による恩寵によってキリストを模倣することにより実現するのである[7]。

---

1) *Genesis*, 1: 26-27.
2) *Somme Théologique*, Les origines de l'homme; L'image de Dieu (Appendice par H.-D. Gardeil, o. p.) p. 380.
3) 発展史については上記の書に基づいて述べる。
4) 註(1)
5) *Psal.*, 8: 6-7. Cf. *Genesis*, 5: 1-3; *Ibid.*, 9: 6; *Eccles.*, 17: 1-4.
6) *Colos.*, 1: 13-16; *Heb.*, 1: 3; *II Cor.*, 4: 4.
7) *Rom.*, 8: 29; *II Cor.*, 3: 18.

ギリシャ教父達は[8]，パウロのキリスト論から三位一体論に延長し，受肉以前の神性そのものなる御子は，御言葉として御父の理念を表す御父の完全なる像であり，受肉したキリストは御言葉の像であるとしている。また人間に於ける神の像を精神に局限し，身体をそれから除外している。人間に於ける神の像は，原罪によって喪失されはしなかったが畸形になった。この回復のために受肉があり，各人は恩寵によって霊的進歩を遂げ，次第に範型なるキリストにより完全に類似してゆく。──ここでギリシャ教父達は，創世記の「我々に像って我々に似せて」ad imaginem et similitudinem nostram という言葉を魂の進歩を表すために用い，像 imago, εἰκών の完成されたものとして類似性 similitudo, ὁμοίωσιςを解している。この「像から類似性へ」という発展の図式は，ラテン教父を経て中世に継承されている。

　アウグスティヌスも人間に於ける神の像を精神に局限し，人間の優位性は精神によること，原罪の影響は像の喪失にまで至らず畸形に止まっていること，その回復は恩寵によること等の見解を保持しているが，彼の独自性は，人間に於ける神の像を三位一体の像として捉え，精神の三一的構造を探究したところにある[9]。三位一体を映す像として人間精神には先ず精神 mens，識 notitia，愛 amor の三一性が見出される。これは能力の三一性であり，三位一体を類比的に表現する。精神には更に記憶 memoria，知性認識 intelligentia，意志 voluntas の三一性が見出される。これは神を対象として生まれる現実的認識及び愛による三位一体の活きた像である。人間に於ける三位一体の像とは，単に三一的構造をもつ能力としての精神ではなく，能力をはたらかせることによって活きた三位一体を反映する動的精神である。この活きた動的像の実現こそキリスト者の生活である。

　12世紀にはアウグスティヌスの伝統に加えてギリシャ教父の伝統[10]が再導入され，飛躍的発展がみられる。ベルナルドゥスとサン・ティエリのギヨームは，愛を強調するシトー学派の霊性神学に基づいて，神の像の本質を愛のもとなる自由意志に置き，恩寵による像の回復，愛徳ない

---

8) Eirenaios, Clemens ho Alexandria, Origenes, Gregorius de Nyssenus, etc.
9) Augustinus, *De Trinitate* (VIII-XV).
10) Dionysius Areopagita.

し自由意志による像から類似性への発展を主張する。これに対しサン・ヴィクトルのフーゴーは，像の本質を意志のみならず知性にも置いている。

　12世紀に於ける神の像の思想のうちでトマスにとって重要な意味を有するのは，ロンバルドゥスの『命題集』[11]である。彼は，神の像については何ら独創的な思想を生み出さなかったが，それまでの思想を集大成しているからである。彼はアウグスティヌスに倣い，三位一体論と人間の創造論においてそれを扱っているが，しかし神の像の思想それ自身を特別に重視しているわけではなく，人間創造の目的に関しても魂の霊性に関しても，それが中心概念であるとは看做していない。

　トマスが神の像について論じている主な著作は，『命題集註解』[12]『真理論』[13]及び『神学大全』[14]の三つであるが，断片的言及は聖書の註解や『能力論』『対異教徒大全』[15]等にも見出される。ここでは，トマスの神の像の思想が集約的に見出される『神学大全』第1部第93問題を中心に探究してゆきたい。

1. 神 と 世 界

　トマスが「神の像」なる人間を論じるのは，『神学大全』第1部の「神よりの被造物の発出」の終りの部分であり，第93問題には「人間の創造の目的ないし終極について」[16]の標題が付されていることからも明らかなように，彼は，人間の「神の像」という規定を創造論を背景に論じている。創造とは，神よりの被造物の発出 processio creaturarum a Deo であり，神と被造物との関係 relatio[17]に他ならない。従って，広義

---

11) Petrus Lombardus, *Sententiae*, I, d. 3, De Trinitate; II, d. 16, De creatione hominis.
12) *I Sent.*, d. 3; *II Sent.*, d. 16.
13) *De Verit.*, q. 10.
14) *S. T.* I, q. 93; I, q. 35, a. 2; I, q. 45, a. 7, etc.
15) Expositiones super: *I Cor.*, c. 11, lect. 2; *II Cor.*, c. 4, lect. 2; *Col.*, c. 1, lect. 4; *Heb.*, c. 1, lect. 2; *Pasl.*, 8; *S. C. G.* IV, c. 26; *De Pot.*, q. 9, a. 5.
16) *S. T.* I, q. 93.
17) *S. T.* I, q. 45, a. 3, c.

には創造論には被造物の産出のみならずその区分 distinctio 及び統宰 gubernatio も含まれる。トマスは，これらを論じるに先立って「有の第一原因なる神」と被造物との関係を明らかにしているが，被造物の産出，区分，及び統宰はこの関係に対応するのである[18]。

　神の被造物に対する関係は，先ず作動因 causa efficiens として表される。すべての被造物は，必然的非分有的有なる神によって無から創造された偶存的有にすぎず，神に絶対的に依存している[19]。そして，すべての能動者は自己に似たものを産出するのであるから，第一作動因なる神の創造的行為の果なる被造物も，何らかの仕方で原因なる神を表現し神に類似している[20]。神は，また範型因 causa exemplaris として被造物に関係する。神は，創造に際して自らの精神のうちなる範型・イデアに従って被造物に形相を与える[21]。被造界に形相の多様性及び不等性が見出されるのは，神の善性が無限であり，創造の目的なる神の善性の顕示 manifestatio は，一被造物，一形相によっては十分になされえないからである[22]。神は更に万物の目的因 causa finalis である。最高善なる神は，被造物に自らの無限の善性を分与すべく創造する。被造物にとって神の善性は究極目的であり，この目的を達成することによって被造物は自らの完成を得る。神を目的として追求することは，神の善性を分有し神に類似してゆくことである。神は，これを被造物に実現すべく一切を統宰し，個々のものを摂理によって配慮するのである[23]。トマスは，こうした「万物は創造によって神より発出し，統宰によって神に戻ってゆく」という発出と還帰の存在論的図式を前提にして「神の像」を論じているのである。つまり，「像」という言葉は類似性を表す概念であるが，人間が神の像と呼ばれうるのは，被造物一般の神への類似性が，第一原因

---

18) De processione creaturarum a Deo (qq. 44-119).
　　1. de productione creaturarum (qq. 44-46).
　　2. de distinctione creaturarum (qq. 47-102).
　　3. de conservatione et gubernatione (qq. 103-119).
19) *S. T.* I, q. 44, a. 1, c.; I, q. 45, a. 1, c.; Ibid., a. 5, c.; I, q. 104, a. 1, c.
20) *S. T.* I, q. 45, a. 6, c.; Ibid., a. 7, c.
21) *S. T.* I, q. 44, a. 3, c.
22) *S. T.* I, q. 47, a. 1, c.; Ibid., a. 2, c., ad 1, ad 3; Ibid., a. 3, c.; I, q. 65, a. 2, c.; Ibid., ad 3.
23) *S. T.* I, q. 44, a. 4, c.; I, q. 103, a. 1, c. et a. 2, c. et a. 4, c.

なる神との関連に於いて存在論的に根拠づけられるからである。

2. 神 の 跡

では類似性とは如何なるものであろうか。類似性 similitudo とは，一般に何らかの意味で形相の共通性 communicatio ないし適合性 convenientia をもつ複数のものの間に成り立つ関係であり，多義的な概念である[24]。それは因果関係の有無，観点 ratio の同一性及び程度の均等性の有無に関わらず語られ，また類比によっても類似性が述語されうる[25]。被造物が神に類似しているといわれるのは，因果関係を有し，有の類比による類比的な不完全な類似性である[26]。神への類似性は，痕跡 vestigium と像 imago とに大別される。痕跡は，語源的に獣などの足跡 vestigium を示す言葉からとられ，原因の原因性は示すが，しかし種的形相に於ける共通性は有しないような類似性を意味する。すべての被造物は，存在することによって存在の原因なる神を表現し，その限りに於いて神の痕跡 vestigium Dei と言われる[27]。他方像は，語源的には「模倣する」imitago の縮まったもので[28]，例えば生み出された火が生み出した火を，ゼウスの像がゼウスを，子が父を，というように種的形相の，或いは種に固有の附帯性の共通性によって原因或いは範型を表現し類似を示す[29]。像といわれるのは理性的被造物のみである[30]。痕跡も像も，原因ないし始源との関係を有する類似性であり[31]，いわば類似性の種概念である。

---

24) S. T. I, q. 4, a. 3, c.; I, q. 93, a. 9, c.; S. C. G. II, c. 11.
25) 形相の共通性が同一の観点の下にある類似性とは，例えば，二つの白いものの関係。同一の観点の下にないものとは多義的能動者とその果との関係。程度が均等な類似性とは，例えば，等しい白さの二つのものの関係（完全な類似性と言われる）。均等でない類似性とは，より多く白いものとより少なく白いものの関係（不完全な類似性といわれる）。また，形相の共通性が共通的附帯性 accidens commune によるもの，類に於ける共通性によるもの（similitudo generis）。種に於ける共通性によるもの（similitudo speciei）。類比によって共通性が言われるもの（similitudo analogiae）等，更に種々の観点から分類されうる。
26) S. T. I, q. 4, a. 3, ad 2, ad 3; I, q. 93, a. 1, ad 3.
27) S. T. I, q. 45, a. 7, c.; I Sent., d. 3, q. 2, a. 1, c.
28) I Sent., d. 28, q. 2, a. 1, c.
29) S. T. I, q. 45, a. 7, c.; I, q. 93, a. 2, c.; I. q. 35, a. 1, c.
30) S. T. I, q. 93, a. 2, c.

3. 神　の　像

　従って,「神の像」とは「神を原因, 始源とし, また範型として, 神への種的類似性ないし種に固有な附帯性に於ける類似性を有するもの」と定義されよう。ところで, 像の概念は多義的であり種々に分類されるが[32], 神の像もまた多義的概念である。

　まずパウロによれば, 三位一体の第二のペルソナの御子は「見えざる神の御像」である。像の概念には, 類似性に加えて始源よりの発出と始源への種的類似性という条件が必要である。ところで, 神のうちには御父を始源として発出し御子と同一の本性を有する御子が存している。従って神について像ということが語られうるのである。しかし, 像という名称は, 始源とか発出ということが神に於いてはペルソナに属する事柄であり, 神の本質について語られるのではない故, 本来的には[33]ペルソナに対して付される[34]。トマスは, 聖霊は御父と御子との像であるとするギリシャ教父の説を斥けて[35], 聖書を典拠とするラテン教父に従って御子にのみ像の名称を付している。御父は, 根源なしの根源であるから始源よりの発出という要素を含まず, 像の名称が付されないのは当然である。しかし, 聖霊に対してこの名称を斥ける理由については多くの説があった。トマスは, その理由として二つを挙げている。即ち聖霊は, 御父と御子より発出し御子と同様に御父の本性を受けとるが, 御子のように「生まれたもの」とは呼ばれない。従って聖霊は, 御父に類似した

---

　31)　S. T. I, q. 35, a. 1, c.; I, q. 93, a. 1, c.

　32)　Buonpensiere, o. p., *Commentaria in I. P. Summae Theologiae S. Thomae Aquinatis, o. p., De Deo Trino*, pp. 338-340 は次の如く分類している。

　(a)　Imago proprie dicta, imago improprie dicta, et imago analogice sumpta. cf. S. T. I, q. 35, a. 1, ad 1; I, q. 4, a. 3, c.

　(b)　Imago perfecta et imago imperfecta. cf. S. T. I, q. 93, a. 1, c.; I, q. 35, a. 2, ad 3; *I Sent.*, d. 3, q. 3, a. 1, c.; *II Sent.*, d. 16, q. 1, a. 1, c.; I, q. 88, a. 3, ad 3; S. C. G. IV, c. 7.

　(c)　Imago naturalis, imago intentionalis, et imago artificialis.

　33)　S. T. I, q. 35, a 1, ad 1.
　34)　S. T. I, q. 35, a. 1, c.
　35)　Athanasius, Basilius, etc.

ものではあっても「像」という名称は受けないのである。また御子は，「御言葉」と呼ばれ御父の永遠の理念を表すが，理念は，それが発し来るところの事物に対して種的形相に於ける類似性を有する故，事物の像と呼ばれてよい。従って御言葉なる御子は，御父の理念を表わす像とされうる。他方，聖霊は「愛」として発出する。愛には，理念の場合の如き種的形相に於ける類似性が含まれない。従って，聖霊には「像」の名称が付されないのである[36]。御子は，御父と永遠より本性を同じくする御父の完全なる像であり，造られざる像 imago increata である。

次に「神の像」が述語づけられるのは理性的被造物である。しかし，それは被造的像 imago creata であり，類比的にのみ語られる不完全な像にすぎない。ちょうど，王子が王の完全な像と呼ばれるのに対し，貨幣の上の王の像は，王と本性を同じくしない故に不完全な像とされると同様であり，創世記は，それを「我々に像って」ad imaginem nostram と前置詞 ad を以て適切に表現している[37]。

ところで，非理性的被造物には神の像は述語づけられない。なぜなら像の概念には種的ないし種に固有の附帯性に於ける類似性が必須であるが，種的類似性は究極的種差による。被造物にとって究極的種差は理性を有することであるから，理性的被造物にのみ神の像が述語されうる。非理性的被造物のうちのあるものは存在することによって，また他のあるものは存在し生命を有することによって神への類似性を示すが，しかし，それは痕跡としての類似にすぎないのである[38]。

理性的被造物とは天使と人間である。両者を比較すれば，天使は人間よりもより完全な知性的本性を有する故，人間よりもより完全な神の像であると言える。同様に，より上位の天使はより下位の天使よりもより完全な像であると言える。しかし附帯的特質に於ける神の模倣（例えば，子を産むことによって三位一体内の発出を模倣とするとか，或いは魂が身体の凡ゆる部分に全体として存在することによって神の世界に於ける遍在を模倣する）によって人間は天使よりもよりよく神を映す像であるとも言えるが，これはあくまで第二義的である[39]。

---

36) *S. T.* I, q. 35, a. 2, c.
37) *S. T.* I, q. 93, a. 1, ad 2; I, q. 35, a. 2, ad 3; *I Sent.*, d. 3, q. 3, a. 1, ad 5.
38) *S. T.* I, q. 93, a. 2, c.; *De verit.*, q. 10, a. 1, ad 5.

4．神の像なる人間

　創世記に由来する「神の像」という人間の規定は如何なる意味を有するのだろうか。——まず，人間は理性のみならず身体も具えているが，しかし以上から明らかなように，非理性的被造物と共通的である身体は痕跡としての類似性を有するにすぎず，人間に於ける神の像の本質は知性 intellectus ないし精神 mens[40]に限定される[41]。

　ところで，作動因なる神の創造的行為の果としてすべての被造物は，痕跡として或いは像として，神の本質と同時に三位一体を表現している[42]。即ち，全ての被造物は，存在することによって神の本質を表現するとともに，実体であることによって根源なしの根源なる御父を，形相を有することによって御言葉なる御子を，他者への秩序を有することによって秩序の源なる聖霊を表現している。これは痕跡的表現である。人間は理性を有することによって神の像とされるが，それは神の本質の表現である。人間が像として三位一体を映すと言われるのは，精神を有することと知性に於ける言葉の発出と意志に於ける愛の発出とが見出されることによってである[43]。

　この人間精神に於ける三位一体の像[44]は常に同じ様態に於いて見出されるのではなく，時には能力として可能態的に，時には徳として能力態的に，また時には活動として現実態的に見出される。このうちで第一義的に三位一体の像とされるのは現実態に於けるものである。なぜなら神のペルソナの区別は御父よりの御言葉の発出とその両者よりの御愛の発

---

　39)　S. T. I, q. 93, a. 3, c.; II Sent., d. 16, q. 1, a. 3, c.
　40)　トマスは知性ないし理性 intellectus 或いは理性的本性 intellectualis natura の語を用いるが，この場合，知性 intellectus とは，意志 voluntas をも含めた精神 mens と同じ意味である。
　41)　S. T. I, q. 93, a. 6, c.; I Sent., d. 3, q. 3, a. 1; S. C. G. IV, c. 26.
　42)　S. T. I, q. 93, a. 5, c.
　43)　S. T. I, q. 93, a. 6, c.
　44)　三位一体の像なる人間の精神については，トマスはアウグスティヌスの『三位一体論』に基づいて考察を進めている。

出とによってなされるが，人間精神に於ては精神の有する知識より現実的思惟によって内的言葉を形成しそれより愛が生ずるのであるから，現実態に於いて神的ペルソナの種的表現に最も近いからである。しかし，現実態の根源は能力と能力態であるから，第二義的には三位一体の像は能力に於いて，更に一層能力態に於いて潜在的仕方で見出されるとしてよい[45]。トマスは『真理論』[46]に於いて，現実態として見出される像を三位一体の完全な模倣と看做し，能力ないし能力態に於ける像を不完全な模倣と看做している[47]。しかし人間精神は常に現実的に活動しているのではないから，永続的には能力態に於いて見出される[48]。

では精神が何を対象としても，三位一体の像であると言えるだろうか。——像の概念には種的類似性が必須条件であるから，被造物について語られうる限りでの神への種的類似性を有していなければならない。ところで三位一体に於いては，御言葉は神自身の知識によって神より生まれ，御愛は神自身に対する愛によって神から発するが，言葉や愛の種的区別は対象によってなされるから，人間に於ける三位一体の像は，神についての知識より生まれる言葉とそれより発する神への愛とに見出されるとすべきである。従って，精神がこの世の事物を対象とする場合には三位一体の像は認められないことになる。ところで精神が対象に向かう仕方には，直接的仕方と非直接的仕方——例えば鏡を通して見る如き媒介的仕方——とがある。従って三位一体の像は，第一義的には神を直接的に知り愛することに存するが，第二義的には自己を知り愛することによって，非直接的に神を知り愛するということにも存するとしてよい。トマスは，前者を相似による像 imago secundum conformitatem と呼び，後者を類比による像 imago secundum analogiam と呼んでいる[49]。

---

45) *S. T.* I, q. 93, a. 7, c.
46) *De. verit.*, q. 10, a. 3, c.
47) アウグスティヌスは『三位一体論』に於いて記憶 memoria，知性認識 intelligentia，意志 voluntas の三一性（*De Trin.*, XIV, 7）を完全なる模倣の像とし，精神 mens，識 notitia，愛 amor の三一性（*De Trin.*, IX, 4）を不完全な模倣の像としている。前者に於いて記憶は識と愛の能力態的保持 habitualis retentio を意味し，知性認識と意志はそれより発する現実的活動，即ち現実的認識 cognitio actualis と現実的動き motus actuale を表わすからである（*S. T.* I, q. 93, a. 7, ad 3. cf. *De verit.*, q. 10, a. 3, c.) また後者に於いては精神は能力を意味し，識と愛とは精神に存する能力態を意味するからである（*S. T.* I, q. 93, a. 7, ad 2）と説明している。
48) *S. T.* I, q. 93, a. 7, ad 4; *De verit.*, q. 10, a. 3, c.

以上で神の像の基体と対象とが明らかになったが，像は全ての人間に一様の仕方で見出されるのだろうか。——トマスは伝統に従って三段階に分けている。即ち第一は，精神を有することによって全ての人間に見出されるもので，自然本性的に具っている神を知り愛する適性としての像。第二は，現実的ないし能力態的に，しかし不完全な仕方で神を知り愛することに見出される像で，恩寵を有する義人に於ける，恩寵によって神への相似性を与えられた像。第三は，現実的に完全な仕方で神を愛する像で，天国の至福者たちにのみ見出される栄光の光によって，神に類似化された像である。かかる段階づけは，像から類似性へというギリシャ教父以来の伝統に従うものである[50]。ここで類似性とは，先の像と痕跡とを包摂するいわば類としての類似性ではなく，像に後続する概念

---

49) *S. T.* I, q. 93, a. 8, c. ここでもトマスがアウグスティヌスの『三位一体論』に基礎を置いていることは結論を示す次の三つの引用から明瞭にみてとられる。即ち: "non propterea est Dei imago in mente, quia sui meminit, et intelligit et diligit se: sed quia potest etiam meminisse, intelligere et amare Deum, a quo facta est." (*De Trin.*, XIV, 12), (sed contra): "mens meminit sui, intelligit se, et diligit se: hoc si cernimus, cernimus trinitatem; nondum quidem Deum, sed iam imaginem Dei."(*De Trin.*, XIV, 8), (corpus): "(in illa parte rationis quae derivatur a parte temporalium) etsi trinitas inveniri possit, non tamen imago Dei potest inveniri."(*De Trin.*, XII, 4)

　この点に関する議論は『真理論』に於いてより明瞭になされている。即ち，人間の精神には，それが有する如何なる知識によっても神の三位一体性の類似性が反映している。しかし，それが像である為には種的類似性が要請される故，その知識はそれによって神の何らかの意味での種的表現を精神に付与するものでなければならない。ところで，対象によって知識は区別される故，三種類の知識，即ち，物質的事物に関する知識，人間精神それ自身に関する知識，神に関する知識によって区別が生ずる。第一に物質に関する知識については，物質は精神よりも一層神に非類似的である故に，精神が物質に関する知識を有しても，それによって神への形相的類似化はなされず，従って相似的像 imago secundum conformitatem とはなりえない。また物質に関する知識は，物質が精神とは実体的本性を異にする故に，三位一体の実体的同一性を表現しえず，類比的にも神の像 imago secundum analogiam とはなりえない。第二に，精神のそれ自身に関する知識については，精神は自らを知ることによって言葉を生み，それより愛が発する故，三位一体内の発出を表現する。従って，類比的に神の像といわれうる。しかしながら認識するものは認識という限りに於て，認識されたものと同一の形相を有するのであるが，この仕方，即ち，形相的相似 secundum conformationem vel conformitatem によって神への類似化がなされるのは，ただ神のみを対象とした時である。ところで類比によるものよりも，形相的類似によるものの方がより高い類似性であるから，第一義的，本来的には，神の像は，精神が神を対象としてもつ時に見出されるのであり，精神が自己を対象とする時には，それが自己を神の像として神を非直接的に対象とする限りに於て，第二義的意味で神の像と言われるのである。精神が物質的事柄を対象とする時には三位一体のある類似性は見出されるが，それは，むしろ痕跡としての類似性である（*De verit.*, q. 10, a. 7, c.）

4．神の像なる人間

であり，像の完成されたものを意味する[51]。

　さて以上から，創世記の「人間は神の像として創造された」という記述の意味を，若干次のように纏めることができよう。即ち，霊的被造物と物体的被造物との中間者なる人間は，身体を以て痕跡として，また精神を以て像として創造主の類似性を宿している。そして，人間が他の物体的被造物に優位する所以は精神を有することであり，そこに人間の尊厳が存する[52]。更に「人間創造の目的ないし終極について」という標題によって，人間に於ける完全な像の本質は，精神の神を対象とする現実的活動である故，究極的に人間は神を現実的に認識し愛する為に造られたのであり，それが人間の究極目的であることが示唆される[53]。

　しかしながら，人間は直ちに究極的に完成されたものとして造られたのではなく，究極的完成を達成すべき課題を負った存在である。先の像の三つの段階によって示唆されているように，全ての人間は神の像として造られ，神を認識し愛する自然本性的適性が与えられているが，これはいわば根底的神の像で，それは恩寵によって神に相似した像にされ，更に栄光によって神に類似した究極的に完成された像に発展してゆかねばならない。要するに「人間は神の像である」ということは，神と人間との関係を物語り，人間を宇宙に位置づけ，人間の究極的完全性が如何なるものであるかを暗示している。そして，人間に於いて神の像が究極的完全性に向かって発展すべき課題を負っていること，これがトマスにとって重要な意味をもつのである。なぜなら，トマスはこれに基づいて第2部，第3部の厖大な神学的人間論を展開しているからである。次に我々は，かかる人間の発展性は如何なる理由によるのであるか，そして，それは如何にして実現するのかを探究したい[54]。

---

　50) *S. T.* I, q. 93, a. 4, c. ここで，トマスは伝統的区分に従っているが，名称は同一ではない。『註解』Glossa の用語によれば創造による像 imago creationis，再創造による像 imago recreationis，類似の像 imago similitudinis である。

　51) *S. T.* I, q. 93, a. 9, c. この「像から類似性へ」(imago-similitudo, εἰκών-ὁμοίωσις) の発展性は創世記の「我々に像って我々に似せて」(ad imaginem et similitudinem nostram) に基づき類似性を像の完成されたものとみるギリシャ教父エイレナイオス以来の伝統である。(cf. *Somme Théologique*, Les origines de l'homme, pp. 388-89, "De l'image à la resemblance")

　52) *S. T.* I, q. 3, a. 1, ad 2.

　53) *S. T.* I, q. 93, prologos.

5．神の像なる人間の完全性

　トマスは，完全性の基準を現実性におき[55]，それを三段階に分けている。即ち，実体的存在に於ける完全性，附帯的存在に於ける完全性，及び，はたらき或いは終極ないし目的に於ける完全性である[56]。これら三つの完全性全てを自らの本質によって具えているのは，存在そのものであり万物の究極目的である純粋現実態なる神のみであり[57]，被造物は神の存在，完全性を分有することによってのみ完全性を有する[58]。被造物は，創造されることによって実体及び附帯性に於ける完全性を与えられるが[59]，しかし，はたらきないし目的に於ける完全性は，それぞれの被造物にそれぞれの存在の様態に従って与えられたはたらきの能力によって達成すべきであり，それは課題として与えられた完全性である。全て

---

54) 以上から，便宜上，人間に於ける神の像を次のように分類できよう。

(a) { imago Dei quantum ad naturam divinam
　　　imago Dei quantum ad Trinitatem Personarum

(b) { imago dynamicus vel actualis
　　　imago staticus vel habitualis

(c) { imago secundum analogiam
　　　imago secundum confomitatem

(d) { imago aptitudinis naturalis vel imago creationis
　　　imago per conformitatem gratiae vel imago recreationis
　　　imago secundum similitudinem gloriae vel imago similitudinis

55) S. T. I, q. 4, a. 1, c.; I, q. 5, a. 1, c.; Ibid., a. 3, c.; I-II, q. 3, a. 2, c.

56) S. T. I, q. 6, a. 3, c.; I, q. 73, a. 1, c. つまり，ものは，実体として存在する限り可能的存在（非有）に対する現実的存在としての完全性を有しているが，それは最下底の完全性であり，ものは単に存在するのみならず，それぞれのものに固有なはたらきに必要な附帯性を具えている。それが第二段階の完全性である。ところで，全て存在するものは何らかのはたらきを有しており，はたらきは，目的に向かうのであるから，目的ないし終極に到達していない限り，そのうちにはまだ可能態が含まれている。従って，全てのもののうちには，究極的現実性である目的に向かう動き，はたらきが見出される（S. T. I, q. 89, a. 1, c.）。だから，はたらきは存在よりも現実性の高い段階にあり，更に終極ないし目的は，はたらきの完成として最高の完全性とされる。(S. T. I, q. 105, a. 5, c.; I-II, q. 3, a. 2, c.)

57) S. T. I, q. 6, a. 3, c.; I, q. 4, a. 2, c.

58) S. T. I, q. 6, a. 4, c.

59) S. T. I, q. 73, a. 1, c.; I, q. 4, a. 3, c.; I, q. 5, a. 3, c.

5. 神の像なる人間の完全性

の被造物は，それぞれに固有の欲求 appetitus ないし傾向 inclinatio と名付けられる目的への志向性 intentio を有しており，この欲求によって目的を目指してはたらく。このはたらきは，究極的には最高善なる神を目指して神に類似してゆくことである[60]。

欲求は，理性的欲求と理性を欠くという意味での自然的欲求とに大別されるが[61]，人間は，叡智界と物質界の両方に属するものとしてこの両者を共に有している[62]。しかし，神の像は精神に限定される故，神の像なる人間に固有の欲求は理性的欲求である[63]。理性的欲求とは知恵と自由意志による目的の志向である[64]。

ところで，それによって全ての人間が神の像とされるところの静的意味での精神は，実体と附帯性に於ける完全性にすぎない。はたらき，ないし目的に於ける完全性は，精神が現実的にはたらいている場合に見出される故，人間は現実に認識し意志し愛することによって完全性を得る。そして，その対象がより完全であればある程より完全な活動になる故，究極的完全性は，純粋現実態なる神を対象とし神に類似化することによって達成される。しかし，可能的なものを自らのうちに含む被造物である人間は，常に現実的活動を為しているわけではない。この故に人間の完全性には無数の段階があり，各人は常により高い完全性を目指しつつ究極的完全性に進んでゆくのである。かかる究極的完成に向かう発展性は人間に固有のものである。というのは，天使とは異なり，身体によって物質的時間的世界に属する人間は，天使の如く唯一つの行為によって究極的完全性を獲得することはできず[65]，時間の中にあって多くのはたらきを為すことによって徐々に獲得してゆかねばならない[66]。この完全性達成の原理は，先に挙げた人間に於ける神の像の三つの段階から明ら

---

60) *S. T.* I, q. 5, a. 4, c.; *S. C. G.* III, c. 16; I, q. 103, a. 2, c.; *S. C. G.* III, c. 17; I, q. 6, a. 1, c.; *S. C. G.* III, c. 19; I, q. 6, a. 4, c.

61) *S. T.* I, q. 103, a. 1, ad 1; I, q. 59, a. 1, c. ここでは inclinatio の様式を三つに分けている。即ち，appetitus naturalis, appetitus sensitivus, voluntas である。

62) *S. T.* I, q. 77, a. 2, c.; I, q. 76, a. 3, c.; I, q. 80, a. 1, c.

63) *I Cor.*, c. 2, lect. 1.

64) *S. T.* I, q. 22, a. 2, ad 4.

65) *S. T.* I, q. 62, a. 4, c.; I, q. 62, a. 5, c.

66) *S. T.* I, q. 62, a. 5, c., ad l; I, q. 77, a. 2, c.

かな如く，自然と恩寵と栄光の三つである。ところで万人に生具する自然本性的適性としての像とは，ダマスケヌスの言葉に適切に表現されている如く，知恵と自由意志を以て自主独立の行為を為しうるものである[67]。従って人間は，知恵と自由意志を以て恩寵の援けに協力して完全性を増し，究極的には栄光の光によって完成される。だからトマスは第2部に「理性的被造物の神への運動」[68]という標題を付し，その冒頭に先のダマスケヌスの言葉を引いて，第2部全体が神の像としての人間の神への類似化達成を目指す過程であることを示唆している。

6．神の像なる人間の完全性の達成

(1) 自然本性的適性としての像

トマスは，発展過程の第一段階として「神を知り神を愛する自然本性的適性」ということを措定している。これは理性を有する限りのすべての人間に見出されるもので，自然本性を原理とする根底的神の像である。では，自然本性を原理として如何なる完全性を達成しうるのであろうか。——像の完全性の可能性と限界とは，像の本質を成す現実的神の認識と愛とに関してみられよう。

果たして人間は，自然本性によって神を知り愛することができるであろうか。トマスはその可能性を肯定している[69]。先ず認識に関してみよう。認識の仕方には三通りある[70]。第一は本質によってする認識であるが，如何なる被造物も，自然本性のみを以てしては神を本質によって認識することはできない。第二は，自らのうちに現存する対象の類似性による認識であるが，この仕方による神の認識は天使に適合する。第三は，対象とは別の事物のうちに存する対象の類似性を抽出することによってする認識であり，これが人間の自然本性的神の認識に適合する。人間は，

---

67) S. T. I-II, prol.
68) S. T. I-II, prol.
69) S. T. I, q. 93, a. 4, c.; Ibid., a. 8, ad 3; I, q. 12, a. 12; I, q. 13, a. 1; I, q. 56, a. 3; I, q. 60, a. 5; I-II, q. 109, a. 3, etc.
70) S. T. I, q. 56, a. 3, c.

丁度鏡に映る像を通して事物を認識する如き仕方で被造物のうちに反映する神の類似性を通して神を認識するのである[71]。即ち，神の果なる被造物を通して原因なる神の認識に到達するものである。ところで，人間の自然本性的認識は感覚から始まるのであり，可感的事物を通して推論される限りの事柄を出ることはできない故，自然本性による神の認識も可感的被造物を通して得られるものにすぎない。トマスはこれに，肯定の途，否定の途，卓越の途の三つの仕方を区別している[72]。

　次に愛に関して問われる。トマスは凡ゆる被造物の中に見られる志向性 intentio ないし傾向性 inclinatio に注目する。万物は善に対する欲求を有し，それぞれに固有の仕方で善を追求する。ところで個々の部分的善は全体的善に秩序づけられている故，すべての被造物は，善を追求することによって究極的には普遍的善なる神にまで秩序づけられ，結局それぞれの仕方で神を希求し神を何ものにも増して愛するのである[73]。人間にあっては，理性的本性に相応しい認識による意識的意志的愛を以て直接的に神を愛するのであり，また間接的にはすべての自己及び他の凡ゆる被造物に対する愛を神への愛を究極目的としてそれに秩序づけるのである。しかしながら，この自然本性的愛は，自然の始源であり終極である限りの神に対するもので，至福の源としての神に対する愛ではない[74]。

　以上の如き可能性を実現する為に精神はその諸能力をはたらかせねばならないが[75]，能力は，対象に関してもはたらきの様態に関しても未規定であるから，規定された状態，即ち能力態である徳に齎らされねばならない[76]。つまり，理性を神に秩序づけ，下位の諸能力を理性の規律の下に態勢づけ，そして意志を神に秩序づけねばならない[77]。かかる徳は，それへの適性として万人に生具しているが，胚種の如くであり完成されたものとしてではないから[78]，それは習得されねばならない[79]。従って，

---

71) *S. T.* I, q. 12, a. 4, c.; cf. *Rom.*, 1, 20.
72) *S. T.* I, q. 12, a. 12, c.
73) *S. T.* I-II, q. 109, a. 3, c.; I, q. 60, a. 5, c.
74) *S. T.* I-II, q. 62, a. 1, ad 3.
75) *S. T.* I, q. 77, a. 2, c.; cf. I, q. 62, aa. 1, 5; I-II, q. 3, a. 2, ad 4; I-II, q. 5, a. 7, c.
76) *S. T.* I-II, q. 49, a. 4, c.; I-II, q. 55, a. 1, c.
77) *S. T.* I-II, q. 56, a. 4, c., a. 6, c.
78) *S. T.* I-II, q. 63, a. 1, c.

習得的徳によって能力が完成し（静的像の完成），完成された能力により完全なはたらき，即ち神の認識と愛が生じ（動的像の完成），これによって自然本性による人間の完成がなされることになる。しかしながらトマスは，かかる完全な徳の習得は健全なる自然本性 natura integra の状態[80]に於ける可能性であり，原罪後の堕落せる本性 natura lapsa に於いては可能でないと断っている[81]。従って，現実には原罪が人間の自然

---

79) Ibid., a. 2, c.
80) 普通人間存在の可能な存在様式は五つに区別されている。トマス自身は，この五つを明確に一箇所で列挙してはいないが，彼が人間を論じる場合この五つの状態の区別は常に背景となっていると思われる。五つの状態とは即ち，純粋な自然状態 natura pura，健全なる自然本性の状態 natura integra，原義の状態 justitia originalis，堕落せる本性の状態 natura lapsa，回復せる本性の状態 natura reparata である（cf. *Somme Théologique*, Les origines de l'homme, pp. 432-33; La grâce, pp. 349-54.) R. Garrigou-Lagrange, o. p., "De Deo Trino et Creatore" pp. 412-13 には，トマスの典拠が挙げられている。それに依れば，

1. Status naturae purae……. *S. C. G.* IV, c. 52
2. Status naturae integrae……. *S. T.* I, q. 97, aa. 1, 3.
3. Status sanctitatis et justitiae originalis……. *S. T.* I, q. 95, a. 1.
4. Statius naturae lapsae nondum reparatae……. *S. T.* I-II, q. 83, 85.
5. Status naturae reparatae……. *S. T.* III, q. 69, aa. 1-6.

このうち，第一の状態に関しては，天使のそれに関してと同様，これを認めるものと否定するものとの二つの意見が対立していた（*S. T.* I, q. 62, a. 3, c.; I, q. 95, a. 1, c.) つまり，人間も天使も先ず原義ないし恩寵なしに純粋に自然状態に於て創造され，原義，恩寵はその後に，しかし罪を犯す以前に与えられたとして純粋に自然状態の存在と認めるものが一方にあり，他方では人間も天使も原義の状態に於て創造されたのであり，純粋な自然状態は単なる論理的な仮定にすぎない，とするものがあった。トマスは後者の意見に賛意を示し，第二の状態に連関して説明している。第二と第三の状態は具体的には同一であり，原義が与えられることによって健全な自然本性が存在したのである。この状態に於ては，理性が神に服し，下位の諸能力が理性に服し，そして身体が魂に服していた。しかしながら，これは自然本性によるものではなく，恩寵の超自然的賜物によることであった。というのは，原罪によって自然本性的なものは取り去られたのではないから，もしもそれが自然本性的なものであるならば，今もなお，その状態は存続したのであろうからである。ところでトマスは，『伝道書』の「神は人間を直しきものに造り給うた」という言葉の権威に基づいて，当然，人間は創造の最初から上述のような健全な状態にあったとすべきであると結論している。

すなわち，人間は創造の最初から，原罪によって原義ないし恩寵が失われる以前に於ては，身体の弱さや欲情の奴隷ではなく，理性によって全てを統御し，神に全く服していた。その結果，神に関しても天使に関しても（その本質を観るのではないが），また下位の被造物に関しても原罪後のそれに遥かに優る知識を有していた。そして完全なる諸徳を有し，情念も全て理性に服していた。また身体に関しては不死性を与えられ，下位の被造物に関しては完全なる支配力を有していた，というのである。だから，恩寵による原義の状態に於て人間は自然本性の十全な完全性を有し，同時に何らかの超自然的完全性（超自然的き完全性は有していなかった）を有していたのである。(*S. T.* I, q. 94, a. 1, c.; I, q. 95, a. 3, c.)

81) *S. T.* I-II, q. 109, a. 2, c.

6. 神の像なる人間の完全性の達成

本性的完全性に及ぼした影響を考慮しなければならない。

「ものは存在する限り善であり，悪はかかる善を決して破壊することはできない」[82]というのがトマスの根本テーゼであり，彼は原罪及び罪の結果に対して全堕落説から程遠いかなり楽観的見解をとっている。まず彼は人間本性の善を三様に分け，これに即して考察する。人間本性の善は，（1）自然本性を構成する諸原理 principia とそれより流出する諸特性 proprietates（例えば魂の諸能力）（2）人間が自然本性的に有している徳への傾向 inclinatio（3）全人類の為に最初の人間に与えられていた原義の賜物 donum justitiae originalis に分けられる[83]。このうち第一の善は，実体的存在と種に固有な附帯性に於ける完全性で，ものが存在する限り有する善である。これは，人間が人間たる所以のものであり，悪に対する基体そのものであるから，原罪も罪も含めて悪一般が損なうことのできぬものである。第二の善は，「基体の有する現実態への性能 habilitas」[84]つまり態勢 dispositio であり，これは原罪によって減少した。罪への傾向が生じた結果，その反対に向かう傾向である徳が減少したのは当然である。第三の善は，実体的存在に付加された善 bonum superadditum で，喪失可能な完全性であり，原罪によって全く失われたと言う[85]。従って，人間は徳への傾向の減少によって身体的情念との葛藤という惨めさに服せしめられたとはいえ，人間の根源的本性を成す理性的本性は原罪によって何ら損なわれず，原罪前と同じく理性的本性を有し神の像としての威厳を変らず保っている。つまり根底的神の像は，原罪によって何ら損なわれず[86]，ただいわば徳への傾向の減少によって歪められ，恩寵の喪失によって曇らされたといわれよう。だから人間は原罪後も神を知り愛する自然本性的適性を有しており，これが哲学的神の認識及び凡ゆる自然宗教の根源となっている[87]。しかしながら，徳への傾向の減少によって，神の認識は無知によって，また神への愛は悪意

---

82) *S. T.* I, q. 48, a. 4, c.
83) *S. T.* I-II, q. 85, a. 1, c.
84) *S. T.* I, q. 48, a. 4, c.
85) *S. T.* I-II q. 85, a. 1, c.
86) Cf. The Doctrine of Man, Chap. IX, The Loss of the Divine Image through the Fall. ここで imago Dei を如何に解しているかが問題である。
87) *S. T.* I, q. 93, a. 8, ad 3.

によって困難にされている[88]。原罪は他の能力に勝って意志に多く影響しているため[89]，人間は悪意によって妨げられて神よりも個々の被造物に向かい，神を何よりも愛することに殊に大きな困難を有している。従って，人間の完成にとって先ず必要であるのは，原罪によって損なわれていたものの回復である。これをなすのは恩寵であり，この故に恩寵の第一の効果は癒し sanatio であると言われる。

ところでトマスは，発展過程の第二段階として恩寵による相似の像を挙げているが，これは単なる原罪によって損なわれたものの回復に止まるのだろうか。恩寵の第二の効果は高揚 elevatio であると言われるが，それは具体的に如何なることを意味するのであるか。そして，その人間の完成に対する関係は如何なるものであるか。――これらの問は，自然と恩寵の関係の問題である。ここで差し当り以上から推論されるところを纏めてみよう。

1）自然は創造によって生じたある意味で必然的結果であるのに対し，恩寵はそれに付加されたところの非必然的な狭義の（広義には自然本性も含まれるから）賜物である。2）そして，原罪以前の状態に於いても恩寵（原義の賜物）なしに，十全的意味では人間の自然本性的完全性はなかった。なぜなら，身体や魂の下位の諸能力は本性的に理性に服するものではないから，理性的魂と下位の身体的諸情念との間に絶えず葛藤があったであろうから。3）従って，恩寵は人間にとってある意味で自然的であるともいえ，自然と恩寵とは対立せず，両者の間には連続及び調和がある。4）しかし，恩寵は自然から分離されて喪失可能なるもの故，両者は秩序を異にするものとして峻別されねばならない。5）結論として，人間にとって自然本性の秩序に於ける完全性は，最高の完全性でも究極的完全性でもなく，恩寵によるより高い完全性がある。

では恩寵による完全性，相似の像とは如何なるものであろうか。

(2) **恩寵による相似の像**

トマスは恩寵の本質を（ここでは常住の恩寵 gratia habitualis，後の

---

88) S. T. I-II, q. 85, a. 3, c.
89) S. T. I-II, q. 83, a. 3, c.

6. 神の像なる人間の完全性の達成

言葉で成聖の恩寵 gratia sanctificans である）実在的に魂のうちに措定される超自然的性質ないし形相であり，賜物として偶有的に付加された附帯性としての神性の分有であるとしている[90]。恩寵は魂の本質に宿り自然本性を超自然的本性に高揚するものであって，超自然的秩序に於ける魂の諸属性がそこより流出すべき根源である[91]。自然的生命にとって魂がその第一の根源であるように[92]，超自然的生命にとって恩寵がその第一の根源である。従って，人間は恩寵による再生 regeneratio ないし再創造 recreatio によって超自然的生命に誕生する[93]。しかし，恩寵は魂にとって付帯的であり実体的なるものではないから，自然的魂あって初めて恩寵は語られうる。恩寵は自然を前提し自然を内部から高揚するものである。従って丁度自然的秩序に於ける像の有機的構造に対応するものが超自然的秩序に於て見出される。つまり自然的秩序に於て魂の本質から諸能力が流出し，諸能力が更に徳によって完成され（静的像の完成），活動にまで齎される（動的像の完成）如く，超自然的秩序に於ても恩寵から超自然的諸能力（対神徳 virtutes theologicae）[94]が流出し，それが超自然的徳（注入徳 virtutes infusae）[95]によって完成され――ただし，ここで静的像の完成はなされず自律的にはたらきうるものとはならない。超自然的はたらきをなしうる為には聖霊の触発 instinctus が必要であり，魂はそれを受ける態勢である聖霊の賜物 dona Spiritus Sancti[96]を有していなければならない。――活動に於ける完全性（福音的至福 beatitudines[97]と聖霊の実 fructus Spiritus Sancti）[98]に齎されるのである。これらの超自然的有機的諸要素は，いずれも自然的諸要素と別箇無縁のものではなく，自然本性が高揚するためにそれに付加された附帯性である。

---

90) *S. T.* I-II, q. 110, a. 1, c.; Ibid., a. 2, c., ad 2.
91) Ibid., a. 3, c., ad 3.
92) *S. T.* I, q. 75, a. 1, c.
93) *S. T.* I-II, q. 110, a. 4, c.
94) *S. T.* I-II, q. 62.
95) *S. T.* I-II, q. 63, aa. 3-4.
96) *S. T.* I-II, q. 68.
97) *S. T.* I-II, q. 69.
98) *S. T.* I-II, q. 70.

では恩寵による神の像は具体的に如何なる現実的完全性を達成しうるであろうか。まず認識の領域に於ては認識が成り立つ為には表象像とそれにはたらきかけて抽象作用を行うところの自然本性の光（能動知性）が必要であるが，恩寵はこの両者に関して援ける。――トマスはこれを恩寵の啓示 revelatio gratiae と呼ぶ。――つまり自然理性の光は，恩寵の光 lumen gratiae ないし無償の光 lumen gratuitum の注入によって強められる。恩寵の光とは対神徳に他ならない。従ってまた信仰の光 lumen fidei とか予言の光 lumen prophetiae とも呼ばれる[99]。また表象像に関しても，時として予言的幻視にみられる如く，自然本性によらず神的仕方で表象像が与えられることがある[100]。

　かくして恩寵の啓示によって，自然本性によるよりも高次の認識が可能となる。つまり，自然理性は果なる可感的被造物を通して原因なる神を探究しうるのみであるが，恩寵によっては自然理性の達しえない可知的世界や神の認識（例えば神の三位一体性）が可能となる[101]。また，自然理性によるよりもより多くの神の果を示され，よりよく神を知ることができる[102]。更にまた，救済の為に必要な神の認識に関しては，たとえ自然理性によって獲得可能なものであっても，自然理性によるよりもより容易な仕方で達成される[103]。しかし，恩寵による認識も神の直観 visio Dei ではなく，従って神の本質の認識ではない。それは依然として「知られざる神」の認識に止まっている[104]。そして自然的認識の場合と同様に，一度に完成するのではなく，聖霊の賜物によって徐々に増大し完成されてゆくのである[105]。

　恩寵による愛はカリタスと呼ばれる。自然的愛によれば，人間は神を自然的善の始源及び終極として愛するに止まるが，カリタスによれば，神を至福の対象として友愛関係を以て愛する[106]。カリタスは，聖霊によ

---

99) S. T. I-II, q. 109, a. 1, c.
100) S. T. I, q. 12, a. 13, c.
101) S. T. I-II, q. 109, a. 1, c.; I, q. 32, a. 1, c.
102) S. T. I, q. 12, a. 13, ad 1.
103) S. T. I, q. 1, a. 1, c.
104) S. T. I, q. 12, a. 13, ad 1; Ibid., a. 11, c.
105) S. T. II-II, q. 2, a. 3, c.
106) S. T. I-II, q. 109, a. 3, ad 1; II-II, q. 23, a. 1, c.

って注入された神の愛，即ち聖霊の分有であり，自然的意志に能力態的に付加されたものである。それは，自然的愛に対して速かさと喜びを加え，神を自由に容易に喜びを以て愛せしめるものである[107]。カリタスは，神に近づくに従って増加してゆくが[108]，聖霊の無限の愛の分有であるから，無限増加の可能性を有している[109]。しかし，この世に於てはカリタスも端的に完全にはなりえず，人は常に現実態的に神を愛することはできない。神への愛の強い熱望を有する極く僅かな人々を除いて，普通にみられる完全性は，心を能力態的に神に向けている（つまり，神に反する如何なる事柄も考えたり望んだりしないという）完全性にすぎない[110]。

以上の恩寵による相似の像の考察から，自然と恩寵との関係及びその人間の完成に対する意義について次のようなことが言えよう。まず，1）恩寵は自然に付加された附帯性であり，自然を前提せずに恩寵を語ることは不可能である[111]。従って，自然は実体として附帯性なる恩寵よりもより高次の存在性を有する。2）しかし，恩寵は神的本性の分有として自然本性よりもより高貴な本性である[112]。3）恩寵による完全性は，自然本性による完全性よりもより高い完全性であり，秩序の異なるものとして区別されるが，しかし両者は無縁ではなく，自然の上に立った恩寵の完全性は自然の完全性を包含し，両者は調和的に融合している[113]。人間に自然本性的に与えられた神の像は，恩寵によって破壊されず，かえって高められた存在に齎らされる。つまり，自然の像の有機的構造は恩寵によって何ら失われず，かえってそれぞれの要素は，恩寵の諸要素が附帯的に加わることによって高揚され所有態ないし能力態[114]的に完成

---

107) Ibid., a. 2, c.
108) S. T. II-II, q. 24, a. 4, c.; Ibid., a. 5, c.
109) Ibid., a. 7, c.
110) Ibid., a. 8, c.
111) S. T. I, q. 73, a. 1, ad 1.
112) S. T. I-II, q. 110, a. 2, ad 2.
113) S. T. I, q. 62, a. 7, c. 恩寵は自然を破壊せずかえってこれを完成するもの（S. T. I, q. 1, a. 8, ad 2, cum igitur gratia non tollat naturam, sed perficiat）なる故，恩寵と自然の秩序は判然と分かたれるとはいえ，具体的にどこまでが自然本性による完全性であり，どこからが恩寵による完全性であるかを判別することは困難である。従って，一方では恩寵を無視する危険があり，他方では区別をあまりに強調することによって，自然と恩寵との造り主なる唯一の神の唯一の世界を二分することになる危険性が存している。

される。

　恩寵による相似の像という名称は，相似 conformitas が形相に於ける一致を意味し，人間は恩寵によってある意味で神と形相的に一致することから生じている[115]。つまり恩寵によって神的本性を附帯的形相として分有する魂は，形相的に神と一致すると言われうるのである[116]。また第二現実態に於ても神との一致がある。即ち，認識主体は認識対象の形相をある意味で自らの形相とするのであるから，神を認識対象とする魂は，神の形相を自らのうちに受けとると言える。これによって人間の知性は神の知性に似たものとされ，いわば神の目を以て全てを観るようになる。また意志に附帯的形相として付加されたカリタスによって，魂は神の愛と形相的に一致して神の如くに愛するようになる[117]。しかし，この一致もこの世に於ては不完全に止まっている。

(3) 栄光による類似の像

　神の像としての人間の終極的完全性は，この世にある限り恩寵によっても達成されず，天国に於ける至福の状態に於て初めて到達される[118]。至福の状態に於ては人間の知性は神の知性に接合 uniri され，栄光の光 lumen gloriae によって神の知性に似たものとされる[119]。この故に栄光による類似の像 imago secundum similitudinem gloriae と呼ばれる。この状態に於て神の認識は，もはや被造物を通しての認識ではなく神の本質そのものの直観である[120]。しかし，有限な被造物は無限な神を完全に知り尽くすことはできない故，その認識も把握的認識 comprehensio とはなりえない[121]。そして，栄光の光の受容の差異によって神の本質直観の完全性も異なる。より多く栄光の光を分有するものは，より完全に神

---

　　114)　所有態も能力態もラテン語ではどちらも habitus であるが，恩寵は魂の性質としての habitus であり，能力のそれではないことから所有態と訳した。後世スコラの用語を用いれば，成聖の恩寵は habitus entitativus であり，対神徳は habitus operativus である。
　　115)　*I Sent.*, d. 48, q. 1, a. 1, c.
　　116)　*S. T.* I-II, q. 110, a. 2, ad 1; I-II, q. 111, a. 1, ad 1.
　　117)　本註 (49), (93), (107) 参照。
　　118)　*S. T.* I-II, q. 12, a. 3, c.; II-II, q. 24, a. 11, c.
　　119)　*S. T.* I, q. 12, a. 2, c.; Ibid., a. 4, c.
　　120)　Ibid., a. 1, c.
　　121)　Ibid., a. 7, c.

の本質を観るのである。この差異を生ぜしめるものはカリタスの大小である。つまり，より多くの愛を有するものはより多く栄光の光を受ける故，より多く愛をもつものは，それだけ一層より多く神の本質を観，より至福なものとされるのである[122]。至福の功徳的原理である恩寵は，何よりも愛を近接原理とし[123]，功徳を増すことは愛を増すことに他ならないのもこの理由によると言えよう[124]。人間がこの世に於てもつカリタスは，天国でもつカリタスと本質的に同一である[125]。従って，恩寵はいわば栄光の種子であり，栄光は恩寵の開花である[126]。本質的に恩寵と栄光とは同じ神的本性の分有であり[127]，恩寵にあっては未だ現実的に顕われていない潜在的神的本性の分有が，栄光に於て現実化されるのである[128]。

むすび

　以上にみられたように，トマスは，神の像を作動因なる神と範型因なる神との関連に於てみているのみならず，というよりむしろ一層目的因なる神との関連に於てみている。つまり，人間が神の像として造られたということは，単に非理性的被造物と区別される精神を有するという静的完全性を意味するのではない。むしろ，精神をはたらかせて目的因なる神を認識し愛し，これによって与えられた各々の神の像を増加し，究極的完全性に齎すという課題を負う動的なものを意味している。
　ところで，この課題の実現の為に自然本性のみでは不十分であり，恩寵，更には栄光の光が必要である[129]。トマスはアウグスティヌスを承けて，人間は本性的に恩寵を容れうるものであり，神の像として造られたことによって恩寵によって神を容れうるものである，という[130]。人間精

---

122) Ibid., a. 6, c.
123) *S. T.* I-II, q. 114, a. 4, c.
124) Ibid., a. 8, c.
125) *S. T.* I-II, q. 67, a. 6, c.
126) *S. T.* II-II, q. 24, a. 3, ad 2.
127) *S. T.* I-II, q. 111, a. 3, ad 2.
128) *S. T.* I-II, q. 114, a. 3, ad 3.
129) *S. T.* II-II, q. 175, a. 1, ad 2.

神は普遍に向かうものであるから，最も普遍的なる神に到達するまでは知性も意志も決して安らうことなく完成されることもない[131]。従って，神の像として造られた人間精神は，本性的に恩寵を容れうるもの capax gratiae であり，神的本性の分有に招かれているもの，神を容れうるもの capax Dei である。現世に於ける人間の個々の行為は，この招きに応えるものであり，自然と恩寵との協力によって至福に於けるより完全な像の実現に向かって秩序づけられるものである。こうした神の像の理解の上に立って，トマスは第2部全体を「神の像なる人間の神への運動」として展開しているのであり，この課題達成の必然的要請として第3部のキリスト論を展開しているといえよう。

参 考 文 献

L. de Beaurecueil, o. p., "L'Homme Image de Dieu selon Saint Thomas d'Aquin," *Etudes et Recherches*, 1952, 1955.

H. Buonpensiere, o. p., *Commentaria in I. P. Summae Theologicae S. Thomae Aquinatis, De Deo Trino*, Rome, 1902.

P. Th. Camelot, o. p., "La Théologie de l'Image de Dieu," *Revue des Sciences Philosophiques et Théologiques*, t. 40, 1956.

R. Garrigou-Lagrange, o. p., *De Deo Trino et Creatore, Commentarium in Summam Theologicam S. Thomiae* (Ia q. xxvii-cxix), Marietti, 1951.

A. M. Henry, o. p. (ed.), *Theology Library, vol. II, God and Creation; vol. III, Man and His Happiness*, Chicago, c. 1955-56.

D. Hughes, o. p., "The Dynamics of Christian Perfection," *The Thomist*, vol. 15, 1952.

G. Lafont, o. s. b., *Structures et Mèthode dans la Somme Théologique de Sainte Thomas d'Aquin*, Desclée de Brouwer, Paris, 1961.

J. Laporta, *La Destinée de la Nature Humain selon Thomas d'Aquin*, Libraire philosophique, J. Vrin, Paris, 1965.

A. R. Marin, o. p., *Teologia de la Perfection Cristiana*, Madrid, 1955.

H. A. Preus and E. Smits (ed.), *The Doctrine of Man, In Classical Lutheran Theology* (trans. from the works of Martin Chemnitz and Johann Gerhard), Augusburg Publishing House, Minnesota, 1962.

S. Radhakrishnan and P. T. Raju (ed.), *The Concept of Man, a Study in Comparative*

---

130) *S. T.* I-II, q. 113, a. 10, c.; II-II, q. 175, a. 1, ad 2.
131) *S. T.* I-II, q. 3, a. 8, c.; I-II, q. 5, a. 1, c.

Philosophy, George Allen and Unwin L. T. D. London, 1966.
R. Le Troquer, p. s. s., *Homme, qui sais-je? Essai d'Anthropologie Chrétienne*, Paris, 1957.
P. ネメシェギ・纐纈康兵『神の恵みの神学』南窓社，1966年

2

トマスの創造論
——ボナヴェントゥラの創造論に対するトマスの批判——

　13世紀の西欧思想界に大論争を巻き起こした世界の永遠性の問題は，パリ大学で共に教鞭を執ったトマスとボナヴェントゥラをして二つの陣営に分かたれしめたことは周知のことであるが，何故に彼らはそれぞれ自説を堅持して互いに譲らなかったのだろうか。世界の永遠性の問題は，キリスト教思想史においては創造と時の問題として問われたが，その中ではマニ教徒に対するアウグスティヌスの解答が有名である。彼によれば，時は被造物とともに造られたのであり，いまだ被造物の存在する以前の時，すなわち創造以前の時を問うことは無意味なのである[1]。
　たしかに神には時はなく，時は転変するこの現象界に固有のものである。しかし，時が創造とともに始まったとは如何なることだろうか。我々はこの現象界の中で個々の事物が時間的始まりをもつことを日々目撃しているが，しかし，時間そのものの始まりは経験することがない。そして，我々の表象力は，時間の始まり以前をすら考えさせるのである。我々は時間的に有限な個々の被造物の総体としての世界が時間的に有限であるか否か，あるいは時間そのものが有限であるか否かを経験的に知りえないが，果たしてそれは哲学的に論証可能なのだろうか。たしかにアウグスティヌスの言うように，「創造以前」を問うことは無意味であるが，しかし，だからして世界の時間的始まりを肯定することにはならないであろう。いったい創造と世界の無始無終性は矛盾するのだろうか。
　世界の永遠性の問題は，キリスト教思想においては，「創造とは何か」の問題に深く関わっている。それゆえ，この問題に対するトマスとボナヴェントゥラの見解の相違が，両者の創造論の相違に由来するのは当然であろう。逆にまた，この論争を通して，両創造論の相違がより明らか

---

1) Augustinus, *Conf.* XI, c. 13 & 30; *De civ. Dei* XI, c. 6.

になるであろう。本稿において我々はトマスの創造論の独自性を，（1）創造とは何か（2）創造と時，の二点に関して検討してみよう[2]。

1. 創造とは何か

　トマスは『神学大全』第1部第45問題において自らの創造論を展開するにあたり，先ず「創造するとは無から何かを造ることであるか」という問を設定している。そして，〈特殊的な能動者による特殊的な有の流出〉に〈神という普遍的な因による有全体の流出〉を対比せしめ，この後者の流出こそ創造という言葉で表されるものであると言う。そして，特殊的な有の流出によって生じてくるものが，その流出に前提されないように，（例えば人間が生じてくる場合，それに先立って人間があるのではなく，人間ならざるものから人間が成るように），普遍的有全体が第一の原理から生じてくる場合，何らかの有がこの流出に前提されることは不可能である。それゆえ，普遍的有全体ないし存在全体の流出たる創造は，有ならざるもの，すなわち無からである，と言う[3]。
　では，無からの流出とか無から何ものかが生ずるとは，一体いかなる意味だろうか。
　〈無から〉の〈から〉（ex）という前置詞は，鉄からナイフが造られるというように質料因を指示することもあれば，朝から昼になるというように秩序を表示することもある。そして ex という前置詞は，〈無〉（nihil）という名詞に対して，包みこむ仕方と包みこまれる仕方の二つのかかわり方をもつことができる。すなわち ex が nihil を包みこむ場合（ex nihilo）は，秩序を表示するのであって，〈現に存在しているもの〉（id quod est）の〈それに先行する非存在〉（non-esse praecedens）への秩序，つまり，非有（non ens）〔ないし非存在（non esse）すなわち無〕から有〔ないし存在〕へ，ということが表示される。他方，包みこまれる場合（non ex aliquo）には，「何ものかから成るのではない」

---

2) ボナヴェントゥラの創造論に関しては，拙稿「ボナヴェントゥラにおける創造の問題」，『南山神学』（1）1978, pp. 83-140 参照。
3) S. T. I^a q. 45, a. 1, c.

（non fit ex aliquo）という質料因の否定が意味されるのである。そして，このどちらの仕方も創造に妥当する，とトマスは言う[4]。ただし，秩序というのは，以前にはなかったのに後になってあるというような時間的前後関係であると解されてはならない。この場合の秩序とは，本性の先後関係を表示するのであって，神の創造行為なしには被造物は本性上無に帰するものであることが示されるのである，とトマスは但し書を加えている。すなわち，被造物は自ら存在を所有するのではなく，他者なる神から存在を与えられて存在する。それゆえ，被造物には非存在（無）が存在に本性的に先立って内在している[5]。トマスによれば，創造はこの点で三位一体内の永遠的発出と異なっている。すなわち，御子は御父より存在を受けるが，しかし，自らによっては無に帰するという本性をもつものではない。御父より譲渡される存在は，御父と全く同一のものであり，他者に依存することなき独立の絶対的存在（esse absolutum, non dependens ab aliquo）である[6]。

　続いて ex nihilo によって質料因が否定されることから，創造は種々の変化（mutatio）から区別される。変化として先ず実体的変化すなわち生成があるが，生成には質料が前提される。生成に先立って質料が現実的にではないが可能的に存在し，生成において形相がこれに導入されることによって現実態にもたらされ，かくして現実的具体的事物が完成する。他の諸変化（量的，質的，場所的）においては，変化を担う基体として既に完成された事物（実体）が前提される。このように，生成や変化の原因性は，事物のうちに見出されるすべてのものに及ぶのではなく，ただ形相を可能態から現実態にもたらすというに止まる。他方，創造においては前提となるいかなる非被造的なものも存在しないゆえ，その原因性は事物のうちに見出される一切のものに及び，かくて無からの

---

4) *Ibid.* ad 3; *De Pot.* q. 3, a. 1, ad 7.
5) *II Sent.* d. 1, q. 1, a. 2; *Ibid.* a. 5, ad 2; *De aet. mundi* (Marietti n. 304) etc. *S. T.* I^a q. 45, a. 1 ではこの点が明示されていないため，トマスはボナヴェントゥラと同様，無（非存在）が存在に時間的に先行するといっているかのように誤解されるかもしれない。(Cf. G. H. Tavard, "On a Misreading of St. Bonaventure's Doctrine of Creation," *The Downside Review*, LXIX, no. 217, 1951, p. 279, note 3, & p. 284). しかし，次項で続いて「創造は変化ではない」と説明するところから，トマスが時間的に解しているのでないことが明らかである。
6) *II Sent.* d. 1, q. 1, a. 2, c.

32　　　　　　　　　　2　トマスの創造論

創造と言われるのである[7]。

　かかる〈無からの創造〉の理解は，ボナヴェントゥラのものとは異なっている。トマスはボナヴェントゥラの所説を，一応そのような表示の仕方（modus significandi）もなされうると認めながらも，これを批判訂正している[8]。先ず第一に，秩序関係を表すものとして前置詞を捉えた場合，ボナヴェントゥラは〈無からの創造〉を〈以前には存在しなかったのに，今かくかくのもの（有）として存在する〉(fieri ex nihilo habet esse post nihil, et ita post non-esse)[9]という意味で，あるいは〈以前には全く非有であったのに，他者によって有をもつに至ったもの〉(omne quod est ab alio, ita quod habet "esse" post "omnino non-esse")[10]という意味で，つまり非有から有への移行として理解しているが[11]，トマスは，この移行を表す post という前置詞は以前以後の概念を含んでいる，しかし，事物が存在する以前には時間は存在せず，創造は超時間的事柄であるから，創造のかかる理解は，あたかも創造が時間の中で行われるかの如く考える表象（imaginatio）の所産にすぎない[12]。かかる創造把握が生じるのは，事物が創造される以前と以後とであたかも共通の基体があるかのように想像し，また創造の以前と以後とに共通する時間があるかの如くに想像するからである[13]，と批判を加えている[14]。

　ところで，創造に共通の基体や共通の時間が想定されるのは，創造を

---

　7)　*Ibid.* qq. 1-2, c.

　8)　トマスは創造に関して独自の理解をしており，それは初期の『命題集註解』から『神学大全』――ここではかなり譲歩した表現がみられるが――に至るまで一貫して変らなかったと思われる。
　ボナヴェントゥラの創造論は誤解されているという人々がある（Cf. B. M. Bonansea, "The Question of an Eternal World in the Teaching of St. Bonaventure," *Franciscan Studies*, vol. 34, 1974, p. 31 & pp. 22-23; G. H. Tavard, *op. cit.*）。実際ボナヴェントゥラが目指したところは，トマスとそれほど異ならないであろう。しかし，トマスが言うように，表示の仕方（modus significandi）は，認識の仕方（modus intelligendi）に従うのであるから，トマスの批判は正当であると言えよう。

　9)　*II Sent.* d. 1, p. 1, a. 3, q. 1, ad 7 (II 33a); *Brevil.* p. 2, c. 1 (V219b). ボナヴェントゥラの esse はプラトンのοὐσίαに近い。よって〈存在〉ではなくして〈有〉と訳した。拙稿「ボナヴェントゥラの存在論に関する若干の考察」，『カトリック研究』(32) 1977, pp. 346-360 参照。

　10)　*II Sent.* ibid. q. 2, Resp. (II 34).

　11)　詳しくは，拙稿「ボナヴェントゥラにおける創造の問題」pp. 91-92 参照。

　12)　*S. T.* Iᵃ q. 45, a. 2, ad 5; q. 46, a. 2, ad 2; *De Pot.* q. 3, a. 1, ad 10. (G. H. Tavard, *op. cit.* p. 279 に反論がある。)

1. 創造とは何か

変化と解するからである。それゆえ、〈無からの創造〉の第一の理解（無の後の有）は、第二の理解（無から有への変化）と不可分である。すなわち、ボナヴェントゥラは、無を出発点とし有を到達点とする変化として創造を捉えており、この変化を担う基体を措定している。この基体とは無形の質料であると理解される。むろん無形の質料も無から創造されたものであるが[15]、それは原因的にないし本性として形相に先立つものである。しかしながら、創造という出来事は、創造された事物に時間的に先立つのではなく、本性として先立つのであり、継起（successio）を含まぬ、つまり運動を伴わぬ変化である、とボナヴェントゥラは言う[16]。

これに対し、「創造は本来的に言って変化ではない」[17]と明言するトマスは、次のように批判を加えている。変化とは、同一の事物が以前と以後とでそのあり方を異にするところに見出されるものである。例えば量的変化、質的変化、場所的変化においては、現実的に同一の事物が以前と以後とであり方を異にし、また実体的変化においては、質料を基体とする可能的に同一のものが、以前と以後とであり方を異にする。ところで創造においては実体全体が存在へと産出されるのであり、創造される以前と以後とであり方を異にすべき何らかのものは存在しない。もし存在するとすれば、それは創造に先立って存在するものであり、無からの創造とは言えなくなろう。従って、創造を変化として捉えるのは、我々の認識上のことにすぎない（secundum modum intelligendi tantum）。つまり、何らかの同一の事物が以前には全く存在しなかったのに、その後存在するに至ったのであるかの如くに認識されるというにすぎない[18]。

---

13) B. M. Bonansea, *ibid*. 参照。彼はボナヴェントゥラを代弁し、ボナヴェントゥラの意図したところはトマスの意見と同じである。Sertillange も Van Steenberghen も、その他多くの人々がボナヴェントゥラを誤解していると言う。しかし、ボナヴェントゥラは、その意図にも拘らず、依然として時間的表象の中で思索していると言わなければならない。上掲拙稿、pp. 117-123 参照。

14) *De Pot*. q. 3, a. 1, ad 10; *Ibid*. a. 2, c.; *S. C. G.* II c. 38, § 10.

15) 質料と形相とを、トマスは原理（principium）と捉え、ボナヴェントゥラはもの（res）ないし本性（natura）と捉えている。拙稿「ボナヴェントゥラの存在論に関する若干の考察」pp. 144-146 参照。

16) 拙稿「ボナヴェントゥラにおける創造の問題」pp. 90-101.

17) *De Pot*. q. 3, a. 2, c.; *Ibid*. a. 3, c.

そして，表示の仕方は認識の仕方に対応するのだから，創造は変化という仕方で表示されたり，無から何かを造ることと表示されたりするのである[19]。

では，創造を〈無と有という二極の間の変化〉とか〈無から何かを造ること〉と理解することが我々の認識上のことにすぎず，そこから創造に関して誤った表象が生じてくるのであれば[20]，我々は創造をどのように理解すればよいのだろうか。

創造には二つの側面が考えられる。すなわち「創造する」という能動的側面と「創造される」という受動的側面である。能動的側面から捉えた場合，創造とは神の行為であり，それは被造物への関係を伴った神の本質に他ならない[21]。他方，受動的側面から捉えた場合，先述のように，それは変化とか運動によらない事柄である。すなわち〈一切の有の普遍的原因であるところの神による存在全体の産出〉（productio totius esse a causa universali omnium entium, quae est Deus）という創造は，先在する何らかのものから運動や変化という仕方で成るところの何らかの有の特殊的産出（productiones particulares aliquorum entium）から峻別される[22]。創造という現実は，神が被造物を造り，被造物は造られて成り，その結果として，つまり運動変化の終極として，これこれのものという具体的被造物が存在する，ということではない。〈創造される〉ということと〈創造されてある〉ということとは，ちょうど〈照らされる〉ということと〈照らされた〉ということが同時的であるように，同じ一つの同時的現実である[23]。ところで，〈創造する〉〈創造される〉という能動・受動から運動（変化）を除くならば，残るところは関係のみである，とトマスは言う。すなわち，働きは働きかける者から発し，働

---

18) *S. C. G.* II c. 17, § 3; *S. T.* I^a q. 45, a. 2, ad 2; *De Pot.* q. 3, a. 2, ad 1.
19) *S. T.* I^a q. 45, a. 2, ad 2. ここでトマスは，「しかし，つくるあるいはつくられると言う方が，変えるあるいは変わると言うよりも，創造に関してはより適切な表現である。なぜなら，つくる，つくられるということは，因の果に対する，また果の因に対する関係を意味するが，しかし，変化ということばをば，付随的に表示するのであるから」と言っている。
20) *S. T.* I^a q. 45, a. 2, ad 4.
21) *Ibid.* a. 4, ad 1. 神の本質にほかならないと言うのは，神の単純性からの帰結である。
22) *S. T.* I^a q. 45, a. 3, c.
23) *Ibid.* a. 2, ad 3.

きを受ける者において受けとられるが，働き（能動）は他ならぬ働きを受ける者において働き，働きを受けること（受動）と一つになる。そして，この同じ一つの現実は，そこから働きが由来する働く者（能動者）とそこにおいて働きが受け取られる者（受動者）との能動・受動の二つの関係を有するのである[24]。それゆえ．「創造とは，被造物において，その存在の根源としての創造主へのある種の関係に他ならない」とトマスは言う[25]。そして，この被造物の創造主に対する関係は実在的関係である。なぜなら，被造物は実在的に神にその存在を負い，実在的に神に秩序づけられているのだから。他方，神の被造物に対する関係は，神が被造物に実在的に何も負うことがないことからして，実在的関係ではなくして概念的関係にすぎない。つまり，神が被造物に秩序づけられるのではなく，むしろ被造物が神に秩序づけられることからして神に帰せられる関係にすぎないのである[26]。それは，被造的存在の，それを存立せしめる根源への依存という関係である[27]。

さて以上のように，創造ということが，在らしめられてある存在全体の，存在の根源としての神に対するまったき依存という関係として捉えられ，運動とか変化とかの要素が排除されることからして，創造が創造主と被造物との中間（medium）と解する説が斥けられる[28]。すなわち，創造主を出発点（terminus a quo）として被造物を到達点（terminus ad quem）とするその中間の〈過程〉の如く創造を考える説である[29]。トマスは，創造主と被造物との間の空間的距離を排除する。神は被造物に内在すると同時に超越する[30]。創造を神と被造物との中間と捉えること

---

24) *Ibid*, ad 2. "cum actio et passio conveniat in substantia motus, et different solum secundum habitudines diversas,... oportet quod, subtracto motu, non remaneant nisi diversae habitudines in creante et creato". Cf. I^a q. 28, a. 3, ad 1; q. 41, a. 1, ad 2.

25) *Ibid*. q. 45, a. 3, c. "creatio in creatura non sit nisi relatio quaedam ad Creatorem, ut ad principium sui esse."

26) *Ibid*, ad 1; *De Pot*. q. 3, a. 3, c. トマスは *S. T.* I^a q. 13, a. 7 において関係に三様のあり方を区別している。関係の二つの項の（1）いずれもが概念の場合，（2）いずれもが自然物の場合，（3）一方が自然物で他方が概念の場合である。

27) *S. C. G.* II c. 18, § 1. "ipsa dependentia esse creati ad principium a quo instituitur.

28) *S. T.* I^a q. 45, a. 3, ad 2; *De Pot*. q. 3, a. 3, c. init.; *II Sent*. d. 1, q. 1, a. 2, ad 5.

29) 同様に無から有への中間の過程とも考えられる。拙稿「ボナヴェントゥラにおける創造の問題」pp. 94-97.

は，神と被造物とを二つの極として空間的に表象し，自然界の生成変化や人為の製作からの類推によって神の創造行為を時間的に表象することから生じてくる[31]。トマスは，創造を理解するにあたって，時間的空間的表象を徹底的に排除する[32]。創造は変化ではない。従って，ボナヴェントゥラにみられたような〈変化を担う基体〉は存在しないのである。しかしながら，〈関係を担う基体〉が存在する。この基体とは，ボナヴェントゥラにおけるような創造の到達点たる具体的被造物に先立つ何らかの本性（無形の質料）ではなくして，被造物そのものである。在らしめられてある被造物は，在らしめる神への絶対依存の関係を有している。在らしめられてある被造物なくして，在らしめる神への関係は存在しない。それゆえ，この関係を担う基体は，ちょうど付帯性に基体がより先であるように，創造よりも存在においてより先である。「創造は実在的には被造物と別のものではないし，また本質的には被造物と神との中間でもなく，ただ概念的また関係的に中間なのである。それゆえ，〈創造される〉とは，〈かくかくのもの（という具体的実体）〉よりも，本性としてより先である。しかし持続的にではない」[33]というボナヴェントゥラを意識してであろうか，トマスは，「被造物は，創造という神との関係を担う基体として，概念的にもまた本性としても創造に先立つ」[34]と明言している。しかし，在らしめる者なくして在らしめられるものはない。それゆえ，被造物の存在の根源として，神の創造の働きは被造物よりもより先であると言うこともできる，とトマスは付言する[35]。この意

---

30) 神の内在と超越に関しては，山田晶『トマス・アクィナスのエッセ研究』（創文社，1978年）pp. 505-552 参照。

31) Cf. *S. T.* ibid. "quia creatio *significatur* ut mutatio; mutatio autem media quodammodo est inter movens et motum: ideo etiam creatio *significatur* ut media inter Creatorem et creaturam."

32) トマスは *S. C. G.* II c. 18, §2 において，創造とは，創造された存在の，その存在の始源への依存そのものを指すのであって，変化ではなく，むしろある種の関係である。それゆえ，創造という出来事は，他の運動変化と同じように，基体において行われねばならないとか，創造においては，火が空気に変るというように，非有が有へと変化するはずであるといったような，運動や変化の性質に基づく議論によって創造を説明しようとすることは空しいことであると言っている。

33) *II Sent.* d. 1, p. 1, a. 3, q. 2, Resp. (II 34-35).

34) *S. T.* ibid. ad 3; *De Pot.* q. 3, a. 3, ad 3.

35) *S. T.* ibid.

1．創造とは何か

味で創造は，アリストテレスの範疇としての〈関係〉，つまり基体の有する内在的原理から生ずる付帯性としての関係とは区別されなければならない[36]。トマスが〈ある種の関係〉（quaedam relatio）（35頁）と言うのも，この点を意識してのことであろう。

　創造の理解においてボナヴェントゥラが目指したところは，トマスとそれほど異なるわけではない。しかし，ネオプラトニズムに影響された存在論，ことにその質料形相論の上に創造論を展開した彼は，トマスのように表象の所産を濾過できなかったのである。トマスにとって創造とは，ただ被造物が〈ある〉という現実であり，それが自らによってあるのではなく，存在の根源である在らしめられる神によって〈在らしめられてある〉という現実に他ならない。トマスは，創造の理解から凡ゆる表象の排除に努め，この一点，〈ある〉ことの神秘に焦点を絞る。〈ある〉ということは凡ゆる事実の中で最も普遍的な事実である[37]。最も普遍的というのは概念的にではない。〈ある〉ことが凡ゆる現実の究極的現実性であり[38]，一切の事物の最も内奥にあって一切をその根底から支え，現実的たらしめるからである[39]。創造とは，形相と質料とをもって何ものか（これこれのもの）を造るというようなデミウルゴス的業ではない[40]。トマスは，創造主を〈形相の賦与者〉[41]としてではなく，形相も質料も含めた存在者全体を在らしめる〈存在の賦与者〉として捉えるのである[42]。質料に形相を導入し，かくかくのものたらしめるのは，自然や人為の業のなすところである。かかる業には質料や形相が前提されなければならない。しかるに創造とは無前提の業であり，創造の業なくしては一切が無に帰する。創造の業は，自然や人為の業を存在の次元において支えているものである。かくして創造の業は自然や人為の，つまり

---

36) スコラ用語では，この関係を〈超範疇的関係〉（relatio transcendentalis）と呼んで，〈範疇としての関係〉（relatio praedicamentalis）と区別している。高田・日下訳『神学大全』4，訳註58参照。
37) S. T. ibid. a. 5, c.
38) S. T. I^a q. 3, a. 4, c.; q. 4, a. 1, ad 3.
39) Ibid. q. 8, a. 1, c.
40) Ibid. q. 45, a. 4, ad 2.
41) 高田・日下訳『神学大全』4，訳註91参照。
42) S. T. ibid. c.

特殊的能動者の業と次元を異にし[43]，第一にして最も普遍的な因たる神のみに帰せられる業である[44]。無条件的な意味で存在せしめること（producere esse absolute）は，自存する神のみに可能であり[45]，第二原因は，たとえ道具因としてであれ，この業に参与することはできない[46]。被造界においては，自然の法則に従って被造的形相の伝達が行われ，生成消滅が繰り返される。ここで働くのは，被造の特殊的能動者である。しかし，この自然界の営みをより深い次元で支えているのは，その本質が存在そのものたる神であり[47]，この「在らしめる業」は，神の無媒介的行為である[48]。一切の被造物は神に在らしめられ，その存在を分有することによって存在する[49]。創造の業と保存の業とは神の同じ一つの行為であり，変化とか時間とかの要素を超えた次元の事柄である[50]。ただ創造という概念には，何らかの意味での〈存在の新しさ〉（novitas essendi）とか〈始まり〉（inceptio）ということが含まれているのである[51]。

かくて，創造を廻る問題の一環として，世界には始まりがあったかなかったかの問題，すなわち創造と時ないし世界の永遠性の問題が生じてくるのである。

2．創造と時ないし世界の永遠性の問題

世界はいつから始まったのだろうか。それとも無始無終で常に存在しているのだろうか。この問題を廻って古来数多くの論争がなされてきた[52]。そしてトマスとボナヴェントゥラは，ともに信仰によって世界の時間的始まりを肯定しながらも，理性によって哲学的に証明しうる事柄

---

43) *Ibid.* a. 8, c.
44) *Ibid.* a. 5, c.
45) *S. T.* I^a q. 3, a. 4, c.
46) *Ibid.* q. 45, a. 5, c.
47) *De Pot.* q. 3, a. 7, c. fin.; *II Sent.* d. 1, q. 1, a. 4, sol.
48) *S. T.* ibid. a. 5, c.; *II Sent.* d. 1, q. 1, a. 3, sol.; *S. C. G.* II c. 21; *De Pot.* q. 3, a. 4, Resp.
49) *S. T.* I^a q. 104, a. 1, c.
50) *Ibid.* ad 4.
51) *Ibid.* q. 45, a. 3, ad 3; *De Pot.* q. 3, a. 3, ad 6; *S. C. G.* III c. 65, § 7.

2. 創造と時ないし世界の永遠性の問題　　39

であるか否かに関して，意見を異にし互いに譲らなかったのである[53]。

　ボナヴェントゥラは世界の永遠性の問題を論じるにあたって，先ず世界の永遠性を支持する論拠を六つ（最初の四つはアリストテレスに依拠し，この世界——運動と時間——の考察に基づくもの，残る二つはアヴィケンナやアヴェロエスなどの論拠で，この世界の創造者の考察に基づくもの）提示している[54]。そして，最初の四つの論拠に対して，これらはいずれも既に出来上ったこの世界に関しては妥当するが，創造という超自然的変化に関しては妥当しないとして，そして残る二つに対しては，神が意志的能動者であることに基づいて斥けている。しかしながら，ボナヴェントゥラの論駁は，決して世界の永遠性を積極的に否定するものではなく，ただ世界の時間的始まりの可能性を指示するにすぎない[55]。

　続いてボナヴェントゥラは，「理性と哲学に従って自明的な命題からする論拠」として六つを挙げている。そのうちの五つまでは現実的無限の不可能性に，残りの一つは無からの創造に根拠を措くものである。彼は，無からの創造を標榜しつつ世界の永遠性を措定することは明らかな矛盾である，ただし，質料の永遠性を措定すれば，ネオプラトニストたちの提唱する塵埃と足跡の譬や，光と影の譬のように，世界の永遠性を認めることもできる，と言う[56]。しかし，世界の永遠性を措定することによって，人間の不滅の魂が現実的に無数に存在することになる。こう

---

52) F. J. Kovach, "The Question of the Eternity of the World in St. Bonaventure and St. Thomas —— A Critical Analysis," in *Bonaventure and Aquinas, Enduring Philosophers*, ed. with an introduction by R. W. Shahan and F. J. Kovach, Oklahoma, 1976, pp. 155-162 参照。

53) トマスとボナヴェントゥラの論争に関する論争もまた数多い。参照したもののみをここに挙げよう。F. J. Kovach, *op. cit.*; G. H. Tavard, *op. cit.*; B. M. Bonansea, *op. cit.*; "The impossibility of Creation from Eternity According to St. Bonaventure,' *Thomas and Bonaventure, Proceedings of the American Catholic Philosophical Association*, vol. 48, 1974, pp. 121-135; F. Van Steenberghen, "Saint Bonaventure contre l'éternité du monde," chez *S. Bonaventura 1274-1974*, Roma, 1974, pp. 259-278; A. Coccia, "De aeternitate mundi apud Sanctum Bonaventuram et recentiores," *ibid.*, pp. 279-306; P. A. Mondreganes, "De impossibilitate aeternae creationis ad mentem S. Bonaventurae," *Collectanea Franciscana*, 5, 1935, pp. 529-570; V. Ch. Bigi, "La dottrina della temporalità e del tempo in san Bonaventura," *Antonianum*, 39, 1964 & 40, 1965, pp. 96-151; E. Gilson, *La philosophie de saint Bonaventure*, 2e éd., Paris, 1943; M.-D. Chenu, *Introduction à l'étude de S. Thomas*, Paris, 1954; B. Yamamoto, *De temporis habitudine ad creationem juxta s. Bonaventuram*, Roma, 1956.

54) *II Sent.* d. 1, p. 1, a. 1, q. 2, arg. (II 19a-20b).

55) 拙稿「ボナヴェントゥラにおける創造の問題」pp. 113-117 及び pp. 125-128 参照。

した不都合を避けるためには，魂の不死を否定したり，あるいは輪廻転生を考えたりせざるを得なくなる。かくして個人の行為に対する報いということが言えなくなる。こうした一連の不都合な結果を避けるために，世界の永遠性は否定されねばならない[57]，と彼は主張する。

ところで，無からの創造からして世界の時間的始まりを結論づけることができないことは，先述のトマスの批判からして明らかであるが(30-34頁)，ボナヴェントゥラがかかる見解に固執したのは，彼の創造論からして当然のことであった。すなわち彼は創造の過程に共通の基体や時間を想定しているが，これは創造を変化と解しているからである。そして，このために創造の尺度たる何らかの意味での時を措定せざるをえず，サン・ヴィクトルのリカルドゥスに倣って「時に従った創造」(creatio ex tempore) を表明するのである[58]。他方，創造は変化ではないとするトマスは，時間は創造の尺度たりえず，むしろ時間は創造された世界とともに始まったと言い，アウグスティヌスに倣って「時とともなる創造」(creatio cum tempore) を表明する。もちろんボナヴェントゥラも，アウグスティヌスの有名なマニ教論駁を知らないはずはない。それゆえ，彼は創造に先立つ時を措定することはできず，「時の始めに造られたものは……時とともに造られた」[59]と言うのである。この時の始めに造られたものとは，無形の質料である。そして，この無形の質料とともに造られた何らかの意味での時に従って，具体的な被造物が非有から有に出るのである[60]。「無からの創造」と「世界の時間的始まり」とを不可分に結びつけることは，新プラトン主義的質料形相論の上にい

---

56) *II Sent.* ibid. fund, et Resp. (II 20b-23a). G. H. Tavard (*op. cit.* p. 280) は，ボナヴェントゥラが産出 (production) と無からの創造 (creation ex nihilo) を区別し，産出であれば永遠的産出は可能であるが，創造であれば不可能であるとした，と指摘しているが，そこでも，永遠的創造の不可能性の根拠は esse *post* omnino non-esse である。

57) *II Sent.* d. 1, p. 1, a. 1, q. 2, f. 5 (II 21b-22a); *Coll. in Hexaem.* VI, 4 (V361). Cf. M. -D. Chenu, *Introduction à l'étude de S. Thomas*, Paris, 1954, p. 289, note 3. "Saint Bonaventure a admirablement formulé —— à son point de vue —— la cohérence des erreurs aristotélico-averroistes, dont l'éternité du monde est un anneau....."

58) *Brevil.* p. 2, c. 1 (II 219b); *II Sent.* d. 2, p. 1, a. 2, q. 2, Resp. (II 64b-65a). "creatio ex tempore" の意味について詳しくは，拙稿「ボナヴェントゥラにおける創造の問題」参照。

59) *II Sent.* d. 2, p. 1, dub. 2 (II 69b-70a).

60) 拙稿「ボナヴェントゥラにおける創造の問題」p. 121 参照。

2. 創造と時ないし世界の永遠性の問題

わば二段構えの創造論を展開したことからする当然の帰結であった。そして，質料の永遠性を措定すれば世界の永遠性も可能であると提唱することも，かかる創造論に由来するのである。

他方，創造を存在の授受という純粋な関係として捉えるトマスは，無からの創造と世界の永遠性との間にはいかなる論理的矛盾もないと主張する。すなわち，無からの創造とは，先述のように本性の先後を意味するのであって，必ずしも持続における前後を意味しない。果の産出にあたって因が果に持続において先行するのは，運動や変化を伴う産出の場合であり，運動や変化を伴わぬ創造という産出にあっては，因と同時に果が生ずるとしても何の不都合もないことは，太陽があると同時に光が発せられるという自然現象からも容易に類推される[61]。しかし，多くの人々は継起的過程を通して働く原因性に慣れているため，能動的原因が持続において先行しない場合を容易に理解できないのである，とトマスは言う[62]。

また，創造は何らかのものを前提としなければならない特殊的能動者による産出ではなくして，全体を産出する普遍的能動者によるものであるからして[63]，世界の永遠性の可能性は，受動的可能性としての質料の永遠性によるのではなく，能動的可能性，つまり力としての神の意志によるのである，とトマスは批判する。すなわち，特殊的能動者は形相に対応したかくかくの質料を前提し，そこに質料に対応したかくかくの形相を導入するのであり，その産出は時間を前提とした変化を伴う過程である。しかし，実体全体として質料も形相もともに同時に産出する普遍的能動者にあっては，質料も時間も前提されない。トマスは『能力論』[64]において，アナクサゴラスやエムペドクレスに言及し，「彼らは能動的原因を措定したが，これを普遍的能動者に相応しい仕方で考えず，むしろ特殊的能動者に倣って考えた。ところで特殊的能動者の働きは，質料をある一つのものから他の一つのものへ変化せしめることであるから，質料は永遠であると措定し，また世界は始まったとした。というの

---

61) 現代物理学からは〈同時〉とは言えないであろうが。
62) *De aet. mundi* (Marietti n. 299).
63) *S. T.* I^a q. 46, a. 1, ad 6.
64) *De Pot.* q. 3, a. 17.

も，運動という仕方で働く原因の果は，持続においてその原因に後続するものであるから」と言っているが，この批評はある意味でボナヴェントゥラにもあてられているであろう。なるほどボナヴェントゥラは創造を被造物の神に対する依存関係という垂直の軸で捉え，変化は伴うが運動は伴わぬ実体全体の産出として自然的産出と区別しているが，しかし，なおフィジカの世界の出来事である実体的生成から類推しているのであり，時間的世界といういわば水平の軸が彼の創造論にはかなり混入しているのである。

　かくてトマスは，ボナヴェントゥラに対立して，「無からの創造に関して哲学的に論証されうるのは，神のほかに何ものも前提されるものがないことと，造られたものが神によって存在を与えられて存在し，自らによっては無に帰するものであることとの二つである。しかし，持続において無の後に有になった，すなわち世界に始まりがあったということは論証不可能であり[65]，ただ信仰によって堅持さるべき事柄である[66]。なぜなら，世界内の特殊的事物の産出に関しては他の事物との関連において理由を述べることができても，世界の総体に関しては他の事物との関連を求めることは不可能であり[67]，それはただ神の意志のみに関わる事柄であって，神の意志に関しては理性は探究できないからである[68]。ただし，世界が常に存在したのではないとすることは，神の善性が被造物の善性を超越すること[69]，世界にはその存在の原因があること[70]，神からの被造物の発出は自然的必然性によるのではないことをより容易に

---

　65)　Cf. *II Sent.* d. 1, q. 1, a. 5, sol.; *S. C. G.* II cc. 35-38; *De Pot.* q. 3, a. 17, Resp.; *S. T.* Iᵃ q. 46, a. 2, c. で論証に関して次のように言っている。"Demonstrationis enim principium est *quod quid est*. Unumquodque autem, secundum rationem suae speciei, abstrahit ab hic et nunc: propter quod dicitur quod *universalia sunt ubique et semper*. Unde demonstrari non potest quod homo, aut caelum, aut lapis non semper fuit."

　66)　*S. T.* Iᵃ q. 46, a. 2, c.; *II Sent.* d. 1, q. 1, a. 2; *De Pot.* q. 3, a. 17, c. init. "*firmiter tenendum est mundum non semper fuisse, sicut fides catholica docet.*" トマスは，時間と空間（場所）がこの世界とともに造られたものであり，この世界の創造以前やこの世界の外に時間や空間を考えることは，想像の所産にすぎないことを指摘している。

　67)　*S. C. G.* II c. 35, § 6; *II Sent.* d. 1, q. 1, a. 5, ad 4, 7; *De Pot.* q. 3, a. 17, Resp.; *S. T.* Iᵃ q. 46, a. 1, ad 4.

　68)　*De Pot.* q. 3, a. 17; *S. T.* Iᵃ q. 46, a. 1, c.

　69)　*S. C. G.* II c. 35, § 8.

　70)　*S. T.* Iᵃ q. 46, a. 1, ad 6.

2．創造と時ないし世界の永遠性の問題

理解せしめる」[71]と言う。ところでボナヴェントゥラが世界の永遠性を執拗に否定した根本的動機は，こうしたことにあったのではないだろうか。彼にとって世界の永遠性の否定は神の超越性を擁護するためであり，彼の創造論ひいては存在論からする要請であると言えよう[72]。他方，独自の創造論，存在論を樹立したトマスは，世界の永遠性を否定する必要を感じなかったと言える。トマスにとって，世界の永遠性は永続性にすぎず[73]，存在を与える神と存在を与えられる被造物との間には，本性上の根源的乖離が存するのであるから。

しかしながら，トマスは世界の永遠性説を支持するのではない。世界の永遠性の可能性を認めるのは[74]，あくまでも，世界の時間的始まりを論証しうるかのように主張することによって，不信仰者に笑種を提供することにならないためである[75]。かえってトマスは，世界の永遠性支持説を一つ一つ詳細に検討し，それらがいずれも必然性をもたないこと，論証となっていないことを明らかにしている[76]。すなわち，神の永遠性を必然とする諸説に対しては，永遠と時間との関わり合いを明確にし，また充足的原因よりの永遠的流出説に対しては，必然的流出と意志的能動者による自由な産出との区別をしている[77]。また被造的世界に根拠（非存在への可能性をもたない非質料的叡智的実体，不滅の天体，運動の永遠性，時間の本性からする永久性，真なる命題の永遠性等）を措く諸説に対しては[78]，これらはいずれも神によって創造され存在せしめられている既存の世界について妥当することであって，〈存在の始め〉に関しては神の意志にかかっていること[79]，また，事物の作製（factio）からする諸

---

71) *De Pot.* q. 3, a. 17, ad 8.
72) 拙稿「ボナヴェントゥラにおける創造の問題」pp. 123-128 参照。
73) *S. T.* I^a q. 46, a. 2, ad 5; *II Sent.* d. 1, q. 1, a. 5, ad 7, 9; *De Pot.* q. 3, a. 17, ad 20; *De aet. mundi* (Marietti n. 309).
74) *De aet. mundi* (Marietti n. 306) "Sic ergo patet quod in hoc quod dicitur, aliquid factum esse a Deo at nunquam non fuisse, non est intellectus aliqua repugnantia."
75) *S. T.* I^a q. 46, a. 2, c.; *S. C. G.* II c. 38, § 8.
76) *S. T.* ibid. a. 1, c.; *S. C. G.* II cc. 31-37; *De Pot.* q. 3, a. 17.
77) *S. T.* ibid. ad 8, 9, 10; *S. C. G.* II c. 32, 35; *De Pot.* ibid. ad 1, 4, 6, 7, 8, 9, 12, 13, 14, 19, 20, 21, 22, 23, 26, 30; *II Sent.* d. 1, q. 1, a. 5 参照。
78) *S. T.* I^a q. 46, a. 1, arg. 2-7; *S. C. G.* II c. 33; *De Pot.* ibid. arg. 2, 3, 5, 15, 16, 17, 18, 24, 25, 27, 28, 29; *II Sent.* ibid.

論拠（無からは無であり，神から事物が作られるのではないから，神以外のもの，すなわち，第一質料が永遠に存在しなければならないこと，新たに事物が存在しはじめるという変化を担う第一にして永遠の基体が存在しなければならないこと等)[80]に対しては，変化や運動を伴い基体や質料を前提とする特殊的能動者による作製と，普遍的能動者による全存在の無前提の産出たる創造とを峻別することによって[81]，これらの諸論拠がいずれも世界の永遠性を結論づけるものではないことを明らかにしている。

他方，世界の永遠性否定論者たちの諸論拠に対しては，トマスは永遠性支持論者たちの反駁を提示し[82]，否定論者たちの諸論拠が，蓋然性をもつとはいえ決して必然的に世界の時間的始まりを結論づけるものではないことを明らかにしている[83]。さて無からの創造から世界の時間的始まりを結論できないことは先にみた通りであるが，無限の時間は現実には不可能であるとする諸論拠（無限には何も加えることができない，無限は通過できない等）に対しては，時間は同時に全体があるのではなく継次的にあるのだから，時間の無限は現実的無限ではなく可能態にある無限であること，また，時間はたとえ過去あるいは未来に関して無限であるとしても，現在に関しては常に有限であることを指摘している[84]。また作動因の系列を無限に遡源することはできないから，最初のものがなければならないとする論拠に対しては，因果系列は自体的（per se）なものであれば無限遡源は不可能であるが，付帯的（per accidens）であれば可能であると答えている[85]。そして，世界が永遠であれば無数の不滅の魂が現実に存在することになるという論拠に対しては，諸著作において[86]，これはより難しい問題であると告白している。しかし，結局のところ[87]，かかる論は特殊に関わるものであるが，世界の永遠性の問題

---

79) *S. T.* ibid. ad 2-7; *S. C. G.* II c. 36; *De Pot.* ibid, ad 2, 3, 5, 15, 16, 17, 18, 24, 25, 27, 28, 29; *II Sent.* ibid.

80) *S. T.* ibid. arg. 1; *S. C. G.* II c. 34; *De Pot.* ibid. arg. 10, 12; *II Sent.* ibid.

81) *S. T.* ibid. ad 1; *S. C. G.* II c. 37; *De Pot.* ibid. ad 10, 12; *II Sent.* ibid.

82) *S. C. G.* II c. 38, § 8. "et ideo conveniens videtur ponere qualiter obvietur eis per eos qui aeternitatem mundi posuerunt." Cf. *II Sent.* d. 1, q. 1, a. 5, ad 1-9, prologos.

83) *S. C. G.* II c. 38; *S. T.* ibid. a. 2; *De Pot.* q. 3, a. 17, fin.; *II Sent.* d. 1, q. 1, a. 5, ad 1-9.

84) *S. T.* ibid. ad 6; *S. C. G.* II c. 38, § 11, 12; *II Sent.* ibid. ad 3, 4.

85) *S. T.* ibid. ad 7; *S. C. G.* ibid. 13; *II Sent.* ibid. ad 5.

86) *S. C. G.* II c. 38, § 14; *II Sent.* ibid, ad 5; *De aet. mundi* (Marietti n. 310).

2. 創造と時ないし世界の永遠性の問題

は特殊に関わるのではなく、世界の総体に普遍的一般的仕方で関わるのである、とこの問題に対処している。以上の永遠性否定論者たちの論拠は、いずれもこの世界そのものからして時間的に有限であるとするものであるが、トマスにとって、世界の始まりは世界そのものから論証されることのできない事柄である。それは神に関わる事柄であって信ずべき事柄（credibile）であり、学的に認識さるべき事柄（scibile）、論証さるべき事柄（demonstrabile）ではない[88]。

以上のようなトマスの対処に対して、過ぎ去った出来事はたとえ現に存在しなくとも、現実に起こった出来事として現実の中に記されたのである[89]。それゆえ、無限の概念に根拠を置いた論拠は妥当性をもっており[90]、トマスは問題を回避したのである[91]、等々の批判がある。しかし、果たして過ぎ去った出来事は、フイルムに収められ光をあてれば再びその姿を現すようなものなのだろうか[92]。また、時間は天体の回転や時計などによって数量化されるが、果たして数量化された時間は人間の約束事ではなくして現実に量的なものなのだろうか。また、歴史は空間的に表象されるとはいえ、直線的な因果の連鎖として現実に存在するのだろうか。問題は時間や歴史をいかに理解するかであろう。ところで、トマスにとって世界の永遠性の問題は、この現にある時間的世界が時間的に有限であるか否かの問題ではなく、神の無尽蔵の豊かさに照らして、永遠的創造（つまり何らかの被造物が常に存在すること）が論理的に矛盾を含むか否かの問題であった[93]。

（附記1）　筆者はトマスの創造論に関して元ストラスブール大学教授

---

87)　*S. T.* ibid. ad 8; *De aet. mundi* (Marietti n. 310).
88)　*S. T.* ibid. c.; *II Sent.* ibid. sol.
89)　F. Van Steenberghen, *op. cit.* p. 274; Bonansea, *op. cit.* p. 13.
90)　F. Van Steenberghen, *op. cit.* pp. 277-278.
91)　Bonansea *op. cit.* p. 19.
92)　アビダルマ仏教説一切有部の時間論によれば、過去及び未来の事物（法）は、（実）体としては存在するが（作）用がなく、現在の事物は（実）体としても（作）用としても存在するという。（三世実有・法体恒有の説）。これは、フイルムに収められたものを映射するのに喩えられている。『講座仏教思想』第一巻（理想社、1974年）pp. 181-226、及び、桜部建・上山春平『存在の分析〈アビダルマ〉』（角川書店、『仏教の思想』2、1957年）pp. 62-73 参照。

Antoine CHAVASSE 先生のゼミナールから多くの示唆をいただいたことに対して，また筆者の論文審査員の一人として先生から「世界の永遠性の問題に関して，なぜトマスとボナヴェントゥラは互いに譲らなかったのか」の課題をいただいたことに対して感謝の意を表したい。

（附記2）1979年7月筆者は，スペイン・ナヴァラ大学のJ. I. SARANYANA 教授から "La creación *ab aeterno;* controversia de Santo Tomás y Raimundo Marti con San Buenaventura" (*Scripta Theologica*, Encro-Junio, 1973, pp. 127-174）をお送りいただいた。教授の結論は筆者のものと一致するので，次に引用させていただく。

"Las dos posiciones tienen finalidades eminentemente apologéticas. El Seráfico quiere distinguir a toda costa entre Dios y la creación. La creación *ab aeterno* no es, en su opinión y en la de sus seguidores, fácilmente conciliable con los atributos divinos y, por ello, la escuela franciscana distingue entre *habere possibilitatem ad existendum ab aeterno* (desde la perspectiva de la causa eficiente) y *posse creari ab aeterno,* imposible *ex eo quod non potuit ipsa creatura ab aeterno fieri.*

También los tomistas reconocen la dificultad del tema, pues "el problema de la creación no es menos delicado y difícil que el problema del Dios. En el fondo constituye una misma cuestión" Sin embargo, insiste en el cambio de plano: "La creación es la condición primera del ser (*être*) en cuanto que ser, y por consiguiente, del ser en todas sus cualidades, comprendida su duración, no importa si finita o infinita". Y la apologética de Santo Tomás y sus seguidores estriba en no perjudicar a la fe católica con argumentaciones que no prueben claramente...."

---

93) 神の無尽蔵の豊かさからすれば，時の流れ（それ自体として有限な被造物の入れ替り立ち替り）が，永遠から永遠に向かって絶えることなく続くとしても，不合理ではなかろう。無限には何も加えることができないとか，無限は通過できないとして世界の永遠性を否定する論拠に対して，トマスが時間がたとえ過去あるいは未来に関して無限であるとしても，現在に関しては有限であると言うのは（44-45頁参照），永遠の過去から永遠の未来に亙って流れる全体として無限の時の流れの中で，有限な一コマ一コマを展開しているにすぎない，と言おうとしているのではないだろうか。ところで，世界の永遠性と神の超越性とが抵触しないのであれば，永遠的創造の可能性を否定することは，神の全能を否定することになるのではないだろうか。

3

トマスにおける実在[1]と言葉
――言語の分析より ESSE の意味へ――

　実在を如何に理解するかは，いや，むしろその理解を表明するために，如何なる哲学的方途を有しているかは，神学的思索の方向を決定する。トマスの形而上学が esse（actus essendi）をその実在理解の中心に据え，esse と essentia の実在的区別を基にその神学が展開されていることは周知の事柄であるが，esse, actus essendi, esse と essentia の区別といった考えは，ボナヴェントゥラの形而上学・神学においてもまた有効に機能している。しかしながら，これらの言葉に込められている意味が両者において微妙に異なっていることを見落としてはならない。本稿においては，トマスがこれらに込めている意味を，被造物における esse と essentia の実在的区別といういわば結論的定式をどのように導きだしているかを考察することによって，多少なりとも明らかにしてみたい[2]。
　ところで，トマスの esse は"有無の彼方"にある。結論を先取りして言えばそれは言語以前のもの，言語を超え言語化を拒否するものである。しかし，それにもかかわらず，人間の語る言語が虚しいものではな

---

　1)「実在」という言葉の使用について：
　筆者が用いる「実在」という言葉はトマスの用語と一対一の対応をなしているわけではない。それは，時にはトマスの res と置き換えられ，時には，トマスの ens と置き換えられる。トマスが厳密に res という言葉を規定して用いる時，それは esse の含まれない〈何かのもの〉を意味表示する。しかし，広く in re などの形で用いる時，それは，実在という意味に近い。ここでは res（何かのもの）と ens（あるもの）の合わさったようなものを意味している。なぜなら，現実は〈何か〉と〈ある〉が不可分一体になっているものであるから（cf. "ens sumitur ab actu essendi, sed nomen rei exprimit quidditatem sive essentiam entis." *De verit.*, q. 1, a. 1, Resp.）
　テキストについて：本稿のために使用したトマスのテキストは，マリエッティ版である。アリストテレスの羅訳は，Aristoteles Latinus を参照した。なお，アリストテレスの引用は，トマスが引用する場合にも筆者が引用する場合にも，ともに二重カギカッコを用いた。

く何らかの仕方で実在を表現するものであるならば，換言すれば，人間にとって本質的なものである言語が実在の理解に当たって何らかの意味を持つとすれば，実在の根源的，究極的側面たる esse は何らかの仕方で言語に表現されなければならない。かくて，実在の形而上学的考察を試みるにあたって，アリストテレスに倣って〈我々にとってより先なるもの〉から出発するトマスは，同じくアリストテレスに従って日常言語を手掛りとする。日常言語がどのように機能しているか，これこそトマスにとって考察の出発点であり，依拠するところであり，最終的判断の基準である。

1．EST に向かって

1-1　日常言語の分析

　我々は多くのテキストの中からトマスが彼独自の esse (est) の意味を組織立てて明瞭に表現している『命題論註解』を取り上げ，ここでトマスがアリストテレスに従って，概念ではなくあくまでも日常話されることば (dictio) の機能の分析に終始しつつ，アリストテレスを超えて actus essendi を表示するものとしての esse の意味を浮彫にする過程を

---

　2) トマスがこの esse という言葉（ひいては被造物における esse と essentia の実在的区別）に込める意味を明らかにするためには，被造物と創造主・神といった枠組から出発するのは多くの誤解を生ずる惧れがあると筆者は考える。なぜなら，こうした枠組から出発する場合，essentialiste 的な表現を避けることは容易なことではなく，かかる表現によってトマスの esse は essentialiste 的意味合いで読まれる危険があるからである。また，神と被造物といったアプリオリの枠組から出発するのは，トマスの本意にも反するであろう。なぜなら，トマスの方法はアリストテレスに倣って常に〈我々にとって明らかなるもの〉から〈それ自体においてより明らかなるもの〉へ進むことであるから。また更に，神による被造物の創造ということを信じない人にとっては，我々の日常出会う事物における esse と essentia の区別は，理解しえない事柄になるからである。

　ところで，ジルソンはトマスの哲学的方途を他の哲学的方途から区別して，後者を essentialisme と呼んだ。しかし，ジルソンはトマスの esse の独自性を明らかにするために直ちに創造論を援用したために，哲学的方途が実在理解と混同され，多くの essentialistes たちの誤解と批難を招くことになった。実際，実在の理解に関して言えば，トマスは他のキリスト教神学者たちと見解を異にするわけではない。キリスト教のみならず一神教に基づく思想家たちで，我々を取り巻く事物や，この世界で生起している事柄が現実にあること，そして，それがとりもなおさず超越する神の創造行為によることを疑い否定する者はないからである。

見よう。

1-1-1 動詞一般の機能　トマスがこのアリストテレスのテキスト（『命題論』第3章）の註解において目指すところは，動詞 est が日常の言葉として如何に機能しているかを明らかにすることである。この目的を達するための準備段階として，彼は先ず動詞一般の機能の特徴を挙げる。

動詞の機能の第一は，能動的ないし受動的はたらき・動作を表示することである。この点で，何らかの物・事（res）をそれ自体として存在するものとして（quasi per se existens）表示することを固有の機能とする名称とは区別される。しかしながら，働きの表示即動詞の機能と考えることはできない。トマスはこの点に注意して，はたらきの表示に三つの可能性を挙げている。（1）働きを或る種の事（res）として捉え，それをそれ自体として独立に抽象的に（per se in abstracto, velut quaedam res），名詞形（例えば能動，受動，歩行など）で，表示することが出来る。（2）働きを独立に切り離して捉えず，実体から生じ，実体を基体としてそれに内属するもの（actio egrediens a substantia et inhaerens ei ut subiecto）として，動詞形で述語として表示することが出来る。（3）実体から生じ実体に内属するというはたらきの側面（inhaerentia actionis）が知性によって把握され，或る種の事として動詞の不定法（例えば，働きかけること，働きを受けること，歩くこと）で表示される。従って，不定法は，働きの基体への内属を表示するものとして，具体性をもつという点で動詞と考えられ，或る種の物事を表示するという点で名称と考えられうる（nº 56）[3]。

はたらきの表示に付随して，時の表示が動詞の機能の特徴として挙げられるが，しかし，時を或る事（res）として主たる表示内容とするのは名称である（筆者：現在・過去・未来，きのう等）（nº 58）。しかも，動詞の時制は本来的には現在に限られる。なぜなら，働きかける或いは働きを受けるというのは端的に言えば現にこの時の現実（agere vel pati

---

[3]　*In Peri Hermeneias*, L. I, 1. 5. nº56 は，マリエッティ版に付されたトマスの註解のパラグラフ番号である。以下パラグラフ番号のみ記す。

IN ACTU）であり，動詞はこれを表示するのがその本来の機能であるから（nº 63）。従って，直接法現在時制の動詞以外は，非本来的なもの（secundum quid）として（nº 63）動詞の変形（casus verbi）である（nnº64-65）。

最後に，動詞は述語として用いられるのが本来であることから，主語との複合を合意している（nº 59）[4]。

要するに，動詞の特徴は，基体（主語）に内属する働きの現にこの時の現実を述語として表示することにある，と言えよう。

1-1-2　ipsum verbum quod est esse: ens の分析より esse へ

動詞は述語として用いられた時，その本来の機能を発揮する。他方，動詞が単独で用いられた場合，それは何か或る事柄を表示するものとして名詞と同じく名称である（nnº 66-67）。名称は何か（aliquid）を，つまりもの・こと（res）を表示する。この限りで，名称は単独で何らかの意味を有し，これを聞く者はその意味を了解し，思考の運動はそこで静止する，とアリストテレスは言う。然し，ここでトマスはアリストテレスを越える布石として，アリストテレスを訂正する（Sed hoc videtur esse falsum）。名詞であれ動詞であれ，名称として単独に用いられたならば，それらは聞き手の心を最終的に満足させず，思考をそこで停止させることにはならない。例えば，ただ「人」と言えば，人が「どうした」（quid de eo）を聞き手は期待し，ただ「走る」と言えば，「何が・誰が」走るのか（de quo）を聞き手は知りたいと欲するからである。従って，人間知性（話し手・聞き手）の思考運動を静めるのは，完結した文のみである（nº 68）[5]。

トマスがアリストテレスを訂正する意図は，述語としての動詞の機能，つまり完結した文における動詞の機能の中から動詞 ESSE の意味を探ることである。彼は，「アリストテレスが直ちに付け加えて『しかし，（動詞単独では）あるか或いはあらぬかは，未だ表示しない』と言っている」[6]この言葉を註解して言う。「即ち，未だ何かを結合と分離という仕

　4）　verbum importat compositionem, qua praedicatum componentur subiecto.
　5）　Sola oratio perfecta facit quiescere intellectum, non autem nomen, neque verbum si per se dicatur.

方で，或いは真偽という仕方で，表示しないのである」。真偽を表示するのは単語ではなく，主語と述語が結合している或いは分離している文である。しかも，希求文や命令文ではなく，言明を表す命題文である。この真偽の表示に最もよく係わっているのが動詞 ESSE とその否定型 NON ESSE であることに彼は注目する[7]。そして，実は，「ある」というこの動詞（ipsum verbum quod est esse）の意味するところが全ての動詞の中に合意されている（例えば，currere = currentem esse）ことは，アリストテレスが指摘している通りである。

ところで，esse も non esse も単独では，実在の真偽を表示することができないことは，他の全ての動詞と同様である[8]。「なぜなら，如何なる動詞も，『物事のあること或いはあらぬこと』，すなわち，物事が"ある"或いは"あらぬ"ということを表示することができないからである」(nº 69)。我々は，トマスがここで『物事のあること或いはあらぬこと』(rei esse vel non esse) という名詞の所有格と不定法で表わされたアリストテレスの言葉を言い換えて，わざわざ物事が"ある"或いは"あらぬ"(res SIT vel NON SIT) と動詞を強調していることに注目しなければならない。

ところで動詞はすべてその現在のはたらきを表示するという特徴からして，分詞 + esse で言い換えられるという意味で（currere est currentem esse)，esse を含意していると言えるのであるが，しかし，「如何なる動詞も"この全体"(hoc totum) すなわち〈もの・ことが，ある或いはあらぬ〉(rem esse vel non esse) を表示することはない」(nº 69)。

トマスは，アリストテレスが以上の言葉を如何に理解しているかを明らかにするために，後者が続いて『ens もまた単独では何ものでもない』と言っていることに我々の注意を喚起する (nº 70)[9]。ここでトマスはアリストテレスの EST 理解の限界を明らかにし，よってもって彼独

---

6) Et ideo statim Aristoteles subdit: Sed si est, aut non est, nondum significat.

7) illa verba, quae maxime videntur significare veritatem vel falsitatem, scilicet IPSUM VERBUM QUOD EST ESSE, et verbum infinitum quod est non esse.

8) quorum neutrum per se dictum est significativum veritates vel falsitates in re;...... Vel potest intelligi hoc generaliter dici de omnibus verbis.

9) Ubi notandum est quod in graeco habetur: "Neque si ENS ipsum nudum dixeris, ipsum quidem nihil est."

自の esse の新たな理解を提示しようとするのである。トマスは細心の注意を払い，アリストテレスの言葉を確認する。「アリストテレスは『動詞は〈物事がある或いはあらぬ〉を意味しない。しかし〈あるもの〉さえもまた〈物事がある或いはあらぬ〉を表示することはない』と言ったのだった」。そして，物事がある，或いはあらぬを表示しない，ということこそ，単独にそれだけで口にされた ENS は何ものでもないとアリストテレスが言った意味であると註解し，更にその意味を明確にするために「つまり何かが（で）あるを表示しない」と付け加えている（nº 71）[10]。

　アリストテレスが〈何ものでもない〉と言い切ったところから，トマスは大きな一歩を踏み出す。彼は〈あるもの〉（ENS）という言葉を〈ある・ところのもの〉（quod est）という二語に置き換えることによって，アリストテレスが読みとることのできなかった EST のもつ深い意味を明るみに出そうと努めるのである。

　　「実にこのことは私が ENS と呼ぶこのこと（hoc quod DICO ens）について最もよく見られたのであった。なんとなれば ENS は〈ある・ところのもの〉に他ならないからである。従って ENS は，二つを，つまり私が〈ところのもの〉と言うこのことによって〈何かのもの〉（res）を，また私が〈ある〉と言うこのことによって〈あること〉を表示すると思われる。そして，もし仮にこの ENS と言われ語られる言葉（haec DICTIO ens）が何よりも先ず〈あること〉を表示するとしたら，疑いもなく〈何かがある〉を表示するであろう」（nº 71）。

　アリストテレスにとって ENS は〈何かが（で）ある〉を表示しないがゆえに何ものでもなかった。彼にとって，〈ある〉は〈何か〉にいわば埋没し（ALIQUID = ESSE），何ものでもない（nihil est）として特別な注意は払われていなかった。しかるに，トマスは，QUOD EST と二語に分節して語る（dico）行為において，人が「ある」"est" と言う

---

10) Et hoc est quod dicit, nihil est, ID EST NON SIGNIFICAT ALIQUID ESSE.

このことによって何が意味されるか（per hoc quod dico "EST"）を明らかにしようとする。ここではもはや ALIQUID ＝ ESSE としてではなく，ALIQUID ／ ESSE として，ESSE そのものが純粋な形で前面に現われてくるのである。

続いてトマスは『しかし（あるものは）何か或る結合を合わせ意味しはする，云々』を註解して言う。「しかし，〈あるもの〉という言葉は，私が〈ある〉と言うこのことのうちに合意されている結合をば主たるものとして表示することはなく，むしろ，〈あること・をもつ・もの〉（res habens esse）を意味する限りでそれを合わせ表示するのである」（nº 71）。人が〈ある〉と言う時，〈何かが（で）〉ということが，つまり〈ある〉と〈何か〉との結合が，常に含意されている。動詞の述語としての機能からそれは当然である（cf. p. 50）。〈あるもの〉と言う時にもまた〈ある〉と〈もの〉の結合が含意されている。しかし，この結合は，単純に把握されたもの（simplex conceptio alicuius，nº 68）であり，「従って，結合のかかる随伴的表示は真偽ということには十分ではない。なんとなれば，真偽が成り立つ結合は，結合の両端を結び合わせることによってしか知解されえないからである」（nº 71）。

動詞 ESSE の意味が明らかになるのは，結合・分離の中のみ，つまり主語・述語の結び合わされたあるいは分離された文の中のみである。すなわち，動詞 EST としてしか，その本来の意味を露わにしないのである。

1-1-3　hoc verbum EST　　かくてトマスは更に進んで，他の翻訳にアリストテレスの τὸ ὄν が ens ではなく esse とあるのに注目し[11]，動詞 EST に正面から迫ろうとして言う（nº 72）。「すなわち，如何なる動詞も物事がある或いはあらぬを意味することはない，ということを，アリストテレスはこの EST という動詞によって証明したのである。EST はただそれだけで言われた時，あること（esse）は表示するとはいえ，何かがあることは表示しない」（nº 72）。ENS は（現にある，とい

11）Si vero dicatur, nec ipsum esse, ut libri nostri habent, planior est sensus. Boethius 訳では nec si hoc ipsum est purum dixeris; Moerbecke 訳では neque si ens dixeris ipsum nudum.

うことから付けられた名称であるが)[12] esse の表示を主とするものではない[13]。それは名称として〈もの〉(RES habens esse) を表示するものである。他方〈動詞〉EST は何か (aliquid)・もの (res) を表示するのではない。ここでは完全に〈何〉(quid) から区別された esse が取り出されている。

たしかに EST という言葉は，主語となる何かと EST とともに述語となる何かとを含意している。しかし，それだからといって，EST という動詞の主たる機能は〈何か〉と〈ある〉の複合を表示することにあるのではなく，むしろ，主語と述語を〈繋ぐこと〉にある。そしてこの結合は両端に置かれた何かを表示する言葉によってはじめて理解されるのであり，繋ぎの言葉自身は何かを表示しないという意味で無内容である。

しかしこの無内容な言葉が実は重大な意味をもっている。

この重大な意味を取り出すために，トマスはアリストテレスが『しかし，(この動詞 EST は) 結合を合わせ意味しはする (ΠΡΟΣημαίνει, CONsignificat)』と付言していることを解説して，「なぜなら，その表示は主たるものではなく結果的なものであるから」と言い，続けて「すなわち，まず何よりも第一に表示するのは，端的に現実性という仕方で知性に入ってくるそのことである」と断言して，EST が知性によって現実性として捉えられること以外には何も (ABSOLUTE) 意味しないことを明確にする。更に「なぜなら EST は，ただそれだけで言われたならば，現にある (IN ACTU ESSE) を表示するのであるから」と言い換えて，それ故にこそ動詞として表示するのであると付け加えている (cf. p. 49; n° 73)[14]。

「ところで，この動詞 EST が何にも増して表示する現実性は，実体的現実態であれ附帯的現実態であれ凡ゆる形相に共通して現実性である」(lbid.)。ここで我々は〈凡ゆる形相に共通して〉という表現を誤解してはならない。トマスは，この動詞 EST と言っているのであり，〈凡ゆる類に共通する ESSE〉[15] や〈共通する ESSE〉(ESSE 一般)[16] や

---

12) ens imponitur ex actu essendi. *In Met.*, L. IV, 1. 2, n° 553; *De Verit.*, q. 1, a. 1, Resp.
13) si quidem haec dictio ENS significa*ret* esse principaliter. (n° 71)
14) significat IN ACTU ESSE, et IDEO significat PER MODUM VERBI.

〈共通する ENS〉（ENS 一般）[17]という概念としての〈あること〉についてではなく，あくまでも語られる行為において現れる EST について述べているのである。「従って，我々がどの形相であれはたらきであれ，それが何か或る基体のうちに現実にあることを表示しようと欲する時，我々はこの動詞 EST を用いてそれを表示するのである」(Ibid.)。

ところで現実は〈この全体〉すなわち〈ものが（で）ある〉である(cf. p. 51)。それは，〈もの〉という言葉のみでも〈ある〉という言葉のみでも表示されえない。〈ある〉が現実性を表示し，主語（と述語）を暗示することによって res を含意するとはいえ，この全体としての現実は，共に置かれた (cum-ponere) EST の両端の言葉なしには完全に理解されることはできない。つまり，主語が EST によって述語と結ばれて，はじめて真偽が問題となる現実を表示することば（命題文）となるのである (cf. p. 51)。「従って，結果としてこの動詞 EST は結合 (compositio) を表示する」(Ibid. fin)。

1-2　esse と essentia の実在的区別

1-2-1　日常言語からメタ言語へ

以上トマスは日常言語の分析を通して，人間が語る行為 (dictio, dico) において EST という動詞がいかなる意味をもち，いかなる機能を果たしているかを明らかにしたのであるが，トマスはこれを出発点として，ここからメタ言語のレヴェルに移行して実在の分析を行っている。

先にトマスは「如何なる動詞も〈この全体〉すなわち〈事物があること或いはあらぬこと〉を表示することはない」と言ったのであるが，verbum はここで〈ことば〉と訳し換えることもできよう。動詞はただそれだけで言われたならば，名称にすぎない。そして名称が表示するのは〈もの・こと〉である。従って，名称（動詞も含む）がただそれだけで言われたなら res つまり aliquid は表示されても，それが〈現（実）にあるかあらぬか〉は表示しない。他方，動詞 EST は〈現（実）にあ

---

15) esse, commune quoddam est. *I Sent.*, d. 23, q. 1, a. 1, c.
16) esse commune. *S. T.* I, q. 3, q. 4, ad 1.
17) ens commune. *I Sent.*, d. 8, q. 4, a. 1, ad 1; *S. C. G.* II, c. 54, fin.; *S. T.* I, q. 93, a. 9, c.; *S. T.* I-II, q. 66, a. 5, ad 4.

る〉を表示するが，res ないし quid は表示しない。それゆえ EST は単独では無内容である。従って，res を表示する名称に動詞 EST が添えられることによって，名称が表示する内容が現実のものとして表示されることになる。しかし，それによって内容が変わるわけではない。かくしてトマスは何か・ものとして表示される実在の内容を総称的に essentia と呼び，全ての何について，それが現（実）にあるという事態を総称して不定法で esse と呼んで言う。「essentia と呼ばれるのは，その actus（現実態・はたらき）が esse であるものである」[18]。そしてトマスはこの esse と（ens と）essentia の間の関係を，日常言語の熱する・熱するもの・熱の三語の間の関係によって説明して言う。「すなわち，esse は〈あるところのもの〉としての何かのはたらきである。例えば熱することが熱するもののはたらきであるように。そしてまた〈それによってあるところのもの〉，つまりそれによって esse に名称が付されるところのもののはたらきである。例えば熱することが熱のはたらきであるように」[19]。

　ここで essentia は奪格の quo で示されている。この奪格の用法は，状態・はたらきの起源，型，仕方等を表示する[20]。つまり，X スル（X サレル）というはたらきに対してそのはたらきを特徴づけるもの（型）が考えられ，それを表示するための抽象名詞が付される（calor, igneitas, humanitas）。あるいは具体的に実体として名称が付される（calefaciens, ignis, homo）。実際の言語の生成上の順序はそれぞれの語によってまちまちであろうが，〈X スル—X スルモノ—X〉において X にあたるもの（意義素あるいは，それの名詞化されたもの）が表示するものが essentia である。そして esse は X スルのスルが表示している。しかし，essentia がスルを含まないのに対し，esse は当然 X を含んでいる。

---

18) essentia dicitur cuius actus est esse. *I Sent.*, d. 23, q. 1, a. 1, c.

19) Esse enim est actus alicuius ut quod est, sicut calefacere est actus calefacientis; et est alicuius ut quo est, scilicet quo denominatur esse, sicut calefacere est actus caloris. *ibid*.

20) ce dont provient un état, une action; la conformité, ce qui est fait à partir d'une chose prise pour guide; la manière. cf. A. ERNOUT et F. THOMAS, *Syntaxe Latine*, 1972, pp. 79-103.

I-2-2　ESSE/ESSENTIA　　現実（actus）は全てはたらき（actus）である。そして，この現実はさまざまなはたらき方をしている。この様々なはたらき〈方〉（modus）がはたらきに〈何〉を表示するさまざまな名称を与えるのであり，はたらきの現実そのものは（simpliciter, absolute），はたらき〈方〉が異なるにせよ，すべて一様に〈現（実）にある〉としか表現されえない。かくてトマスは「実在には二つの原理（次元）がある。すなわち事物の何性とその esse とである」[21]と言う。日常の言語活動において人が実在（hoc totum）について述べる言葉に二つの種類のものが区別された。それは事物（もの・こと）を表示する名称（動詞も含む）と動詞 EST であった。そして言葉の区別は，他ならぬ実在における二つの原理の区別に根差していると理解されてくるのである。「すなわち，如何なるものであれ，本質とその esse とが別であるものにおいては，それによってあるもの（〈ある〉の原理）とそれによって何かであるもの（〈何か〉の原理）とは別でなければならない。なんとなれば，如何なるものについても，それの esse によって「……ある」と言われ，他方如何なるものについてもそれの本質によって「何」と言われるのであるから」[22]。

1-2-3　ESSE/ESSENTIA, ACTUS/POTENTIA　　この esse と本質との原理的相違をトマスは現実態と可能態の相違（関係 comparetur ad …sicut…ad…）として捉え，再び言語の機能に訴えて説明する。「あることは凡ゆる形相ないし本性の現実性である。すなわち，善性や人間性が現実であることが表示されるのは，ただ我々が〈それが（で）ある〉ことを表示する場合のみであるから。それゆえ，esse それ自身は esse とは別の essentia に対して現実態の可能態に対する関係として考えられる」[23]。

De Potentia の一節は更に明瞭である。「いかなる個的形相も，esse が

---

21) cum IN RE duo sint, quidditas rei et esse eius. *I Sent.*, d. 38, q. 1, a. 3, c.
22) IN QUOCUMQUE ENIM ALIUD EST ESSENTIA, ET ALIUD EST ESSE EIUS, oportet quod aliud sit quo SIT, et aliud quo ALIQUID sit; nam per esse suum de quolibet DICITUR quod EST, per essentiam uero suam de quolibet DICITUR QUID sit. Unde et definitio significans essentiam, demonstrat QUID est res. *Compend. Theol.*, c. 11.

措かれないならば，現実のものとして知解されない。例えば人間性や火性は，質料の可能性のうちに知性の外に存在するものとも，作用者のちからのうちにあるものとも，更にまた知性のうちに存在するものとも看做されうる。しかし esse を有するこれは現実に存在するもの（actu existens）となっている」[24]。

ここで，esse は essentia を実在的に現実化すると考えられてはならない。これはあくまでも言語上のこと（表示），人間知性の知解の上でのことである。

1-2-4 ESSE の逆説

トマスは彼の言う esse（hoc quod DICO esse）が誤解されぬよう細心の注意を払う[25]。「私が言う esse に何かそれよりも更に形相的なものが加えられ，esse を現実態が可能態を規定するように規定すると解されてはならない。すなわち，かかる esse はその定義からして，規定すべく加えられるものとは別である」。トマスがここで言う esse は，それに essentia が加わることによって内容が生じるものの如くに考えられてはならない。それはむしろ全てである。それゆえ「esse に外からは何ものも付け加えることはできない。なぜなら，esse に対して外なるものは，ただあらざるもののみであり，それは形相であることも質料であることもできないからである。」従って，ここでは逆説的な表現しかできない。「esse が別の原理によって規定されるのは，可能態が現実態によって，という仕方ではなく，むしろ現実態が可能態によってという仕方である」[26]。

しかしまた，esse が essentia とは別であるということから，esse が accidens のように付け加わるものであるという誤解をも斥ける。esse はいわば essentia の構成要素によって構造を与えられているのである

---

23) esse est actualitas omnis formae vel naturae; non enim bonitas vel humanitas significatur in actu, nisi prout significamus eam esse. Oportet igitur quod ipsum esse compararetur ad essentiam quae est aliud ab ipso, sicut actus ad potentiam. *S. T.* I, q. 3, a. 4, c. cf. *S. C. G.* II, c. 54.

24) Hoc quod habet ESSE, efficitur ACTU existens. Unde patet quod HOC quod dico ESSE, est ACTUALITAS omnium actuum, et propter hoc est PERFECTIO OMNIUM PERFECTIONUM. *De Pot.*, q. 7, a. 2, ad 9.

25) Nec intelligendum est quod... *ibid.*

（QUASI constituitur per principia essentiae）。従って，esse から付けられた名称 ens は，esse の内部構造たる essentia から付けられた名称（例えば homo）と同一の事柄（内容）を表示するのである[27]。

要するに，トマスの言う esse は essentia を実在的に現実〈化〉するものではない。それは essentia の現実〈態〉である。

1-3　ESSE の超越性

以上，トマスが日常言語の分析をもとに，メタ言語（esse, essentia, actus, potentia）によって実在における esse と essentia の区別を明らかにする過程を見たのであるが，ここで果たして esse を〈あること〉と訳してよいかが問題となろう。つまりこの不定法の用法が名詞的であるか動詞的であるかの問題である。前者であればそれは名称である。後者であればそれは actio を表す。前者であれば，それは何らかの res を表す概念である。また動詞であっても，動詞一般には，res（如何なる actio 或いは passio か）の表示が含まれていた（cf. p. 52）。しかし，動詞本来の機能は，その res の現にこの時の現実（agere vel pati IN ACTU）を示すことにあった（p. 49）。その意味で全ての動詞は esse を含んでいた。ところが，動詞 EST には res の表示は含まれていなかったのである（cf. p. 54）。従って，トマスが esse と呼ぶ（hoc quod DICO esse）のは，呼び名（ことば）ではあっても，「esse という概念」「esse の概念」は存在しないのである。これは actus essendi というメタ言語によってトマスが意味するものについても同様である。トマスは概念化できない現実そのものを指して actus essendi と呼んでいるのである。つまり，ものが〈現に〉ある時に actus であると言われるのであり[28]，actus と

---

26)　Nec intelligendum est quod EI, quod dico ESSE, aliquid addatur, quod sit EO formalius, IPSUM determinans sicut actus potentiam. ESSE enim quod huiusmodi est, est ALIUD, secundum essentiam, ab EO, qui additur determinandum. NIHIL autem potest addi ad ESSE, quod sit extraneum ab IPSO, cum ab EO nihil sit extraneum nisi non ens, quod non potest esse nec forma nec materia. Unde non sic determinatur ESSE per ALIUD sicut potentia per actum, sed MAGIS sicut actus per potentiatm. *ibid.*

27)　"hoc nomen Ens quod imponitur ab ipso esse, significat idem cum nomine quod imponitur ab ipsa essentia." *In Met.*, L. IV, l. 2, nn° 550–552, 558.

28)　actus est, quando res est, *In Met.*, L. IX, l. 5, n° 1825.

は何かと尋ねられても，それを定義することはできず，ただ具体的な例によって理解する以外に途はないのである[29]。しかも，それは potentia との関係・比較によって可能となるのである[30]。

　esse ないし actus essendi という「ことば」によって指示されるものは概念を超越する。ではかかるものは知性によっては捉えられず，ましてやその表現は不可能なのだろうか。また，トマスが言う esse と essentia の実在における区別とは一体何なのだろうか。これらを明らかにするためには，再び言語の分析に戻らねばならない。

2．述語行為と ESSE

2-1　再び日常言語へ

　言葉は本来本質を表示するもの，つまり概念である。従って esse という言葉にする時，esse は概念化し，本質化する。これは人間が言葉を用いて実在を説明しようとする時，避けえぬ宿命である。この不可避の宿命の中にあってトマスはこれを突破しようとする。ここで彼が依り拠とするのは，再び日常言語である。トマスはここでもまたアリストテレスの言語分析を手がかりとする。

　2-1-1　Quot modis dicitur ens　『形而上学』第 5 巻 7 章で，アリストテレスは，〈ある（もの）〉(ὄν) と言われる仕方を区分しているが，ここでは彼は，先ず (1) 附帯的に「ある」と言われる場合と (2) 自体的に「ある」と言われる場合とに区分し，更に (3)「ある」と言うことは「真である」の表明であることを明らかにし，そして最後に (4)「ある」を可能的に言われる場合と完全現実態において言われる場合とに分類している。トマスは，『形而上学註解』第 5 巻第 9 講でこの (1) から (3) の「ある」といわれる仕方を取り上げ註解しているが[31]，この註解こそ，トマスの言う esse の意味を明らかにしてくれ

---

29) Actus... definiri non potest. *Ibid.*, n° 1826.
30) ita proportionaliter ex particularibus exemplis possumus venire ad cognoscendum quid sit actus et potentia. *Ibid.*, n° 1827.

よう。

　トマスはアリストテレスの区分について，（1）は，「云々が云々である」（例えば homo est albus）のうち，先ず〈ある〉の意味をこの文全体の表示する事柄のレヴェルで捉え，この事柄が言われるのが附帯的である場合であり，（2）は，文全体から，切り離して独立に（per se）考察する場合であると理解し，（3）の意味での「ある」〔（4）についても同様〕を（2）の中に組み入れている[32]。

　アリストテレスは先ず（1）〈ある〉が文全体の中で考えられ（ S est P ），それが附帯的であると言われる場合を分析しているが，これを注釈してトマスは，かかる〈附帯的ある〉を表示する文においては，この動詞 est は関係（comparatio）を表示するものであり[33]，云々が云々に"述語付けられる"のが附帯的であることを意味していると言う[34]。つまり，〈あること〉が表示するのは〈附帯すること〉に他ならないのである[35]。そして，〈ある〉という言葉が用いられるのは，それについて述べられている当のもの（基体：主語・述語のどちらか一方が表示するものか，あるいは言葉に表示されていない隠されたもの）が〈あ・る・も・の・〉（ens）であり，それについて述べている言葉（主語・述語の両方か或いはどちらか一方）の表示するものが，その基体の〈うちにあ・る・〉（inest enti, insunt enti）からである[36]。

2-1-2　quot modis praedicatio fit, tot modis ens dicitur.
続いてアリストテレスは自体的に言われる ὄν を取り上げるが，それは〈云々は云々である〉という文全体から切り離し独立するものとして（ens per se）捉えるのである。ところで，（2-1）〈云々は（が）ある・云々である〉（ S est P. S est P ）と捉える場合と，（2-2）〈ある〉（S

---

31) Hic Philosophus distinguit quot modis dicitur ens, *In Met.*, L. V, l. 9, n° 885.
32) hoc totum, homo est albus, est ens per accidens. *ibid.*; secundum absolutam entis considerationem. *ibid.*
33) Quae quidem comparatio significatur hoc verbo, Est, cum dicitur, homo est albus. *ibid.*
34) aliquid praedicatur de aliquo... per accidens. *ibid.*
35) In omnibus enim his, ESSE, nihil aliud significat quam accidere. n° 886.
36) nn° 887-888.

est P）と捉える場合では、〈ある〉の意味が異なってくる。（2-1）の場合，〈ある〉は云々に埋没し，もろもろの述語が表示する〈内容があること〉を意味している。すなわち，実在は様々なあり方をしており，このさまざまなあり方を我々はさまざまに叙述する[37]。かくてアリストテレスはさまざまの述語の表示する"内容"に応じて〈あるもの〉を分類し，十の範疇（praedicamenta）に整理したのだった[38]。それ故，この意味での〈ある〉は，叙述に用いられる言葉の諸形態（figurae praedicationis）の表示するものと同じことを表示する[39]。例えば，「人間は動物である」と言えば，その〈ある〉は，実体を意味する。（つまり，人間は実体として言えば動物である。）また，「人は色白である」と言えば，その〈ある〉は性質を意味する。（つまり，その人について性質の点で言えば色白である。）est の意味は，述語の側のみによるのではない。基体について叙述する言葉は主語にも現れるのであって，この主語の表示するものによっても est の意味が規定されるのである。（例えば，「ソクラテスは動物である」と言えば，ソクラテスというこの第一実体について言えば，の意味になる[40]。）ところで，何かについて叙述がなされる時，必ずしも常に動詞 est が用いられる訳ではない。なぜなら，述語には est 以外の動詞も用いられるのであるから。しかし，動詞はすべて，その意味からして（cf. p. 51）EST＋分詞の形に言い換えられることができる[41]。従って，何かが述語付けられる仕方の数だけ，それだけ多くの仕方で〈何かがある〉が表示されるのである。ここでトマスは，アリストテレスの注意が〈ある〉にではなく，〈何か〉に集中し，〈ある〉が〈何か〉に埋没していること，彼にとって〈ある〉はあくまでも〈何かが（で）ある〉であることに我々の注意を促すため，アリストテレスの言葉を言い換えて「『あるものと言われるそれだけの数だけ』」，つまり何かが述語付けられる仕方に応じて『あることが表示される』」，つまり，

---

[37] ilia dicitur esse secundum se, quaecumque significant figuras praedicationis. n°889. diversum modum praedicandi, qui consequitur diversum modum essendi. n° 890.

[38] ens contrahatur ad diversa genera secundum diversum modum praedicandi... n° 890.

[39] oportet quod unicuique modo praedicandi, esse significet idem, n° 890.

[40] n° 891.

[41] Verbum enim quodlibet resolvitur in hoc verbum Est, et participium. n° 893.

それだけ多くの仕方で，何かがあることが表示される」と言うのである[42]。ここでは，叙述に用いられる言葉（動詞も含めた意味での名称）が，何か或る仕方での〈あるもの〉（ens）であり，その意味でさまざまな〈何かあるもの〉であることとして捉えられている[43]。しかし，〈述語づけがなされる〉その仕方の数だけ，というトマスの言葉に我々は注目しなければならない。ここには，「何か」から切り離された「ある」が既に示唆されている。

2-1-3　esse et est significant compositionem propositionis

トマスはアリストテレスに従って，次に（2-2）「云々は云々で」から切り離し，独立に「ある」（esse et est）を問題にする。ところで，（2-1）の〈あるもの〉が知性の外にあるもの[44]を表示するものであり，その本性のさまざまなるに従って十の範疇（praedicamenta）に分類されたのに対し[45]，この「ある」（〈あるもの〉）は，ただ知性の中にのみある[46]。すなわち，〈あること〉と〈ある〉という言葉は，知性が結合し分離しつつなす命題（propositio）の構成（compositio）を意味表示するのであり，命題の真なること，そして，その根拠としての事物の真理を意味表示するのである[47]。

述語行為（dicimus aliquid esse）は，肯定形であれ否定形であれ，命題の真なることの表明である[48]。命題は，知性が〔（2-1）の意味でのens, entia を〕結合し分離する操作を通して構成する。そして，entia を結合し命題と為すものが繋ぐ動詞たるこの est と言う動詞である[49]。

---

42)　"quoties ens dicitur", idest quot modis aliquid praedicatur, "toties esse signficatur," idest tot modis significatur aliquid esse. n° 890.

43)　quot modis praedicatio fit, tot modis ENS dicitur. n° 893.

44)　ens, quod est extra animam. n° 889.

45)　Divisio vero entis in substantiam et accidens attenditur secundum hoc quod aliquid in natura sua est vel substantia vel accidens. n° 885.

46)　alium modum entis, secundum quod est tantum in mente... n° 889.

47)　esse significat veritatem rei... veritas propositionis potest dici veritas rei per causam. Nam ex eo quod res est vel non est, oratio vera vel falsa est. n° 895.

48)　Cum enim dicimus aliquid esse, significamus propositionem esse veram. Et cum dicimus non esse, significamus non esse veram; et hoc sive in affirmando, sive in negando. *ibid*.

49)　... propositione, quam intellectus significat per hoc verbum Est prout est VERBALIS COPULA. n° 896.

この意味で esse, est は，命題の真偽を表明する機能を担う言葉である。そして命題は知性の産物であることから，〈知性のうちにのみあるあるもの〉（ens, secundum quod est tantum in mente）とトマスは言ったのだった。しかしながら，それが真偽の表明に係わるものとして，単なる知性の産物なのではなく，あくまでも実在に基づいているのである[50]。

では，実在する事物の modi essendi を表す entia を知性が繋ぎ命題を構成するのは何故だろうか。

2-2 言語の背後にあるもの

2-2-1 ことば・知性・実在　　言語は，人間が知性によって実在を捉え理解したところを表現する手段・記号である[51]。そして，もし我々の日常の言葉が虚しいものでないならば，ことばと実在の間に，そして実在と知性の間に何らかの対応がなければならない。かくてトマスは，実在における〈ものの何たるか〉とその esse との区別を，知性の二つの働きに対応させる。一つはものの何たるかを把握する概念形成作用であり，もう一つは結合・分離することによってものの〈あるという現実〉（esse）を知解する判断作用である[52]。人間知性が結合することによって（componendo）肯定するのは，他ならぬ実在の現実そのものが複合的に構成されているからである[53]。我々の知性は現実に複合されている事物をその認識の起源としているのであるから，結びつけ或いは離すことによってしか，その事物の現実（illud esse）を捉えることはできない[54]。知性が結びつけ或いは離す entia とは，概念を形成する知性の働き（formatio, intellectus formans quidditates）が事物の essentia

---

50) Unde veritas propositionis potest dici veritas rei per causam. Nam ex eo quod res est vel non est, oratio vera vel falsa est. n° 895. Ex hoc enim quod aliquid in rerum natura est, sequitur veritas et falsitas in propositione. n° 896.

51) voces significativae formantur ad experimendas conceptiones intellectus, ideo ad hoc quod signum conformetur signato,... *In Peri Herm.*, L. I, l. 3, n° 24.

52) *I Sent.*, d. 38, q. 1, a. 3, c.; *In Peri Herm.*, L. I, l. 3, n° 1, nn° 24-25; l. 5, n° 68; *De verit.*, q. 1, a. 3, c.

53) quia etiam ESSE REI ex materia et forma compositae, a qua cognitionem accipit, consistit in quadam compositione formae ad materiam, vel accidentis ad subiectum. *I Sent.*, d. 38, q. 1, a. 3, c.

54) *Ibid.*, ad 2.

をさまざまな角度（ratio）から切り離して（absolute），それぞれ何（quid）として捉えた内容すなわち単純概念（indivisibilium intelligentia, simplicia concepta）である。そして単純概念を表示する諸々の言葉（nomen, verbum）を結びつけ，判断を命題とするのが，他ならぬ動詞 esse つまり est（動詞一般の中に潜んでいるものも含め）である[55]。

2-2-2 繋ぎの詞 EST　動詞 EST は繋ぎの詞にすぎない。しかし，この繋辞にトマスが見出す意味こそ，ボナヴェントゥラと彼を分かつものである[56]。

先に，この動詞 EST は，まず何よりも〈知性のうちにただ純粋に現実性という仕方で入ってくるもの〉を表示し，結合をば合意する，しかし，この合意された結合は，両端に言葉を置きそれを結びつけることによってしか理解されることができない，その意味で，結合の表示は結果的（ex consequenti）である，と言われた。(cf. pp. 54-55) 同じく『命題論註解』において，トマスはアリストテレスの言葉『EST が第三のものとして付け加わって述語される時』を解説する。EST はただそれだけで述語される場合（例えば Socrates est）と，主たる述語に結ばれてこれを主語に繋ぐ場合（例えば Socrates est albus）とある。前者の場合，est は「事物の本性のうちにある」（Socrates est in rerum natura）を意味表示するために用いられている，とトマスは言う。（従って，実際には前者の場合も後者の場合も，EST の機能には相違はないと言えよう。なぜなら，慣用的了解を除外して考えれば，Socrates est は，est in mente humana, est in mente divina, est in pictura 等，いかようにも考えられうるからである）。さて後者の場合には，EST は主語・述語（ともに名称）に対して第三の言葉として付け加わっているが（est tertium adiacens），こ

---

[55]　*In Met.*, L. V, l. 9, n° 895.
[56]　Hoc enim verbum 'est' aliquando per se praedicatur, aliquando est tertium adiacens. Quando per se dicitur, tunc dicit actum absolutum, quia dicit ACTUM ENTIS RATIONE ESSENTIAE; ET TUNC OPORTET QUOD DICATUR ABSOLUTE ET QUOD DICAT QUID. *In I Sent.*, d. 7, a. uni, q. 1, Resp. 〔I 136a〕; Si vero quaeratur de hac: 'malitia est', utrum sit concedenda, vel non, ... Est enim sensus; 'malitia est' id est, 'malitia est ENS', id est ESSENTIA ALIQUA; HOC ENIM VERBUM 'EST' SIGNIFICAT ESSENTIAM VEL SUBSTANTIAM UNIUSCUIUSQUE. *II Sent.*, d. 34, a. 2, q. 3, ad 3 [II 816 a].

のESTは，述語を主語に連結し，これを媒介として述語（名称）が表示する事柄（albus）が主語の表示するもの（Socrates）に属することが示されるのである。従って，述語として置かれた名称と一つになって述部となっている[57]。換言すれば，〈ある〉〈あらぬ〉という言葉は，ただ単に主語の存在（existentia）を表示するのみではなく，述語によって表示されているものが主語によって表示されているものの〈うちに現実にある〉（inest）或いは〈あらぬ〉ということを表示しているのである[58]。

では，主語となる名称と述語となる名称をESTを媒介として結びつけるのは，何故なのだろうか。

2-2-3　componendo et dividendo：人間知性の性格

主語・述語として用いられる名称は，実在について単純に把握された概念を表示するが，しかしこれらの名称ないし概念は，ただそれだけでは現実（hoc totum: scilicet rem esse vel non esse, cf. p. 51）を表示しない。知性がこれらの概念を実在に照らし合わせ（si referatur ad rem），これらの概念が指示する実在が実は〈一つ〉であることを何らかの形で捉えた時[59]，これらの二つの概念を結び合わせる。しかし，これらの概念の指示するものが実在として別であることを捉えた時（ut apprehendat res esse diversas），それらを分離する。人間知性は概念を結合・分離することによって実在について判断する。この判断は，概念を表示する名称を主語・述語に振り分け，第三の詞ESTあるいはNON ESTをもってそれらの名称を結合・分離し，それによって，肯定命題・否定命題という言葉による表現となる[60]。

---

57) *In Peri Herm.*, L. II, l. 2, n° 212.
58) L. 1, l. 9, n° 112. Quod est et quod non est, sit referendum ad solam existentiam vel non existentiam subiecti, sed ad hoc quod res significata per praedicatum insit vel non insit rei significatae per subiectum.
59) quasi apprehendens coniunctionem aut identitatem rerum, quarum sunt conceptiones. *Ibid.*, l. 3, n° 26.
60) per hunc etiam modum in vocibus affirmatio dicitur compositio, in quantum coniunctiones EX PARTE REI significat; negatio vero dicitur divisio, in quantum significat rerurm separationem. *ibid.*, L. I, l. 3, n° 26.

かくて肯定命題において，主語・述語として置かれた名称は同一のもの（実在）を指示するが，しかしそれらの表示する内容は異なっている[61]。では，なぜ同一のもの（実在）を主語・述語という二極によって表示するのだろうか。それは，人間知性が同一の実在をさまざまな観点から捉えるからである[62]。人間は事物の本質（とそこに含まれる諸々のもの）を一挙に（per simplicem intelligentiam）捉えることはできず，むしろさまざまな観点からそれに迫ろうとする。かくてさまざまな異なる内容を表示する概念を連ねていくことによって一つの実在を理解していくことになる[63]。従って，一つの実在についての理解は，それぞれ別々に理解したところのものを，実在と照らし合わせて（si referatur ad rem）結びつけ或いは離すという仕方で一つのものにまとめ言表となすのである[64]。

2-2-4 判断と言葉 人間は言葉を用いて判断を言い表す。言表ないし命題は，さまざまな観点から捉えられた本質を表示する名称を主語と述語に振り分け第三の添えられた詞 EST で結んだものであるが，ここで何故 EST が介在するのだろうか。

実在（ens）を名指し述べる言葉は，本来個として一つであり不可分である豊かな内容をもつ実在をさまざまの観点に従って切り分け分類する。アリストテレスは，こうした言葉をカテゴリアとして様々の観点から（実体，性質，等々）整理したのだった。ところで実在（est）を区分し分類するさまざまな観点は，実在のあり方（MODUS essendi）である。そしてこの観点を表示する諸々の言葉は，互いに壁で仕切られ，相互に浸透不可能であり，また何か一つの言葉（カテゴリア）に解消され

---

61) praedicatum et subiectum sunt idem supposito, sed diversa ratione. *S. T.* I, q. 13, a. 12, c.

62) Huic vero diversitati quae est secundum rationem, respondet PLURALITAS praedicati et subiecti. *ibid.*

63) in intellectu nostro..., qui de uno in aliud discurrit, propter hoc quod species intelligibilis sic repraesentat unum quod non repraesentat aliud. Unde... intelligimus... secundum quamdam successionem. *ibid.*, q. 14, a. 14, c.

64) Ea quae SEORSUM DIVISUM intelligimus, oportet nos IN UNUM REDIGERE PER MODUM COMPOSITIONIS VEL DIVISIONIS, enuntiationem formando. *ibid.*

ることもできない[65]。そして,これらのカテゴリア（名称）は,真偽が問題となる〈現にある〉(in actu esse) を表示することはなかった (cf. p. 51)。つまり,これらの言葉のみでは可能性を表示するにすぎない (solum in potentia) のである[66]。それゆえ知性は異なる観点を表示する言葉の表示するものが"現実に"一つの実在であることを判断する時,言葉（観点）の多元性・二極性 (pluralitas) を超克しようとする。この超克を可能にするものこそ,〈ただ純粋に現実性を表示する言葉〉EST に他ならないのである。従って,本来一つで不可分の個なる実在について判断し,命題の形で叙述する時,述語によって意味表示されるもの (res significata per praedicatum) が主語によって意味表示されるものの〈うちに現実にある〉ことを,人は est という言葉を用いて表示するのである。換言すれば,異なる観点から同じ実在を表示する異なる言葉が est によって繋げられ,一つの命題となることによって一つの現実の実在,modus と esse の不可分の一体 (Hoc totum, cf. p. 51) を表示するのである。

2-3 結び：述語し断定する行為 (praedicatio) において露わとなる esse

人間知性が現実に立ち返り,現実に照らし合わせて判断する時,概念を越える現実が意識化され,"事実"の根底にあって事実を支えている言語化・概念化を拒む現（原）実 (actus) が,本質とは次元を異にする現（原）存 (actus essendi) が,述語づけ (praedicatio) という行為 (actus) において露わとなる。actus essendi が露わとなるのは,書かれた文字における命題・言明 (enuntiatio) ではない。正に〈今現に言

---

65) Alio modo dicuntur diversa genere, quae dicuntur "secundum diversam figuram categoriae", id est praedicationis entis, Alia namque entia significant quid est, alia quale, alia aliis modis, sicut divisum est prius, ubi tractavit de ente. Istae enim categoriae NEC RESOLVUNTUR INVICEM, QUIA UNA NON CONTINETUR SUB ALIA: Nec resoluntur in unum aliquid, quia non est unum aliquod genus commune ad omnia praedicamenta. *In Met.,* L. V, l. 22, n° 1126.

66) sicut hoc nomen homo, quod est pars orationis, significat ALIQUID, sed non significat ut affirmatio aut negatio, quia non significat ESSE vel NON ESSE. Et hoc dico non IN ACTU, sed solum IN POTENTIA. Potest enim aliquid addi, per cuius additionem fit affirmatio vel negatio, scilicet si addatur ei VERBUM. *In Peri Herm.,* L. I, l. 6, n° 78.

2. 述語行為と ESSE

う (dico) 行為 (actus)〉(現実活動) においてこそ露わとなるのである。書かれた文字における"est"は，間接的に，つまりこの文字が"今現に"理解され内的に或いは外的に"言われる"ということを通してのみ，actus essendi を表しだすのである。それゆえ，actus essendi が表示されるのは，esse とか est という言葉ではない。esse, est は述語づけ断定する行為の"しるし"（nota praedicationis）にすぎないのである。actus essendi は結合する，或いは分離する今の現実の行為において意識化される。これを表現する為にトマスは compositio, divisio という行為を表す名称によるよりも，好んで動詞の分詞形 componendo et dividendo を用いている。この意識化された actus essendi を表示するのは，あくまでも現に今述語・断定する行為である。つまり enuntiatio においてのみ，actus essendi が表示され，ことばが〈真に意味のあるもの〉にもたらされるのである。そして，文の要素として見るならば，actus essendi は，この enuntiatio の中で，modus essendi を表すことばを真に意味あるものとする言葉，名称を繋ぎ現実に生かす言葉，つまり copula の EST が直接に表している。それ故，トマスにとって EST は概念と概念を結ぶにすぎない単なる copula ではない。それは概念を表示しないという意味で無内容であるが，主語・述語の表示するものが〈現実に〉一つであることの意識（現実判断）を表示するものである。要するにトマスは，概念のレヴェルの言葉と判断のレヴェルの言葉とを明瞭に区別し，この区別が取りも直さず実在に根ざしていること (distinctio realis) を明らかにしたのだった。従って，トマスのエッセは存在とか有とか無とか（これらはすべて本質・概念である）と同じレヴェルで考えられることはできない。(概念化できないという意味で無というのであれば別であるが。) EST という言葉が他の動詞と同じレヴェル（名称・概念）で捉えられるならば，トマスのエッセは理解できない。EST という言葉にこだわる必要すらない。EST の現れない主語＋述語の形式の言明文においても，主語に述語が繋げられている，ということによって，actus essendi が表示されているのである。従って，EST に当たる copula のない言語においても，述語づけ（praedicatio）という行為があるところには，必ず actus essendi が表示されているのである。例えば，「りんごは赤い」という時，「は」でりんごと赤いが結ばれることに

よって，それは十分に表示されている。或いは，卓子と大が判断によって結ばれ「卓子大」と断定（praedicare）される時，それは十分に表示されている。

*　　*　　*

　我々は，ありのままなる現実（actus essendi）を認識することはできない。我々が知性認識しているのは，感覚によって知覚され，表象作用を通して能動知性が抽象した"内容"（本質）である。それは，あくまでも〈現にあるもの〉（entia）の"類似"にすぎない。しかし，それが"現にある"ものの類似であることを我々は感覚によって知っている。感覚のはたらき（現実態）は，ことば以前の，"actus"（はたらき：触れられるもの）と"actus"，（はたらき：触れるもの）の触れ合い，出会いである。actus essendi は先ず第一に感覚的経験によって捉えられている。この経験への立ち返りが，トマスの認識論においては重要な位置を占めている。

　我々は actus essendi と modus essendi とが一つになっている世界，すなわち entia の世界に住んでいる。modus は現実には（in actu）actus essendi から切り離されえない。"in actu esse"においてのみ modus は"真に意味をもつ"。それは，あくまでも esse の modus（modus essendi）なのであるから。ところで，個体（実在）において"modus" essendi はつねに刻々と変化している。この変化するさまざまの modi essendi を一つにし，個体の同一性を真に保証するのは今，現にある，というこのことである。"MODUS"（essendi）（本質）と ACTUS essendi とは，"現にある"ことにおいて不可分でありながら，また別々の原理として分離の"可能性"を有している。

　この"現実"の世界は豊かさ（さまざまなるはたらき方）に満ちたはたらき（actus）の世界である。ここではすべてのものが X スル或いは X シテイル（cf. p. 56）。熱スルに倣って言えば，人スル，人シテルとも言えよう。しかし，如何に X に当たる言葉を連ねようとも，豊かな実在を言い尽くすことはできない。ところで，actus essendi はあまりにも当然のことと思われ，我々の知性は"modus"（X）の方に心を奪われ，modus の分析に終始している。（科学はまさにこのことに従事する。

2. 述語行為と ESSE

ところで如何に，modus を分析しようとも，それによって actus essendi を説明することはできない。actus essendi は modus の次元を超越する。それは神の領域に属する事柄である。ここにこそトマスは esse の participatio の意味，創造の意味を見出すのである)。アリストテレスもその例外ではないことを我々はみた。しかし，トマスはこの actus essendi を全面に据え，この actus essendi こそ人間知性が形相・本質を捉えてくる源であることを強調する。然しながら，この actus essendi は形相・本質の背後に隠れ，これを純粋に全面に出すことは至難の技であった。ボナヴェントゥラは，その著『魂の歴程』において，この事実に注意を促がして雄弁をふるって言う。「知性が盲目となり，先ず最初に目に入ってくるものであり，しかもそれなしには何ものをも認識することができないところのものを考察しないというのは，奇異なことである。しかし，さまざまな異なる色を凝視している眼が，それによって他のものが見られるところの光を見ないと同様に，或いはたとえ見たとしても注意を払わないと同様に，我々の精神の眼は，特殊的なる存在者と普遍的なる存在者を凝視していても，〈すべての類を越える現実存在〉(esse extra omne genus) そのものについては，これが最初に精神にやってくるものであり，他のものはこれを通してやってくるのであるにも拘らず，注意を払わないのである」[67]。ところで，ボナヴェントゥラは，この actus essendi の次元を表現するためにトマスとは別の哲学的方途を用いたために，その神学的思索において，トマスとは異なる仕方で問題にアプローチしたのだった[68]。

(付記) 筆者がボナヴェントゥラに関する最初の論文 *L'homme à l'image et à la ressemblance de Dieu selon saint Bonaventure* を提出した時，トマスの同じ問題へのアプローチとの相違が絶えず念頭にあった。この点に関して，審査員であった A. Chavasse ストラスブール大学教授（現名誉教授）は，両者の存在論の相違を明らかにするようにとの課題を

---

67) *Itinerarium mentis in Deum*, c. 5, n. 4.
68) ボナヴェントゥラについては，拙著 *Un Dieu transcendant, Créateur et Exemplaire, selon saint Bonaventure: Un essentialisme cohérant* で詳細にテキスト分析を行った。

筆者に課せられた。この問題を追ってトマスとボナヴェントゥラを読み比べていく過程で，絶えず批判と貴重な示唆を Chavasse 先生から賜わった。記して感謝の意を表したい。

尚，本論文に密接に関連する文献をあげれば次のようなものがあろう。
(1)と(2)は Chavasse 先生の御指摘により筆者の参照したものである。

(1) MARC, Andre, *L'idée de l'être chez saint Thomas et dans la scolastique postérieure*, Paris, 1933.

(2) RABEAU, Gaston, *Le jugement d'existence*, Paris, 1938.

(3) BURRELL, David, *Aquinas, God and Action*, London, 1979.

(4) BATHEN, Norbert, *Thomistische Ontologie und Sprachanalyse*, Freiburg; München, 1988.

(5) ZIMMERMANN, Albert, "'*Ipsum enim EST nihil est*' (Aristoteles, *Periherm*. I, 3): Thomas von Aquin über die Bedeutung der Kopula," ZIMMERMANN, Albert (hrsg.), *Miscellanea Mediaevalia*, 8, Berlin; New York, 1971, pp. 282-295.

(6) BROWN, Montague, "Thomas Aquinas and the Real Distinction: a Re-evaluation," *New Blackfriars*, (69) 1988, pp. 270-277.

(7) PATT, Walter, "Aquinas's Real Distinction and Some Interpretations," *The New Scholasticism*, (62) 1988, pp. 1-29.

4

〈だ〉そのものなる神
――〈絶対無〉と〈存在〉を超えて――

は じ め に

　南山宗教文化研究所は，創立以来，宗教間の対話を目指して多くの実りを収めてきた。筆者はその中心的活動の一つであるシンポジウムのほとんどにオブザーバーとして参加し，その初期の数回の成果については筆者自身が編集刊行に携わった。そこで行われた仏教あるいは京都学派とキリスト教との対話を通して，気になっていたいくつかの問題がある。その一つが無ないし空の問題である。この問題はもとより仏教哲学の，そして京都学派の哲学の，中心にあるものであるから，仏教にも京都学派の哲学にも暗い筆者が取り組める問題ではない。しかし，対話が深まるにつれて，神を絶対無と呼ぶキリスト者も現れてきたのであるから，西欧中世のキリスト教思想の一研究者として，筆者も試みとして思うところを述べてみよう。筆者の関心事は，西田幾多郎が，有に対する相対的な無ではなく有無を絶した絶対の無であるとして〈否定の否定〉を強調する背後には，どのような事態があるか，という問題である。〈空を空ずる〉ということも同様である[1]。

　神と無（ニヒル），あるいは非-有（ノン・エンス）の問題は，キリスト教神学史において早くから神学者たちの意識にのぼっていた[2]。そして，西田が問題と感じていたものを，素朴な形でではあるが彼らも感じ

---

1) この点に関して沖永宜司氏の「肯定としての『無』――禅言語の二つの次元」『宗教研究』(73) 1999年，1-26頁は興味深い。
2) 例えばオリゲネス (185頃-253) やマリウス・ヴィクトリーヌス (280/300頃-363頃) など。また，クレメンス (150頃-200以前) は，神が概念化できないことを明言している。

取っていたのである。この問題は中世を貫いて現代のハイデッガーにまで通じている——もちろん，ハイデッガーが言うように忘却の時代があったとしても——。というのも，この〈神と無〉の問題は，存在（エッセ）や有（エンス）の問題と重なっているからである。なぜなら，神は確かにわれわれの知っているもののように〈有る〉ものではないが，しかし，神を無いということもできない。神は何らかの仕方で有るのである。こうして，神を無と規定せず，有とし，さらには〈あること（エッセ）そのもの〉と規定するようになった。ここで筆者はエッセを〈あること〉と訳したが，存在と訳す人が多い。存在と訳して間違いだと言うのではないが，そして，存在と筆者自身訳す場合もあるが[3]，しかし，これから取り上げようとするトマス・アクィナスに関しては，存在という訳語を用いることを差し控えたい[4]。

　その日本語の訳については，本稿の最後で述べることにして，本稿はあくまでも試み（エッセー）であることをお断りした上で，まず簡単に結論を述べておこう。それは次のようなことである。つまり，筆者の管見によれば，西田の言う〈絶対無〉とトマスの言う〈あることそのもの〉は，同じ事態を表現したものであるが，この事態は〈ことば〉（西田によれば対象論理の，トマスによればエッセンティア・本質の）によって表現され得ない現実である。両者とも，この現実に生涯をかけたのであり，ともにこの現実を見事に剔出しているが，しかし，その剔出の方法に限って言えば[5]，トマスに比して，西田には不徹底が残る，と筆者は考える。パリ大学でトマスの同僚であったボナヴェントゥラも同じ問題に取り組み，ハイデッガーに先駆けて，「様々な異なる色を凝視している眼が，それによって他のものが見えるところの光を見ないのと同様に，あるいはたとえ見たとしても注意を払わないのと同様に，われわれの精神の眼は，特殊的なる存在者（エンス）と普遍的なる存在者を凝

　3）　例えば次節に引用するボナヴェントゥラの esse については存在と訳した。
　4）　トミズムの歴史はトマス哲学の誤解の歴史であると言われるほど，トマスが真に言わんとしたことを理解することは容易ではない。とくにこの，トマス哲学の中心である esse ないし actus essendi に関してはそうである。しかし，浅学非才を顧みず，筆者はこのトマス哲学の真髄の部分を取り上げてみたい。
　5）　西田の著作のなかで，「場所」と「場所的論理と宗教的世界観」を主に参照する。

視していても，〈すべての類の外にある〉存在そのものについては，こ
れが，最初に精神にやってくるものであり，他のものはこれを通してや
ってくるものであるにも拘らず，注意を払わないのである」[6]と言ったの
であるが，ボナヴェントゥラはここでトマスに接近しつつ，肝心かなめ
のところで遠去かっていく。これと似通うことを筆者は西田の絶対無に
感じるのであり，これについて以下，トマスの剔出のプロセスを追いな
がら見てみたい。

1. トマスにおける〈神〉という問題

　神を論じなければならない神学者として，トマスは，〈神〉という
〈言葉〉をどのように理解していたのであろうか。
　トマスは，彼が神学の初学者たちに向けて著した『神学大全』におい
て，〈学としての神学〉について論じた後，早速〈神をめぐる問題〉に
取りかかる。その際，彼はまず「神あり」ということは論証さるべきこ
とかを問題にする。それは，非キリスト教徒を念頭において著した『対
異教徒大全』においても同じであり，彼がことさらこれを最初に問題に
したのは，神の存在は自明であって論証さるべき事柄ではないとする神
学者たちがいたからである。こうした神学者たちの主張は，アンセルム
スの有名な神の存在論証に依拠するものであるが，トマスは，神の存在
は〈神〉をたてる文化圏で（あるいは習慣の中で）育った人々にとって
は自明なことであっても〈神〉を立てない文化圏で育った人々にとって
は自明ではないと主張する[7]。こうしてトマスは，〈神〉を立てない人々
にも納得のいく仕方で〈神あり〉を論証しようとするのである。
　そこでトマスは，〈それ以上に大なるものは何も考えることのできな
いあるもの〉という神の規定から出発するアンセルムスの神の存在論証
を斥けて，有名な五つの途による論証を行なう[8]。トマスの方法は，言
うなればアンセルムスと逆の方向を採るものである。アンセルムスが，

---

6) 拙著『ボナヴェントゥラ「魂の神への道程」註解』創文社，1993年，61頁。
7) *Summa theologiae* I, q. 2, a. 1; *Summa contra gentiles* I, C. 1 冒頭参照。
8) *Summa theologiae* I, q. 2, a. 2-3; *Summa contra gentiles* I, C. 13.

(それ以上大なるものは考えられ得ない何かあるもの)という概念的に捉えられたものを出発点にするのに対し——もちろん,筆者はアンセルムスが神を観念的にしか捉えていなかったと言うつもりはない[9]。ただ,方法としてそうだ,と言うのみである——トマスは徹底して経験的事実から出発する。そして,経験的事実の中に,その事実を超えて〈名づけて言うならば神としか言いようのない現実〉を見出すのである。それは決して何かあるものとしては捉えることができない。しかし,それなしにはこの経験的諸事実を究極的には説明できない,「そうしたそれをわれわれは神と呼んでいる(あるいは,名付けている・理解している)」と,トマスは各証明の最後で繰り返して言っている。

　ここには,神を概念化することへの拒否がある。すなわち,まず,神は実体概念のうちに入らないという実体化の拒否であり[10],そして,〈より〉という比較級によって,あるいは〈それ以上…ない〉という最上級によって神を規定することへの拒否である。最上級を重ねて神の超越性を強調したり,無限という限定詞を付すことによって有限なる被造物との区別をしようとすることは,多くの神学者が採った手段であった[11]。しかし,西田も指摘するように[12],無限と有限(あるいは完全と不完全)とは言っても,やはり,そこには同じ比較の地平があるのであって,根源的な断絶はない。

　トマスは,〈それなしにはわれわれの経験的諸事実を究極的には説明できないところのそれ〉[13]をわれわれは〈神〉と呼んでいる,という仕方で〈神あり〉を論証した。したがって続いて,〈あり〉とされた〈神〉が〈何であるか〉〈どのような仕方であるのか〉を問題にしなければならない。ところで,今述べたようにアンセルムスの道を採らないトマスは,当然のことながら,「むしろ,〈どのような仕方でないか〉を問題に

---

9) ある人々が言うように,アンセルムスもおそらくは自己の体験にもとづいて神の存在の問題に取りかかっているのであろう。山田晶『トマス・アクィナスの〈レス〉研究』創文社,1986年,962-965頁参照。

10) トマスは,神は類のうちになく,範疇のうちにもないと言う。

11) 前掲拙著『ボナヴェントゥラ「魂の神への道程」註解』77頁,註18参照。

12) 『西田幾多郎全集』第11巻,岩波書店,1979年,406-407頁(以下,全集は巻数と頁数のみ記す)。

13) この表現は,筆者のパラフレイズであって,トマスの言葉の引用ではない。

しなければならない」[14]と言う。トマスがここで採る道は徹底した否定の道である。〈神〉という〈名〉によって指示されるものは、あらゆる対象化・概念化を拒否するものである。しかし、それが〈無い〉と言えば、われわれの経験的な事実が虚妄だと言うことにもなる。なぜなら、それらの事実を支える究極的根拠がないということになるからである。

　ここでわれわれは、二つの問いの間に超えることのできない深淵のごときものが横たわっていることに気づく。〈神はあるか〉ということと〈いかなる仕方であるか、いや、むしろいかなる仕方でないか〉という問いに含まれる〈あり・なし〉は、まったく次元が異なる二つの〈あり・なし〉である。そしてこの違いは、西田が〈絶対無〉とか〈真の無の場所〉という言葉によって表現しようとしている事態と深く関わっていると思われるのである。

　第一の〈あり〉、すなわち〈神あり〉(Deus est) は、神の存在を問う問いに対する答えとして言われているものであるが、しかし、この〈あり〉(est) を単なる存在詞の〈がある〉と解するならば、それはトマスを真に理解したことにはならないであろう。第二の〈あり〉は〈いかにあるか〉の問いに対する〈あり〉であり、それは〈あり方〉を示す〈あり〉である。トマスは、神についてこの〈あり方〉を問うことはできないと徹底して言う。人間知性が神について知りうるのは、〈神あり〉ということと、〈神は何でないか、如何なる仕方でないか〉ということのみであると言う。この第二の点で、トマスは徹底した否定神学の立場に立っている。

　ところで、西田における有に対する無、すなわち相対的無というのは、この第二の〈あり〉の否定である。神は何ものでもない、いかなる仕方でもない。つまりわれわれが何らかの実体（有）として捉えることのできないものであり、また何らかの働きや属性を表す言葉で神について語ることもできない。その意味で神は無である。この無は有に対する無であるが、トマスの言葉で言えば、神についてエッセンティアの次元では何も語り得ない、ということである。しかし、西田はこの無を乗り越えて絶対無の次元を剔出する。この絶対無は「絶対の否定即肯定として絶

---

14) *Summa theologiae* I, q. 3 冒頭, *Summa contra gentiles* I, C. 14.

対の有である」と言う[15]。この有こそ,トマスが〈神あり〉と言う場合の有であり,その有は相対的な有ではない。つまり,トマスの言葉で言えば,エッセンティアとは異なる次元の〈あり〉である[16]。そして,この〈あることそのもの〉(Ipsum Esse)こそ,あえて言うならば神のエッセンティアである,とトマスは言う。

このように見ると,西田において,対象論理や主語的論理,あるいは述語的論理では到達できない絶対無であるということと,トマスにおいて,エッセンティアの地平からは論ずることのできない〈神あり〉ということ(あるいは〈エッセそのもの〉)[17]とは,きわめて近い関係にあることがわかる。しかし,西田が絶対無を剔出するに当って用いた哲学的手段は場所的論理あるいは絶対弁証法であり,トマスが最終的に用いた手段は言語分析である。二人が目指したものは同じと言ってもよいであろうが,しかし,西田が〈場所〉という表象・イメージを用いていることに,筆者はなお哲学的に問題を感じざるを得ない[18]。もちろん,もしトマスの目指した〈エッセそのもの〉が絶対の有という仕方で〈有〉と翻訳されるならば,それは西田の哲学的手段と同じ仕方で到達されたものとなろう。〈存在〉と訳すことにおいても同じである。西田の哲学を絶対無の哲学,トマスの哲学を有の哲学ないし存在の哲学として対比させるのは,大きな誤解であると言わねばならない[19]。

では,トマスはエッセの次元をどのように剔出するのだろうか。われわれの経験的世界においてエッセとエッセンティアが別々[20]であるということは,トマスが初めて考え出したことではない[21]。しかし,エッセ

---

15)『西田幾多郎全集』第11巻,404頁。
16) しかし〈がある〉と〈である〉の〈ある〉(あり)は〈「ある」と言う〉ことにおいて異なる〈ある・あり〉を指示している,と言うのではない。この点については本稿「有(エンス)の分析」以下参照。
17) Ipsum Esse は神の essentia を表す,と反論されるかもしれない。しかし,神にとって essentia は esse である。つまり,essentia の側からは何も言えない。
18) 左右田博士の〈誤解〉が生じるのも,もっともと思われる。『西田幾多郎全集』第4巻,320-321頁参照。
19) それらは対比すべきというよりも,相補い合うものであると筆者は考える。〈無〉の徹底ということにおいてはトマスが徹底しているが〈無〉の〈自覚〉という点ではトマスの言わんとしたところを,西田は見事に表現していると思われる。
20) トマスは aliud, aliud と言っており,別々のものとは言っていない。

がエッセンティアとは別であることを，あるいは西田が絶対無という言葉によって表現しようとした事態を（二人が同じ事態を示そうとしたと理解した上でではあるが），われわれが語る言葉の分析から明らかにしたところにトマスの独創がある。トマスもおそらく西田と同じように，その思索の出発点においてそれを直観的に捉えていたにちがいない[22]。しかし，トマスがこのエッセの次元を明瞭な仕方で取り出して見せたのは，晩年の著作である『命題論註解』においてであった。

では，トマスは目指すものをどのようにして剔出するのであろうか[23]。

2. 〈ある〉（EST）を目指して

認識とことば

『命題論註解』はアリストテレスの『命題論』を註解しつつ，アリストテレスの言語観を乗り越えようとしたものである。トマスはまず，アリストテレスの認識論を押えてから出発する。知性の働きには二つある。一つはものの何であるかを単純に把捉する働きであり，もう一つは，単純に把捉されたものを結合したり分離したりする働きである。前者は本質（エッセンティア）を把捉する働きであり，知性は把捉されたものを対象化して概念化する。後者はこのようにして捉えられた本質・概念を比べることによって，概念同士を結合したり分離したりする。つまり肯定・否定の判断作用である[24]。このように知性の働きには二つあること

---

21) トマスはこの問題を，ボエティウスの伝統や，アラブの思想家たちの遺産を継承して展開している。

22) トマスは，すでに最初期の著作『有と本質について』でそれを表現しようとしていた。

23) テクストにはレオ版の Sancti Thomae de Aquino, Opera Omnia, t. I-1, 1989 を用いた。なお詳しいテクスト分析を著者は，"Le problème de ESSE/ESSENTIA dans le Commentaire de Saint Thomas *In Perihermeneias*"『アカデミア』人文・社会科学編 (70) 1999年で行った。またトマスのそれ以前の著作も用いて言語の背後にあるものを考察した「トマスにおける実在と言葉——言語の分析より ESSE の意味へ」『中世思想研究』(32) 1990年, 21-47頁と重なる部分がある。(編者註：本書付2及び第3章を参照)

24) トマスは知性のうちで行われている事態を結合・分離と呼び，言語化された状態を肯定・否定と呼ぶ。

を確認した上で，この二つの働きに秩序があることに注意を払う。すなわち，判断の働きは概念的把捉を前提するということである。そして，この二つの働きの上に，推論という理性の働きがある[25]。

　続いて命題（インテルプレタティオ）とは何かが説明される[26]。トマスはここで，ボエティウスの「命題とは意味表示する音声である」という定義を引用している。つまり，命題とは意味を伝えるものであり，何よりもまず〈ことば〉であるということ，語られるものである，ということである。トマスの意図は，書かれた文字（スクリプトゥーラ）にではなく，人間の語ることばの中に，彼の目指すものを見出すことにある。命題として意味表示する音声は文（オラティオ）であるが，しかし，いかなる文でもよいわけではなく，命令文や祈願文は命題から排除される。と言うのも，命令文や祈願文は情意に関わっており，命題は言うなれば〈客観性〉を表示する言明（エヌンティアティオ）だからである。こうして命題について論じる準備を整えた上で，さらに扱う命題の種類が限定される。すなわち，仮言命題は除外して，無条件に言明される定言命題のみに問題を絞りこむ。と言うのも，仮言命題は複数の定言命題から成り立つからである。

　さて，主題が定言命題に絞られた上で，トマスは命題の分析にかかる。つまり，「AはBである」と語ることばの中に，いかなる事実が潜んでいるかの解明である。まずトマスは，命題文の構成要素（命題の部分）を二つに分類して列挙する。一つはそれ自身で意味をもつものであり，ここには名称（ノーメン，名詞）と動詞（ヴェルブム）[27]がある。もう一つはそれ自身では意味をもたず，言うなれば建物を建てる際に用いられる釘の役目を果たす，語と語を繋ぐもので，接続詞や前置詞などがある（日本語では助詞・接続詞がこれに当たろう）。このようにトマスは命題を構成する部分に分解，さらに自分の領域を限定していく。つまり，

　25）　単純把捉・判断・推論の三つが，広義の知性の作用である。
　26）　アリストテレスのこの書は *De interpretatione* と訳されていたが，interpretatio とは〈意味の伝達〉（説明・解釈・解説）を意味している。それはトマスによって言明文（oratio enuntiativa）と同じとされている。以下，命題とした。
　27）　アリストテレスでは $\dot{\rho}\tilde{\eta}\mu\alpha$ であり，「述べ詞」とも訳されるが，トマスが用いるラテン語の verbum には「動詞」の訳を当てたい。上智大学中世思想研究所編訳・監修『中世思想原典集成14　トマス・アクィナス』平凡社，1993年，257頁以下参照。

ここで文法学者の扱う文の部分（品詞）[28]を問題にするのではなくあくまでも論理学の領域内で取り上げようというのである。トマスがこのように領域を論理学のものとし文法上の議論をするのではないと断るのは，語ることばが空しくならないための学問，つまり真・偽を問題とする論理学の領域で，ことばのもつ意味を見出そうとするからである。したがって，トマスが取り上げる部分は，命題の中の意味のある部分（名称と動詞）である。

　トマスは，名称と動詞に共通する部分と相違する部分を明らかにする。共通する部分は，どちらも〈何か〉を意味表示するということである。名称は普通に実体を表示するが，動詞が表示する働き・動きもまた，実体化された名詞形で表すことができる。例えば，走る（curro）は走行（cursus）と名詞化できる。不定法の動詞もまた，名詞と同じ役割を果たすことができる。例えば，「走ることは歩くことではない」（currere non est ambulare）といったようにである[29]。もちろん，走ることは行為ないし動作であって，独立のもの（実体）ではない。しかし，そこには，〈何か〉として分別できる〈内容〉がある。したがって実体と同じく，類や種に分類できることば，つまり概念である。それゆえトマスは，動詞には名称の性質が含まれている，と言う。つまり，〈歩く〉と区別される〈走る〉を，名指して言うことができるのである。

　他方，名称と動詞の相違は，まず，時間性を伴っているか否かであると言う。つまり，〈走行〉は走るという動作を無時間的に表示するのに対し，〈走る〉は，今現在走る（あるいは現に走っている）ことを表示する。そして，アリストテレスが動詞の本質を現在性に限るのに対し，トマスは，過去形の動詞であっても現実にあったことを示すのであるから，動詞の本質は本来的には現在であっても，過去も第二義的に含まれていると言う。これは未来についても同様である。

　名称と動詞のもう一つの相違は，名称はそれ自体で切り離して独立に

---

28) 文の部分＝品詞というわけではない。
29) これは形容詞の「白い」を例にとっても同じである。album（白い），albeo（白くなる），albedo（白）というように，白（alb）が内容を表している。日本語はこの点で便利である。漢字の「白」，「走」が他と区別される内容を示す。一般に内容に漢字を用いて名詞として表し，仮名を加えて形容詞にしたり，動詞，形容動詞，副詞などにすることができる。

何かを意味表示するが,動詞は基体を想定し,基体のうちにある事態を意味表示する。したがって,何か(名称によって意味表示されるもの・基体)について何か(動詞によって意味表示される事態)を述べる,という文の構造の中で,主語と述語に振り分けられる。動詞はもともと述べる詞(レーマ)である。そしてトマスは,この動詞の中には〈est〉の意味が含まれている,と言う。例えば,「人は歩く」(homo ambulat)という文は「人は歩くものである」(homo est ambulans)と言い換えることができる,と言うのである。ここにトマスの言わんとする肝心かなめに触れるところがあるが,その意味を探るのは後廻しにして次に進もう。トマスはアリストテレスのテクストに沿って,さらに論を進めていく。

アリストテレスは言う。「名称も動詞も,ただそれのみでは未だ真も偽も意味表示しない」。例えば,「人間」と言おうと,「歩く」と言おうと,ただそれのみでは真でも偽でもない。言葉はこの時点ではまだ完結していないのである。「人間」という言葉を聞いた時,聞き手は「人間がどうしたのか」と,人間について何かが述べられるのを期待するし,ただ「歩く」と聞いたのみでは,聞き手は「何が歩くのか」と,歩くという行為の基体を知ろうとするのである。したがって,「人間は(が)歩く」という,名称と動詞が結びつけられて,初めて言葉(言明)は完結し,聞き手は納得するのである。そして,ここでこそ真と偽が問題となる。

真と偽は,〈ほんもの・にせもの〉という〈もの〉についても語りうる言葉であり,また,〈あるべき・あるべきでない〉という当為の面からも語りうる言葉であるが,トマスは真・偽という言葉は本来からすれば,人間の知性における判断について語らるべきものであると言う。そして,「真理とは,知性と実在との一致である」と言う。この周知のスコラの定式は教条的に理解されることが多いが,トマスにとって真理とは,人間知性の内部で矛盾がないということではなく,真理の基準はあくまでも,人間知性を超越した実在の側にあるのであって,プロタゴラスが言ったとされる「人間が万物の尺度である」というような相対主義は,感覚認識を超えた知性認識においては否定されなければならない,という主張である。

ところで、この実在との一致とは何であろうか。この『命題論註解』ではトマスは冒頭でアリストテレスによる知性の二つの作用について述べ、それを各所で繰り返しているのみで、彼自身の認識論は展開していないが、初期の作品である『ボエティウス「三位一体論」註解』においては詳しく論じている[30]。そこでは、まず概念化・対象化のレヴェルに関して抽象作用を自然学と数学とに区別する。自然学においては特殊が捨象され、全体が抽出される。つまり、普遍が抽出され、一般化が行われるのである。ここでは個々の感覚的事実は捨象されるが、感覚的事実（諸性質）それ自体は捨象されず、一般的事実として抽象化される。他方、数学においては、可感的諸性質は捨象され、ただ、量として一般化され抽象される。こうした抽象されたものが自然学や数学の対象である。他方、神学においては神や非質料的な実在（天使や魂）が問題とされるが、しかし、それらは抽象されたものではない。そしてトマスは神学に関しては対象とは言わず主題というが、それは神学の扱うべき神が、そして神学の扱うべき歴史的具体的人格としての個が、対象化の不可能なものだからである。

ところで、〈学〉とは確実な知の探求であり、命題を積み重ねて到達される確実な知識の体系である。しかし、同じ確実性と言っても、対象の相違によって異なってくる。対象化の不可能な神に関しては、自然学や数学と同じ仕方で確実性を問題にすることはできない。したがって、学的方法もまた対象の相違によって異なってくる。この問題については詳細を省き、ただ、神学の方法についてトマスは「エッセという点で」（エッセに従って）と言っている、と言うにとどめ、「真理とは知性と実在との一致である」という点に戻って考えてみよう。

真と偽は知性における判断に現れる。判断が言語化され命題として語られた時、その言明の正しさ・誤り、真・偽が問題となる。正・誤／真・偽が問われるのは学問の領域においてのみならず、日常の言語行為においても同様である。学的対象あるいは主題についてのみならず、われわれは個々の日常的な物事についても判断を下し、言語という形態で

---

30) 拙著『神秘と学知——トマス・アクィナス「ボエティウスの三位一体論に寄せて」翻訳と研究』創文社、1996年、106頁以下参照。

コミュニケーションをしているからである。ところで判断とは，個々別々に把捉された単純懐念（コンケプトゥス）[31]を相互に照らし合わせ，それらが実在において一つであると判断されれば，それらの懐念を結び合わせ，一つでないと判断されれば別々に離して分離することである。この判断が言語として表現されると，肯定・否定と呼ばれる。この実在への〈立ち返り〉（レフレクシオ）という点が，トマスにおいては認識の重要な要素である。抽象性の高い数学においてさえ，その対象の根は実在にあるのであって，人間知性の作り出した虚構（フィクトゥム）によって数学は成り立っているのではない[32]。

ところで，この判断において実在に立ち返るとき，その実在は，〈何か〉として捉えられる，つまり概念化される，という側面のみを有しているのではない。それは〈何か〉として現にあるのであって，この現実性こそ，判断において真・偽が問われる基となる。例えば，「ライオンには翼がある」と言ったとしよう。もし，ライオンが虚構のものであれば，それは真偽問題とはならない。しかし，ライオンが現実のものとして言われたのであれば，現実のライオンに照らして，この言明は誤りである。「ライオンは動物である」と言う時には，「この現実のものはライオンである」ということと，「この現実のものは動物である」ということが，この現実のものにおいて一つであるということが言われている。この実在への立ち返りにおいて現れてくる側面こそ，概念化のできない現実である。われわれは，われわれの生きている現実が，概念化・対象化の決してできない次元を擁しているということを，何らかの仕方で気づいており，それを何らかの仕方で言語として表現しようとしているのである。

では，この概念化の不可能な次元を，われわれは，どのような言語によって表現しているのだろうか。

概念化できない対象化できないものを，もの（ナトゥーラ）の範疇から閉め出し，無（ニヒル）と呼ぶことは古くからあった。その例としてボエティウスは神と質料を挙げている[33]。質料は形相の全き欠如として，

---

[31] conceptus は孕まれたもの，懐抱されたものの意であり，概念という客観化されたものよりも，主体の内にあるものを指している。

[32] reflexio の位相の相違については，前掲拙著『神秘と学知』125頁参照。

〈何か〉として捉えられないものである。質料性のまったくない神もまた，その形相は知られえず〈何か〉としては捉えられない。たとえ両者の否定の方向が，言うなれば逆方向であるとしても，「何ものでもない」としてともに無と称されるのである。しかし，「何ものでもない」は「まったく無い」と同じではない。どちらも何らかの仕方で有として捉えられているのである[34]。しかし，その有あるいは無の意味内容は，まったく異なっている。西田はこうして相対的無と絶対的な無を区別したのだった。

ところで，神の無を，第一質料の方向に形相を否定ないし排除するという仕方で求めることができないからといって，直ちに形相の充実の方向に求めることもできない。形相の階層を完全性を求めて上っていったとしても，西田の指摘するように[35]，そこには連続が横たわっているのであって，絶対の断絶はない。西田は絶対に断絶した絶対の他を，絶対無と呼んだのであった[36]。トマスもまた，この絶対に断絶した絶対の他を求めていく。再び『命題論註解』に戻ろう。

有（エンス）の分析

実在における概念化・対象化できない次元を剔出するためのヒントを，トマスはアリストテレスの小さな言葉に見出す。それは，「〈あるもの〉（τὸ ὄν, ens）が，ただそれだけで語られるならば，それは何ものでもない（無である οὐδέν ἐστι, nihil est）」という言葉である。

この言葉をめぐって，古くから多くの解釈がなされてきた。トマスは，それらの解釈のうちの有力なものをいくつか挙げて[37]斥けた後，彼独自の解釈を，アリストテレスの言葉に寄り添いつつ提示する。アリストテレスは，「名称も動詞もただそれのみでは未だ真も偽も表示しない」と

---

33) *Contra Eutychen et Nestorium (De duabus naturis)*, Loeb Classical Library 74, p. 78.
34) ボエティウスは同所で，神も質料も諸々のものを除去することによって，何らかの仕方で理解される，そして，無（nihil）という言葉も，本性（natura）は意味表示しないが，何か（aliquid）を意味表示するのである，と言う。
35) 『西田幾多郎全集』第11巻，405頁。
36) 『西田幾多郎全集』第19巻，465-466頁。
37) アフロディシアスのアレクサンドロスの異名異義説，ポルフュリオスの結合指示説，アンモニオスの真も偽も表示しないとする説。

言った。というのも名称も動詞も，ただそれのみではレス（res もの・こと）の〈ある〉〈あらぬ〉を表示しないからである。トマスは，慎重に，意図的に，アリストテレスの「いかなる動詞も〈もののある・あらぬ〉を意味表示するものではない」を言い換えて，「つまり，〈ものがある・あらぬということ〉を意味表示云々」と付け加えて解説している。また，数行のちにも，「いかなる動詞も〈この全体〉を，すなわち，〈ものがある・あらぬ〉を意味表示しない」と重ねて確認している。

この確認の上にトマスは，「あるもの（エンス）それ自体もまた，〈ものがある・あらぬ〉を意味表示しない。そしてこのことこそ，アリストテレスが『無である』と言ったことである。つまり，それは〈何かがあること〉（aliquid esse 何かであること，と訳すこともできる）を意味表示しない，ということである」と言う。そして「実にこの〈何かがあること〉を意味表示しないということは，エンスと私が言う，このことについて，もっとも顕著であった」と述べ，ここから，アリストテレスを乗り越えるために，エンス（あるもの）を quod est（あるところのもの）と言い換えて言う。

> エンスとはクオッド・エストに他ならない。このように（二語にしてみると），エンス（という言葉）は〈もの〉（レス）も〈あること〉（エッセ）も意味表示するように思われる。〈もの〉は「ところのもの（クオッド）」と私が言う，このことによって，そして〈あること〉は，「ある（エスト）」と私が言う，このことによってである。もし仮に，このエンスと言うことが，第一義的に〈あること〉を意味表示するとすれば，エンスは〈あること〉をもつ〈もの〉を意味表示するのであるから，疑いもなくエンスは〈何かがあること〉を意味表示するであろう。

しかし，〈あるもの〉つまり有は，〈あること〉とは異なる。有は実体化された概念である。それゆえ，トマスは次のように続ける。

> しかし，結合それ自身は，「ある（エスト）」と私が言う，このことにおいて導入されるのであるが，エンスはこの結合を主たるものと

して意味表示するのではなく，エンスが〈エッセを有つもの（レス）〉を意味表示する限りで結合を併せ表示するのである。それゆえ，結合をかかる仕方で併せ意味表示することは，真・偽に関しては不十分である。なぜなら，結合は，真と偽がそれに存するのであるが，結合の両端を結び合わせる限りでのみ，理解されることができるのであるから。

〈あるもの〉（エンス）は〈あるところのもの〉（クオッド・エスト）に他ならず，〈あること（エッセ）をもつもの（レス）〉である。たしかにそこには〈もの〉（レス）と〈あること〉（エッセ）が結びつけられている。しかし，「あるもの」と言ったところで，その言葉は真偽の対象とはならない。それは「ものがある」と言うのとは異なっている。真偽が問題となる結合，つまり判断は，「AはBである」，あるいは「Aが（どこどこに）ある」という仕方で表現されないならば，理解されない。つまり〈あるもの〉として，〈あること〉と〈もの〉とが結合しているものについて，われわれはいわば折り紙を開いていくように内に畳みこまれていたもの（含意されていたもの implicatum）を開示していく（説明していく explicare）のである。このことをトマスは，アリストテレスの「あるもの τὸ ὄν そのもの」の別の翻訳によってさらに明らかにしていく。

〈ある〉（エスト）の解明

〈あるもの〉を指すアリストテレスの原文は，τὸ ὄν であった。それゆえ，ラテン語訳はトマスの僚友メルベケのギレルムスの逐語訳のように ens と訳すべきではあるが，最後のローマ人ボエティウスを通路として西欧にもたらされた翻訳では，意味を酌んで ipsum 'est'（あるそれ自体）となっていた。トマスは，この訳語の方が意味がさらに明瞭になると言う。というのも，「アリストテレスは，いかなる動詞も〈ものがある・あらぬ〉を意味表示しないということを，この est という動詞によって証明したのであるから」という。こうしてトマスは，「この est そのものもまた，ただそれだけで語った場合には同じである（もののある・あらぬを意味表示しない）。実に，この言葉それ自身は何ものでも

ない（無である）。しかし，それは何らかの結合を併せ表示する。この結合は互いに結合されるものなしには理解されない」というアリストテレスの言葉に寄り添いつつ，アリストテレスを超えて〈est〉を剔出していくのである。トマスの分析を見よう。

　このestという〈動詞〉（ヴェルブム・言葉とも訳せる）は，それ自体として言われたならば〈何かが（で）あること〉（アリクィッド・エッセ）を意味表示しない。しかし，〈あること〉（エッセ）は表示する。そして，この〈あること〉それ自身が何らかの結合であると思われ，それゆえにまた，この est という言葉も〈あること〉を意味表示するのであるから，est という言葉はそのうちに真と偽のある結合を意味表示すると看做される可能性がある。この可能性を排除するためにアリストテレスは，「この結合は互いに結合されるものなしには理解されない」と付け加えたのだと解説する。つまり，est は命題の両項を結び合わせて A est B という形になることで，はじめて真と偽が問題となる結合を意味表示するのである。それゆえ，アリストテレスの「（estという動詞は）何らかの結合を併せ表示する」という言葉を言い直して説明し，それが結合を意味表示するのは第一義的にではなく，むしろ結果的にである，と明言する。そしてトマスは，最も強調したいことを説明の形で付け加える。「なんとなれば，est は最初に知性のうちに，絶対的に現実性という仕方で入ってくるところのものを意味表示するからである。実に，端的に言われた est は，〈現にあること〉（esse actu）を意味表示するのであり，したがって動詞の形態で意味表示するのである」。

　〈最初に知性のうちに絶対的に現実性という仕方で入ってくるもの〉というトマスの言葉を読む時，われわれは西田の純粋経験という表現を想い出さないだろうか。未だ主もなく客もないところ，という言語以前，あるいは言語（概念）を超えた現実のただ中にわれわれはいる。しかし，やがてわれわれは知性を働かせて現実の現れを概念化し，多くの概念を費やして現実を理解しようとする。こうして実体や附帯性・偶有性を意味表示する概念（ことば）が生まれ，主語と述語に振り分けるシンタックス（あるいは文，オラティオ）が形成されてきた。〈ことば〉はわれわれを取りまく現実を理解する手段であり，理解したところを伝える手段である。われわれの〈ことば〉（言表）は，何らかの仕方でこの現実

を表現していなければならない。単なる概念の組み合わせによって〈ことば〉は成り立っているのではない。それゆえ、トマスは次のように述べる。

> ところで、現実たることは、まず第一義的にこの est という動詞（ことば）が意味表示するのであるが、それは共通的に、すべての形相あるいははたらきの、実体的であれ附帯的・偶有的であれ、それぞれすべての現実性なのであるから、そこからして、われわれがいかなる形相であれ働きであれ、何らかの基体にそれが現実に内在することを意味表示しようと欲する時、われわれはそれをこの est という動詞によって（記号化して）表示するのである。それは、端的には現在時制でなされるが、しかし、ある意味では他の（過去・未来）時制でもなされる[38]。それゆえ、結果的に、この est という動詞は結合を意味表示するのである。

トマスにとって、この"est"と発声されることばは、単に主辞と賓辞を結び合わせる繋辞ではない。判断においてはつねに現実への立ち返り（それは数学の場合のように非直接的なこともある）があり、人は《現実の名において》"est"あるいは"non est"と発声するのである。この est の表示する現実性は概念化・対象化を拒むものであり、したがって est には内容がない。その意味でそれは絶対に無である。しかしトマスは、無という概念によらず、無内容の動詞の形態に、その表現を見出すのである。なぜなら、動詞は本来的に現に今行われていること・生起していることを表示するものだからである。それゆえトマスは、述語としてのすべての動詞に est が含まれていると言ったのであった。それは、〈主語＋述語〉という形で述べられる動詞は、単に主語と述語を繋

---

38) トマスは、この〈現在時制〉（praesens tempus）ということに注目している。なぜなら、動詞は現に今生起している作用を表示するのであって、この始まったが終っていない動き・作用を測る現在の時を含意するのであるが、それは、厚みのない不可分の現在、すなわち瞬間（instans）を含意するのではない。ここでは時制と訳したが、時と訳す方がよいかもしれない。西田の「純粋経験の現在」を想起させる。『西田幾多郎全集』第 1 巻、10-11 頁参照。

ぐ役目を果たすのみならず，主語によって表示されるものの中に，述語動詞によって表示されるもの・はたらきが《現実にある》ことを宣言（プレディカーレ）するからである。つまり，est の意味表示するものは，現実性であり，est と言うことは，《現実だ》と宣言すること（プレディカティオ・それは単なる述語づけではない）なのである。

　トマスはわざわざ，「私が est と言う」（dico 'est'）ことによって，と，（私が言う）という行為を強調している。「私が est と言う」行為は，全人格をかけた行為である。抽象的で概念的な言葉を用いて表現される客観的な事実を，「現実にそうだ」と全人格を傾けて言うことの中に，言葉は具体性を実現し，真なる言葉あるいは偽なる言葉となる。あるもの（エンス）は真なるもの（ヴェールム）と置換される，とトマスが他の著作で繰り返して言うのも，こうしたことと通じている。

3．〈絶対無〉と〈だ〉

現象と現実

　ところで，われわれが日々出会い経験している実在・あるもの（エンス）は，この概念化できない現実性をもって立ち現れてくる，さまざまな現れである。われわれはこのさまざまな現れ・現象を分別し，名づけ，分類している。トマスはこの現れの相をエッセンティアと呼んだのであった。しかし，現実にわれわれが出会うものにおいて，この現象面と現実性とは不離一体であり，仏教の比喩を借りて言えば，水と波の如くであり，波を離れて水はなく，水を離れて波はないように，エッセンティアを離れてエッセはなく，エッセを離れてはエッセンティアはない。つまりエッセを離れたエッセンティアは単なる抽象概念にすぎないのである[39]。しかしわれわれは，最初に引用したボナヴェントゥラの言葉のように，さまざまな現象に目を奪われ，この現象を現実にあるものとしている現実性そのものを忘却し，現象の分析，構造の解明に終始するので

---

39) トマスは最も初期の小品『有と本質』の中で，エッセンティアと言われるのはエンスがそれによって，それにおいてエッセをもつという限りである，と言っている。このエッセは現象の背後にある〈物自体〉とは異なる。

ある。しかし，どんなに現象を分析し構造を解明したとしても，この現実を現実のものとしているものについて，その本質（何か）は知り得ない。ちょうど生命そのものを，生命現象を解明することによって取り出すことができないのと同様である。

この本質と不離一体でありながら本質とは別である現実性そのものに対しては，ただ"EST"（然り）として絶対的に肯定するのみである。西田が真の無の場所を判断の立場から意志の立場へ移り行くことに見出し[40]，また，文化の基盤として平常底を強調したのは[41]，このようなことだったのではないだろうか。われわれもわれわれを取り囲む一切のものも，自ら現実にあるのではなく，〈現にあること〉を，〈何か〉と言えない何かに負っている。この〈何か〉と内容の言えない，〈現にある〉絶対の他を，西田は絶対無と呼び，トマスは Ipsum ESSE と呼んだのである。

Ipsum ESSE と日本語

それでは，この Ipsum ESSE は，どのように訳したらよいのだろうか。

esse とは est の不定法形である。この esse は，冒頭で述べたように存在と訳されることが多い。この訳語は誤りであると言うのではないが，しかし，既に見てきたように，est はただ端的に actu esse を意味表示するということからすると，むしろ，「現にあること」と訳したい。存在という訳語は概念と解されやすい。いや，むしろ概念である。「あること」と訳すならば，少しはましであるが，それでもなお，事という概念的なものを感じさせる。

適切な訳語を見出すために，国語学者たちによる日本語の品詞分類からヒントを得よう[42]。山田孝雄は，〈あり〉を陳述に用いられる形式用言とし，存在詞とした。そして，これを純粋に存在を意味する〈あり〉と，陳述のみを表す〈あり〉（ここには，その変形である〈かり・な

---

40) 『西田幾多郎全集』第4巻，262-263頁。
41) 『西田幾多郎全集』第11巻，445頁以下。
42) この点に関して，南山大学の故進藤義治教授と丸山徹教授から多くの示唆をいただいたことに感謝を表したい。

り・たり〉が含まれる）に分類した。これに対し時枝誠記は，後者の〈あり〉を存在とはまったく関係がない，話者の立場・肯定的判断の表現であり，これは，むしろ，〈なり〉〈だ〉〈です〉と同じく助動詞に分類すべきだと言う[43]。

〈あり・ある〉の意味を二つに分けたことには大きな示唆がある。しかし，山田に反対して後者の〈あり〉が存在にまったく関係がないとか，前者の〈あり〉には話者の立場が表現されていない，ということには，トマスの言語分析からすれば納得できない。なぜなら，すべての判断・陳述には，現実（存在はその一つのあり方である）への立ち返りが求められるからであり，また〈〜はある（存在する）〉というのも一つの判断であり[44]，話者の立場の表明であるからである。われわれにとってヒントとなるのは，むしろ，〈あり〉を〈だ・なり・です〉と同類の助動詞としていることである。〈ある〉を断定（時枝では指定）の助動詞〈だ〉で置き換えてみればよい。〈A est B〉は〈A は B だ〉となる。est が結果的に担う繋辞の役目は，助詞の〈は〉が果たしている。そして，est の第一義である actu esse は〈だ〉で表現されている[45]。

このように考えてみると，神は Ipsum ESSE としか言えない，ということは，少々，滑稽な響きがあるが，「神は〈だ〉そのものだ」ということになろう。つまり，絶対肯定しかできない，ということである。「神は神だ」，それがすべてである。西田はこの絶対肯定を，絶対否定即肯定として，絶対無と呼んだのであった。

トマスのエッセを念頭に置きつつ西田の「場所」や「場所的論理と宗教的世界観」を読む時，西田もまたアリストテレスから大きな示唆を得ており，トマスのごく近くにいるように思われる[46]。しかし，トマスが〈est というこの動詞〉に概念化され得ない現実性そのものの表明を見

43）　時枝誠記『言語本質論』岩波書店，1973年，279頁。
44）　西田も指摘している。『西田幾多郎全集』第4巻，229頁。
45）　述語の部分に形容詞・動詞が来ても同じである。その場合，〈のだ〉〈です〉〈ます〉〈よ〉が est の役割を果たす。この点に関しては，ストラスブール大学名誉教授のシャパス先生との会話から多くの示唆を得た。
46）　西田はアリストテレスの最良の解釈者であるトマスを読む気にならなかったという（『西田幾多郎全集』第12巻，204-205頁）。残念だったというべきか，あるいはむしろ，西田独自のアリストテレス解釈がそれによって生じたことを喜ぶべきであるか。

3．〈絶対無〉と〈だ〉

出したのに対し，繋辞としての「ある」と存在としての「ある」の区別にとどまった西田は，真の無の場所とか絶対無という〈概念〉を導入してしまった。この無は有に対するような概念的無ではない，と再三強調するのも西田の苦境を語っている。〈空を空ずる〉という表現も同様である。無も空も概念内容を否定した概念である。〈存在そのもの〉という表現も同様である。

ところで，このように「神は〈だ〉そのものだ」などと言い切ってしまうと，失望や反論が生じるかもしれない。〈存在そのもの〉とか〈絶対無〉の方が荘重な響きがあり，神や神秘を表現するためにはふさわしいと思われる。しかし，西田も再三強調するように，西田が表現しようとしたことは，神秘主義的なことではない[47]。むしろ，西田もトマスと同じく，日常世界のただ中にあって，一切のものの根底である現実そのもの，概念化できない端的な現実性（このように言語化するならば，また同じことになってしまうが）を表現しようとしたのであろう。この現実そのものは〈だ〉として肯定し得るのみであって，人間にとって思議の不可能な現実である。トマスが彼の〈新しい神学〉のマニフェストで[48]，神学の方法について，「エッセに即して」と言ったのは，この具体的現実から出発しようという宣言であった。彼は時代の思想的枠組みの制約と格闘しつつ，アリストテレスに倣って具体的現実を徹底的に見据え，この具体的現実を突破して神に至ることを目指したのである。ここには〈語りえぬもの〉についてなお語ろうとする人間の，言葉との壮絶な戦いがある。トマスは，最晩年になって，自らの著したものをわらくずと看做して，なお自らに問題を残しつつ，深い沈黙に入ったのであった。

---

47) 『西田幾多郎全集』第11巻，418頁以下。
48) 前掲拙著『神秘と学知』106頁以下。

5
ESSENTIA-ESSE-ENS
―― エッセと日本語（1）――

はじめに

　昼食を了えて研究室に戻ろうと，キャンパスの片隅の繁みを通り抜けている時だった。はっとして私は立ち止まった。暗闇からぬっと出たような薄黄緑のかたまりが，圧倒するような現実感をもって私の前にあった。何だろう……。あ，やつでの若葉だ。濃緑の古葉を背景にして若葉がいましがた清らかな水で洗われたかのように艶やかに光っている。いのちの眩しい輝やき……。

　人は何かに打たれるとき，ただ黙って立ちつくす。その何かは色であったり，音であったり或いは静寂であったり，香であったり，肌触りであったりとさまざまであるが，その何かの全体と私の全体が出会い触れ合うとき，丸ごとの現実がただ現実として出会われている。色であるとか，音であるとかなどなどは，次第に意識が働いて主体と客体が分かれ，対象化が起こることから生じてくる。そして我々の知性は出会われたものを〈何か〉として捉え，言語によって固定する。芭蕉の「静かさや岩に滲み入る蟬の声」という句は，この出会いの現実と言語化の過程をよく表している。

　ところで，この意識化以前の出会いの現実，現実性のただ中の状態を西田幾多郎は「色を見，音を聞く刹那，いまだ主もなく客もないところ」と言い，それを「純粋経験」と呼んだ[1]。そして彼は「純粋経験を唯一の実在として，そこからすべてを説明してみたい」と言ったのであるが[2]，彼の最初の著作『善の研究』において表明されたこの直感・洞

　1）『西田幾多郎全集』（岩波書店，1978）第一巻 p. 9.

察を生涯一貫して思索の核とし，それをさまざまに表現していったのであった。そして，西田は彼の最初の洞察を追求し哲学的表現に齎す過程で次第に西洋中世の思想家達（アウグスティヌス，ディオニュシオス・アレオパギテース，エリウゲナ，クザーヌスなど）に接近し，そこから多くの示唆を得ていったのであるが，更に晩年にはアリストテレスから多くを学んでいる。しかし，アリストテレス自身は，西田が「純粋経験」と呼んだところには言及していない。アリストテレスが問題としたのは意識化され言語化された部分であり，言語化の過程，つまり知性のはたらきの分析であった。

　そして，西田と同様，本論文で主題的に取り上げるトマス・アクィナスもまた，彼の最初の洞察（エッセとエッセンチアの相違）をより明確な哲学的表現に齎そうと生涯をかけて強靭な思索を続けていったのであった。しかし，トマスの独創がエッセとエッセンチアの実在的区別であり，エッセの形而上学であることは周知のところではあるが，ではトマスの言うエッセとは何か，エッセとエッセンチアの実在的区別とは何かと問われるならば，さまざまな人がさまざまに言い，決して理解の一致があるわけではない。

　ところでトマスのエッセに関して得た洞察が（一）西田の言う純粋経験の洞察に似通っていること，しかし（二）両者のその後のプロセスと最終的に到達した言語表現（哲学的手段）が異なっていること，（三）トマスはアリストテレスを超えていること，を筆者はこれまで見てきたのであるが，その際，トマスのエッセを日本語で助動詞の〈だ〉と訳してみた[3]。通常ラテン語のエッセは「存在」と訳され，日本語の辞書で「存在」を引いてみると，そこには近代語の Sein, être, being などの訳とあるのと並んで，ラテン語 esse の訳とまである[4]。たしかにエッセの通常の訳として「存在」という言葉，あるいは「有」という言葉は適切かも知れない。しかし，トマスに関する限り，「存在」という訳語でエッセを表現することはトマスの洞察を裏切ることになる，と筆者は考える。通常の訳としては適切かも知れないが，というのは，トマスを別とする他の思想家においてエッセは存在と訳しても不都合ないとも思われ

---

2)　*Ibid.* p. 4.

るからである。他方，トマスは同じエッセという語を用いているが，彼が表現しようとしていたことは「存在」という訳語で表されるものではない。筆者も含めて或る人々はときに「あること」と訳してもいる。それは動詞〈sum, es, est〉の不定法の正確な置き換えであるが，トマスの言わんとしたことは，むしろ先に述べたように助動詞〈だ〉で表現されるのではないか[5]。

トマスの努力にも拘らず多くのトマス研究者の誤解を招き，トマスはエッセに関して曖昧であり混乱している[6]，とまで批難を受ける原因の一つには印欧語の限界があるのではなかろうか[7]。この点に関して日本語の構造はむしろトマスの独創性に光をあて，トマスの言わんとしたことを明確にしてくれる，と筆者は考える。こうした確信に立って筆者は既に試論（エッセー）を発表したのであるが，再び新たな角度からこの問題に光を当ててみたい。

---

3) トマス独自のesseを理解するためには，トマスのテキストを分析することとともに（1）essentia-esse-ensの言葉についてトマスに先立つ人々や同時代人の用法を知ること（2）トマスとアリストテレスの相違を明らかにすること（3）日本語学に照らしてesseの訳語を探すこと，の三つが必要であると筆者は考える。(1)(2)に関しては既に夥しい数の研究が公にされてきた。(記念碑的なものとしてÉtienne GilsonのLe thomisme, J. Vrin, 1942とL'être et l'essence, J. Vrin, 1948, そしてわが国における山田晶先生の『トマス・アクィナスのエッセ研究』創文社，1978を挙げ，最近のものとしてBrian Davis, o. p. "Aquinas, God, and Being," The Monist, 1997, 上枝美典氏の「トマス・アクィナスの存在論研究──エッセの現実態としてのエッセ」『福岡大学人文論叢』1998と「分析的トミズムのエッセ批判について」『中世思想研究』2002, Anthony Kenny, Aquinas on Being, Clarendon Press, 2002, そして加藤雅人氏の「トマス・アクィナスにおけるエッセの意味論」『哲学』2003を挙げておこう。)筆者もまた，(1)ボナヴェントゥラの用法について (Un Dieu transcendant, créateur et exemplaire selon Saint Bonaventure, 1988, pp. 3-26), (2)トマスの『命題論註解』の分析を通して(「トマスにおける実在と言葉」『中世思想研究』1990, 'Le problème de ESSE/ESSENTIA dans le Commentaire de Saint Thomas In Perihermeneias,'『アカデミア』1999), (3)試みのかたちで(「〈だ〉そのものなる神──絶対無と存在を超えて──」『宗教と宗教の〈あいだ〉』風媒社，2000) 拙論を発表してきたのであるが，本論文においては，ボナヴェントゥラ（背後にアンセルムス）の用法との比較からトマスの理解の一端を明らかにしてみたい。

4) 例えば『国語大辞典』（小学館，1981）。

5) 筆者は〈だ〉の他に〈のだ〉〈のです〉〈です〉〈ます〉〈よ〉も加えることが出来ると考える（「〈だ〉そのものなる神」註45）。この点については「エッセと日本語（3）」で取り上げる予定である。

6) Anthony Kenny, op. cit., pp. 189-194.

7) 『アリストテレス全集12 形而上学』（岩波書店，1977）訳者註第五巻第7章(2)参照。

従って,「エッセと日本語」と題する本研究が最終的に意図するところは,「エッセの哲学」と呼ばれるトマスの形而上学的立場とは何であるのかを明らかにすることであるが,この目的を達成するためには,トマスの当時,エッセという語がどのような意味で用いられていたか,それはトマスのエッセの用法とどのように異なるかを正確に把握する必要がある。しかし,エッセという言葉はつねにエンスとエッセンチアとの連関において用いられるゆえ,先ずこの三語をめぐって考察は進められる。この三語については何を意味表示するかが明らかになるまで,なるべくラテン語で esse, ens, essentia と表記しておこう。

ところで,エッセに関するトマスの論述が「混乱」しているという非難は,初期の作品については当たっているようにも思われる。確かにトマスが明瞭なかたちで自らのエッセの意味を表現しているのは後期の作品においてである。しかし,トマスの立場は最初の著作から一貫していると筆者は考える。従って,本研究においては初期の著作から始めて次第に後期の作品を取り上げるが[8],正確な年代順に関連箇所を遂次取り上げるというのではなく,必要に応じてより後期の作品を参照するという仕方でトマス独自のエッセを明確にしてみたい。しかし,紙数の都合上,「エッセと日本語」と題する本論文を三つに分け,(1)ではエッセの伝統的な意味・用法をエンス・エッセンチアとの関連を通して明らかにし,(2)においてトマス独自のエッセの意味を明確にし,最後に(3)において日本語文法からエッセの日本語訳を考えてみる,という予定である。

1. エンスからの出発

トマスは自らの研究教育活動を始めるにあたって著わした小品『エンスとエッセンチアについて (De ente et essentia)』[9](以下『De ente』とする)の冒頭でアヴィケンナに言及し,知性によって最初に捉えられ

---

[8] 執筆年代その他について拙著『神秘と学知——トマス・アクィナス「ボエティウスの三位一体論に寄せて」翻訳と研究』(創文社, 1996) pp. 45-49 参照。

1．エンスからの出発

るものが ens と essentia であることを明記した上で[10]，「最初の小さな誤謬が終りにおいては大きなものとなる」というアリストテレスの言葉に従って[11]，知性によって最初に捉えられる ens と essentia に対する無知から誤りが生じるゆえ，まず ens と essentia という名称によって何が意味表示されるかを述べねばならないと言っている。つまり ens と essentia という言葉によって何を理解するか，この理解の相違から最終的に体系（トマスの立場を体系と言ってよければであるが）[12]の相違が生じてくることをトマスは示唆し，研究教育活動を開始するにあたり前もって自己の哲学・神学上の立場の前提を呈示しようとするのである[13]。「ところで，我々は，複合的なるもの（物体的なもの：筆者）から始めて単純なるもの（非物体的なるもの：筆者）の認識を得るべきであり，また本性上より後なるものから始めてより先なるものに至るべきであるが，それは，よりやさしい事柄から始めることによって学習がより適切に行われるためである。それゆえ，<u>ens が意味表示するものから出発して essentia が意味表示するものへと進んでいかなければならない。</u>」[14]

ところで，その数年後に著わされた『真理論』[15]——これは最初のパ

---

9) テキストとして De ente et essentia は Leo 版を用いる。（引用テキストで特に断っていないものは Marietti 版を用いる。）本文で述べたようにトマスの esse を，そして関連して ens と essentia をどのように理解するかにトマス思想の核心の理解が懸かっている。それゆえ訳語による混乱と誤解を避けるために，De ente et essentia の表題はラテン語のまま表記する。

10) *Avicenna Latinus*, Tractatus Primus, c. v, p. 31 参照。

11) アリストテレス『天体論』第1巻第5章 271b8-13.

12) トマスの著作は体系的に構成され著述されているが，しかし，トマスの思想そのものは体系（完結した一つの閉じられた思想）であるとは筆者は考えない。

13) *De ente* の後，第1回パリ時代に書かれた『ボエティウス「三位一体論」に寄せて』は神学の主題と方法を明確にするという意図で著されているが，そこで彼はこの De ente で取り上げられた esse と essentia の独自の区別の上に立って，神学の方法を〈secundum esse〉と規定しているのである。拙著『神秘と学知——トマス・アクィナス「ボエティウスの三位一体論に寄せて」翻訳と研究』（創文社，1996）pp. 50-71 参照。

14) "ens autem et essentia sunt que primo intellectu concipiuntur, ut dicit Auicenna in principio sue Metaphisice, ideo ne ex eorum ignorantia errare contingat, ad horum difficultatem aperiendam <u>dicendum est quid nomine essentie et entis significetur</u>,... Quia uero ex compositis simplicium cognitionem accipere debemus et ex posterioribus in priora deuenire, ut a facilioribus incipientes conuenientior fiat disciplina, ideo <u>ex significatione entis ad significationem essentie procedendum est</u>." *De ente*, prol., l. 5-8, l. 11-15.

15) *De veritate* に関しては，テキストとして Leo 版を用いる。

リ大学での教育活動の一環としてなされた討論授業にもとづいて著されたものである——の第一問題は、「真理とは何か」と題されている。この問題において、〈真なるもの〉(verum) と〈あるもの〉(ens) を同一とする意見を七つ、異なるとする意見を七つ呈示した後、討論を裁定する教授（マギステル）として、トマスは自らの解答を次のように始めている。

「私は答えて次のように言わなければならない。すなわち、論証的な事柄においては知性にとって自明である何らかの諸原理への還元がなされねばならないが、それと同様に、いかなるものであれ、それが何であるかを探究するにあたってもそうあらねばならない。さもなければ、いずれの場合においても無際限な遡源がなされることになろう。その結果、学知は全く滅び去り、事物の認識もまた同様になろう。ところで、知性が先ず最初に言うなれば最も明らかなものとして捉える（concipit）もの、そして、知性がそのうちにすべての懐念（conceptiones）を解消する（resolvit）ものは ens であること、これはアヴィケンナが彼の著『形而上学』（第1巻第9章）の冒頭で言っている通りである。」[16]

『De ente』の書き出しの部分といい、この討論問題集の冒頭といい、ここにはトマスの思索の原点が表明されている、と言ってよいであろう。つまり西田が純粋経験を出発点としたように、トマスは ens を出発点とし、そこから esse の次元を剔出しようと目論んでいるのである。この出発点は、譬えてみるならば真暗な部屋で何かに触れた、あるいは当ったような状態である。何かがある、ということに知性は気づいている。そして次の瞬間、何だろう、どんなものだろう、どこにあるのだろう、とそのあるもの（ens）自身を問い、そのあるものの位置や他のあるも

---

16) "Respondeo dicendum quod sicut in demonstrabilibus oportet fieri reductionem in aliqua principia per se intellectui nota ita investigando quid est unumquodque, alias utrobique in infinitum iretur, et sic periret omnino scientia et cognitio rerum; illud autem quod primo intellectus concipit quasi notissimum et in quod conceptiones omnes resolvit est ens, ut Avicenna dicit in principio suae *Metaphysicae*;..." *De veritate* q. 1, a. 1, c., ll. 95-104.

の（ens）との関係を知性は問い始める。『真理論』の引用の続きを見よう。

> 「それゆえ，知性によって懐念された他の概念はすべて ens に付加することによって受け取られるはずである。しかし，ens に対しては，何かが，言うなれば外的なものの如くに，種差が類に対して加えられる仕方で，あるいは附帯性が基体に対して加えられる仕方で，加えられることはできない。何となれば，<u>いかなる本性も本質的に ens だからである</u>。」[17]

トマスは他の思想家たちと同様，知性を光に喩えているが，（能動）知性は ens に光をあて，ens のさまざまなあり方（modus essendi）を発見する。始めにただ〈あるもの〉として捉えられていたものが次第にその姿を現わしてくるのである[18]。こうして〈あるもの〉が，赤いもの，丸いもの，りんご，床にころがっている，などと明確化してくる。それは〈あるもの〉に新たに概念が付け加えられていくことではあるが，しかし，それは類概念に種差が加えられて種概念が明確化していく（例えば人間という種概念は動物という類概念に理性的という種差が加えられて，他の動物からは区別される）場合のような概念構成の領域でのことではないと，トマスはアリストテレスを引いて明記する。続きを引用しよう。

> 「それゆえ，また，哲学者は『形而上学』第3巻において次のことを証明した。すなわち，<u>〈あるもの〉は類ではありえない</u>[19]。しかし，さまざまな何かが〈あるもの〉に付け加わると言われるのは，それらの何かが〈あるもの〉そのものの（筆者：ただ）〈あるもの〉という名称によっては表現されない様態を表すかぎりにおいてであ

---

17) "unde oportet quod omnes aliae conceptiones intellectus accipiantur ex additione ad ens. Sed enti non possunt addi aliqua quasi extranea, per modum quo differentia additur generi vel accidens subjecto, quia <u>quaelibet natura est essentialiter ens</u>." *Ibid.*, 104-109.
18) 感覚知覚から知性認識に至る過程についてトマスは『神学大全』第1部第85問題他で論じているが，これについては別の研究課題としたい。
19) Cf. *In Met.*, L. 5, l. 9, n. 889.

る。」[20]

　トマスがここで強調するのは，彼の言う〈あるもの〉とは最高の類概念ではないことである。つまり，すべての実体と付帯性とを一つに括る上位概念として〈あるもの〉という名称が使われているのではない。それは，そこから諸々の類概念や種概念などの論理学的に整理される概念が発見されてくるもとの現場，すなわち実在そのものを表現している[21]。知性は実在の中に言うなれば隠れているもの（implicatum）を，つまりさまざまな実在のあり方（modus essendi）を外に出して（explicare）表し出す（exprimere）のである。こうして実在のさまざまなあり方を表現するさまざまな言葉が生じてくる。トマスはこれらの言葉を二つに大別する。（1）一つは，〈あるもの〉それぞれのそれに特殊な様態（aliquis specialis modus entis）を表現する言葉である。これは事物（res）のさまざまなあり方（modus essendi）に従って，さまざまな〈あるということ〉（entitas）の度合いの相違があるからであるが，この相違に従って，さまざまなカテゴリーが生じてくる。例えば実体という言葉は〈あるもの〉の特殊なあり方（quidam specialis modus essendi），つまりそれ自体としての〈あるもの〉（per se ens）を表しているのであり，〈あるもの〉に付け加えられた何らかの本性を表しているわけではない。これは他のカテゴリーについても同様であり，カテゴリーに分類される言葉は，すべて〈あるもの〉の特殊なあり方を示すのであって，〈あるもの〉の中に隠されていたさまざまなあり方が顕わになっ

---

20) "unde probat etiam Philosophus in *III Metaphysicae*, quod ens non potest esse genus; sed secundum hoc aliqua dicuntur addere super ens inquantum exprimunt modum ipsius entis, qui nomine entis non exprimitur." *De verit., Ibid.*, 109-114.

21) "ens autem non est genus, quia non praedicatur univoce, sed analogice... Analogice dicitur praedicari... aliquando autem per attributionem ad unum subjectum, sicut ens dicitur de substantia, de quantitate et qualitate et aliis praedicamentis: non enim ex toto est eadem ratio qua substantia est ens et quantitas et alia, sed omnia dicuntur ens ex eo quod attribuuntur substantiae, quae quidem est subjectum aliorum. Et ideo ens dicitur per prius de substantia et per posterius de aliis; et ideo ens non est genus substantie et quantitatis, quia nullum genus predicatur per prius et posterius de suis speciebus, sed predicatur analogice...." *De principiis naturae*, § 6, 16-18, 33, 49-60（テキストとして Leo 版を用いる）Pauson 版 c. 6, pp. 102-104.

1. エンスからの出発

たものである。つまり，これらの名称はすべて〈あるもの〉である，と言えよう。（2）他の一つは，すべての〈あるもの〉に一般的に伴ってくるあり方（modus generaliter consequens omne ens）を表す言葉である[22]。ここでは五つの言葉が取り上げられている。すなわち，res（もの），unum（一なるもの），aliquid（何か或るもの），bonum（善きもの），verum（真なるもの）である。このうち res と unum は〈あるもの〉それ自身（ens in se）に伴うあり方を示している。res は〈あるもの〉のうちにある何か（aliquid）を肯定的に（affirmative）端的にそれだけを切り離して（absolute）言い表したもので，その何かとは〈あるもの〉の essentia（本質）[23]に他ならない。この essentia に従って〈あるもの〉は〈ある〉（りんごである，丸いものである，赤いものである）と言われるのである[24]。こうしてトマスはアヴィセンナの『形而上学』の冒頭の言葉を典拠として res と ens の意味の相違を，〈あるもの〉（ens）が〈あるの現実態〉（actus essendi）から取られた言葉であるのに対し，res は ens の何性（quidditas 何であるか，ということ）ないし本質（essentia）を表現する言葉であると説明する[25]。つまり，ens（あるもの）は〈あるという現実〉に焦点があてられている，言うなれば内容空虚なものを表現するのに対し[26]，res は〈何かあるもの〉という〈何か〉，つまり〈あるもの〉の〈内容〉を表現するのである。ところで〈一なるもの〉（unum）という言葉は〈あるもの〉それ自体をそれ自身において分かたれていないもの（ens indivisum）という否定形で捉えたものである，という。これに対し，〈何か或るもの〉（aliquid）というのは他者との関係を表示し，他から区別され分かたれた（ab aliis divisum）〈別

---

22) 後に『神学大全』（*S. T.*, I, q. 30, a. 3, c.; q. 39, a. 3, ad 3, etc.）において transcendentia, transcendentalia（類を超えたもの，超範疇的なるもの）と呼ばれている。

23) ここでは一応〈本質〉と訳したが，次ページの引用にある ratio とは異なる。essentia の意味については本論文の以下で明らかにする。

24) essentia がただ実体的あり方のみならず附帯的なあり方をも意味表示することについては後に（p. 112 以下）述べる。

25) *Avicenna Latinus*, loc. cit., pp. 31-42 参照。

26) "ipse (Aristoteles) dixerat quod... nec ipsum 'ens' significat rem esse uel non esse. Et hoc est quod dicit, «nichil est», id est non significat aliquid esse." Thomas, *In Peri Herm*, L. 1, l. 5, ll. 356-361.（テキストとして Leo 版を用いる。）アリストテレス『命題論』第三章 16b 24-26 参照。

の何か〉（aliud quid）として捉えたものである。これら三つの言葉 res, unum, aliquid の説明からして，ens は個として他から識別される具体的な実在であると言えよう。

続いて bonum（善きもの）と verum（真なるもの）が取り上げられるが，これらの言葉は人間との関係において捉えられた ens の側面を表現する。すなわち，人間の欲求（appetitus）との関係において見られたとき，ens は〈善きもの〉と呼ばれ，人間の知性との関係において見られたとき，ens は〈真なるもの〉と呼ばれるのである。ここでトマスは長い前置きの後，はじめて本問題の問いである「真理とは何か」を問題にする。

真理（veritas）とは認識に関わる言葉である[27]。従って認識がどのようにして成立するかをトマスは問題にする。彼によれば認識は認識する者の認識された事物（res）への類同化（assimilatio）を通して成立すると言う。引用しよう。

　「ところで，すべての認識は認識する者の，認識された事物への類同化を通して完成する。従って，この類同化が認識の原因である。それは視覚が色の形象（species）によって態勢づけられることを通して色を認識するのと同様である。従って ens が知性に対して第一に関係する（comparatio）のは，ens が知性に一致するため（concordet）である。ところで，この一致（concordia）は（筆者：イサアクの定義によって[28]人々が）「知性と事物との対等」（adaequatio intellectus et rei）と呼んでいるものである。そして，このことにおいて形相的に〈真なるもの〉（verum）の本質・概念（ratio）[29]が成立する。従って，このことから〈あるもの〉（ens）に〈真なるもの〉（という概念）が加えられるのである。それは，つまり，

---

27)　〈真理〉については，このすぐ後で述べるようにさまざまな捉え方，定義の仕方がある。スコラ哲学では（1）存在論的真理（veritas ontologica）と（2）認識論的真理（veritas epistemologica）に二大別している。

28)　Isaac Islaeli, *De definitionibus*. ただし，出典については不明な点が多い。拙著『神秘と学知』p. 411 註87参照。

29)　通常日本語では本質という言葉で ratio も essentia も表現されるが，しかし，トマスは両者を厳密に区別して用いている。トマスによれば，ratio は概念を表す。註23参照。

1．エンスからの出発

事物・もの（res）と知性が形相を同じくすること（conformitas），或いは対等であることを意味している。そして，この形相を同じくすることから事物の認識が生じてくるのである。」[30]

　この説明においてトマスは〈真なるもの〉とか〈真理〉という言葉をめぐって三つの要素を剔出する。一つは事物の実在性（entitas rei）である。もう一つは〈真なるもの〉〈真理〉の概念を成立させる知性とものとの合致の側面である。そして最後はその結果として生じてくる事物の認識である。この三つの要素に従って「〈真なるもの〉あるいは〈真理〉とは何か」の問いに対して，三つの種類の答えが生じてくる。第一は真理の成立の根拠として真理の概念に先立つ〈あるところのもの〉（id quod est）が真なるものとされる。第二は，〈ある〉を〈ある〉とし，〈あらぬ〉を〈あらぬ〉とする知性とものとの合致，対等として捉えられた判断としての真理である。そして第三は，真理によって認識が成立するという意味で，認識を結果として生み出すものとして真理が考えられる。こうしてトマスは自らの解答を締め括るにあたり，この三つに整理された〈真なるもの〉〈真理〉の捉え方に従って，先人たちの真理観を整理している[31]。ここでトマスは自らの立場を明らかにしてはいないが，真理（という概念）は本来的に言えば知性において成り立つことが，つまり，第二の種類の真理の捉え方が彼の一貫した立場である[32]。

　ところで，我々は先の引用の中に，〈ens-res-veritas〉の間の関係を看て取ることができる。すなわち，トマスにとって veritas とは本来的

---

30) "Omnis autem cognitio perficitur per assimilationem cognoscentis ad rem cognitam, ita quod assimilatio dicta est causa cognitionis, sicut visus per hoc quod disponitur secundum speciem coloris cognoscit colorem: prima ergo comparatio entis ad intellectum est ut ens intellectui concordet, quae quidem concordia adaequatio intellectus et rei dicitur, et in hoc formaliter ratio veri perficitur. Hoc est ergo quod addit verum super ens, scilicet conformitatem sive adaequationem rei et intellectus, ad quam conformitatem, ut dictum est, sequitur cognitio rei." *De veritate*, Ibid., 162-174.

31) 第一の種類の答えとしてトマスはアウグスティヌスとアヴィケンナの定義を挙げ，第二の種類の答えとしてはイサアクとアンセルムスそしてアリストテレスの定義を挙げ，第三の答えとしてはアウグスティヌスとヒラリウスの定義を挙げている。

32) 例えば "… ratio veritatis per prius invenitur in intellectu quam in re." *I Sent.*, d. 19, q. 5, a. 1, c.『命題集註解』は *Vivès* 版を用いる。

に知性において見出されるもの，つまり判断と認識に関するものであるが，この認識が生じる原因は何よりも先ず知性が〈あるもの〉(ens)に出会い一致する（convenientia ＜ convenire 共に来る，出会う，一致する）ことにある。そして認識が完成する（成立する）のは，認識するもの（つまり知性）が認識されるもの（res cognita）に類同化することによってなされると言う。ところで，知性と先ず出会うものは，ens であること（Prima comparatio entis ad intellectum est ut ens intellectus correspondeat），そして，認識されるものには，res という言葉が用いられていること（res cognita, cognitio rei）に注目しよう。つまり，ens が知性の対象となる時，本質（essentia）の側面から ens は捉えられるということである。従って認識は res の形象（species）に知性が類同化することによって完成する。つまり認識はあくまでも ens の形相（forma）の領域で知性とものとが形相的に一つになること（conformitas）から生じてくる。しかし，認識がたとえ forma の領域で行われるものであっても，知性は ens に触れている，出会っていることを忘れてはならない。つまり，トマスにとって，具体的にあるもの（ens）・実在の世界（entia）こそ原点であり，目指すべき終着点である。ens はすべての懐念（conceptus）とすべての知（scientia）の源泉であり，根拠であり，尺度であって，トマスはつねにこの ens の次元に自らを置こうとするのである[33]。それは，西田の「純粋経験を唯一の実在としてすべてをそこから説明してみたい」という言葉を思い起こさせる。トマスも，西田と同じく，概念化体系化される以前のところから出発しよう

---

33) Cf. "consequitur namque intellectus operationem secundum quod iudicium intellectus est de re secundum quod est; cognoscitur autem ab intellectu secundum quod intellectus reflectitur super actum suum, non solum secundum quod cognoscit actum suum sed secundum quod cognoscit proportionem eius ad rem, quae quidem cognosci non potest nisi cognita natura ipsius actus; quae cognosci non potest nisi natura principii activi cognoscatur, quod est ipse intellectus, in cuius natura est ut rebus conformetur: unde secundum hoc cognoscit veritatem intellectus quod supra se ipsum reflectitur. Sed veritas est in sensu sicut consequens actum eius; dum scilicet iudicium sensus est de re secundum quod est, sed tamen non est in sensu sicut cognita a sensu: etsi enim sensus vere iudicat de rebus, non tamen cognoscit veritatem, qua vere iudicat: quanvis enim sensus cognoscat se sentire, non tamen cognoscit naturam suam et per consequens nec naturam sui actus nec proportionem eius ad res, et ita nec veritatem eius." De veritate, q. 1, a. 9, 20-42.

とするのである。あるいは、概念化以前のところを重視するのである。

ところで、最初に述べたように、トマスは最も初期の著作『De ente』の冒頭で「最初の小さな誤謬が終りにおいては大きなものとなる」と言っている。そしてこの著作と同様さまざまな著作において、ens という言葉が多くの意味で用いられていることにたえず注意を促している。

2．エンスの多義性

ens の多義性について述べるにあたってトマスはつねにアリストテレスを引用し、アリストテレスに従って ens の意味を整理してゆくが、そこで、現在分詞の ens（あるもの）と並んで、或いは ens の代りに、現在不定法の esse（あること）という言葉がしばしば登場する。そして時には est（ある）という現在三人称単数形も登場する。こうしたテキストの揺れはアリストテレスのテキスト自身から来るものである[34]。

ところで、トマスが ens（esse, est）の多様な意味を整理するのはアリストテレスに依拠してであるが、しかし、トマスが取り上げるのは西欧ラテン世界で用いられていた ens の意味である。それはさまざまな人がさまざまな意味をこめて ens ないし esse（以下 ens・esse）という言葉を用いていたからであり、この ens・esse という言葉の意味の取り違えから誤解が生じ、或いは異なる意味での用法から異なる思想が生じてくる。こうしたことから、トマスは自らの思想的立場を明らかにするために、先ず ens あるいは esse の多義なる意味を整理する必要を感じたのであろう。その整理の内容を理解するのは決して簡単ではない。なぜならトマスは、ens あるいはとくに esse の用法について、その用い方が誰のものであるかを明記しておらず、一見してトマス自身の用法が見えないからである。従ってトマスにおいて意味の混乱があるとみなされることも起こる[35]。しかし、トマスはさまざまな問題を取り上げるに

---

34) アリストテレス『形而上学』第5巻第7章、第6巻第2章および第4章参照。また、ラテン語訳については、Cf. *Aristoteles Latinus*, XXV, 2, p. 94-95, p. 118 et p. 121; Ibid., 3-2, p. 102-3, p. 127 et p. 130.

35) 註6参照。

あたっていつもするように，決して他人の用法を貶したり排除したりすることなく，ただ淡々とその意味を述べるだけである。そのために，あたかもトマスがその意味で esse や ens を用いているとの誤解が生じる。トマス自身の esse を明確化するために，先ず以下に，ens・esse の多義をトマスの整理に従って見てみよう。

「哲学者が『形而上学』第5巻で述べているように，ens それ自体は二様の仕方で語られる……」とトマスは『De ente』の第一章で言っているが[36]，この言葉は ens や esse そして essentia が問題となる形而上学的文脈で何度も繰り返されている。それぞれの文脈に従って，ens は先述のように esse に置き換えられたり，あるいは ens et esse とされたり，est になったりする。また，〈二様の仕方で〉（dupliciter, duobus modis）という表現は，〈三様の仕方で〉（tripliciter）となったり，〈多様の仕方で〉（multipliciter）となったりする。この表現の揺れは，既述のようにもともとアリストテレスに由来するが，トマスはこの揺れを文脈によって適宜に使い分けている。しかしながら，トマスの説明を読むと，三義であれ多義であれ，結局のところ二義に還元される。つまり，人が ens という言葉を用いる（ens dicitur）のは，大別して，（1）ens によって本性ないし本質を意味表示する場合であるか，あるいは（2）ens によって〈命題の真理〉（veritas propositionis）を意味表示する場合の二つに分類される，と言うのである。先ず最初に ens という言葉が本性ないし本質を意味表示するというのはいかなる意味かを見よう。

3．本性ないし本質を意味表示するエンス

本性ないし本質を意味表示する ens については，つねに10の範疇に分かたれるもの，という説明がなされている[37]。10の範疇とは，アリストテレスの分類したカテゴリー，つまり述語となりうる語の10の類

---

36) "Sicut in V Metaphisice Philosophus dicit, ens per se dupliciter dicitur." *De ente*, c. 1.
37) *De ente*, c. 1, l. 2-4; *I Sent.*, d. 19, q. 5, a. 1, ad 1; *III Sent.*, d. 34, q. 1, a. 1, c.; *Ibid.*, d. 6, q. 2, a. 2, c.; *Quodlibet.*, IV, a. 3, c.; *S. T.*, I, q. 48, a. 2, ad 2; *De Malo*, q. 1, a. 1, ad 19; *In Met.*, L. 5, l. 9, n. 889 et l. 10, n. 1982, etc.

3．本性ないし本質を意味表示するエンス

（decem genera）──実体と量や質などの9つの附帯性質──である[38]。この10の類に分かたれる言葉はすべて何らかの ens として事物の本質を表示する[39]，あるいは事物の何性ないし本性を表示する[40]。

ここで我々は先に取り上げた『真理論』の説明を想い起こそう。トマスは実在のさまざまなあり方を表わす言葉を二つに大別していた。そのうち一つは，それぞれの特殊なあり方を表示する言葉で，それらは，カテゴリーに分類されるものである。そしてもう一つは，すべての〈あるもの〉に一般的に伴ってくるあり方を表示するもの，つまり，類を超えるもの・超範疇的なもの（transcendentia, transcendentalia）と呼ばれるもので[41]，res, unum, aliquid, bonum, verum の五つの言葉が挙げられていた。これら五つの言葉のうちで res は〈あるもの〉のうちにある〈何か〉（aliquid）を肯定的にそれだけを切り離して（absolute）端的に言い表したもので，その〈何か〉とは〈本質〉（essentia）に他ならない，という説明があった。この説明から我々は essentia という語によってトマスが何を意味しているかを知ることができる。つまり，essentia とは〈ens のうちにある何か〉であるが，その〈何か〉は肯定的に捉えられ，切り離されて表現されたものである，ということである。従って，トマスは述語として用いられる言葉すべてが本質と呼ばれるわけではないと，絶えず断わっている。つまり，「盲目は目のうちにある」（彼の目は盲目である）「肯定は否定の反対である」など，文において，欠如や否定を表す諸々の言葉が用いられることがあり，それらは「何々である」として，〈あるもの〉（ens）と言われるとしても[42]，それらの欠如や否定を表す言葉は実在的には何ものも措定しない[43]。こうした〈あるもの〉は本質とは呼ばれない[44]，と言うのである。では，〈あるも

---

38) 後の著作では decem praedicamenta という言葉も使われている。例えば "et decem genera entis dicuntur decem praedicamenta," *In Phys.*, L. 3, l. 5, n. 322; *In Met.*, L. 5, l. 9, n. 889; *Ibid.*, L. 9, l. 1, n. 1769; *S. T.*, I, q. 28, a. 2, ad 1.

39) "Esse dicitur dupliciter: uno modo secundum quod <u>ens significat essentiam rerum prout dividitur per decem genera</u>; alio modo secundum quod esse significat compositionem quam anima facit; et istud ens Philosophus, *V Met.*, appelat verum." *I Sent.*, d. 19, q. 5, a. 1, ad 1.

40) "Uno modo dicitur esse <u>ipsa quidditas vel natura rei</u>, sicut quod definitio est oratio significans quid est esse; definitio enim quidditatem rei significat." *I Sent.*, d. 33, q. 1, a. 1, ad 1.

41) 註22参照。

ののうちにある肯定的な何か〉とは何であろうか。

　我々は日々さまざまな〈あるもの〉の中で生きている。そして，我々は，それら〈あるもの〉（entia, 実在）をそれらの立ち現れの相によって識別し分類し，体系化して理解している。それら〈あるもの〉のそれぞれに固有の立ち現れの相（例えば動物，人間，犬）を我々は本性（natura）と呼び，それらの本性の相違によって諸々の〈あるもの〉は種（人間，犬）と類（動物）に分類され位置づけられる。そして，分類の根拠となるこうしたさまざまな本性に共通する何かを essentia という言葉が意味表示する，とトマスは言うのである[45]。つまり，essentia という言葉は本性を総称するメタ言語なのである。その意味を『De ente』によってもう少し詳しく見てみよう。

　我々は ens と出会ったとき，これは何かと問う。そして，「これは犬である」「これは人間である」と分別し，分類表に位置づける。しかし，「犬」も「人間」も，これを名指す名称であって，その内容についてはまだ何も語っていない。「犬とは何か」「人間とは何か」を問われて，「犬とは○○である」「人間とは××である」と定義されることによって，犬あるいは人間と分類されるそれぞれの内実が明確になる。従ってトマスは，この定義によって表示されるそれぞれの〈何かであること〉（quidditas 何性）を哲学者たちは essentia の名称の代りに用い，アリストテレスはまた，「とはもともと何であるか」（quod quid erat esse）としばしば名づけたが，それは，つまり，何か或るもの（aliquid）がそれ

　42）　命題の真理を意味表示する ens であると言われる。"ens per se dupliciter dicitur: uno modo quod diuiditur per decem genera, alio modo quod significat propositionum ueritatem. Horum autem differentia est quia secundo modo potest dici ens omne illud de quo affirmatiua propositio formari potest, etiam si illud in re nichil ponat; per quem modum priuationes et negationes entia dicuntur: dicimus enim quod affirmatio est opposita negationi, et quod cecitas est in oculo. Sed primo modo non potest dici ens nisi quod aliquid in re ponit; unde primo modo cecitas et huiusmodi non sunt entia. Nomen igitur essentie non sumitur ab ente secundo modo dicto: aliqua enim hoc modo dicuntur entia que essentiam non habent, ut patet in priuationibus; sed sumitur essentia ab ente primo modo dicto." De ente, c. 1, l. 4-11.

　43）　"etiam si illud in re nichil ponat." Ibid., l. 7-8.

　44）　essentia としては〈ある〉とは言われえないが，日本語では時に同じく本質とも訳される ratio（概念）として〈ある〉と言われる。

　45）　"essentia significat aliquid commune omnibus naturis, per quas diversa entia in diversis generibus et speciebus collocantur." Ibid., l. 22-25.

によって〈何である〉(esse quid) をもつところのものである，と言う[46]。つまり essentia とは，或るものを何かであらしめるものとして，何性と呼ばれるのである。例えば，A, B, C, D, E, F が何かとそれぞれ問われ，A, B, C を犬（canis）として一つに括り，D, E, F を人間（homo）として一つに括ることができるとすれば，A, B, C には犬性（caninitas）が，D, E, F には人間性（humanitas）がそれぞれ共通に見出されるのであり，その犬性，人間性といったものが，何性と呼ばれ，また本性（natura）と呼ばれるのである[47]。そして essentia のみならず quidditas も natura もメタ言語である。トマスはこれらの三語の間のニュアンスの相違を次のように説明する。すなわち，essentia をそれぞれのもの（res）に固有のはたらきとの関連で捉えるなら，それは本性と呼ばれ，定義によって表示されるものとして考えられるならば，何性という名称で呼ばれるのである。「ところで，essentia という言葉が語られるのは，それによって，そしてそれにおいて ens が esse をもつことに従ってである」(Sed essentia dicitur secundum quod per eam et in ea ens habet esse)[48]とトマスは言う。つまり，ens が esse を分有するのは[49]essentia を媒介として essentia においてである，ということになる。この文章の意味については後に（次稿以下で）詳しく検討することにして，続く言葉を引用しよう。

---

46) "Et quia illud per quod res constituitur in proprio genere uel specie est hoc quod significatur per diffinitionem indicantem quid est res, inde est quod nomen essentie a philosophis in nomen quiditatis mutatur; et hoc est etiam quod Philosophus frequenter nominat quod quid erat esse, id est hoc per quod aliquid habet esse quid." Ibid., l. 27-34. quod quid erat esse は，τὸ τί ἦν εἶναι の直訳である。

47) トマスはまたアヴィケンナを引用して，forma という言葉も essentia の代りに用いられると言う。この場合，forma というのは質料と区別される形相（forma partis）を意味するのではなく，事物の確定ないし規定（certitudo）を意味し（"Dicitur etiam forma, secundum quod per formam significatur certitudo uniuscuiusque rei." Ibid., l. 34-35），質料をも含んだ全体としての本質（forma totius）を意味している。つまり，種的な区別相である（"forma partis dicitur secundum quod perficit materiam, et facit eam esse in actu: forma autem totius, secundum quod totum compositum per eam in specie collocantur." In Met., L. 7, l. 9, n. 1467）。Roland-Gosselin によれば，アヴィケンナのラテン語訳者は本質を表すためにしばしば certitudo という言葉を用いたという。M.-D. Roland-Gosselin, o. p., Le "DE ENTE ET ESSENTIA" de S. Thomas d'Aquin, Saulchoir, 1926, p. 4, note 1 参照。

48) Ibid., l. 50-52.

「ところで，ens（という言葉）は端的に，そしてより先には実体について語られ，より後なる仕方で，そして言うなれば，或る限られた意味で附帯性について語られるのであるから，essentia は本来的に，そして真なる仕方では実体のうちにあるが，しかし附帯性のうちには，何らかの仕方でそして或る限られた意味である，ということになる。」[50]

ここで問題にしている ens は10のカテゴリーに分かたれるものであった。この10のカテゴリーに分かたれる ens は，実体と9つの附帯性であるが，アリストテレスが言うように本来的に〈あるもの〉と言われるのは，自体的にあるもの（ens per se），つまり実体であり，附帯性は他者（つまり実体）のうちに他者とともに（in alio et cum alio）〈ある〉と言われる ens である[51]。しかし，いずれにせよ，〈あるもの〉のあり方（modus essendi）として，ともに essentia と呼んでよい，とトマスは言う。

---

49)〈esse をもつ〉(habere esse) というのは〈esse を分有する〉(participare esse) という意味である。"quia sicut illud quod habet ignem et non est ignis est ignitum per participationem, ita illud quod habet esse et non est esse est ens per participationem." *S. T.*, I, q. 3, a. 4, c. 〈esse である（X est esse.）〉と言われうるのは神のみである。これについては *De ente* の第4章と第5章に詳しく述べられているが，この書においては新プラトン主義の『原因論』が意識されているためか，イデア論的な発想で書かれている。また，*Quodlibet*. II, q. 2, a. 3, c. に次のようにある。"ens praedicatur de solo Deo essentialiter, eo quod esse divinum est esse subsistens et absolutum; de qualibet autem creatura praedicatur per participationem: nulla enim creatura est suum esse, sed est habens esse." テキストは Leo 版による。

50) "Sed quia ens absolute et primo dicitur de substantiis, et per posterius et quasi secundum quid de accidentibus, inde est quod etiam essentia proprie et uere est in substantiis, sed in accidentibus est quodammodo et secundum quid." *De ente*, loc. cit., l. 53-57.

51) "Alio modo esse dicitur actus entis inquantum est ens, id est quo denominatur aliquid ens actu in rerum natura; et sic esse non attribuitur nisi rebus ipsis quae in decem generibus continentur, unde ens a tali esse dictum per decem genera diuiditur. Set hoc esse attribuitur alicui dupliciter. Vno modo, sicut ei quod proprie et uere habet esse uel est; et sic attribuitur soli substancie per se subsistenti, unde *quod uere est* dicitur substancia in *I Phisicorum*. Omnibus vero que non per se subsistunt set in alio et cum alio, siue sint accidencia siue forme substantiales aut quelibet partes, non habent esse ita quodt ipsa uere sint, set attribuitur eis esse. alio modo..." *Quodlibet*. IX, q. 2, a. 2, 41-55.（テキストとして Leo 版を用いる。）

3. 本性ないし本質を意味表示するエンス

ここで，トマスが essentia という言葉を10のカテゴリーに分かたれる ens からとられたものであって，欠如や否定を表す言葉（ens）については essentia という名称は用いられない，と言ったことを思い出そう（p. 109-110）。トマスは essentia という言葉で呼びうる ens について，実在的に何かを措定するもの（quod aliquid in re ponit）[52]，自然本性的世界にあるもの（esse in rerum natura）[53]，本性のうちに存在する何か（aliquid in natura existens）[54]，諸事物のうちにあって自然的にあることを分有するもの（omne quod habet naturale esse in rebus）[55]，魂の外に存在するものの本質を表示するもの（quod significat essentiam rei extra animam existentis）[56]などと説明し，盲目や否定などといった ens については essentia という語は適用できないと言う。つまり，essentia とは，我々が出会う自然物について言われるものであって，自然物のありよう（modus essendi）――実体的なありよう（例えば，人間である）であれ，附帯的なありよう（例えば，色白である）であれ――について述語される言葉を総称するメタ言語なのである[57]。トマスが essentia という語の適用範囲を自然物ないし実在するものに限定するのは[58]essentia と実在的に区別される esse の次元を拓くためであると考えてよいで

---

[52] *De ente*, c. 1, l. 12.
[53] *Ibid.*, c. 4, l. 101.
[54] *II Sent.* d. 34, q. 1, a. 1, c.
[55] *Ibid.*
[56] *Ibid.*, d. 37, q. 1, q. 2, ad 3. Cf. "Primo (Aristoteles) distinguit ens, quod est extra animam, per decem praedicamenta." *In Met.*, L. 5, l. 9, n. 889.
[57] Cf. "Ens multipliciter dicitur. Uno modo dicitur ens quod per decem genera dividitur; et sic ens significat aliquid in natura existens, sive sit substantia, ut homo, sive accidens ut color. Alio modo dicitur ens, quod significat veritatem propositionis.... Quaecumque ergo dicuntur entia quantum ad primum modum, sunt entia quantum ad secundum modum; quia omne quod habet naturale esse in rebus potest significari per propositionem affirmativam esse, ut cum diciur: color est vel homo est." *II Sent.*, d. 34, q. 1, a. 1, c.
[58] *De ente* の第4章（98-101）に次の一節がある。"Omnis autem essentia uel quidditas potest intelligi sine hoc quod aliquid intelligatur de esse suo: possum enim intelllligere quid est homo uel fenix et tamen ignorare an esse habeant in rerum natura; ergo..." ここでは実在しないもの（フェニックス）にも essentia という語が用いられているようにも思われるが，しかし，トマスは直ちに uel quidditas と付け加えて注意を促している。ところで，ボナヴェントゥラにおいては邪悪（malitia）が ens すなわち essentia であると言われている。*II Sent.*, d. 34, a. 2, q. 3, ad 3〔II 816a〕。トマスは悪（malum）について ens (essentia) であるとは言わない。Cf. *II Sent.*, d. 34, q. 1, a. 1, c.; *De malo*, q. 1, a. 1.

あろう。このトマス独自のesseを剔出する前に、トマスに先立つ人々、あるいはトマスと同時代の人々がesseをどのような意味で用いていたかを見る必要がある。しかし、先に述べたように、トマスはesseあるいはensの多義性について淡々と述べるのみである。我々は、トマスの説明に従いつつ、アンセルムス―ボナヴェントゥラの用法との比較によって、トマス独自のものとは異なるesseの意味について考えてみよう。

4．エッセンチアないしエンスの現実態としてのエッセ
（伝統的意味でのエッセ）

先にens・esseの多義性について述べた際に（p. 108）、トマスは時に応じて二義・三義・多義にens・esseは語られる、と言っていること、しかし、基本的に二義に分けていることを指摘した。つまり、10の範疇に分かたれるensと命題の真理を意味表示するensである。ところで、「ens・esseは三通りの仕方で（或いは、多義的仕方で）語られる」というens・esseの三義あるいは多義について言及する中で、今述べた先人たち或いは同時代人の意味するesseが取り上げられている。このesseはトマスが骨折って明らかにしようとするトマス独自のesseではない。このesseは、二義のうちのこれまでに取り上げたessentiaないしnaturaを意味表示するens・esseに属するとしてよい。以下にそれを見よう。

トマスの目指すesseと伝統的な意味に用いられるesseの相違を明瞭に示すテキストは、『命題集註解』第1巻第33区分第1問題第1項である[59]。以下に訳出しよう。

「esseは三様の仕方で語られる。（1）第一の仕方では、事物の何

---

59) *I Sent.*, d. 33, q. 1, a. 1, ad 1. この第一項の問題は、神のうちに見い出される諸関係（父と子と聖霊との間に見出される関係）は神の本質であるかを問うものである。そして、第一の異論は事実的なもの（secundum esse）であるのか、それとも言葉の上のこと（secundum dici）であるのかを問題にしている。

性そのものないし本性が esse と言われる。定義は esse とは何かを意味する文（oratio）である、と言われる如くである。なんとなれば、定義は事物の何性を意味表示するからである。（2）もう一つの仕方では、essentia の現実態（actus）そのものが esse と言われる。生きていること（vivere）——これは諸々の生きもの（生物）にとって esse である——が魂（anima）の現実態である如くである。この現実態というのは第二現実態ではなく、つまりはたらきではなく、第一現実態である。（3）第三の仕方で esse と言われるのは、諸々の命題において複合の真理を意味表示する場合である。すなわち、〈est〉が繋辞（copula）と言われる場合である。……」[60]
（テキスト T1 とする）

この esse の三つの意味のうち、第一のものは10のカテゴリーに分かたれる ens、つまり本性や本質を意味表示する ens であり、第三のものは、命題の真理を意味表示する ens である。第三のものについては〈est〉という現在三人称単数の動詞形で示され、繋辞としての用法であることが明記されている。トマス独自の esse を剔出するためにはこの第三のものについて詳しく検討しなければならないが、それは次稿以下の課題として、今問題としている第二の意味での esse、つまり、本質の現実態そのもの（ipse actus essentiae）を意味表示する、と言われている esse を取り上げよう。この esse についてトマスは「生きていること（vivere）——これは諸々の生きもの（vivens）にとって esse である——が魂の現実態である如くである」と説明している。ここでは esse = actus essentiae: vivere = actus animae の比較が成立し、そして、anima の位置に vivens が対応するとしてよい。（しかし、同じ位置ではないことを後で明らかにする。）すると、essentia の位置に対応して考え

---

60) "esse dicitur tripliciter. Uno modo dicitur esse ipsa quidditas vel natura rei, sicut dicitur quod definitio est oratio significans quid est esse; definitio enim quidditatem rei significat. Alio modo dicitur esse ipse actus essentiae; sicut vivere, quod est esse viventibus, est animae actus; non actus secundus, qui est operatio, sed actus primus. Tertio modo dicitur esse quod significat veritatem compositionis in propositionibus, secundum quod «est» dicitur copula." *Ibid.*

られるのは ens である。つまり，esse（sum, es, est の現在不定法）は，ens（現在分詞）の現実態を表し，vivere（vivo, vives, vivit の現在不定法）は vivens（現在分詞）の現実態を表す。事実，トマスは他の箇所で，actus entis という表現を用いている[61]。ところで，この表現はまさにボナヴェントゥラの『命題集註解』に見出されるものであり，その源泉はアンセルムスである。以下にそれを見よう。

5．アンセルムスとボナヴェントゥラにおけるエッセ

　トマスの同僚であり同士でありまたライヴァルでもあったボナヴェントゥラは，同じくロンバルドゥスの『命題集』を註解しているが，その第2巻第37問題第1項第2問題において「esse は ens の現実態であり，vivere は vivens の現実態である」(esse est actus entis et vivere viventis) と明言している[62]。ところで，この表現はアンセルムスにおいて更に明瞭な形で表現されており，ボナヴェントゥラが明言するように（ボナヴェントゥラはトマスのように〈と言われる〉(dicitur) という表現ではなく〈である〉(est) と言い切っている）ボナヴェントゥラ以外にも，このような意味で esse という語を用いていた人々が多くいたと思われる。アンセルムスの『モノロギオン』からその表現を見よう。

> 「すなわち，光と光ることと光っているものとが互いに関係し合っているのと同じ仕方で essentia と esse と ens とが，つまり存在するもの（existens）ないし自存するもの（subsistens）とが，互いに関係し合っている。」
>
> "Quemadmodum enim sese habent ad invicem lux et lucere et lucens, sic sunt ad se invicem essentia et esse et ens, hoc est existens sive subsistens."[63]

---

61) p. 120 のテキスト T2, T3 を参照。
62) *II Sent.*, d. 37, a. 1, q. 2, f. 2 〔II 864a〕. ボナヴェントゥラのテキストはクァラッキ版全集による。
63) *Monologion*, c. 6, fin. (*Opera omnia*, Stuttgart-Bad Cannstatt, 1964, p. 20).

5. アンセルムスとボナヴェントゥラにおけるエッセ

アンセルムスのこの文章は，神が存在を与えられたものではなく，自らによって，その本質からして存在する存在者であることを示そうとして光の喩えを用いたものであるが[64]，ボナヴェントゥラはむしろ，被造物において，その essentia と esse とが異なること（この区別はトマスの essentia と esse の区別と異なることが後に明らかになる），そして esse が神から直接に与えられるものであることを示すためにアンセルムスの図式を用いている。ボナヴェントゥラの先に引用した文章とその続きを引用しよう。

> 「〈あること〉は〈あるもの〉の現実態であり，〈生きていること〉は〈生けるもの〉の現実態である。しかし，神に直接由来しない現実態はない。それゆえ，いかなる〈あること〉もいかなる〈生きていること〉も神に直接由来しないものはない。」
> "esse est actus entis et vivere viventis; sed nullus actus est, qui non sit a Deo immediate, ergo nullum esse et nullum vivere."[65]（テキストB1とする）

先に引用したアンセルムスの文章では，三項の比較（lux: lucere: lucens = essentia: esse: ens）がなされていたが，しかし，このボナヴェントゥラの文章では，二項の比較（esse: ens = vivere: vivens）のみである。これを補うもう一つの文章を引用しよう。ここでは単純そのものなる神との比較において被造物に見出される根源的な三つの区別について述べられている。

---

64) 引用した文の前後を加えたテキストは以下の通りである。"Quomodo ergo tandem esse intelligenda est per se et ex se, si nec ipsa se fecit, nec ipsa sibi materia extitit, nec ipsa se quolibet modo, ut quod non erat esset, adiuvit? Nisi forte eo modo intelligendum videtur, quo dicitur quia lux lucet vel lucens est per seipsam et ex seipsa. Quemadmodum enim esse habent ad invicem lux et lucere et lucens, sic sunt ad se invicem essentia et esse et ens, hoc est existens sive subsistens. Ergo summa essentia et summe esse et summe ens, id est summe existens sive summe subsistens, non dissimiliter sibi convenient, quam lux et lucere et lucens." Ibid.

65) II Sent., d. 37, a. 1, q. 2, f. 2 〔II 864a〕.

118   5 ESSENTIA-ESSE-ENS

「同様に被造物における三様の区別を考察しなければならない。第一は，実体，能力，はたらきの区別，ないし実体と附帯性の区別である。第二は基体と本質の区別である。第三は ens と esse の区別である。……第三（の区別）は，ens それ自体としての（事物の）区別である。……第三の区別はすべての創造されたものと，すべてのともに創造されたもののうちにあるものである。というのも，神以外のものはすべて他処――それが始源であれ，始源から生じ来たったものであれ――から esse を受け取るゆえに，いかなるものも自らの esse ではないからである。それはちょうど光が自らの光ることでないのと同様である。」

"Similiter est considerare triplicem differentiam in creatura. Prima est differentia substantiae, virtutis, et operationibus, sive substantiae et accidentis: secunda est differentia suppositi et essentiae: tertia est differentia entis et esse... tertia 〔differentia est rei〕, prout est ens in se..... Tertia differentia est in omni creato et concreato: quia enim omne, quod est praeter Deum, accipit esse aliunde, sive principium sit sive principiatum: ideo nihil est suum esse, sicut lux non est suum lucere."[66]（テキスト B2 とする）

アンセルムスのテキストでは先述のように光の比喩が神の非被造性の説明のために用いられており，他方，ボナヴェントゥラでは，神以外の実在の被造性の説明のために用いられている。しかし，図式は同じである。三つのテキストを並べてみよう。

Anselmus   Bonaventura
lux   ― lucere ― lucens   B1 ①   ― esse   ― ens
essentia ― esse ― ens   ②   ― vivere ― vivens
                                  B2 lux ― lucere ― ③
                                      ens ― esse   ― ④

---

66) *I Sent.*, d. 8, p. 2, a. uni., q. 2 〔I 168a〕.

ボナヴェントゥラのテキストで空白となっている①②③④を埋めてみるならば③は lucens であり，②は vita であろう。④には既に esse の左側に ens があるが，ens 以外には考えられない。では①にはどのような言葉が考えられるのだろうか。

光るもの（lucens）が光っている（lucere）のは光るものが光（lux）を宿しているからである。生けるもの（vivens）が生きているのは生けるものが生（vita）を宿しているからである。同様に有るもの（B1の ens）が有る（esse）のは，先の ens: esse = lux: lucere の図式からすれば有（B2の ens）を宿しているからということになる。しかし，esse: ens = vivere: vivens の図式からすれば vita に相当するのは別の言葉でなければならない。こうしてボナヴェントゥラは別の箇所で lux や vita に対応する言葉として entitas という語を用いている。つまり有るもの（ens）は有るということ（entitas, 有性）を持つもの（quod habet entitatem in se）のことである。そしてこの意味での ens はまた essentia と言い換えられている[67]。こうして見ると，光ることが光の現実態であるように，また生けることが生の現実態であるように，有ることは有の現実態，つまり esse は actus entis ないし actus essentiae である。言い換えるならば，現実の働きを抽象して得られた働きの様態ないし源（lux, vita, ens vel entitas vel essentia）がそこに可能態として考えられている，と言ってもよいであろう。

6．伝統的エッセと二つのエッセンチア（トマスの分析）

ところで，トマスはこうした伝統的に用いられる意味での esse について，essentia の現実態そのもの（ipse actus essentiae）や ens の現実態（actus entis）を意味表示するものとして，ens の第一の意味，つまり，10のカテゴリーに分かたれる本質を表示する ens に関連づけている。テキストを引用しよう。

---

[67] "cum dico, malitiam esse ens, attribuo ei entitatem in se... Est enim sensus: malitia est, id est, malitia est ens, id est essentia aliqua." *II Sent.*, d. 34, a. 2, q. 3, ad 3〔II 816a〕.

「もう一つの仕方で esse と言われるのは，ens である限りでの ens の現実態，すなわち，それによって（quo）何か或るものが諸事物の本性のうちにおいて現にあるものと名づけられるところのものである。そうであるから，esse は10の類のうちに含まれる諸々のものだけに帰せられる」
"Alio modo esse dicitur actus entis inquantum est ens, id est quo denominatur aliquid ens actu in rerum natura; et sic esse non attribuitur nisi rebus ipsis que in decem generibus continentur."[68]
（テキスト T2とする）

このテキストからすれば，この esse は10のカテゴリーに分かたれる ens（つまり本質を表示する ens）が現実にあるもの（ens actu）と呼びうる根拠（quo denominatur）を意味表示している。言い換えるならば，それは何か（quid）であるものが現に何かであるものと呼びうる状態を示している。光の例を用いてトマスは説明する。

「実にこの esse は事物のうちに（in re）ある。そして，それは事物の諸原理から生じるあるもの（ens）の現実態である。ちょうど光ることが光るものの現実態であるように」
"hoc quidem esse est in re, et est actus entis resultans ex principiis rei, sicut lucere est actus lucentis"[69]（テキスト T3とする）

伝統的な意味では esse という言葉は essentia の現実態そのもの或いは ens の現実態を表示しているということの意味が上の二つの引用文から明らかである。この意味での esse は〈何か〉の現実態であり，事物の内部構造（諸原理）の現実態である。このことは，先に引用した（p. 114-115）テキスト T1のトマスの言葉「もう一つの仕方では，essentia の現実態（actus）そのものが esse と言われる。生きていること（vivere）——これは諸々の生きもの（生物）にとって esse である——

---

68) *Quodlibet.*, IX, q. 2, a. 2, Resp.
69) *III Sent.*, d. 6, q. 2, a. 2, c.

が魂（anima）の現実態である如くである。この現実態というのは第二現実態ではなく、つまりはたらきではなく、第一現実態である」からも明らかである。つまり、この esse は第一現実態（実体）を表示するのであって、はたらきを示す第二現実態を表示するのではない、ということである[70]。別の言い方をするならば、この esse という不定法は、はたらき〈～する〉を表す動詞として意味表示しているというよりも、〈～する<u>こと</u>〉という名詞的な意味で用いられているのである[71]。そして〈～すること〉の内容は、ens によって決められているのである。このことは先に引用したボナヴェントゥラのテキスト B2 にある〈自らの〉(suum) という言葉がそれを如実に示している。

しかしながら、ボナヴェントゥラは、ens・essentia の現実態が、被造物の内部構造に由来するとは考えていない。さもなくば、被造物は自らあることになり、被造物とは言えなくなるからである。それゆえ、先の引用にある通り、「いかなる〈あること〉も、いかなる〈生きていること〉も、直接神に由来しないものはない」（テキスト B1）と言うのである。そして、この神に由来する〈あること〉〈生きていること〉は〈あるもの〉〈生きているもの〉に、そして同様に〈～すること〉は現在分詞や名詞で表されるすべての被造物に見出されるものであり、ens と ens の現実態である esse とはすべての被造物において区別されるのである。

ところで、ボナヴェントゥラの言う被造物における ens と esse の区別は、トマスの言う essentia と esse の区別と同じであるかのごとくに

---

70) もっと言えば、この esse は本性の階層を表す新プラトン主義の esse（存在）— vivere（生命）— intelligere（知解）のヒエラルキーに通じている。Cf. "<u>actus dicitur vel actus, vel operatio. Ad hanc diversitatem actus insinuandam dicit primo, quod non omnia dicimus similiter esse actu, sed hoc diversimode. Et haec diversitas considerari potest per</u> diversas proportiones. Potest enim sic accipi proportio, ut dicamus, quod sicut hoc est in hoc, ita hoc in hoc. Utputa visus sicut est in oculo, ita auditus in aure. Et per hunc modum proportionis accipitur <u>comparatio substantiae, idest formae, ad materiam;</u> nam forma in materia dicitur esse." In Met., L. 9, l. 5, n. 1828-1829.

71) "uerba infinitivi modi, quando in subiecto ponentur, habent uim nominis." In Peri Herm., L. 1, l. 5, ll. 52-54. つまり〈歩くこと〉は歩行と名詞形で表される。そして名詞は主語の位置に置かれうる。他方、動詞はそのままでは主語として用いられえない。動詞の名詞的用法のためには不定法の形にしなければならない。

思われる。なぜなら，すでに見てきたようにボナヴェントゥラの言う ens は essentia と言い換えても差しつかえないからである。しかし，我々は「自らの esse であるものは何もない。ちょうど光が自らの光ることでないように」という最後の言葉に注目しよう。ボナヴェントゥラは ens と esse の関係を lux と lucere に比している。先ず光と光ることの関係をみよう。〈光る〉という働き（actus）は光の現実態（actus）である。〈光ること〉（actus）は光そのものではなく，光の（自らの suum）働き・現実態（suum lucere）である。同様に esse は ens の働き・現実態（actus）であり，ens それ自身の働き・現実態（suum esse）である。ここで既に言ったように，〈それ自身の〉（suum）という言葉が鍵を握っている。

　我々は〈光〉そのものを知覚することはない。我々が知覚するのは〈光る〉という働きである。しかし，「光る」「光っている」という言葉が発せられたならば，必ず「何が光るのか，光っているのか」が問われる。そして答えとして「稲妻が」「猫の目が」などとさまざまな（名詞形の）言葉が返ってこよう。つまり，〈光る〉という働きの基体〈光っているもの〉が主語の形で考えられてくるのであるが，しかしこの〈光る〉という働きそのものを名詞化つまり実体化するならば〈光〉という働きの一つのタイプが固定化される。そして光〈の〉働き（SUUM lucere）が考えられてくる。同様に〈有る〉（esse）という働きに注目した場合，ものは単なる〈もの〉ではなくして〈有るもの〉（res, prout est ens in se）として捉えられる。有る（esse）のは有るもの（ens）の働き（actus entis）であり，有るもの〈が〉有る，つまり，有るもの〈の〉有る（SUUM esse）である[72]。

　ところで ens は動詞の現在分詞である。この点で名詞である lux と異なっている。この相違はアンセルムスによって明瞭な形で提示されていた（p. 116-117 参照）。アンセルムスの定式では lux に対応するのは essentia である。ボナヴェントゥラもそれを知らないはずはない。事実，彼は，アンセルムスのように esse-ens に対応させて vivere-vivens の

---

　72) この点については次稿で明確にする予定である。なお，拙稿 "Le Problème de ESSE/ESSENTIA dans le commentaire de saint Thomas *In Perihermeneias*"（編者註：本書付2，p. 241）を参照。

図式を用いている（テキスト B1. p. 117 参照）——ここで示されているのは，〈有ること〉は〈有るもの〉の現実態（actus）であり，〈生きていること〉は〈生きているもの〉の現実態であることである——一方で，lux-lucere の図式に従って ens-esse の図式を用いている（テキスト B2. p. 118 参照）——ここでは〈光ること〉が〈光〉の現実態であるように〈有ること〉は〈有〉の現実態であることが示されている。我々は先にアンセルムスのテキストを参考に，ボナヴェントゥラの二つのテキストの空白の部分に当る言葉を検討したのであるが（p. 118-119），ここで空白の部分を埋めてテキスト B1，B2 の図式を考えてみよう。

テキスト＼コラム	I	II	III
B 1	entitas/essentia	— esse	— ens
	vita	— vivere	— vivens
B 2	lux	— lucere	— lucens
	ens	— esse	— ens

ここで，コラム II にあるのは動詞の不定法（esse, vivere, lucere）である。しかし，既述のように（p. 121），トマスはこの不定法が名詞的に使用されていること，つまり第一現実態を意味表示するものとして使用されていることを喝破している（T1）。漢語では名詞と動詞の区別が文脈からしか判断できないが，日本語ではその点明瞭に区別することができる。ここでは従って光ること，生きていること，あることという訳よりも〈～すること〉として発光，生命，存在の訳が適当であろう。さて，テキスト B2 に現れる ens はどのように訳せばよいのであろうか。コラム I にある ens は光，生命と同じ仕方で名詞として用いられている。従って〈有〉と訳してよいであろう。他方，コラム III にある ens は，光っているもの，生きているものと同じ仕方で現在分詞の名詞的用法である。従って，コラム III の ens は〈有るもの〉と訳せるであろう。つまりコラム I の ens はテキスト B1 が示すように，essentia の代りに用いられているのである。では essentia とは何であろうか。我々は既に『De ente』から essentia という言葉がどのような意味で使われてきたのかを知ったのであるが（p. 109-113），更にトマスの次のテキストから〈essentia-esse-ens〉の関係を明らかにしてみよう。

「従って，私は次のように言う。essentia と言われるのは，その現実態が esse であるものであり，subsistentia（自存性）と言われるのはその現実態が subsistere（自存すること）であるものであり，substantia（実体，基体性）と言われるのは，その現実態が substare（実体・基体であること）であるものである。ところでこのことが二つの仕方で言われるということは，具体的なるもの（singularia 個々のもの）において明らかである。すなわち，esse は何か或るもの（aliquid）の，つまり<u>あるところのもの（quod est）の現実態</u>である。ちょうど熱することが熱するものの現実態であるように，そしてまた，何か或るもの（aliquid）の，<u>それによってあるところのそれの，つまりそれによって〈ある〉と名づけられるところのそれの現実態</u>である。ちょうど熱することが熱の現実態であるように。」

"Unde dico, quod essentia dicitur cuius actus est esse, subsistentia cuius actus est subsistere, substantia cuius actus est substare. Hoc autem dicitur dupliciter, sicut in singulis patet. Esse enim est <u>actus alicuius ut quod est</u>, sicut calefacere est actus calefacientis, et est <u>alicuius ut quo est, scilicet quo denominatur esse</u>, sicut calefacere est actus caloris."[73]（テキスト T4 とする）

このテキスト T4 を分析して図式化すると次のようになる。

	I	II	III
（1）	essentia	—— esse	—— ①
（2）	subsistentia	—— subsistere	—— ②
（3）	substantia	—— substare	—— ③
（4）	calor	—— calefacere	—— calefaciens
（5）	quo est	—— esse	—— quod est

①②③には当然 ens, subsistens, substans が充てられる。この図式は

---

73) *I Sent.*, d. 23, q. 1, a. 1, c.

先に見たアンセルムス—ボナヴェントゥラの図式に対応する。ボナヴェントゥラにあっては essentia の代りに ens, entitas の語も用いられていた。そしてトマスは esse は essentia の actus でもあり ens の actus でもあると言っていたのであるが（T1, T2, T3），この図式に当てはめてみると，コラムⅡにあるそれぞれの不定法の動詞はコラムⅠにあるそれぞれの名詞の現実態であるとともに，コラムⅢにあるそれぞれの現在分詞の現実態でもある，ということである。ところで，各コラムの最下位（5）にあるものが，上の（1）から（4）の四つのセットの言葉の意味を説明してくれる。コラムⅠにある言葉は，何か或るもの（aliquid）（これはコラムⅢの言葉が表示している。ここには次節で示すように人間とか動物などの具体名詞が分類される）が何か（quid）であることの根拠（QUO est），すなわち何かであると名づけられることの根拠（quo denominatur esse）である。つまり，あるものが熱しているものと呼ばれるのは熱によって，自存するものと呼ばれるのは自存性によって，そしてただ〈あ（有）るもの〉（ens 有）と呼ばれるのは有性（entitas, essentia）によってである。つまり，個々のもの（singulare）がそれぞれ何か（quid）——例えば熱いもの，光っているものなど——であることの根拠を総称して essentia という言葉が用いられるのである[74]。

7. 二つのエッセンチアの現実態としてのエッセ

ところでトマスは『De ente』において，そして『命題集註解』など多くの箇所において[75]，essentia に二種あることを指摘している。すなわち，（1）個物の質料性を捨象して形相の側面から抽象的な仕方で捉えられた〈部分としての essentia〉（essentia ut pars）——例えば個の千差万別の個性（質料性）を捨象して，A を人間と呼びうる根拠であ

---

74) ここでは3つの言葉の同根性から essentia を有性（次ページでは存在性）と訳したが，トマスが『De ente』で言うように，natura の総称として，つまり〈何か〉を表現する言葉のメタ言語として考えるならば，〈本質〉と訳す方がよいのかも知れない。

75) *De ente*, c. 2, 292-304; c. 3, 20-25; *I Sent.*, d. 23, q. 1, a. 1, c.; *In Met.*, L. 7, l. 5, fin. (n. 1379); *S. T.*, I, q. 3, a. 3, c., etc.

る人間性（humanitas），Bを動物と呼びうる根拠である動物性（animalitas）——と（2）個物の質料性を捨象せず含意する仕方で捉えられた〈全体としての essentia〉（essentia ut totum）——例えば人間（homo）や動物（animal）であり，個物の千差万別の個性（質料）を暗黙に判然としない仕方で含意するもの——である。そして，部分としての essentia は個物に述語されえないが，他方，全体としての essentia は人間，動物など普遍的な言葉によって表されているとはいえ，具体的な個物に述語されうるのである。例えば個物を指示する A，B について「Aは人間性である」「Bは動物性である」とは言いえないが，「Aは人間である」「Bは動物である」とは言いうるのである。

　さて，この二種の essentia の区別は上の図式の esse の両端（コラムⅠとコラムⅢ）にあるものに対応している。そしてこのテキスト T4 からすれば，esse は両端にあるもの（essentia）の actus，つまり essentia の actus であり，ens の actus なのである。すなわち部分としての essentia はそれによって何であると名付けられる根拠（quo est, quo denominatur）としての essentia であり，形相的に捉えられた essentia である。他方，全体としての essentia は名称としては形相から取られてはいても，個的質料をも含意する essentia（quod est）である。それゆえ，今述べたように前者の essentia は個物（質料によって個別化している）に述語づけることはできない。他方，後者の essentia は個物に述語されうる。例えば，"Socrates est homo" とは言いえても "Socrates est humanitas" とは言いえないのである。換言すれば，全体としての essentia は個物を指示しうる名称であり，個物の内にある essentia を意味表示しているのに対し，部分としての essentia は抽象的なレベルでの essentia である。いずれの essentia にせよ，つまり QUO est（それによってあるところのそれ）にせよ QUOD est（それによってあるところのもの）にせよ，この図式で考えられた esse は essentia（ens）の actus である。

　ところで，こうした〈essentia — esse — ens〉の関係の理解はトマスの本来のものとは異なっている。仮にボナヴェントゥラに代表される伝統的な思想家たちの〈essentia — esse — ens〉を〈有性—有ること—有〉，あるいは〈存在性—存在—存在者〉と訳すことができるとする

と[76]，トマスのそれはどのように訳したらよいのだろうか。

　以上，我々はトマスの整理に従って ens・esse の多義を検討し，伝統的な用法における ens・esse の意味表示するものが essentia（ens）と essentia（ens）の現実態（esse）であることを見てきたのであるが，トマスの言う essentia と esse との区別はこうした伝統的な意味での区別（我々はアンセルムスとボナヴェントゥラにそれを代表させて見たが，そこにある論理については別の研究で明らかにする予定である[77]）ではない。トマスの意味する essentia と区別される esse とは何か，は次稿で明らかにしたい。

　76）この訳語も検討が必要であろう。essentia はここでも本質と訳してもよいのかも知れない。註72参照。

　77）この研究については既にフランス語で発表したのであるが（註３参照），日本語で更に取り上げる予定である。

6

生成する自然の究極的根拠を求めて
—— エッセと日本語（2‐1）——

は じ め に

　前稿において[1]我々はトマス・アクィナス独自のエッセの意味を明らかにすることを求めて，先ずエンスないしエッセの多義性を問題にした。そして，トマスのテキストにしばしば登場するエッセが，実はトマスの目指したエッセではなく，先人たちや同僚たちの用法であることをアンセルムスとボナヴェントゥラの例によって示し，伝統的なエッセの用法・意味を明らかにした。すなわち，このエッセは本質（essentia 有性・存在性）の現実態（actus essentiae）であり，また有（ens 存在者・あるもの）の現実態（actus entis）であった。そしてトマスによれば，有もまた本質，つまり事物の〈何であるか〉を意味表示するもの，アリストテレスの言う10の範疇に分類される言葉の意味表示するものであった。ところで，この意味での有・エンスは，トマスの言うエンスではない。彼にとってエンスは類や種などの範疇の外にあるもの，つまり概念化以前の実在そのものであった。

　ところで，トマス独自のエッセは実に理解困難であり，しばしば混迷の様相を帯びる，とまで非難されるが[2]，その原因の一つには，彼が伝統的な用法を一般的な用法として排除せずに述べ——それは同僚たちへの配慮であったであろう——，また必要に応じてこの用法で語るために，彼自身の用法との混同や誤解を招きやすいということがある。そして，原因のもう一つには，彼の根本的な洞察を哲学的に表明するのは確かに

---

1)「ESSENTIA-ESSE-ENS——エッセと日本語（1）——」『アカデミア』人文・社会科学編（78），2004（編者註：本書第5章 pp. 95-127）を参照。
2)　同所，（編者註：p. 97）参照。

容易なことではなかった——既に何度か述べたように[3]，その明確な表現は最晩年の著作においてである——ということがあろう。前稿に続いて本稿においても，我々はトマス独自のエッセの意味を明らかにすることを目指して，トマスのテキストの検討を進めよう[4]。

1．エンス・エッセ・エッセンチア

既に何度か述べたように[5]，トマスは esse と essentia の区別に関する彼独自の洞察を生涯一貫して堅持し，それを哲学的に表現するべく努力を続けたのだった。彼のこの区別の出発点には，前稿で見たように[6]，常にアリストテレスの言う ens の多義性があった。すなわち，人々のいう ens（そして esse）という言葉（ens *dicitur;* ens et esse *dicuntur*）には（1）10の範疇に分かたれるもの，つまり，実体と9つの付帯性に分類される広義の本質（essentia）を意味表示するものと（2）命題の真理を意味表示するもの，そして（3）ens ないし essentia の現実態を意味表示するものという，大きく三つに分類される多くの意味があった。このうち（3）は ens であるよりもむしろ esse という言葉であるが，それは先述のように伝統的な意味での esse の用法である。この意味での esse は，トマスもしばしば用いているとはいえ，トマスの意図する独自の esse ではなく，分類するならば本質を意味表示する ens（1）に含ませてよい[7]。従って，彼の基本的な分類は（1）と（2）に還元

---

3) "Le problème de ESSE/ESSENTIA dans le Commentaire de saint Thomas *In Perihermeneias*"『アカデミア』人文・社会科学編 (70) 1999,「〈だ〉そのものなる神—〈絶対無〉と〈存在〉を超えて—」『宗教と宗教の〈あいだ〉』風媒社，2000年（編者註：それぞれ本書付2 p. 241, 第4章 p. 79）を参照。

4) トマスのエッセの意味を明瞭にするため，前稿と同じく本稿でも，ens, essentia, esse は出来るだけラテン語かカタカナで表記する。

5) 註2と3参照。Cf. "La pensée de saint Thomas sur la distinction entre l'essence et l'être dans les créatures est clairement et définitivement exprimée dans ses premiers ouvrages. Elle n'a jamais varié. Sa fermeté, sa précision, son estime très sûre de l'importance du problème s'affirment dès le début." M.-D. Roland-Gosselin, *Le "De ente et essentia" de saint Thomas d'Aquin*, J. Vrin, 1926, p. 185.

6)『アカデミア』人文・社会科学編 (78)，（編者註：本書第5章 p. 107）以下を参照。

7)「二つの現実態」の項（編者註：本書 pp. 147-148）参照。

される。

　ところで，ens-esse-essentia の問題を正面から取り上げているのは，最も初期の著作の一つである『De ente et essentia』（以下『De ente』）である。この著作もアリストテレスに従って ens の二義［（1）と（2）］を出発点に措いているが，表題が示すように，専ら上記（1）の ens と essentia の意味を明らかにすることに費やされている。しかし，ens と essentia の違いを説明する過程で，彼独自の ens-esse-essentia が登場してくる。すなわち，当時の神学者たちの間で ens という言葉は，〈何かあるもの〉を意味する言葉を総称するメタ言語として用いられていたと思われる。それは，実在的な〈何か〉のみならず欠如である〈何か〉（例えば盲目）を意味表示するもの（概念 ratio）をも含んでいた。これに対してトマスは，ens は先ず10の類に分類されるものを意味表示すると絶えず注意を促し，否定や欠如を意味表示する言葉は（2）の意味での ens である，つまり，命題の真理を表すという意味でのみそれらの言葉は〈あるもの〉を意味表示する，としている。しかし，トマスにとって ens とは類や種の範疇を超えるもの，つまり，実在として具体的に〈あるもの〉を総称するメタ言語であった。こうしてトマスは，essentia という言葉を ratio と対比させて，実在の領域の〈何か〉と概念上の〈何か〉の区別を明確にする。彼にとって essentia とは実在の肯定的な〈何か〉のみを意味表示する言葉を総称するメタ言語なのである。従って，「essentia と言われるのは，それによって，そしてそれにおいて ens が esse をもつことに従ってである。（Sed essentia dicitur secundum quod per eam et in ea ens habet esse.）」[8]とトマスは言う。そして，続いて「ところで，ens（という言葉）は端的に，そしてより先には実体について語られ，より後なる仕方で，そして言うなれば，ある限られた意味で付帯性について語られるのであるから，essentia は本来的に，そして真なる仕方では実体のうちにあるが，しかし付帯性のうちには，何らかの仕方で，そして或る限られた意味で，ある，ということになる」[9]と言うのである。つまり，実在的にあると言われるのは，先ず何

---

8)　*De ente*, c. 1, l. 50-52.（テキストは Leo 版を用いる。）
9)　*Loc., cit.*, l. 53-57.

よりも実体（何か）として捉えられるものであるが，しかし，実体に付帯する諸属性もまた実在的な何かである。従って，トマスにおいて essentia は，一般的用法で実体を意味表示するというに止まらず，付帯性をも意味表示する[10]。この点は重要であるから，後に詳しく述べることになろう。

では，ens が essentia を媒介にして essentia において esse をもつ（分有する）と言う場合の[11]esse とは何を意味するのだろうか。この esse の意味を明瞭に理解するためには，トマスの自然理解を先ず見ておくことが必要であろう。

2．生成変化の分析からの出発

トマスは教育活動を始めるに当たって幾つかの小品を著しているが，その中のひとつに『De principiis naturae』（自然の諸原理について：以下『自然の諸原理』）という表題のものがある。この著作はアリストテレスの『自然学』第1巻第2巻と『形而上学』Δ（第5）巻に基づいて自然の成り立ちを説明するものであり，アリストテレスの，先立つ哲学者たちの説を考慮した混雑した内容を，よく整理し見事にそして明晰判明に纏めている。説明にトマスが用いる例はほとんどがアリストテレスのものであるが，しかし，そこには既にアリストテレスの自然観を超える眼差しが注がれている。それは『De ente』に僅かに先立って著されたと思われるが[12]，その冒頭には〈あること〉(esse) の4種，すなわち，(1) 可能的にあること (esse potentia)，(2) 現実にあること (esse actu)，(3) 実体的なあること (esse substantiale)，(4) 付帯的なあること (esse accidentale)，の四つが挙げられている。ただし，(1) と (2) は一対の区別であり，そのそれぞれに (3) と (4) の区別が適用される，或いは逆に (3) と (4) は一対の区別であり，そのそれぞれに (1) と (2) の区別が適用される。引用しよう。

---

10) T6 (p. 135) では, essentia を実体に限っている。
11) 註8および『アカデミア』人文・社会科学編 (78)（編者註：本書第5章 pp. 110-111）を参照。

2. 生成変化の分析からの出発

「或るものは（現実には）あるのではないがあることが可能であり，他方で，或るものはある，ということに注目しなさい。あることが可能であるものは可能的にあると言われ，既にあるものは現実にあると言われる。ところでまた，あることは二様である。つまり，事物の本質的な或いは実体的なあること——例えば人間はあるということであるが，これは，端的にあることである——があり，またもう一つに，付帯的なあること——例えば人は白くある（白い）ということであるが，これは或る何かであるということである——がある。」[13]（テキスト T5 とする）

そして，この〈あること〉の区別を出発点に，トマスは自然界の生成消滅の現象を説明していくのである[14]。そこで論じられているのは，いわゆる四原因説であるが，これらの原因をめぐってアリストテレスとトマスの関係を文献的に詳細に検討することは本稿の目的ではない。ここ

---

12) 著作年代については，Pauson 版の編者は，引用されているアリストテレスのテキスト（ミカエル・スコトゥスによるアラビア語からの訳）からして *De ente* と同時期の 1252-54 の間としている。"In view of the evidence, the earliest date of the writing of *De principiis* must be placed at the beginning of St. Thomas teaching career at the University of Paris in 1252, and the latest date some time prior to his writing of the *Commentary of the Book of the Sentences* in 1254." J. Pauson, *Saint Thomas Aquinas, De principiis naturae, Introduction and Critical Text*, p. 70. Leo 版の編者は，トマスが学生の時期に著したと考えることさえも可能であると言う。"Le *De principiis naturae* de saint Thomas,... est une sorte de memento pour étudiant, une introduction sommaire aux notions et aux divisions utilisées aux livres I et II des Physiques, et rappelées au début du livre V de la Métaphysique. L'auteur lit ces livres dans la version arabico-latine de Michel Scot, et avec le commentaire d'Averroès, mais sans la moindre discussion ou argumentation. Ce clair petit memento pourait même remonter aux années d'études de Frère Thomas, qui y ferait part à un autre étudiant de sa lecture des Physiques dans le *Commentator*." *Sancti Thomae de Aquino Opera Omnia*, XLIII, p. 6. 論理的な展開から考えて，筆者は Roland-Gosselin とともに，*De ente* に僅かに先立って書かれたと考えたい。Cf. Roland-Gosselin, *op. cit.*, pp. 26-28.

トマスのこの著作については翻訳も研究も公刊されたものはそれほど多くない。差し当たり，以下のものを挙げておこう。田口啓子「S. Thomae Aquinatis Opuscula Philosophica の研究——その一 De Principiis Naturae ad Fr. Sylvestrum ——」『清泉女子大学紀要』(23) 1975 年，23-34 頁；Francis Ruello, "La signification du mot *natura* dans le *De principiis naturae* de saint Thomas d'Aquin," *Rivista di Filosofia Neoscolastica*. (66) 1974, pp. 613-625; Joseph Bobik, *Aquinas on Matter and Form and Elements: A Translation and Interpretation of the De Principiis Naturae and the De Mixtione Elementorum of St. Thomas Aquinas*, Univertity of Nortre Dame Press, 1998.

で我々が目指しているのは、トマスがこの書で意図していたことを明らかにし、トマス独自のエッセとの関わりを明るみに出すことである。それゆえ、トマスの明快な論述に従って、以下、生成する自然の諸原理をトマスがどのように理解しているかを検討しよう。

質料・形相・欠如　先ず、生成消滅の現象を説明する原理として三つのものが取り上げられる。引用しよう。

「生成とは〈あらざること〉(non esse) ないし〈あらざるもの〉(non ens 非有) から〈あること〉(esse) ないし〈あるもの〉(ens 有) への変化・移行であり、他方その反対に、消滅とは〈あること〉から〈あらざること〉への変化・移行であらねばならないから、如何なる〈あらざること〉からでも生成がなるというわけではなく、可能態としての有 (ens in potentia) であるところの非有からなるのである。それはちょうど像が銅から生ずる場合、その銅は可能態

---

13) "Nota quod quoddam potest esse licet non sit, quoddam vero est. Illud quod potest esse dicitur esse potentia, illud quod iam est dicitur esse actu. Sed duplex est esse, scilicet esse essentiale rei siue substantiale, ut hominem esse, et hoc est esse simpliciter; est autem aliud esse accidentale, ut hominem esse album, et hoc est esse aliquid." *De principiis naturae*, §1, l. 1-8（テキストは Leo 版を用いる。なお第1章を§1と表記する。以下第2章以下についても同じである。）

ここで、hominem esse は「人間はあるということ」と訳し、hominem esse album は「人は白い（白くある）ということ」と訳したが、hominem esse (homo est) は、文脈によって「人間である」（遠くから見えてきたものが人間であると認識された場合あるいは「彼は神ではなく人間である」と言う場合）「人がいる」（何かの気配を感じた場合：存在を強調して表す場合には、むしろ "Est homo." が普通である［松平・国原著『新ラテン文法』p. 31 §88 参照］）「人間はいる（存在する）」（無人島であるかどうかを問題にした場合）など、述語としても、存在表現としても、どちらの場合も考えられる。hominem esse album (homo est albus) も文脈によって「(その) 人は白い」と主語と述語（"A est B."）の表現形式とも、また「白い人がいる」と存在表現形式とも理解できる。トマスはそのいずれをも考慮に入れているのであろうが、ここでは、本文のように訳した。トマスは晩年の著作で、"Socrates est." を "Socrates est in rerum natura." の意味であると説明している。これについては、後の稿で扱う予定である。

14) 生成消滅は自然界の出来事であるが、しかし、アリストテレスもトマスも、人為的な生成の、つまり産出の、比喩を絶えず用いて説明していく。人為的な産出は自然物の存在を前提にし、人為の技は自然を模倣する故に（アリストテレス『自然学』第2巻第8章 199a19）、その比喩は分かりやすい。

2. 生成変化の分析からの出発

として像であり，現実には像でないのと同様である。従って，生成があるためには三つのものが必要とされる，すなわち，質料であるところの可能的有と，欠如であるところの現実にはあらざることと，それを通して（id per quod）生成が現実に起こるところのもの，すなわち形相，の三つである。」[15]（テキスト T6 とする）

ここでトマスが注意して言葉を選んでいることに注目しよう。彼は，質料には非有（non ens）という〈sum, es, est〉の現在分詞 ens を用い，欠如には現実にあらざること（non esse actu）という同じ動詞の不定法現在 esse を用いているのである。これは，先述のように（p. 131），欠如には本来的には ens の語は用いられず，命題の真理を表すという意味でのみ ens と言われることを意識しているからである。この点については後に次稿で述べることにして，ここでは，この三つの原理（principia）が実は概念的な区別であることを明記しておこう。すなわち，質料と形相と欠如とは実在するものとして区別される三つの〈もの〉（res）ではなく，概念的な分析によって区別される，〈もの〉の構成原理（質料と形相）ないし〈もの〉の生成を可能にする原理（欠如）なのである[16]。換言するならば，現実には常に形相と質料が不可分一体となった複合物（compositum）があるのであるが[17]，その生成を考えるとき，時間軸を過去に或いは未来に移動させて，形相の欠如態（質料）から形相の獲得された状態（質料と形相の複合物）が考えられ[18]，質料と形相（例えば視覚）とそして欠如（例えば盲目＝視覚の欠如）の

---

15) "Et quia generatio est quedam mutatio de non esse uel ente ad esse uel ens, e converso autem corruptio debet esse de esse ad non esse, non ex quolibet non esse fit generatio, sed ex non ente quod est ens in potentia; sicut ydolum ex cupro, quod ydolum est in potentia, non in actu. Ad hoc ergo quod sit generatio tria requiruntur: scilicet ens potentia quod est materia, et non esse actu quod est priuatio, et id per quod fit actu, scilicet forma...." Ibid., § 1, l. 62-71.

16) "materia differt a forma et a priuatione secundum rationem." Ibid., § 2, l. 53-54.

17) 複合物に対する質料と形相の関係は，全体とそれを構成する諸部分の関係，或いは複合的なものに対する単純なものの関係として語られているという。"Materia enim dicitur causa forme in quantum forma non est nisi in materia; et similiter forma est causa materie in quantum materia non habet esse in actu nisi per formam: materia enim et forma dicuntur relatiue ad inuicem, ut dicitur in II Phisicorum; dicuntur enim ad compositum sicut partes ad totum et simplex ad compositum." Ibid., § 4, l. 37-43.

それぞれがそれぞれにあたかも実在する〈もの〉であるかのごとくに[19]概念化されるのである。従って，質料は形相とともに考えられる（intelligitur）ことも出来れば，また欠如とともに考えられることも出来る。こうして生成は質料から形相に向う動きとして捉えられる[20]。

ところで，我々が経験する生成は，未完成なもの（imperfectum）・未完のもの（incompletum）から完成したもの（perfectum）・完結したもの（completum）への移行であるが，未完成なものとは言っても実際には常に何らかの形相をもったもの（複合物）である[21]。しかし，如何なる形相も欠如（欠如というのは形相に対する相関的なものである）もなく，しかも形相と欠如に対して基体となるものを考えるとき，それは

---

18) "alia sunt principia et in esse et in fieri: ad hoc enim quod fiat ydolum oportet quod sit es, et quod ultima sit figura ydoli, et iterum quando iam ydolum est oportet hec duo esse; sed priuatio est principium in fieri et non in esse, quia dum fit ydolum oportet quod non sit ydolum: si enim esset non fieret, quia quod fit non est, nisi in successiuis. Sed ex quo iam ydolum est, non est ibi priuatio ydoli, quia affirmatio et negatio non sunt simul, similiter nec priuatio et habitus." Ibid., § 2, l. 40-50.

19) "in sua natura"（註24）という言葉がそれをよく表している。しかし，トマスは直ちに"in ratione sua"と言い換えている。質料は概念的な分析によって形相から区別されて存在するものとして考えられていることを強調して，何度もintelligiturと言っている。("Materia enim est id in quo intelligitur forma et privatio", § 2, l. 54-55; "Ipsa materia que intelligitur sine qualibet forma et privatione", l. 74-75; "materia prima.... intelligitur sine omnibus dispositionibus", l. 106-108.) そして，その意味でまた，「ただ，可能的にのみある（sed est solum in potentia）」（註24参照）と言っている。

質料は形相の欠如態であり，形相の完全な欠如態（形相の何らかの欠如も考えられない）としての第一質料は実在するものとして概念化できず，ただ物体の組成要素との比較において，つまり，形姿に対する材料の関係のごとくに説明される。如何なる概念化も不可能な第一質料は，〈無〉と呼ばれることもあった。拙稿「〈だ〉そのものなる神――〈絶対無〉と〈存在〉を超えて――」（編者註：本書第4章 p. 84-85)，拙著『神秘と学知――トマス・アクィナス「ボエティウスの三位一体論に寄せて」翻訳と研究――』創文社，1996, pp. 102-105 参照。

20) "omnis generatio est ad aliquid ex aliquo; id autem ex quo est generatio est materia, id ad quod est forma." Ibid., l. 92-94.

21) "Dicitur enim aliquid prius altero generatione et tempore, et iterum in substantia et complemento. Cum ergo nature operatio procedat ab imperfecto ad perfectum et ab incompleto ad completum, imperfectum est prius perfecto secundum generationem et tempus, sed perfectum est prius in complemento: sicut potest dici quod uir est ante puerum in substantia et complemento, sed puer est ante uirum generatione et tempore." Ibid., § 4, l. 49-58. ここで〈完結している・完成している〉（complementum, perfectum）と言われている言葉は，アリストテレスの完全現実態（ἐντελέχεια）の翻訳語である。

端的に可能的なるものとして捉えられる。それがアリストテレスの言う第一質料（materia prima）[22]である。この，概念的に形相をまったく剥奪されて純粋に基体として考えられた質料は認識されることも定義されることも不可能であり，ただ，例えば銅像に対する銅の関係のごとくに，質料と形相との複合物に対する究極的な質料として考えられるのみである[23]。それは，抽象的な存在であり，物質（物体）の究極的な構成要素・複合物の最小の単位としての元素（elementum）ではない。すなわち，実際にあるのは質料と形相の複合物であって（元素もまた複合物である），或いは質料と欠如の複合物（あるべき形相を欠いているが，しかし，別の形相の下にある）であって，質料は常に何らかの形相の下にあり，質料それのみと言う存在はありえない。従って，質料が現実にあると言えるのはただ形相によってであり，その意味で形相が質料に〈現実にあること〉（esse in actu）を賦与するのである。そして，その意味で，質料は「ただ可能態としてある（est solum in potentia）」と言われ，形相は現実にあらしめるものとして「現実態である（esse actus）」と言われるのである[24]。

　以上の説明からすると，先の引用にある（p. 134-135）生成に必要な質料と欠如と形相の三つは，自然物の生成の原理（principia）ではあっても物理的な意味での存在ではなく，自然物の生成を概念的に分析した

---

22)　トマスはギリシア語ὕληをローマ字化した yle を一箇所で用いている。次註参照。

23)　"Ipsa autem materia que intelligitur sine qualibet forma et priuatione, sed subiecta forme et priuationi, dicitur materia prima, propter hoc quod ante ipsam non est alia materia; et hoc etiam dicitur yle. Et quia omnis diffinitio et omnia cognitio est per formam, ideo materia prima per se non potest cognosci uel diffiniri, sed per comparationem, ut dicatur quod illud est materia prima quod hoc modo se habet ad omnes formas et priuationes sicut es ad ydolum et infiguratum: et hec dicitur simpliciter prima." *Ibid.*, § 2, l. 74-85.

24)　"licet materia non habeat in sua natura aliquam formam uel priuationem, sicut in ratione eris neque est figuratum neque infiguratum, tamen numquam denudatur a forma et priuatione: quandoque enim est sub una forma, quandoque sub alia. Sed per se numquam potest esse, qua, cum in ratione sua non habeat aliquam formam, non habet esse in actu, cum esse in actu non sit nisi a forma, sed est solum in potentia; et ideo quicquid est actu non potest dici materia prima." *Ibid.*, § 2, l. 109-119. "materia habet esse ex eo quod ei aduenit, quia de se habet esse incompletum. Vnde simpliciter loquendo forma dat esse materie,... Sicut autem omne quod est in potentia potest dici materia, ita omne a quo aliquid habet esse, quodcumque esse sit, siue substantiale siue accidentale, potest dici forma:... Et quia forma facit esse in actu, ideo forma dicitur esse actus;..." *Ibid.*, § 1, l. 30-43.

生成の説明原理であることが分かる。しかし，欠如が概念（ratio）であるのに対し，質料と形相という言葉によって表示されるものは単なる概念ではなく，何らかの意味での実在性を有している。つまり，実在する物体（複合物）の物質性の側面が質料であり，具体性の側面が形相である[25]。これらの二つの原理は複合物の生成消滅を実在的に説明するが，これら自身は生成消滅を超えた次元のものである[26]。しかし，アリストテレスと同じくトマスも，プラトンのように自然物から乖離した不生不滅のイデアとそれを受け取る素材を措定することはなく，形相も質料とともに複合物に内在する原理・原因と捉えている[27]。

作出因と目的因　ところで，質料と欠如と形相の三つが生成のために必要とされると言われていたが，しかし，生成が起こるためにはこれらだけでは十分ではない。可能的にのみある質料が形相を獲得して現実的にあるためには，可能態から現実態への移行・変化を齎すものがなければならない。可能的にのみある質料も実際にあるものの中にのみある

---

25)　質料という言葉は多義的である。トマスは，先ず，〈可能態にあるもの〉という質料が，実体になりうる（〈実体的なあること〉への）可能性を持ったものとしての質料（materia ex qua）（例えば人間となりうる精子）と〈付帯的なあること〉への可能性をもったものとしての質料（materia in qua）（例えば白くなりうる人間）との二つの意味で用いられていることを指摘していた。そして，この後者の質料は基体（subiectum）と呼ばれると言う。従って，質料という言葉は必ずしも常に具体性を欠いた可能態にあるものを意味しているわけではないが（個体化の原理としての質料はむしろ具体的である），ここでは，先ず実体（人間）の可能的な原因として質料（精子）が考えられ，実体を組成する究極の物体（人間の質料である精子を組成する元素）として質料が考えられ，そして，更に，この具体的な質料（元素）の形而上学的な分析によって得られる第一質料が考えられている。トマスがここで取り組んでいるのは自然の形而上学的分析であるから，ここでは形相との関係で第一質料が考えられている。しかし，その説明においては，具体的な質料（精子や銅といった素材）がしばしば登場する。"Tam illud quod est in potentia ad esse substantiale quam illud quod est in potentia ad esse accidentale potest dici materia, sicut sperma hominis et homo albedinis; sed in hoc differt quia materia que est in potentia ad esse substantiale dicitur materia ex qua, que autem est in potentia ad esse accidentale dicitur materia in qua. Item proprie loquendo quod est in potentia ad esse accidentale dicitur subiectum, quod uero est in potentia ad esse substantiale dicitur proprie materia...." *Ibid.*, § 1, l. 12-24.

26)　"Et sciendum quod materia prima, et etiam forma, non generatur neque corrumpitur, quia omnis generatio est ad aliquid ex aliquo; id autem ex quo est generatio est materia, id ad quod est forma: si igitur materia uel forma generaretur, materie esset materia et forme forma in infinitum. Vnde generatio non est nisi compositi proprie loquendo...." *Ibid.*, § 2, l. 90-97.

形相も，この移行・変化を惹き起こすことは出来ない。こうして，この変化を齎す働きかける原理が要請されてくる。この原理は作り出すもの (efficiens)，動かすもの (movens)，作用するもの (agens)，動きの始まるもと (unde est principium motus) などと呼ばれている。そして，働きかけは常に目的や志向性を伴っているゆえ，何かが生ずるためには，生ずる何かに内在する質料と形相という原理のほかに，外在的な原因として何らかの働きかける原理 (aliquod principium quod agat) と目的 (finis) がなければならないのである[28]。つまり，自然界の生成消滅は，自然に内在する原理のみでは説明できず，自然界に見られる志向性（傾向性）もまた内在原理のみでは説明不可能だと言うのである。こうしてアリストテレスと同じくトマスも生成変化を惹き起こす外在的な原因を

---

27) "materia et forma dicuntur intrinsece rei eo quod sunt partes constituentes rem,..." *Ibid.*, § 3, l. 48-51. 原理 (principium) と原因 (causa) との，そして元素 (elementum) との違いについて，トマスは次のように説明している。「原理は本来的に外在的な原因について言われ，元素は事物の部分である原因，つまり，内在的な原因について言われ，原因はそのどちらについても言われる。しかし，或る時にはそのうちの一つが他の代わりに用いられる。というのも，原因はすべて原理と言われることが出来，また原理はすべて原因と言われることが出来るからである。しかしながら，原因は一般に言われている原理（と言う言葉）の上に（別の意味を）加えると思われる。なぜなら，第一のものは，その後に〈あること〉(esse) が結果として生じようと生じまいと，原理 (principium 始まり) と言われることが出来るからである。……そして普遍的に，そこから (a quo) 運動変化 (motus) があり始めるところのものはすべて原理・始まりと呼ばれるのである。……しかし，原因のみは，後に続く〈あること〉がそこから (ex quo) 生じてくる第一のものについて言われるのである。それゆえ，原因はその〈あること〉から別のもの（〈あること〉）が生じてくるものである，と言われているのである。そうであるから，そこから運動変化があり始めるところの第一のものは，原因それ自体とは言われえない。たとえ原理（始まり）と言われたとしても。そして，この故に，欠如は原理の一つとされ，原因のうちには入れないのである。と言うのも，欠如はそこから生成が始まるところのものだからである。」"Sed licet principia ponat Aristoteles pro causis intrinsecis in I Phisicorum, tamen, ut dicitur in XI Metaphisice, principium dicitur proprie de causis extrinsecis, elementum de causis que sunt partes rei, id est de causis intrinsecis, causa dicitur de utrisque; tamen aliquando unum ponitur pro altero: omnis enim causa potest dici principium et omne principium causa. Sed tamen causa uidetur addere supra principium communiter dictum, quia id quod est primum, siue consequatur esse posterius siue non, potest dici principium,... et uniuersaliter omne id a quo incipit esse motus dicitur principium:... Sed causa solum dicitur de illo primo ex quo consequitur esse posterius: unde dicitur quod causa est ex cuius esse sequitur aliud; et ideo illud primum a quo incipit esse motus non potest dici causa per se, etsi dicatur principium. Et propter hoc priuatio ponitur inter principia et non inter causas, quia priuatio est id a quo incipit generatio..." *Ibid.*, § 3, l. 59-83.

措定するのである[29]。しかし，そこにはトマスのアリストテレスを超えようとする眼差しが注がれている。すなわち，アリストテレスは自然界に見られる生成変化の根源的な原因として，あたかも愛され憧れられるかのように，一切のものを自らに向けて，自らは動くことなく動かす不動の第一動者を自然界から離在する存在として措定したのであるが，それは自然界の目的因（causa finalis）でありまた動因（causa movens）であった。この不動の第一動者（primum movens immobile）についてトマスはこの書では何も言及していない。それは，アリストテレスが不動の第一動者について論じるのは『自然学』の第7巻と第8巻においてであり，第2巻においてその示唆があるとはいえ（198a29）自然学の関与しないところとして何らの説明もしていないから当然であるといえようが，しかし，それよりも，ここで不動の第一動者に言及することはトマスのこの書の意図するところではなかった，ということであろう。彼は，ここでは，今しがた述べたように，〈何らかの働きかけるもの〉が作り出すもの，動かすもの，作用するもの，始動するものなどと呼ばれていることを指摘しているが，彼自身は動因（movens）ではなく専ら作出因（efficiens）を問題にしていくのである。

3．働きとしての自然の原因を求めて

さて，以上（第1章から第3章）で生成の四原因が揃ったが，第4章でトマスはこれらの原因の関係を見ていく。我々は先回りして既に（p. 134-138）質料因と形相因の関係を見たのであるが，質料と形相とは相

---

28) "Ex dictis igitur patet tria esse nature principia, scilicet materia, forma et priuatio; sed hec non sunt sufficientia ad generationem. Quod enim est in potentia non potest se reducere ad actum,... Forma etiam non extraharet se de potentia in actum: et loquor de forma generati, quam diximus esse terminum generationis; forma enim non est nisi in facto esse, quod autem operatur est in fieri, id est dum res fit. Oportet ergo preter materiam et formam esse aliquod principium quod agat, et hoc dicitur esse efficiens, uel mouens, uel agens, uel unde est principium motus. Et quia... omne quod agit non agit nisi intendendo aliquid, oportet esse aliud quartum, id scilicet quod intenditur ab operante: et hoc dicitur finis." *Ibid.*, § 3, l. 1-19.

29) "materia et forma dicuntur intrinsece rei eo quod sunt partes constituentes rem, efficiens et finalis dicuntur extrinsece quia sunt extra rem;..." *Ibid.*, l. 48-51.

3．働きとしての自然の原因を求めて　　　　141

関的な原因であった。そして目的因と作出因もまた相関的な原因である。この第4章から第5章への展開はトマスの意図を知る上で重要であるから，テキストを引用しながら，詳しく検討してみよう。

作出因と目的因の関係　　先ず作出因と目的因の相互の関係が述べられる。

> 「作り出すもの（efficiens）は，すなわち，目的（finis）との関係で原因と言われるが，それというのも，目的（終極 finis）は働きかけるものの働きによってのみ現実にあるからである。然るに，目的は作り出すものの原因であると言われるが，それというのもただ目的を志向することによってのみ働きがなされるからである。」[30]（テキスト T7とする）

この例えとして，引用の少し前で，散歩と健康との関係が挙げられている。即ち，散歩によって健康が実現し，健康のために散歩が行われる，というのである。続いてこれら二つの原因の原因性の意味の相違が述べられる。そこで先ず，作出因が目的の原因であるとは如何なる意味か，が述べられる。

> 「それゆえ，作り出すものは目的であるもの——例えば健康（になること）——の原因である。しかし，作り出すものは目的が目的であるようにするわけではない。そうであるから，それは目的の原因性の原因なのではない。つまり，目的が目的的（finalis）であるようにするのではない。例えば，医者は健康が現実にあるようにするが，しかし，健康が目的であるようにするのではない。」[31]（テ

---

30) "Efficiens enim dicitur causa respectu finis, cum finis non sit in actu nisi per operationem agentis; sed finis dicitur causa efficientis, cum non operetur nisi per intentionem finis." *Ibid.*, § 4, l. 16-19.

31) "Vnde efficiens est causa illius quod est finis -ut sit sanitas- , non tamen facit finem esse finem; et ita non est causa causalitatis finis, id est non facit finem esse finalem: sicut medicus facit sanitatem esse in actu, non tamen facit quod sanitas sit finis." *Ibid.*, l. 19-24.

キスト T8とする)

　作出因とは即ち目的であるものを現実化するものであって、目的をして目的たらしめるものではない。つまり、目的性を作り出すのではない。他方、目的因は、作出するものをして作出するものたらしめるものである。しかし、目的因は作出するものそれ自体を生み出す原因ではない。それは、作出するものをして作出するという働き（現実化する働き）を引き起こす原因なのである。それゆえ、トマスは次のように言う。

> 「他方、目的は作出するものの原因ではなく、かえって作出するものが作出していることの原因である。例えば健康は、医者が医者であるようにするのではなく──そして、私は医者が働くことによって生じる健康のことを言っているのであるが──、かえって医者をして働くものであるようにするのである。」[32]（テキスト T9とする）

　つまり、健康は──これは求められている患者の健康である──医者を医者とするのではなく、医者が健康を目的として働き、結果として現実に健康を生み出すように仕向けるのである。

　ところで、目的（finis）とは終極（finis）である。従って、目的の現実化としての終極にあるもの（原因から生じたもの causatum：健康の例に倣って考えれば、健康な身体、或いは健康な人間）を分析したとき、形相と不可分一体の質料（身体或いは基体としての人間）は質料としての原因性を担っており、質料と不可分一体の形相（健康）は形相としての原因性を担っている。こうして、目的が原因の中の原因と言われるのである。

> 「それゆえ、目的は作出するものの原因性の原因である。なぜなら、目的は作出するものをして作出するものたらしめるからである。同様に質料をして質料たらしめ、形相をして形相たらしめる。という

---

[32] Finis autem non est causa illius quod est efficiens, sed est causa ut efficiens sit efficiens; sanitas enim non facit medicum esse medicum -et dico sanitatem que fit operante medico- , sed facit ut medicus sit efficiens. *Ibid.*, l. 25-29.

のも，質料は目的によってのみ形相を受け取るのであり，形相は目的によってのみ質料を完成するからである。従って，目的は<u>原因の中の原因</u>であると言われる。なぜなら，あらゆる原因において<u>原因性の原因</u>だからである。」[33]（テキスト T10 とする）

四原因の先後関係　さて，既述のように（p. 134-135）生成は可能的にあることから現実的にあることへの変化である。それは目的である形相の欠如態（質料）から形相の現実態（質料と形相の複合体）への移行であった。この質料と形相の関係は現実化された具体的なもの（原因から生じた結果 causatum）についてその原因を分析することから捉えられたものであるが，その相関性については既に述べたのであるから（materia enim et forma dicuntur relative ad invicem），そして，可能態から現実態への移行を実現する作出因と目的因の相関性についても既に述べたのであるから，次にこれら四原因の生成における関係を先後という観点から見てみよう。トマスは次のように言っている。

「ところで，生成可能な事物においては未完成なものが完成されたものよりも先であり，可能態が現実態よりも先であるとはいえ，というのは，何か同一のものについて考えた場合，それは完成されているよりも先に未完成であり，現実態にあるよりも先ず可能態にある，ということを考慮してのことであるが，しかし，<u>端的に語るならば，現実態であり完成されているものがより先でなければならない。なぜなら，可能態から現実態に導き出すものは現実にあるからであり，未完成なものを完成するものは完成されている（完全である）からである</u>。」[34]（T11 とする）

---

33) Vnde finis est causa causalitatis efficientis, quia facit efficiens esse efficiens; similiter facit materiam esse materiam et formam esse formam, cum materia non suscipiat formam nisi per finem, et forma non perficiat materiam nisi per finem. Vnde dicitur quod finis est <u>causa causarum</u>, quia est <u>causa causalitatis in omnibus causis</u>. *Ibid.*, l. 29-36.

34) Sed licet in rebus generabilibus imperfectum sit prius perfecto et potentia prior actu, considerando in aliquo eodem quod prius est imperfectum quam perfectum et in potentia quam in actu, <u>simpliciter tamen loquendo oportet actum et perfectum prius esse, quia quod reducit potentiam ad actum actu est, et quod perficit imperfectum perfectum est</u>. *Ibid.*, l. 59-66.

6 生成する自然の究極的根拠を求めて

こうしてトマスは，生成の過程からの観点と完全性からの観点とでは四原因の先後関係が異なることを指摘する。

> 「実に質料は生成と時間の観点からは形相よりも先である。というのも，到来するものよりも到来されるものの方が先だからである。他方，形相は完全性の観点からは質料よりも先である。なぜなら，質料は形相を通してはじめて完全な実現したあり方に与るからである。同様に作り出すものは生成と時間の観点からは目的より先である。というのは作り出すものによって目的への動きが生ずるからである。然るに目的は，実体でありまた完成されたものとして作り出すものであるという限りでの作り出すものよりも先である。というのは，作り出すものの働きはただ目的によってのみ完成するからである。従って，これら二つの原因は，つまり質料と作り出すものは，生成の道によってはより先であるが，しかし形相と目的が完全性の道によってはより先である。」[35]（テキスト T12 とする）

この現にある世界　　以上の，四原因相互の関係について述べた六つのテキスト[36]から，我々はトマスの視点を窺うことが出来る。即ち，トマスが見ているのは〈この現にある世界〉である。常にこの現にある（actu esse）世界の事物から，経験によって，つまり現実の事物の移り行きの記憶によって，可能態から現実態への移行を考えていることを，しかと意識しているのである。可能態にあるものは，常に現実態にあるものとの関係で考えられるのであって，現実には存在しない。生成を可能態から現実態への移行とするのは，既に述べたように（p.135），時間軸を過去に或いは未来にずらすことによって考えられているのである[37]。

---

35) "Materia quidem est prior forma generatione et tempore, prius enim est cui aduenit quam quod aduenit; forma uero est prior materia perfectione, quia materia non habet esse completum nisi per formam. Similiter efficiens prior est fine generatione et tempore, cum ab efficiente fiat motus ad finem; sed finis est prior efficiente in quantum est efficiens in substantia et complemento, cum actio efficientis non compleatur nisi per finem. Igitur iste due cause, scilicet materia et efficiens, sunt prius per uiam generationis, sed forma et finis sunt prius per uiam perfectionis." *Ibid.*, l. 66-78.

36) T7-T10 は一続きで，T11-T12 は一続きである。

しかし，トマスは決してパルメニデスのように生成変化を虚妄とするのではない。常に現にある現実の移り行きを考えるとき，過去はなるほどアウグスティヌスが言うようにもはやないが，しかし，それは確かにあったのであり，その現実のあり方（modus essendi）が以前と現在では異なっていることを記憶によって確認して我々は生成変化を理解するのである。つまり，現在のあり方（現実態）から見て，過去のあり方はまだ実現されていないもの（可能態にあるもの）として理解され，未来のあるべきあり方（実現され完成されたとして考えられるもの）から見て，現在のあり方はまだ実現されていないものとして考えられるのである。しかし，アウグスティヌスが言ったように，時間があるのは今現在でしかない。そして，〈現実にある（actu esse）〉のは，つまり実在するのは，〈今ある〉ということだけである。この，〈今ある〉，〈現にある〉，という視点に立ったとき，〈現にある〉という現実を導き出すのは何か，が最も深いところから問われてくるのである。そして，上で引用した六つのテキストから分かることは，作出因の重要性である。即ち，目的因は原因の中の原因と呼ばれてはいても（T10），それは原因性の原因であって（T10），現実を生み出す原因ではない。現実性の原因は作出因であることを，「目的は働きかけるものの働きによってのみ現実にある」（T7）「医者は健康が現実にあるようにする」（T8）「医者が働くことによって生じる健康」（T9）「可能態から現実態に導き出すものは現実にあるからであり」（T11）「作り出すものによって目的への動きが生じる」（T12）という言葉が示している。

目的因・形相因・作出因の一致　さて，このような現実性の立場からこの自然界の原因を見たならば，四原因はどのように見出されるのだろうか。トマスは，生成において形相因と目的因と作出因とが一つになることも起こりうると言って，火が火を生み出すという例を挙げている。引用しよう。

---

37) "Nota quod quoddam potest esse licet non sit, quoddam uero est. Illud quod potest esse dicitur esse potentia, illud quod iam est dicitur esse actu." *Ibid.*, § 1, l. 1-4. 註21参照。

「そして、三つの原因は一つになることも可能であることを知らなければならない。三つの原因というのは、形相と目的と作出するもののことであるが、それは、例えば火の生成で明らかである。つまり、火は火を生み出すのであるから、火は生み出す限りで作出因である。そしてまた、火は、先に可能態にあったところのものを現実であるようにする限りで、形相である。そしてまた、火は、働くもの（agens）によって志向される限りで、そして同じ働くものの働き（operationes）がそれに終極する限りで、目的である。」[38]（テキストT14とする）

しかし、目的因が形相因と数的に一つでありうるのに対し、作出因は形相因と種的には一つでありえても数的に一つであることは不可能である、とトマスは言う。すなわち、生成は形相の欠如態から形相の現実態への移行であるが、現実態として得られた形相こそ生成の目的因（目的・終極）であるから、生成の結果である完成体（complementum, perfectum）のうちには目的因と形相因が同じ一つのものとして内在すると言ってよい。ところで、作出因は可能態（欠如態）から現実態への移行をなさしめるものである。例えば、人間から人間が生まれる場合、いまだ人間ならざるもの（人間の形相の欠如態・人間の可能態）が人間としての形相を得て人間として生まれてくる。人間が生まれる目的因は人間の形相であり、形相因もまた人間の形相である。ここでは、同じ一つの形相が目的因でもあり形相因でもある。しかし、作出因（生み出す人間）は、形相としては同じく人間であっても、生む人間と生み出される人間とは別の個体である。従って、生み出した人間の形相と生まれた人間の形相とは種的には同じ人間であっても数的には同じ一つの形相ではない。引用しよう。

---

38) "Et est sciendum quod tres cause possunt incidere in unum, scilicet forma, finis et efficiens, sicut patet in generatione ignis: ignis enim generat ignem, ergo ignis est causa efficiens in quantum generat; et iterum ignis est forma in quantum facit esse actu quod prius erat potentia; et iterum est finis in quantum est intentum ab agente et in quantum terminantur ad ipsum operationes ipsius agentis." *Ibid.*, l. 95-103.

「ところで，次のことを知らなければならない。すなわち，目的は形相と数的に一つになるということである。というのも，生み出された形相という数において同じものが生成の目的であるからである。然るに，作り出すものとは数的に同じになることはないが，しかし，種的には同じになることもある。なぜなら，作るものと作られるものとが数的に同一であることは不可能であるが，しかし，種的には同一であることが可能だからである。例えば人間が人間を生む場合，生む人間は生まれた人間とは数的に別々であるが，しかし，種的には同じであるからである。」[39]（テキストT14とする。）

ここで論じられているのは，作出因が，形相因や目的因とは異なり，生成の結果として生じたものに内在しないということである。これは，先の引用（T13）で例として用いられた火についても同じである。つまり，生み出す火（agens）と生み出される火（燃えるという働きoperationes）とは同じ火であっても別々の火である。しかし，トマスはこの火の例をここでは取り上げていない。我々は上の二つの引用から，作出因が作り出すもの（efficiens），作るもの（faciens），働くもの（agens），生み出すもの（generans）などと呼ばれていることに注目しておこう。

二つの現実態　ところで，何かが生じるという生成の目的（finis）は二様に考えることが出来る。一つは生成の終極（finis）としての形相（例えばナイフ）であり，もう一つは生成するものの目的である働き（operatio 例えばナイフの切るという働き）である。そして，上述の目的因・形相因・作出因の一致（数的であれ種的であれ）は，第二の意味での生成の目的には，つまり働きには考えられえないとトマスは断っている[40]。トマスの視点は，既述のように常に〈今ある現実〉である。たとえ〈今ある現実〉があるべき完成態に向かう過程にあるとしても，この

---

39) "Sciendum autem quod finis incidit cum forma in idem numero, quia illud idem in numero quod est forma generati est finis generationis. Sed cum efficiente non incidit in idem numero, sed in idem specie; impossibile est enim ut faciens et factum sint idem numero, sed possunt esse idem specie: ut quando homo generat hominem, homo generans et generatus sunt diuersa in numero, sed idem in specie." *Ibid.*, l. 114-122.

今という時点で，それはひとつの現実として，つまり現実化している終極という観点から，見ることができる。それゆえ，この観点から見られるならば，質料・形相・目的の三原因は生成の結果である〈現にあるもの〉に内在的に見出されるのである。

もちろんトマスは，決してこの自然の世界がそのままに完成しているという静的な見方をしているのではない。この自然界は常に完成に向かう生成変化の働きの中にありながら，しかも現実には常に或る完成されたものとして実在しているのである。この現実態の二層性（働きと働きの基体としての完成されたものの区別）は，後の著作では，アリストテレスに従って第一現実態（働きの基体つまり実体）と第二現実態（働き）の区別として示される。この区別は，前稿で引用したテキスト T1[41]との関係で重要である。そこでは，動詞 sum, est, est の不定法現在の esse という言葉が第一現実態を意味するものとして伝統的に用いられていることが指摘されていた。それは働きを意味表示する動詞の実体化つまり名詞化である。そして，我々は，アンセルムスとボナヴェントゥラの例によって，〈光る〉という働きが〈光ること（発光）〉〈光〉として実体化されることを見た。先の引用にある（p. 146）火の例も同じである。実際にあるのは燃える・燃やすという働きであるが，働きが実体化されて火と呼ばれているのである。二種の目的の区別は，この火の例のある引用のテキスト（T13）に続いているのであるが，ここでトマスが主張しようとしていることは，自然界に見られる生成の目的が実は〈現にある働き〉であること，そして，この現にある働きの原因は，つまり，作出因は，この世界に超越することを示唆しているのである。これについては，後の稿で詳しく述べよう。

---

40) "Sed duplex est finis, scilicet finis generationis et finis rei generate, sicut patet in generatione cultelli; forma enim cultelli est finis generationis, sed incidere quod est operatio cultelli, est finis ipsius generati, scilicet cultelli. Finis autem generationis concidit ex duabus dictis causis aliquando, scilicet quando fit generatio a simili in specie, sicut homo generat hominem et oliua oliuam; quod non potest intelligi de fine rei generate." *Ibid.*, l. 104-113.

41) 『アカデミア』人文・社会科学編（78），（編者註：本書第5章 p. 114）以下を参照。本稿の T13 では，実体化された火（四元素の一つとして考えられていた）が，働くもの（agens）として働き（operationes）と区別されている。我々が，「光が光る」と言うのと同様に「火が燃える・燃やす」と言うのはそのためである。

この現にある世界の根源　　さて，トマスは『自然の諸原理』の第1章から第4章において自然界の生成の原因として質料因・形相因・作出因・目的因の四つを挙げ——これら四原因のうち質料因は他の三つと存在論的に異なっている。つまり，他の三つが現実的な意味での原因であるのに対し，質料は現実には存在せず，まだ完成されていないものとして可能的にあると考えられるもの（ens in potentia）であるから，形相によって完成されうるという意味で可能的な原因である[42]——，これらの間の関係について述べてきた。そして，第5章では，これら四原因がそれぞれ多くの仕方で分類されていることに注意を向ける[43]。こうして彼は，より先なる原因とより後なる原因，より近い原因とより遠い原因，自体的な原因と付帯的な原因，単純な原因と複合的な原因，現実態における原因と可能態における原因，普遍的な原因と個別的な原因，という分け方をそれぞれに説明を加えて提示するのである。既述のように（p. 132），この『自然の諸原理』の書全体は，アラビア語訳からラテン語に翻訳されたアリストテレスの『自然学』第1巻・第2巻と『形而上学』第5巻，そして，そのアラブの「註釈家」（アヴェロエス）とアヴィセンナの著作に依拠するものであるが，第5章と第6章の展開は，アリストテレスの自然観を超えようとするトマスの意図に沿うものであり，その後の教育・執筆活動のための布石であると看做すことが出来よう。すなわち，トマスは，先ずより先なる原因とより後なる原因を分け，我々の探求はより先なる原因を求めて第一原因（causa prima）にまで遡らなければならないと言い[44]，そして，それは我々にとってより近い原因から始めてより遠い原因に行くことである[45]，と言うのであるが，こうし

---

42) "materia ex eo quod est ens in potentia, habet rationem imperfecti; sed alie cause cum sint actu, habent rationem perfecti: perfectum autem et imperfectum non concidunt in idem." *Ibid.*, l. 123-127.

43) "Viso igitur quod sint quatuor cause, scilicet efficiens, materialis, formalis et finalis, sciendum est quod quelibet istarum causarum diuiditur multis modis" *Ibid.*, § 5, l. 1-4.

44) "Et nota quod semper debemus reducere questionem ad primam causam; ut si queratur 'Quare est iste sanus ?', dicendum est 'Quia medicus sanauit'; et iterum 'Quare medicus sanauit ?', 'Propter artem sanandi quam habet'." *Ibid.*, § 5, l. 9-13.

45) "Sciendum est quod idem est dictu causa propinqua quod causa posterior, et causa remota quod causa prior; unde iste due diuisiones causarum, alia per prius alia per posterius, et causarum alia remota alia propinqua, idem significant." *Ibid.*, l. 14-19.

たアリストテレスの経験主義的な方法を採りつつ,彼は探究をこの世界の現実性(actu esse)の究極的な原因(第一原因)にまで及ぼすことを企図しているのである。この究極的な原因が専ら作出因であることは,次の引用から明らかである。

> 「そして,我々は常に問いを第一原因にまで還元すべきであることに注意を向けなさい。例えば,もし,このものが健康であるのは何ゆえか,と問われるならば,医者が健康にした(治した)からである,と言うべきであり,またさらに,何ゆえに医者は治したのか,と問われるならば,医者のもっている医療技術のゆえである,と言うべきであるように。」[46] (テキストT15とする)

ここで「医療技術の故である」(propter artem sanandi)という言葉を直ちに作出因と結びつけることには無理がある,と思われるかも知れない。確かに技術(ars)は,医者がただ医者としてあるのみで実際に働いていないならば,それは医者の所有する能力(habitus 所有態:artem quam habet)でしかない。その意味では,医者という一人の人間の付帯的な形相であるとも言えよう。しかし,このもの(元患者)の今ある健康は,このものの付帯的な形相であるが,以前には欠如していたこの健康を目指して(目的因として)医者は医者として医療技術を発揮して健康を現実に作り出したのである。従って,ここで求められているのは,現実に健康を作り出した原因,つまり,作出因である。〈技術〉によって作出因が意味されていることは,第1章の末尾で「なぜなら,技術は,既に自然によって完成されているものにのみ働きかけるのであるから[47]」と言われているところから明らかである。

ところで,より遠い原因を求めていくというのはより普遍的な原因を求めていくことであるが,トマスは,多くの人々がより近い原因とより遠い原因をより特殊な原因とより普遍的な原因との関係として捉えていること(dicitur),つまり,定義において現れる種(例えば人間)と類

---

46) 註44参照。
47) "ars enim non operatur nisi supra id quod iam constitutum est in esse perfecto a natura." *Ibid.* § 1, l. 80-81; "agens quod est medicina" *Ibid.*, § 6, l. 49.

3. 働きとしての自然の原因を求めて

(例えば動物)の関係で捉えていることをここで指摘している[48]。しかし，トマスにとって，普遍的な原因とは論理学的な意味での普遍ではなく，原因から生じたもの(causatum)全体の原因という意味である。トマスは，このことを，第5章の締め括りで述べている。引用しよう。

> 「ところで，次のことを知らなければならない。すなわち，普遍的な原因は普遍的な結果(原因から生じた普遍的なもの)に関係づけられ，他方，個別的な原因は個別的な結果(原因から生じた個別的なもの)に関係づけられる。ちょうど我々が，建築家は家の原因である，そして，この建築家はこの家の原因である，と言うようにである。」[49] (テキスト T16とする)

つまり，トマスはここで，特殊的な(種的な)原因(causa specialis)とは言わず，個別的な原因(causa singularis)と言い換えているのである。ここには，トマスの研究領域が，論理学の次元のものではなく，具体的な存在(singularia 個物)の問題であるという意識が明瞭に働いている。すなわち，トマスの関心は普遍的な第一原因を求めていくことであるが，この求められている原因は，〈このいま現にある〉世界(個物の総体)の〈現実の働き〉の〈いまある現実の原因〉である。それゆえ，トマスは，自体的な原因と付帯的な原因，単純な原因と複合的な原因，現実態における原因と可能態における原因，の区別をした後に，今引用した節の前の節で次のように述べているのである。

> 「原因のうちで或るものは現実にあり，或るものは可能的にある。現実態における原因は，現実に実在するもの(res)を生じさせるものである。例えば建築中の建築家のように，或いは銅像がある場

---

48) "Hoc autem obseruandum est quod semper illud quod uniuersalius est causa remota dicitur, quod autem specialius causa propinqua: sicut dicimus quod forma hominis propinqua est sua diffinitio, scilicet animal rationale mortale, sed animal est magis remota, et iterum substantia remotior est..." *Ibid.*, § 5, l. 19-21.

49) "Sciendum est autem quod causa uniuersalis comparatur causato uniuersali, causa uero singularis comparatur causato singulari: sicut dicimus quod edificator est causa domus, et hic edificator huius domus." *Ibid.*, § 5, l. 69-73.

合の銅のように。……そして，現実態における原因について語るならば，原因と原因から生じたものは同時にあること，つまり，一方があれば他方もあることは必然である，ということを知らなければならない。」[50]（テキストT17とする）

ここで，原因と原因から生じたものが同時にあるということは，第一現実態についても第二現実態についても述べられている。つまり，銅と銅像の関係と建築家と建築の関係の例がそれを示していた。しかし，トマスの関心はむしろ第二現実態に向かっていることが，例えとして挙げられている建築の例から明らかである。すなわち，トマスは続いて次のように述べているのである。

「例えば，もし現実態における建築家があるならば，建築していなければならないのであり，また，もし現実に建築が行われているならば，現実態における建築家がいなければならないのである。しかし，このことはただ可能態にのみある原因については必然ではない。」[51]（テキストT18とする）

ところで，現実態における原因は現実に事物を生じさせ，必ず原因から生じたものとともに同時にあるということは，第一現実態の例（銅と銅像）と第二現実態の例（建築家と建築）によって示され，トマスにとっては後者の場合が重要であると言ったが，しかし，トマスにとって，第一現実態の場合であっても，常に働きとしての原因と結果が考えられていることを見落としてはならない。上で引用した火の例はそれをよく語っているが，トマスはこの例をそれ以上活用することはしないで，上で引用したように普遍的な原因に言及し，そこでもまた建築家と建築家

---

50) "causarum quedam est actu, quedam potentia. Causa in actu est que actu causat rem, sicut edificator cum edificat, uel cuprum cum ex eo est ydolum;... Et sciendum quod loquendo de causis in actu, necessarium est causam et causatum simul esse, ita quod si unum sit, et alterum;..." *Ibid.*, § 5, l. 56-64.

51) "si enim est edificator in actu, oportet quod edificet, et si sit edificatio in actu, oportet quod sit edificator in actu. Sed hoc non est necessarium in causis que sunt solum in potentia." *Ibid.*, l. 64-68.

の建てた家を例として挙げているのである。

　たしかに，この世界で見る生成で分かりやすい作出の例はもの作りである。従ってトマスは，今まで見てきたように建築家と家の例をたびたび挙げているが，しかし，それ以上の説明をしていない。ここで我々はトマスの言葉を補って考えてみよう。

　建築家の建てた家は完成した家として見るならば，そこには素材と形相が目的を達成した終極のあり方において現実にある。つまり，質料因・形相因・目的因が現実の家とともに同時にそこに見い出されるのである。しかし，作出因はそこに内在的に見い出すことは出来ない。この家を建てた建築家は確かに現実に働いてこの家を作り出したのであるが，もはやこの世に存在していないかも知れない。現実にある家はその家を建てた建築家が確かにいたことを示しているが，必ずしもこの家と同時に建築家がいるわけではない。その建築家がどのような人であったかについて，人はその作品である家を見て想像することはできるが，しかし，建築家についての確かな情報がない限り，それを確実な仕方で知ることはできない。

　この例からもわかるように，作出因がないならば，現実にあるものの究極的な説明がつかないのであるが，しかし，この作出因がどのようなものであるかについては，一目瞭然とはいかないのである。そして，トマスが探求しているのはこの〈現にある〉(actu esse) 世界，個々の現にある事物の総体の，つまり普遍的な，究極的な原因である作出因である。この〈現にある〉ことの究極的な原因への問いが，つまり，エッセの根拠への問いが，トマスにとって最初の問いであり，この問題は『De ente』に引き継がれていくのである。そして，トマスは少し後の著作において，神学の対象（むしろ主題）が何であるか，その研究方法は如何なるものか，を詳細に論じているが[52]，この書で彼は，神学の方法を「エッセに即して（secundum esse）」と明言しているのである。

　ここで，我々は，「形相がエッセを質料に与える（forma dat esse materie）」と言われていたことを想い出そう（p. 137-138，註24参照）。そして，『De ente』においては「エッセンティアと言われるのは，それに

---

52) 拙著『神秘と学知』pp. 50-71 参照。

よって，そしてそれにおいて，エンスがエッセをもつことに従ってである」と言われていた（p. 131, 註8参照）。では「形相が質料にエッセを与える」という定式と「エンスはエッセンティアによって，そしてエッセンティアにおいてエッセをもつ」という定式はどのような関係にあるのだろうか。この点を明らかにするためには，『自然の諸原理』の第6章から『De ente』への展開を検討しなければならないが，この課題の取り組みは，次稿に譲りたい。

7

自然の形而上学的分析から言語の分析へ
―― エッセと日本語（2-2）――

はじめに

　トマス・アクィナスの独創とされるエッセの形而上学とは何か，彼の言うところのエッセとは何か，を明らかにするべく，我々は先ず，トマスにとっての ens の意味するところと，伝統的に一般に用いられている ens と esse の多義的な意味とを明らかにした後[1]，トマスがエッセに言及している最も初期の著作と思われる『自然の諸原理について（De principiis naturae）』（以下，『自然の諸原理』とする）を取り上げて分析し[2]，この著作の執筆の意図を考察した[3]。『自然の諸原理』は次の言葉で始まっていた。

　「或るものは（現実には）あるのではないがあることが可能であり，他方で，或るものはある，ということに注目しなさい。あることが可能であるものは可能的にあると言われ，既にあるものは現実にあると言われる。ところでまた，あることは二様である。つまり，事

---

　1) 「ESSENTIA-ESSE-ENS ――エッセと日本語（1）――」（以下「エッセと日本語（1）」と表記）『アカデミア』人文・社会科学編（78），2004，（編者註：本書第5章に所収）。前稿と同じく，ens・esse・essentia は，出来るだけラテン語あるいはカタカナで表記する。
　2) 「生成する自然の究極的根拠を求めて――エッセと日本語（2-1）――」（以下「エッセと日本語（2-1）」と表記）『アカデミア』人文・社会科学編（79），（編者註：本書第6章に所収）。
　3) 本稿において我々は第6章を取り上げて分析しつつ，第1章において「形相は質料にエッセを与える（forma dat esse materie）」と言われていたことと，前々稿（「エッセと日本語（2-1）」註2参照）で見た『De ente』において「エンスはエッセンティアによって，そしてエッセンティアにおいてエッセをもつ（essentia dicitur secundum quod per eam et in ea ens habet esse.）」と言われていたこととの関連を検討しなければならない。

物の本質的な或いは実体的なあること——例えば人間はあるということであるが，これは，端的にあることである——があり，またもう一つに，附帯的なあること——例えば人は白くある（白い）ということであるが，これは或る何かであるということである——がある。」[4]（テキスト T6）

　ここでは先ず，〈可能的にあること〉（esse potentia）と〈現実にあること〉（esse actu）が対比され，続いて事物の〈本質的な或いは実体的なあること〉（esse essentiale rei siue substantiale）と〈附帯的なあること〉（esse accidentale）が esse の二つの様態として挙げられている。そして，生成消滅の現象が次のように説明されていた。

「生成とは〈あらぬこと〉（non esse）ないし〈あらぬもの〉（non ens 非有）から〈あること〉（esse）ないし〈あるもの〉（ens 有）への或る種の変化・移行であり，他方その反対に，消滅とは〈あること〉から〈あらぬこと〉への変化・移行であらねばならないから，如何なる〈あらぬこと〉からでも生成が起こるというのではなく，可能態としての有（ens in potentia）であるところの非有から起こるのである。それはちょうど像が銅から生ずる場合，その銅は可能態として像であり，現実には像でないのと同様である。従って，生成があるためには三つのものが必要とされる，すなわち，質料であるところの可能的有と，欠如であるところの現実にはあらぬことと，それによって（id per quod）生成が現実に起こるところのもの，すなわち形相，の三つである。」[5]（テキスト T7）

　このテキスト T7は，生成が可能的有から現実的有への変化・移行で

　4）"Nota quod quoddam potest esse licet non sit, quoddam vero est. Illud quod potest esse dicitur esse potentia, illud quod iam est dicitur esse actu. Sed duplex est esse, scilicet esse essentiale rei siue substantiale, ut hominem esse, et hoc est esse simpliciter; est autem aliud esse accidentale, ut hominem esse album, et hoc est esse aliquid." *De principiis naturae*, § 1, l. 1-8（テキストは特記しない限り Leo 版を用いる。なお，筆者の判断で，適宜かっこ内にラテン語や解説の日本語を記す。）

あると言い，そして，可能的有であるところの質料と，質料を現実にあるものとする形相[6]と，そして欠如の三つを生成の原理として挙げていた。このうち欠如は，あるべき形相がない質料の状態（概念）を意味表示する言葉であり，質料と形相のごとき実在的なもの（事物の部分 partes rei）を意味表示しない。それゆえトマスは，質料と形相が原因として原理（principium）と言われるのに対して，欠如は単に始まり（principium）の意味で生成の原理と言われる，と言う。そして，これらは事物に内在的に見出される原理であるが，これらのみでは可能態から現実態への移行を実現できない。この移行を実現するものは，事物に内在するものではありえず，むしろ可能的な状態にある質料に形相を齎し現実化する，事物に外在的な働きかけるもの（agens）である。そして，働きを引き起こす原理として働きの目的がなければならない。この働きの目的であるもの（目的因）は生成する自然の目指すところの形相であるが，生成変化が完了し現実化したときには，現実的有のうちにその形相として内在している。他方，働きかける原因（トマスは作出因 causa efficiens と呼ぶ）は，可能的有のうちにも現実的有のうちにもなく，生成する事物に外在的である。

ところで，この生成する自然の生成の目的は，アリストテレスに従って二層の下に捉えられていた。即ち，第一現実態と呼ばれる実体の層と第二現実態と呼ばれる働きの層である。この二層的な自然の見方，即ち，働き（operatio）とそこから働きの生じてくる基体である実体とを区別する見方は我々の経験に由来する自然な見方である。と言うのも，我々は，自然物のさまざまな働きが自然物があるとともに常にあるのではないことを経験的に知っているからである。しかし，実体としてあることも〈ある働き〉である，と理解し[7]，この生成する自然を根本的に働き

---

5) "Et quia generatio est quedam mutatio de non esse uel ente ad esse uel ens, e conuerso autem corruptio debet esse de esse ad non esse, non ex quolibet non esse fit generatio, sed ex non ente quod est ens in potentia; sicut ydolum ex cupro, quod ydolum est in potentia, non in actu. Ad hoc ergo quod sit generatio tria requiruntur: scilicet ens potentia quod est materia, et non esse actu quod est priuatio, et id per quod fit actu, scilicet forma...." *Ibid.*, § 1, l. 62-71.

6) "materia non habet esse in actu nisi per formam." *Ibid.*, § 4, l. 39-40; "forma dat esse materie...." *Ibid.*, § 1, l. 33.

の相において見ているトマスは、この働く自然の〈現にあること（esse actu）〉の原因である作出因は同時に現実に働いていなければならない、と言うのである。この現実的な原因と現実的な結果が同時にある[8]ということは、第一現実態についても第二現実態についても言い得ることである。このようにトマスは、アリストテレスの自然観に依拠して生成する自然の根拠を求め、内在的原因と外在的原因について述べてきたが、更にアリストテレスに従って諸原因のさまざまな区分の仕方に言及した後（本稿 p. 163 に要約）、哲学的探究は単に何らかの原因を見出すためではなく、諸原因の間にある秩序に従って原因の探究を究極的な第一の原因にまで及ぼさねばならないと言う。ところで、この第一原因の探究の必要性の指摘はトマスが何を目指していたかを語ってくれる。すなわち、彼の関心事は第一現実態も第二現実態も含めた働く自然全体の究極的原因、即ち現実にあるもの（ens in actu）全体の普遍的な第一原因（causa prima uniuersalis）の究明にあったのである[9]。

以上が前稿で検討した『自然の諸原理』の第1章から第5章の要約であるが、既述のように[10]、この最も初期の作品（の一つ）と考えられている著作において[11]、トマスはその後の執筆活動の予定を既に立てていたことが看取される。すなわち、この著作は題名が示すように自然の諸原理の考察であるが、この考察にあたり、彼はアリストテレスに従って自然の生成を経験によって知られるところから分析し、その生成する自然の原理を求めて自然学的次元から形而上学的次元に考察を及ぼしているのである。つまり、具体的な自然学的構成要素（形相と質料の複合物である諸元素 elementa）から形而上学的な構成原理である質料と形相へ考察を進め[12]、そして、生成という可能態から現実態への移行を可能に

---

7) これについては後の著作で明瞭になるが、ここで次の言葉を挙げておこう。"Nomen ens imponitur ab ipso esse." *In IV Met.*, n. 558（Marietti 版を用いる）; "Ens imponitur ab actu essendi." *Ibid.*, n. 553.
8) "Et sciendum quod loquendo de causis in actu, necessarium est causam et causatum simul esse." *De principiis naturae*, § 5, l. 62-63.
9) "Et nota quod semper debemus reducere questionem ad primam causam." § 5, l. 9-10; "Sciendum est autem quod causa uniuersalis comparatur causato uniuersali..." *Ibid.*, l. 69-70.
10) 「エッセと日本語（2-1）」（編者註：本書第6章 p. 133），註12。
11) 執筆の時期については、前稿註12参照。

する原理・原因として目的と働きかけるものを導出したのだった。この生成する自然の諸原理の考察はアリストテレスの自然観に依拠するものであるが、しかし、周知のように、アリストテレスが可能態から現実態への移行をなさしめる原理の一つとしての働きかけるものを動因（causa mouens）と呼んでいるのに対し、トマスはそれを作出因（causa efficiens）と呼んでいるところにアリストテレスとの違いがあった。そしてトマスがこの生成する自然の究極的根拠として求めている第一原因は、事物の内在的構成原理である質料と形相ではなく、また終極において事物に内在化する目的でもなく、事物にとって真に外在的な作出因であることが示唆されていた[13]。

1．自然の分析から言語の分析へ

ところで、トマスが求めているのは、この自然界の個々のもの（ens）の原因というよりも個々のものの総体である自然全体の原因、つまり普遍的な第一原因であると言われたが、普遍的（uniuersalis）という言葉は両義的である。すなわち、個と普遍、特殊と普遍（一般）というように、個あるいは特殊に対比されて使われ一般を意味する場合があり、また、上述のように個々のもの全体を含む総体を意味する場合がある。従って、普遍的原因を求めていく場合、個と普遍・特殊と一般の図式で考えていくならば、個→種→類という論理学的図式が考えられ普遍性のレヴェルは種→類と高まっていく。しかし、求められている普遍的原因は論理学上の普遍ではないことを、トマスは特殊的な原因（causa specialis）と普遍的な原因（causa uniuersalis）の図式[14]を個別的な原因（causa singularis）と普遍的な原因（causa uniuersalis）の図式に置き換えることによって示唆していた[15]。そして、このトマスの求める原因は、現実にあるもの・現にあるもの（actu ens）の総体である世界

---

12) この順序で述べているのではないが。
13) §5, l. 9-13.「エッセと日本語（2-1）」（編者註：本書第6章 pp.149-150）参照。
14) §5, l. 20-21.
15) §5, l. 69-71.

の現実の原因・現にある原因（causa in actu）であって，論理的に考えられた原因ではない[16]。この原因は働く原因として，原因から生じる結果とともに——そして，この結果も働きとしての結果である——同時にあるものである[17]。

では，この現にはたらく結果を生み出している普遍的な原因とはいかなるものだろうか。

トマスは，生成する自然の原理・原因として質料因・形相因・目的因・作出因という四つの原因を挙げ，それら原因相互の関係を明らかにし，それらの原因とそれらの原因によって生み出される結果との関係を論じてきた。すなわち，質料と形相は現実には別々に存在するものではなく，両者は表裏一体という仕方で結果としてあるものに内在していること，目的因と作出因も，作出するものを作出因として働かしめるもの（目的因）と目的を現実にあらしめるもの（作出因）という相互の関係において成立していること，そして，目的因は結果において形相として内在していること，しかし作出因のみは結果に対して外在的であることを明らかにした。そして，自然の生成を自然の次元で見る限り[18]，例えば，火が火を生む，人間が人間を生む，というように，作出因とその結果は，別々の個体（数的に異）であっても，種的には同じである（種的に同），とアリストテレスの自然観に依拠して述べてきたのである。

さて，トマスはここで，アリストテレスを超える次元を拓こうとする。しかし，アリストテレスを超えると言っても，アリストテレスに寄り添いつつ，アリストテレスの自然観を突破していこうとするのである。こうしてトマスは，生成変化の最終目的が働き（第二現実態）であること，つまり自然は実体という静的な仕方であるのではなく働きとしてあること，そして，この働きは現実にあり，この現実にある働き（現実的結果）を生ぜしめている現実的な原因が同時になければならないことを明記したのであるが，求められる自然界の究極的第一原因は自然物（entia）の総体に対する普遍的原因であると言う場合のその自然物は，実体でありつつ働くものであり，働きを終極の目的とする自然であるということ

---

16) この時点でトマスは既に新プラトン主義の図式の批判を考えていたのであろうか。
17) 「エッセと日本語（2-1）」（編者註：本書第6章 pp. 151-153）参照。
18) 「形相が質料に与えるエッセ」（編者註：本章 p. 178）参照。

を，トマスはナイフの例で比喩的に示していた[19]。

　ところで，これまでに見てきた自然の四原因は，自然界の内部で見られる原因であるが[20]，しかし，それらを表す言葉は自然言語ないし自然学（ピュシカ）的な言語ではなく，それらに反省を加え抽象化したメタ・ピュシカの言語，すなわち形而上学的な言語である。トマスはこのメタ・ピュシカの次元において，もう一つ別の言語をアリストテレスから継承する。それは可能態─現実態という言葉である。この二つの概念を導入することによってトマスは，火が火を生む，人間が人間を生む，という次元で考えられていた原因─結果の関係とは別次元の原因─結果の関係を明らかにしようとする。それは言うなれば，水平の次元で考えられていた原因─結果の関係を垂直の次元で考えようとすることである。つまり，時間軸で考えるのではなく，いま現にある自然を超えて，この自然を根底から支え現にあるものとしているものを見出そうとするのである。しかしながら，可能態と現実態という図式もまた自然学的領域から得られた，特に生物の生成の観察から得られた形而上学的概念である。すなわち，生成を時間軸の中で考えることによって得られた概念である[21]。それゆえ，この現にある世界の根底にある究極的原因については，可能態─現実態の概念装置にもなお限界があることをトマスは既に理解していたとも思われる[22]。と言うのも，トマスは第6章の大部分を言葉の使用様式の問題に割いているからである。

　ここで，トマスがアリストテレスの著作や『命題集』や『原因論』その他を註解するときにいつもするのに倣って，我々も第6章の構成を分析してみよう。しかし，その前に前稿で引用したテキストT14を再び見てみよう。

　　「ところで，次のことを知らなければならない。すなわち，目的は

---

19)　「エッセと日本語（2-1）」（編者註：本書第6章 p. 147）参照。
20)　結果に対して外在的な作出因も，この書では「火が火を生む」「人間が人間を生む」「オリーヴがオリーヴを生む」など，自然界の内部で論じられている。§ 4, l. 96-98 ; l. 111-112. 「エッセと日本語（2-1）」（編者註：同所，pp. 145-146）参照。
21)　「エッセと日本語（2-1）」（編者註：同所，pp. 144-145）参照。
22)　この点については後に稿を改めて検討したい。

形相と数的に一になるということである。というのも，生み出された形相という数において同じものが生成の目的であるからである。然るに，作り出すものとは数的に同じになることはないが，しかし，種的には同じになることもある。なぜなら，作るものと作られるものとが数的に同一であることは不可能であるが，しかし，種的には同一であることが可能だからである。例えば人間が人間を生む場合，生む人間は生まれた人間とは数的に別々であるが，しかし，種的には同じであるからである。」[23]（テキスト T14）

ここでは形相因・目的因・作出因の間の関係が結果において同じ（idem）であるか否かという仕方で問われているが，そこでは原因と結果の間に同じ関係が成り立つか否かが同時に問われている。そして，〈同じ〉ということが〈数において同じ〉（idem in numero, つまり同じ一つのもの）という場合と〈種において同じ〉（idem in specie）という場合に分けられている。このテキスト T14は，第4章の末尾の節の前半であるが，その後半において，トマスは上述の三原因に加え質料因に言及し，この節を次のように結んでいる。

「ところで質料は他のもの（三原因）と一つになることはない。なぜなら，質料は可能態における有（あるもの）であることから，不完全なもの（完成されていないもの）の性格をもつからである。他方，他の原因は現実にあるのであるから，完全なもの（完成されているもの）の性格をもっている。ところで，完全なものと不完全なものとが同一になることはない。」[24]（テキスト T19とする）

---

23) "Sciendum autem quod finis incidit cum forma in idem numero, quia illud idem in numero quod est forma generati est finis generationis. Sed cum efficiente non incidit in idem numero, sed in idem specie; impossibile est enim ut faciens et factum sint idem numero, sed possunt esse idem specie: ut quando homo generat hominem, homo generans et generatus sunt diuersa in numero, sed idem in specie." *De principiis naturae*, § 4, l. 114-122.

24) "Materia autem non concidit cum aliis, quia materia ex eo quod est ens in potentia, habet rationem imperfecti; sed alie cause cum sint actu, habent rationem perfecti: perfectum autem et imperfectum non concidunt in idem." *Ibid.*, § 4, l. 122-127.

1. 自然の分析から言語の分析へ

そして第5章は「それゆえ、四つの原因、すなわち作出因、質料因、形相因、目的因があることを見たのであるが、これらの原因のどれもが多くの仕方で分けられることを知らなければならない」[25]と言って始められている。続いてトマスは前稿で見たように、原因の分類の仕方を列挙している[26]。すなわち、（1）より先なる原因とより後なる原因——ここでは探究を常に第一の原因にまで及ぼさなければならないと言われていた——、（2）近い原因（より後なる原因と同じである）と遠い原因（より先なる原因と同じである）——ここでは、この分類が論理学上の近さ（より特殊的原因 causa specialius 例えば像の素材としての銅）と遠さ（より普遍的原因 causa uniuersalius 素材としての金属、あるいは物体）で人々が考えている（dicitur）ことに注意を喚起している（Hoc auten obseruandum est）——、（3）自体的原因と附帯的原因、（4）単純な原因と複合的な原因、（5）現実態における原因と可能態における原因——ここでは、現実態における原因の場合には原因と結果が必然的に同時にあることが指摘されていた——の五つの分類である。そして、第5章の最後の節で、先述のように（p. 159）、（2）の分類の中で注意が喚起されていた普遍的な原因と特殊的な原因の分類が普遍的な原因と個別的な原因の関係に言い換えられて「普遍的な原因は普遍的な結果に関係づけられ、他方、個別的な原因は個別的な結果に関係づけられる、ということを知らなければならない」と言われていた。（前稿 p. 151 テキスト T16）この第5章は、既に指摘したように、トマスの目指すものが何であるかを語っている。すなわち、トマスの関心はこの自然界にある個々のものの諸原理の自然学的な解明にあるのではなく、また論理学的分類にあるのでもなく、この自然界の個々のものの全体・総体の原因、すなわち第一の普遍的原因の探究にあったのである。しかし、この第一の普遍的原因の考察はこの書では行われていない。むしろ、その準備として、自然の内在的原理である質料と形相に関する考察が、この書の最終章となっている。この考察は、先に引用した第4章の最終節（テキスト T14 と T19）に直接つながっており、それゆえ、最終章の第6章は次の言葉

---

25) "Viso igitur quod sint quatuor cause, scilicet efficiens, materialis, formalis et finalis, sciendum est quod quelibet istarum causarum diuiditur multis modis." *Ibid.*, § 5, l. 1-4.

26) 「エッセと日本語（2-1）」（編者註：本書第6章 p. 149）参照。

で始まっている。

> 「また次のことを知らねばならない。すなわち，内在的な諸原理，つまり質料と形相であるが，これらの諸原理について語るならば，原理から生じたものの一致（conuenientia）と相違（differentia）に即して諸原理の一致と相違がある，ということである。」[27]（テキスト T20 とする）

この冒頭の文章は第6章のテーゼである。つまり，質料と形相から成る複合物（composita：ここでは原理から生じたもの principiata）の一致と相違に従って内在的原理である質料と形相の一致と相違がある，と言うのである。

2．同 と 異

ところで「同じである」（sunt idem）と言うことにも「異なる」（sunt diuersa）と言うことにも，つまり，「一つになり（conuenire）一致（conuenientia）する」と言うことにも，「別れて（differere）相違（differentia）する」と言うことにも，いくつかの場合がある。トマスはそれを4つの場合，すなわち（1）数的（2）種的（3）類的（4）アナロギア的という4つの場合に分けて，複数のものが（あるいは複数の言葉の指示するものが）いかなる意味で同じであり，いかなる意味で異なるかを説明する。引用しよう。

> 「すなわち，或る（複数の：以下同じ）ものは数的に同じである。例えば，ソクラテスとソクラテスが指示された場合の'この人'である。或るものは数的には異なるが種においては同じである。例えばソクラテスとプラトンの場合であるが，彼らは人間の種においては

---

27) "Sciendum est etiam quod loquendo de principiis intrinsecis, scilicet materia et forma, secundum conuenientiam principiatorum et differentiam est conuenientia et differentia principiorum." *Ibid.*, § 6, l. 1-4.

2. 同 と 異

一つになるが，しかし，数の上では別々である。また更に，或るものは種的には別で相違するが，しかし類の上では同じである。例えば人間とロバが動物という類において一致する場合である。」[28]（テキスト T21とする）

トマスは同と異のはじめの3つの場合について例を挙げて述べた後，続いて4番目のアナロギア的に複数の事物が一つである，とされる場合について述べる。引用しよう。

「ところであるものは類において異なっているが，しかし，ただ唯一アナロギア的には同じである（idem solum secundum analogiam）。例えば実体と量とがそれであるが，これらはいかなる類においても一つにならないが，しかし，ただアナロギア的にのみ，一つになるのである。すなわち，それらは ens である，ということにおいてのみ一致するのであるが，しかし，ens は類ではないのである。というのも，ens は同名同義的に（uniuoce）ではなくアナロギア的に（analogice）述語されるからである。」[29]（テキスト T22とする）

テキスト T20, T21, T22は一続きであり，合わせて第6章の冒頭の節である[30]。そして，この冒頭の節が第6章のテーマである。ここではメタ自然学（メタ・ピュシカ）的に自然の内在的諸原理として質料と形

---

28) "Quedam enim sunt idem numero, sicut Sortes et 'hic homo' demonstrato Sorte; quedam sunt diuersa numero et sunt idem in specie, ut Sortes et Plato, qui licet conueniunt in specie humana, tamen differunt numero. Quedam autem differunt specie sed sunt idem genere, sicut homo et asinus conueniunt in genere animalis;" *Ibid.*, l. 5-11.

29) "quedam autem sunt diuersa in genere sed sunt idem solum secundum analogiam, sicut substantia et quantitas, que non conueniunt in aliquo genere sed conueniunt solum secundum analogiam: conueniunt enim in eo solum quod est ens, ens autem non est genus, quia non predicatur uniuoce sed analogice." *Ibid.*, l. 11-18.

30) 我々はこの冒頭の節を三つのテキストに分けたのであるが，それは言葉の三つの異なる地平が看て取れるからである。すなわち，自然物の分類の地平（T21）と自然物の内在的原理の地平つまりメタ・ピュシカの地平（T20）と存在論的地平（T22）である。そして，この三つの地平に共通して論理学的構造が顕れることによって論理学的地平が加わってくるのである。

相を問題にし，そして，更にこれらの形而上学（メタピュシカ）的概念のメタ言語のレヴェルを言うなればもう一段階高めて，実体と附帯性そしてensという概念を問題にしている。

ところで，トマスがここで問題にしているのは，同（idem）と異（diuersum）あるいは一致（conuenientia）と相違（differentia）であった。そして，（1）個として同（2）個として異にして種として同（3）種として異にして類として同，という個‐種‐類の分類のレヴェルが述べられた後，この分類の図式をはみ出すアナロギア的一致が言及されている。つまり，我々はこの世界で見出すものを分類していく過程で個々の類似するものを一つに纒めていくのであるが[31]，この分類を総合していくならば，最高の類に到達する。そして，最高の類として，アリストテレスの伝統によって，実体と9つの附帯性という10の類が考えられていた。しかし，ここで更に総合を進めて，その最高の類をあらゆる実体とあらゆる附帯性を一つにするens（あるもの）と考えることも可能である。なぜなら，実体も附帯性もすべてensであるとして一つになる[32]からである。しかし，トマスは，アリストテレスに従って，ensがこの分類の図式の外にあることを示そうとする。そして，彼は名称（nomen）と述語行為（praedicatio）について明確にするため次のように言うのである。

「このことを理解するためには，或る何かは三様の仕方で，つまり同名同義的に，同名異義的に，そしてアナロギア的に，複数のものに述語される，ということを知らなければならない。」[33]（テキストT23とする）

---

31) これは言語の歴史的自然的発展のプロセスとは逆である。言語はむしろ細分化していくのが通常である。すなわち，先ず大きな群として，つまり類として事物を捉え（例えば生き物とか獣など），次いで種に分けていくのである（例えば狐とか狸など）。しかし，反対に，分類学的に発想すれば，逆の方向にもなろう。そして，既に細分化された言語の世界に誕生する我々は，先ず犬や猫といった種を表示する言葉を学習し，その後で類を表示する言葉を学習することになる。

32) "substantia et quantitas... conueniunt enim in eo solum quod est ens." *Ibid.*, l. 13-17.

33) "Ad huius intelligentiam sciendum est quod tripliciter aliquid predicatur de pluribus: uniuoce, equiuoce et analogice." *Ibid.*, l. 19-21.

3．言葉の使用様式あるいは三つの述語様式

　ここでトマスが明らかにするのは，言葉の使用に関するアリストテレスに由来する周知の説である。すなわち，〈言葉〉（nomen）[34]とその述語としての使用について三様の使用様式──（1）同名同義的使用（uniuocatio）（2）同名異義的使用（equiuocatio）（3）アナロギア的使用──が分類されるのである。ところでこの〈言葉〉は話される言葉，つまり，意味表示する〈声〉（uox）である[35]。それゆえ，（1）同名同義的使用（uniuoce）というのは[36]，同じ〈言葉〉が同じ意味（概念）で述語として用いられる[37]場合である。同じ意味・概念（ratio）で，というのは〈言葉〉の定義（diffinitio）が同じである，ということである，とトマスは付言する。そして，例として，動物（という名称）が人間についてまたロバについて述語される場合を挙げている。というのは，どちらも動物と呼ばれ，そしてどちらも生き物で（有魂的で）あり感覚的な実体であって，この有魂的で感覚的な実体というのが動物の定義だからである。（2）同名異義的使用（equiuoce）とは，同じ〈言葉〉が異なる意味で使用されて複数のものに述語される[38]場合である。この例として日本語でよく挙げられるのはハシ（橋・箸・端）であるが，トマスはボエティウスとアヴェロエスに倣い canis という単語を例として説明する[39]。すなわち，canis という〈言葉〉は，動物の犬にも星空の犬座

---

34) このラテン語の単語は名称と訳されるが，名詞のみならず形容詞も動詞すらも意味されている。nomen の訳語としてここでは〈言葉〉を用いる。*In Periher.*, I, 5, l. 235sq.（アリストテレス『命題論』第3章16b20）参照。また拙稿 "Le problème de ESSE/ESSENTIA dans le Commentaire de saint Thomas *In Perihermeneias*"『アカデミア』人文・社会科学編 (70), 1999（編者註：本書付2に所収）を参照。

35) "Nomen est uox significatiua." 声（uox）は音（sonus）とは区別され，続いて約束によって意味をもつ言葉としての声が動物の声から区別されている。*In Periher.*, I, 4, l. 34-36 （アリストテレス『命題論』第2章16a19）参照。

36) ここでは uniuocatio ではなく uniuoce という表現が用いられている。equiuocatio についても同様に equiuoce と副詞形が用いられ，analogice についても同じである。

37) "predicatur secundum idem nomen et secundum rationem eandem"

38) "predicatur de aliquibus secundum idem nomen et secundum diuersam rationem"

39) Boethius, *De divisione* (PL 64, 877D); Averroes, *In Metaph.* IV, comm. 2.

にも用いられるが，両者は同じ名称・言葉で呼ばれても定義ないし〈言葉〉の意味するところ（significatio）が一致しない。トマスは，定義を〈言葉〉の意味表示するところ，と言い換えたことを説明し，アリストテレスの『形而上学』第 4 巻[40]を典拠として「なぜなら名称（nomen）によって意味表示されるところのものが定義であるから」と言う。

さて，トマスは続いて〈言葉〉の第三の使用様式すなわちアナロギア的使用（analogice）について述べているが，この使用様式の説明においては，同名同義的使用と同名異義的使用については類似平行する説明がなされていたのに対し，少し異なる表現形式を採っている。引用しよう。

「それらの概念は異なるが，しかし，何かある一つの同じものに帰属せしめられるところの複数のものについて述語されるものは，アナロギア的に述語されると言われる。」[41]（テキスト T24 とする）

トマスはこのアナロギア的使用の例としてアリストテレス以来の健康的（sanus），医療的（medicus），あるもの・有（ens）という〈言葉〉の例を用いて説明する。先ず〈健康的〉という〈言葉〉は，動物の身体についても，尿についても薬についても用いられるが，これらについてまったく同じ意味で用いられているのではない，つまり，尿については健康の徴として，身体については健康の基体として，そして薬については健康の原因として，というように異なる意味で用いられているが，しかし，これらの意味するところ（rationes）はすべて健康という一つの目的に帰属せしめられるのである。次に〈医療的〉という〈言葉〉は，医療技術によって働く人についても，また技術なしに働く人，たとえば高齢の女性にも，また更に（医療）器具についてすら用いられる。この場合，医療という一つの働くもの（agens）に帰属せしめられるからである。最後に〈あるもの・有〉という〈言葉〉は，一つの基体に帰属せしめられることによって（per attributionem ad unum subiectum），実

40）IV, c. 7, 1012a22.
41）"Analogice dicitur predicari quod predicatur de pluribus quorum rationes diuerse sunt, sed attribuuntur uni alicui eidem,…" *Ibid.*, l. 33-35.

3. 言葉の使用様式あるいは三つの述語様式

体について，質について，量について，そして他のカテゴリーについて述語される。その場合，

> 「実体が〈あるもの〉であるという場合の意味（ratio）と，量やその他のカテゴリー（predicamenta: 類）[42]が〈あるもの〉であるという場合の意味とは全面的に同じ意味ではないが，しかし，すべて（のカテゴリー）は実体に帰属せしめられるということから（あるものと）言われるのである。実体はすなわち他の（カテゴリーの）基体である。」[43]（テキスト T25 とする）

さて，以上の三つの例によって言葉のアナロギア的使用について十分な説明がなされたが，ここで採り上げられた最後の例，つまり ens という言葉のアナロギア的使用こそ，トマスの注目しているところであり[44]，更にそれは質料と形相という言葉にも及ぼされていくことは，引用した第6章の冒頭の言葉（p. 164, T20）が示している。この点に入る前に，これまで見てきた三つの述語様式（modus predicandi）について振り返ってみたい。

---

42) トマスはふつう genus（類）という言葉を使うが，ここでは，そして時には，κατηγορία の訳語の predicamentum を使っている。すなわち述語形態の類別である。

43) "non est enim ex toto est eadem ratio qua substantia est ens et quantitas et alia, sed omnia dicuntur ex eo quod attribuuntur substantie, quod est subiectum aliorum." *Ibid.*, l. 52-55. 最後の"<u>quod</u> est subiectum aliorum"の quod を他の写本によって que quidem と読んだ。Leo 版 p. 47 参照。

44) トマスのアナロギア論に関しては夥しい数の研究が公にされている。既に40年ほど前に公刊された Montagnes の著書は次の言葉で始まっている。"D'estimables travaux récents sont venus renouveler l'intérêt pour la doctrine thomiste de l'analogie, qui fait malheureusement figure de sujet scolaire rebattu et sur lequel on n'aurait déja, semble-t-il, que trop écrit. Faut-il encore, après eux, courir le risque d'ajouter un nouveau titre à une bibliographie dont l'ampleur décourageante nous inviterait plutôt à renoncer à une pareille entreprise? L'apport des recherches récentes laisse-t-il place à une nouvelle étude?" Bernard Montagnes, o. p., *La doctrine de l'analogie de l'être d'après Saint Thomas d'Aquin*, Louvain-Paris, 1963, p. 7.

4．言葉の ratio と実在の ratio

　先ず気づくことは，先にも指摘したように（p. 168, T24の引用の前），アナロギア的使用に関する説明が同名同義的使用と同名異義的使用の説明と少し異なる表現形式を採っていることである。テキスト T24におけるトマスの表現は控え目である。「同名同義的に述語される」（uniuoce predicatur）「同名異義的に述語される」（equiuoce predicatur）と言われていたのに比し，ここでは「アナロギア的に述語される，と言わ・れ・る・・言・わ・れ・て・い・る・」（Analogice dicitur predicari）と言っている。そして「同じ〈言葉〉に即して」（secundum idem nomen）という句がない。しかし，当然のことながら，アナロギア的述語様式においても，同一の〈言葉〉（例では sanus, medicus, ens）が複数のものに述語される。従って，これら三つの述語様式における相違は，述語される〈言葉〉の概念内容（ratio）が同じであるか（同名同義的使用の場合），或いは異なるか（同名異義的使用の場合），更には ratio（ここでは原語のままにしておこう）が異なってはいても[45]，〈言葉〉が述語されるもの（主語の表示するもの）とは別の第三のものを通して同じ一つの〈言葉〉が述語されるか（アナロギア的使用の場合）の相違である。ここには三つの要素，すなわち（１）述語される〈言葉〉（nomen）と（２）〈言葉〉の意味表示（significatio）ないし概念内容（ratio）ないし定義（diffinitio）と（３）〈言葉〉の述語されるもの（predicatur de...）が看取される。これら三つの要素を考慮に入れて三つの述語様式の相違を考えてみると，同じ一つの〈言葉〉（nomen，同じ発音の言葉，つまり vox として区別できないし，表意文字を持たない言語においては書かれた文字でも区別できない）が同じ意味内容で複数のものに述語されるということは（uniuocatio），それら複数のものに共通する何か（ratio）が見出されるからである。同じ一つの〈言葉〉が複数のものに述語されてもそれらの〈言葉〉の意味内容がまったく異なる場合（動物の犬 canis と星座の犬 canis，橋，箸，端と

　45）　ここで ratio が何の ratio であるかについては少し後に述べる。

いう日本語ハシの例）には（equiuocatio），それら複数のものがまったく共通するものをもたないということである。もちろん星座に犬の姿を思い描いてcanisと呼んだのであろうが，しかし，それは想像上のことであり，現実に共通するものは何もない。日本語のハシはよい例である。ところでアナロギア的述語様式の場合には，述語される〈言葉〉と〈言葉〉の意味内容と〈言葉〉の述語される複数のものとの他に第四の要素が介在してくる。というのは，同一の〈言葉〉が述語されても，それら複数のものの間にはそれら自体としては共通する点（ratio）がない[46]からである。しかし，同名異義の場合のように，全く異なる意味（ratio）で〈言葉〉が用いられているのではない。むしろ，述語される〈言葉〉は同名同義的とは言わないまでも，それに近い仕方で用いられているのである（T22参照）。ただし，その概念内容は，同一の〈言葉〉が述語される複数のものが或る一つのものへ関連づけられる[47]ことによって意味を生じるのである。そして，この関連（ratio）によって本性ないし本質（ratio）の異なる複数のもの[48]がある一つの述語を通して（predicatur）一つの連関の中に入る（conuenire）のである。これをトマスは，「アナロギアに即して一つになる・合致する」[49]と言い，「アナロギアに即して」を言い換えて「比例ないし比較（関連）ないし合致において」[50]と言っている。そして，この一つのものへの関連ないし関係（ratio, comparatio）に三つのものを挙げていた。すなわち，一つの目的，一つの働くもの，そして一つの基体であった。

5．エンスのアナロギア

ところで，一つのものへの帰属によって異なるratioを有する複数の

---

46) "predicatur de pluribus quorum rationes diuerse sunt", *Ibid.*, l. 34-35.（テキストT24）
47) "attribuuntur uni alicui eidem" *Ibid.*, l. 35.
48) "de pluribus quorum rationes diuerse sunt" *Ibid.*, l. 35.
49) "conueniunt secundum analogiam" *Ibid.*, l. 42-43.
50) "id est in proportione uel comparatione uel conuenientia" *Ibid.*, l. 43-44.

ものに同じ一つの〈言葉〉が述語されるというアナロギア的述語様式において，帰属先の一つのものとして最後に挙げられたのは基体であり[51]，同じ一つの〈言葉〉は ens であった。そして ens という〈言葉〉が述語されるのは，実体と質・量その他の附帯性であった（テキスト T25）。このことは既にテキスト T22 でも言われており，また更に本書の冒頭でも（テキスト T5, 前稿 p. 133）それが示唆されていたのだった。つまり，自然の原理の探究を通してトマスが目指しているものは ens の探究であり，この ens という〈言葉〉はアナロギア的に実体と附帯性に共通して述語されるのである。言い換えるならば，実体の分類は，すなわち同と異は，類と種を表示する〈言葉〉の同名同義的使用によってなされるが，附帯性の分類においてもそれは同じである。この分類においては個々のものが種概念によって纏められ，更にさまざまな種が類概念によって纏められていく。その分類の果てに，アリストテレスによって最高の類概念として実体と9つの附帯性のカテゴリーが見出されたのであった。そしてこの分類を図式化して示したのがポルフュリオスの樹であるが[52]，先述のように，この図式を更に推し進めるならば，実体と9つの附帯性を同じく〈あるもの〉（ens）として纏める更に上なる真に最高の類概念 ens が得られることになろう。しかし，トマスはこうした考えを採らない。同と異によって分類していく図式においては，〈言葉〉の使用は同名同義的である。ここでは A，B，C は犬である，D，E，F は猫である，犬も猫も動物である，動物も植物も生物である，生物も鉱物も物体である，物体も物体ならざるものも実体である，と述語される〈言葉〉は同名同義的に使用されている[53]。そして質や量についても同様である。しかし，実体は ens である，質も量もその他の附帯性も ens である，と言うとき，述語されている ens という〈言葉〉は同名同義的に使用されているのではない。自然学的な分類の言葉と存在

---

51) "aliquando autem per attributionem ad unum subiectum" *Ibid.*, l. 29-30.
52) 分類の図式は，アリストテレスの『範疇論』の入門書『エイサゴーゲー』の著者に帰せられて「ポルフュリオスの樹」として中世に流布していたが，トマスは，問題意識としてボエティウスから多くの示唆を受けていたと思われる。拙著『神秘と学知』p. 23, pp. 96-103 など参照。
53) 「より先より後という仕方で述語されることはない」（テキスト T26）と言う言葉がそれを示している。

5. エンスのアナロギア

論的な分類の言葉の間には，言葉の使用法に異なるものがある。こうしてトマスはテキスト T25 に続いて次のように言うのである。

> 「それゆえ ens はより先には実体について言われ，より後に他のもの（附帯性）について言われるのである。従って ens は実体と量との類ではない。なぜなら，いかなる類もその諸々の種についてより先とより後という仕方で述語されることはないからである。しかし，ens はアナロギア的に述語されるのである。そして，これは実体と量は類としては異なるが，しかし，アナロギアによっては同じである，と我々が言ったこと（l. 13-15，テキスト T21参照）である。」[54]
> （テキスト T26 とする）

ここには ens という〈言葉〉の特殊性が示唆されている。それはアリストテレスに依拠するものではあるが，しかし，トマスが ens という〈言葉〉にこめる意味——それを我々は前々稿で見た——もまた，我々はここに読み取ることが出来よう。ところで，この『自然の諸原理』の末尾の文章を検討するにあたって，第6章のこれまでに見た部分を振り返ってみよう。

第6章はレオ版では4つの段落から成っている。第1段落の前半（テキスト T20）では，テーゼとして「原理から生じたものの一致と相違に即して，諸原理の一致と相違がある」と言われている。この場合，原理とは事物の内在的原理である質料と形相である。そして後半（テキスト T21, 22）では諸原理から生じたもの（つまり事物）の一致と相違が言われる場合を（1）数的に一致（2）数的に相違し種的に一致（3）種的に相違し類的に一致（4）類的に相違しアナロギア的に一致の4つに分けて説明していた。そして第2段落では，述語様式に3つ，すなわち，〈言葉〉の（1）同名同義的使用と（2）同名異義的使用，そして（3）アナロギア的使用があることを説明した（テキスト T23, 24）。第3段落

---

54) "Et ideo ens dicitur per prius de substantiis et per posterius de aliis; et ideo ens non est genus substantie et quantitatis, quia nullum genus predicatur per prius et posterius de suis speciebus, sed predicatur analogice. Et hoc est quod diximus, quod substantia et quantitas differunt genere sed sunt idem analogia." *De principiis naturae*, loc. cit. l. 55-62.

7　自然の形而上学的分析から言語の分析へ

ではアナロギア的使用を更に説明して，3つの場合，すなわち，（1）一つの目的への帰属（2）一つの働くものへの帰属（3）一つの基体への帰属の3つの場合を挙げ，最後の一つの基体への帰属によって，実体と附帯性がともに一つの〈言葉〉ens によって纏められる（一致する）と言われた。(T25) これは，第1段落の末尾（T22）で既に簡潔に言われていたことであった。こうして，「複数の事物が同じである・異なる」という意味が言葉のレヴェルから4つに区別されるのを見た上で，第4段落においてトマスはテーゼで述べた事物の構成原理である質料と形相の一致・相違が同じく4つのレヴェルで言われることを明らかにするのである。引用しよう。

> 「従って，数的に同じである（複数の：以下同じ）ものの形相と質料は数的に同じである。例えばトゥリウスとキケロの場合である。また，種的に同じであって数的に異なるものの質料と形相は数的には同一ではないが，しかし種的には同一である。例えばソクラテスとプラトンのように。そして同様の仕方で，類的に同じであるものの諸原理（質料と形相）もまた類的に同じである。例えばロバと馬の魂（形相）と身体（質料）は種的には相違するが，しかし，類的には同じであるように」[55]（テキスト T27とする）

ここで原理から生じたもの（事物）の例は，ソクラテスとこの人の例が同一人物を指すトゥリウスとキケロの例になり，人間とロバの例がロバと馬の例になっているが図式はまったく同じである。同のレヴェルが個から種へ，そして類へと普遍性を増していく。ここで注目されるのは，ソクラテス，プラトン，キケロなどの個物を指示する名称が人間，ロバ，馬などの第一次概念（intentio prima）によって同と異に分けられ，更に，人間，ロバ，馬などの種を表す名称が動物などの類概念（これも第一次概念である）によって同と異に分けられ，それらの概念が個，種，

---

55) "Eorum igitur que sunt idem numero, forma et materia sunt idem numero, ut Tullii et Ciceronis; eorum autem que sunt idem in specie, diuersa numero, etiam materia et forma non est eadem numero sed specie, sicut Sortis et Platonis. Et similiter eorum que sunt idem genere, ut anima et corpus asini et equi differunt specie, sed sunt idem genere." *Ibid.*, l. 63-70.

類という第二次概念 (intentio secunda) つまり論理学的概念によって整理されていることである。そして，この論理学的概念によって整理されまとめられた最高の類は先述のように実体と質や量などの諸々の附帯性である。〈言葉〉(名称) の表示するものが，〈言葉〉の同名同義的使用によって類・種に分類されるのはここまでである。先述のように（p. 171-173）実体と諸々の附帯性が同じく ens と言われるとしても，それはただアナロギア的に同じである，と言われるにすぎない[56]。こうしてトマスは次のように言う。

> 「そして同様の仕方で，ただアナロギアに即してのみ一致する（複数の）ものの諸原理は，ただアナロギアないし比例に即してのみ同じである。」[57]（テキスト T28 とする）

すなわち，類において同じであるものまでは，質料と形相の同・異について同名同義的に語り得るのに比し，類において異なりアナロギアによって同じであると言われるものについては，その質料と形相もただアナロギア的にのみその意味を有している，ということである。それゆえ，第6章は，そしてこの書は，次の言葉で終っている。

> 「すなわち，質料と形相と欠如，ないし可能態と現実態は，実体と他の類[58]の原理である。しかし，実体の質料と附帯性の質料は，同様に形相と欠如は，類において異なっているが，しかし，このこと，つまり実体の質料の，質料という観点における実体 (substantia in ratione materie) に対する関係と同じ仕方で，量の質料は量に対して関係している，というこのことにおいて，ただ比例に即して一つになるのである。しかしながら，実体が他のもの（附帯性）の原因であるように，実体の諸原理は他のすべてのもの（附帯性）の諸原

---

56) ここには現代論理学における〈存在〉の問題にとって示唆が潜んでいよう。
57) "Et similiter eorum que conueniunt secundum analogiam tantum, principia sunt eadem secundum analogiam tantum siue proportionem." *Ibid.*, l. 70-73.
58) テキスト T25 では類の複数 genera の代りにカテゴリーの複数 predicamenta があった。

理である。」[59]（テキスト T29とする）

　本書のこのような終り方は尻切れとんぼのような印象を与えるが，しかし，この文章は『De ente』に連絡していると考えることが出来る[60]。この点を検討してみよう。
　T27にある数的に同じである形相と質料は実在する形相と質料である。もちろん，既述のように形相と質料が別々に実在するものとしてあるのではないが，しかし，それらは決して抽象的，観念的な原理ではない。しかし，種的に同一とされる形相と質料は，そして類的に同一とされる形相と質料は，概念としての形相と質料である。もちろん，その概念の源は個的な形相と質料にあるが。ところで，T29においては，同一あるいは一致の地平が種・類という分類の論理学的地平から実体と附帯性という存在論的地平に移行している。すなわち，実体のレヴェルにおいても附帯性のレヴェルにおいても同じく形相と質料が語られるが，それはあくまでもアナロギア的な言葉の使用であるということに注意を向けている（T28）。そして，T29において，実体の質料と量（附帯性）の質料の例が挙げられているが，これは『De ente』において質料の或いはむしろ corpus の多義性として詳細に述べられている[61]。すなわち，実体が質料として考えられた場合（T29の substantia in ratione materie），その実体とは corpus，つまり生物にとっては身体であり無生物にとっては物体である。そして，量として考えられた物体ないし身体は三次元の拡がりという規定性をもった質料つまり立体である。この三次元の拡がり

---

　59)　"Materia enim et forma et priuatio, siue potentia et actus, sunt principia substantie et aliorum generum; tamen materia substantie et quantitatis, et similiter forma et priuatio, differunt genere, sed conueniunt solum secundum proportionem in hoc quod, sicut se habet materia substantie ad substantiam in ratione materie, ita se habet materia quantitatis ad quantitatem. Sicut tamen substantia est causa ceterorum, ita principia substantie sunt principia omnium aliorum." *Ibid.*, l. 73-83.
　60)　この文章だけでなくこの書全体の問題意識が『De ente』に受け継がれていくが，特にテキスト T27, T28, T29は直接に連絡している。すなわち，ここで自然言語或いはむしろ自然学的言語と論理学的言語そして存在論的言語と形而上学的言語が使用されているが，これらの言語の地平の関係が，『De ente』において ens と essentia の関係として問われていくのである。
　61)　*De ente*, c. 3.

5．エンスのアナロギア

（量）が質料と呼ばれるのは，附帯性が実体を基体として実体に帰せられることによってアナロギア的に実体と同じく〈あるもの〉（ens）と呼ばれるのと同様に，実体としての質料に関係づけられることによってアナロギア的に〈質料〉という〈言葉〉が使用されることによってである。換言すれば，実体的に考えられた質料を表す corpus（物体・身体）と附帯性（量）として考えられた質料を表す corpus（立体）との間には自然学的な一般概念・対象と数学的な一般概念・対象との間に見出される存在論的地平の相違があることに注意が促されているのである[62]。ところで，存在論的に地平が異なると言っても，両者には無関係に同じ言葉が述語される（同名異義）というのではない。ここで〈言葉〉は同名異義的に使用されているのではなく，アナロギア的に使用されているのである。それゆえ，末尾の文にあるように，数学的な概念（量の質料すなわち立体）も，その根源には実体があり，従って，その源（原理）には実体の諸原理があるのである。この言語の地平の区別と異なる地平間の関係の指摘は，トマスのその後の著作を理解する上で鍵となる重要な指摘である[63]。

ここで振り返って冒頭で引用した本書の初めの一節（テキスト T6）を読み返してみると，更にまた，本稿で再び引用したテキスト T7 を読み返して対応させてみると，『自然の諸原理』と題した本書の執筆の意図が浮かび上ってくる。すなわち，既に何度か述べたように，本書でトマスが意図したのは，自然的諸事物の自然学的解明ではなく，それらの形而上学的な構造の解明であった。そこで明らかにされたのは，事物の原因として，事物を構成している内在的原理として質料と形相が見出され，事物の生成の原因として作出因と目的因が見出されたのであった。ところで，生成の目指す目的は，生成の結果である完成体において形相と一つになる。他方，作出因の方は，事物を可能態（質料ないし欠如）から現実態（形相を得た状態）に引き出す働きをするが，それ自身は生成する事物・生成した事物に外在的である。形而上学者たるトマスにとって，この外在的原因である作出因こそ最大の関心事であった。そして，トマ

---

[62] 日本語では corpus に語源を持つヨーロッパ語（corps, cuerpo, Körper など）やそれに対応する英語（body）を身体・肉体，物体，立体などと訳し分けている。

[63] 拙著『神秘と学知』p. 96 以下参照。

スの求める作出因は，個別的な事物に対する個別的な作出因ではなく，事物の総体（omnia）であるとともに個物全体（totum）[64]に対する普遍的な作出因である。つまり現実の事物・実在（ens in actu）を現実にあるものとしている原因であった。

ところで，今しがた引用したテキストT29には，「質料と形相と欠如，ないし可能態と現実態は，実体と他の類の原理である」とある。ここで我々は前稿の最後で指摘した「形相は質料にエッセを与える」という一文の意味を，第6章全体を振り返りつつ考えてみよう。

6．形相が質料に与えるエッセ[65]

第6章のテーゼはテキストT20で表明されていた。すなわち生成する自然物の内在的原理である質料と形相の一致と相違は，生成する自然物の，つまり質料と形相から生じたもの，質料と形相の複合物の，一致と相違に対応するというテーゼであるが，その意味を明らかにするべく，テキストT21からT26が挿入されていた。その挿入された部分で一致と相違ないし同と異に関する言葉の使用に三種あることを指摘し（T21-23），そのうちで第三のアナロギア的述語様式についてアリストテレスに従って説明した後（T24と，それに続く説明），実体と附帯性について同じく〈あるもの〉（ens）という〈言葉〉が述語されても，それはアナロギア的に述語されている，ということに注意を促していた（T25とT26）。ここで注目されることは，テキストT22にある「ensは類ではない」という言葉である。

---

64) つまり実体と附帯性とを含めた totum ens。

65) "Forma dat esse materie" というアリストテレスに淵源をもつ定式はトマスの当時かなり流布していたが，直接にはボエティウス（"Omne namque esse ex forma est." De Trinitate, c. 2, PL64, 1259B. この書をトマスは早い時期に取り上げている）からであろう。以下で述べるのはアリストテレスの自然観に忠実であるトマスの理解である。当時の神学者たちの多くはアリストテレスの著作を読みそれを採り入れつつも，なお，新プラトン主義の枠組みの中で思惟していた。その例としてボナヴェントゥラを挙げておこう。Bonaventura, II Sent. d. 12, a. 1-2 [II 292-306]; 拙稿「ボナヴェントゥラの存在論に関する若干の考察」『カトリック研究』(32), 1977, pp. 345-371 参照。

ところで，『De ente』の第一章の冒頭では，「ens それ自体は二様の仕方で語られる。第一の仕方では，ens は10の類に分かたれる」とアリストテレスの『形而上学』第５巻[66]を引いて言っている。この引用の言葉と，テキスト T22 とは一見矛盾するようにも思われる。しかし，テキスト T22 から T26 の説明を読めば，『De ente』の言葉の意味は明らかである。すなわち「〇〇は ens である」と ens が述語される主語に置かれた言葉の意味表示するもの，あるいはむしろ，「××は〇〇である」という述語に置かれた ens（〇〇であるもの）の意味表示するものはアリストテレスに従って10の述語形態（カテゴリー）に分類することができるというのである。述語として用いられる言葉を品詞として分類してみれば，名詞（実体と関係）があり，形容詞（質と量），動詞（能動・受動・位置・所有），副詞（時と所）がある。名詞以外のものも例えば白・大・建築・被害・横臥などと実体のように名詞として示すことも可能である。しかし，「〇〇である」の〈ある〉に注目して ens として表示した場合，本来的に（per prius）〈ある〉と言いうるものは実体であり，それ以外の９つのカテゴリーは実体に附帯して〈ある〉と言われることが明記されていた（T26）。この ens という〈言葉〉を実体と附帯性に同じく述語するのは言葉のアナロギア的使用であることを踏まえたうえで，『De ente』において ens と essentia の探究がなされるのである[67]。ここで ens に加え essentia という〈言葉〉を用いたのであるが，伝統的に，そしてトマスの同時代の人々の間でさえ，essentia と ens とはほとんど同意義に用いられていたことを我々は既に見た[68]。すなわち，10のカテゴリーに分類される ens とは essentia の意味で用いられていたのだった。essentia とは〈何か〉を意味表示する言葉，つまり事物の可知性に関わる言葉であり，〈……とは何か〉の問に対して定義が表示するものを意味表示する言葉を総称するメタ言語であった。そこでは〈本性〉(natura)，〈何性〉(quidditas)，〈とはもともと何であるか〉(quod quid erat esse)，つまり〈何か或るものがそれによって何かであること

---

66)「エッセと日本語（１）」註34参照。
67) "Sed quia ens absolute et primo dicitur de substantiis et per posterius et quasi secundum quid de accidentibus." *De ente*, c. 1, l. 53-55.
68)「エッセと日本語（１）」（編者註：本書第５章 p. 108）以下。

を有つもの〉(hoc per quod aliquid habet esse quid)，〈形相〉(forma) などが同義語として挙げられていた。そして，〈何か〉(quid) を表示し，定義が示す内容と言っても，実在的な何かを表示するものであって，単なる概念的な何かを意味するものではないことが明記されていた[69]。

ところで，実在するもの (ens) は単なるもの (res) ではない。ens をもの (res) として知性が捉えるのは，その ens の定義と essentia を通してであると言われているが[70]，しかしトマスの言う ens は essentia に解消されえないものである[71]。こうして，トマスは「しかし，essentia とよばれるのは，それを媒介として，それにおいて ens が esse を分有することによってである」と言うのである[72]。ここにはトマス自身の実在理解が表明されている。すなわち，トマスにとって実在 (ens) とは単に知性によって捉えられる〈もの〉(res) ではなく，知性に立ち現れてくる側面 (essentia) を伴った〈あるもの〉(ens) である。この〈あるもの〉が即〈あること〉ではないことは〈あること〉(esse) を所有 (分有) している ("ens habet esse") という言葉が示している[73]。

ところで『自然の諸原理』では ens という〈言葉〉はアナロギア的に述語され，端的に第一義的には実体について述語され，二義的な意味で附帯性について述語されることが指摘されていた（テキスト T26）。従って，『De ente』においてトマスは，ens から取られた essentia という〈言葉〉の表示するものは，本来的にまた真なる意味では実体のうちに見出されるのであって，附帯性のうちには二義的にそしてある意味で見出される，と言うのである[74]。こうして，『De ente』で問題とされる

---

69) "primo modo non potest dici ens nisi quod aliquid in re ponit." *Ibid.*, l. 11-12; "sumitur essentia ab ente primo modo dicto." *Ibid.*, l. 17-18. ここで in re という表現は〈実在的に〉の意味である。

70) "non enim res est intelligibilis nisi per diffinitionem et essentiam suam." *Ibid.*, l. 42-43.

71) 「エッセと日本語（1）」（編者註：本書第5章 p. 98-107）参照。

72) "Sed essentia dicitur secundum quod per eam et in ea ens habet esse." *Ibid.*, l. 50-52.

73) habet esse と言うのは，分有する (participat esse) という意味であることについては，「エッセと日本語（2-1）」註49参照。

74) "Sed quia ens absolute et primo modo dicitur de substantiis, et per posterius et quasi secundum quid de accidentibus, inde est quod etiam substantia proprie et vere est in substantiis, sed in accidentibus est quodammodo et secundum quid." *Ibid.*, l. 53-57.

6．形相が質料に与えるエッセ

essentia は何よりも実体について述語される essentia である。そして先ず取り上げられる実体は生成する自然物（substantiae naturalia）であり，それは『自然の諸原理』で見たように質料と形相の複合体である[75]。この我々が日々出合う複合実体の essentia の探究から始めて，単純実体（substantiae simplices）のうちに見出される essentia の探究に進むというのが『De ente』の構成であるが[76]，当然のことながら，複合実体の essentia の究明に多くの部分が割かれている。

では，複合実体の essentia とはどのようなものだろうか。ここで言う複合実体とは，質料と形相から成るものである。すなわち，一つのものの表裏の如く質料と形相が不可分一体となっているものであるが——『自然の諸原理』においては現実態と可能態の関係にあることが述べられていた（テキスト T29）——，それが〈何か〉として知性に捉えられるのは形相の側からであり，形相の欠如を意味する質料の側からではない。しかし，或る人々が主張したように essentia は形相だけを意味するというのではない，とトマスは言う[77]。なぜなら，既述のように自然物には質料性（物質性）が本質的部分としてあり，この質料性を除外したならば質料を捨象して考えられた数学的対象と何ら変らない定義となってしまうからである。喩えてみれば，ただ単にヴィーナスの像ということと，大理石でできたヴィーナスの像ということとの違いでもある。自然物の定義に質料は不可欠であり，形相と質料とが一体となってはじめて自然物の本質を言うことができる。しかし，〈何か〉として知性に可知的になるのは質料を現実に〈何か〉としている形相である。この意味で質料は形相にとって可能態であり，形相は質料にとって現実態である[78]。こうして『自然の諸原理』で見た「形相が質料に esse を与える」

---

75) 「エッセと日本語（2-1）」（編者註：本書第 6 章 p. 135）以下。

76) "Sed quia illarum substantiarum essentie sunt nobis magis occulte, ideo ab essentiis substantiarum compositarum incipiendum est, ut a facilioribus conuenientior fiat disciplina." *Ibid.*, c. 1, l. 64-67.

77) 或る人々が誰を指すかについては，Armand Maurer, *On Being and Essence*, Toronto, 1949, p. 34 参照。

78) 質料がそれ自体では存在するものでないことについては，先出のテキスト T19（編者註：本章 p. 162）参照。複合実体においては同じことが形相についても言い得ることは，テキスト T30から明らかである。

7 自然の形而上学的分析から言語の分析へ

という言葉が『De ente』においては多少形を変えて繰り返される。引用しよう。

> 「複合実体の esse はただ単に形相のものでもなく，また単に質料のものでもなく，かえって複合されたものそのもののものである。ところで，essentia とはそれに即してもの（res）がある（esse）と言われるところのものである。従って，それによってものが〈あるもの〉と名づけられるところの essentia はただ単に形相でもなければただ単に質料だけでもなくどちらもである，というのでなければならない。ただし，かかる esse に対しては，ただ形相だけがそれなりの仕方で（suo modo）原因であるのだが。」[79]（テキスト T30 とする）

ここで注目されるのは「ものがあると言われる」（res esse dicitur）「ものが〈あるもの〉と名づけられる」（res denominatur ens）という言葉である。これらの言葉はここで求められている essentia がいかなるものであるかを語っている。すなわち，先に essentia とは単なる概念ではないことに注意が促されていたが，ここで再び essentia とは単なる〈もの〉（res：そこには概念も含まれる）について語られる言葉ではなく，実在的な（in re）〈もの〉に関する言葉であることが明確に述べられている。つまり，我々を取り巻く自然物は，単なる形相でも単なる質料でもなく，両者が不離一体となった複合実体として〈ある〉と言われ，〈あるもの〉と呼ばれるものである。

ところで，ここで特に注目したいのは，最後の但し書きの文章である。ここには〈かかる esse〉（huiusmodi esse）〈それなりの仕方で〉（suo modo）という言葉がある。〈かかる esse〉というのはなぜだろうか。〈かかる esse〉とは〈ものがあること〉（res esse）のことである。もっと正確に言えば〈もののあること〉（rei esse）である[80]。或いは〈ある

---

[79] "Esse substantie composite non est tantum forme neque tantum materie, sed ipsius compositi; essentia autem est secundum quam res esse dicitur; unde oportet ut essentia qua res denominatur ens non tantum sit forma, neque tantum materia, sed utrumque, quamuis huiusmodi esse suo modo sola forma sit causa." *De ente*, c. 2, l. 51-57.

－もの〉としての〈もの〉のことである。従って,〈何かであること〉(esse quid)[81]として,〈何か〉の現実性を与えているのは形相である,と付け加えられているのであるが,しかし,形相が原因であるのは,ただ"形相なりの仕方で"(suo modo)原因であるにすぎない。言い換えるならば,複合実体のessentiaは形相と質料の両者であると言われたが,質料を現実化しているのは形相であり,単独に質料が存在するわけでも形相が存在するわけでもない。現実にあるものは形相と質料が表裏の関係として不離一体になったものであり,単独の質料は形相の欠如態・可能態として考えられるにすぎない。

こうして「形相は質料にesseを与える」という文章(①とする)と「essentiaと呼ばれるのは,それを媒介として,それにおいてensがesseを分有することによってである」という文章(②とする)の関係が見えてくる。すなわち,①においては形相が質料に現実性を与え,現実の〈何か〉としていることが述べられている。そして,この〈現実の何か〉は,つまり形相と質料の複合から成る〈何か〉は,複合実体のessentiaである。ところが,このessentiaとなっている形相と質料は複合実体の内在的原理であると言われていた(前稿 p. 138)。従って,形相と質料という内在的原理から成るessentiaもまた実体に内在的である,と言わなければならない。

ところで,「形相が質料にesseを与える」と言うとき,質料に形相が到来することによって可能態にあった質料が現実態に齎される,という説明がなされていた。そこで説明に用いられたのは,銅から銅像を作るという人為的製作の例であった[82]。ここで注意しなければならないのは,人為的製作においては素材に形が外から齎されるということである。し

---

80) 最晩年の著作である『神学大全』には次のような説明がある。"In omnibus autem compositis ex materia et forma principium determinationis est ex parte formae, quae est quodammodo finis et terminus materiae. Et ideo principalius requiritur ad esse rei determinata forma quam determinata materia: materia enim determinata quaeritur ut sit proportionata determinatae formae." S. T., III, q. 60, a. 7, c. なお,晩年のアリストテレスの註解書に明瞭な記述がある。拙稿「トマスにおける実在と言葉」参照。

81) "hoc per quod aliquid habet esse quid" De ente, c. 1, l. 33-34.

82) 「エッセと日本語(2-1)」(編者註:本書第6章 p. 134)のT6と(編者註:同所,p. 144)のT12参照。

かし，生成する自然物にあっては，形相が質料に〈到来する〉(aduenit) のは内部からである．すなわち，実体の内部において内部から形相が質料に到来するのであり，それは質料のうちに隠れ潜んでいた（可能態としてあった）形相が顕在化する（現実態となる）ことである[83]．形相は質料の現実態という言葉がそれを示している[84]．それゆえ，生成とは可能的にあるもの (ens in potentia) から現実的にあるもの (ens in actu) への移行であると言われていたのであり[85]，複合実体において質料と形相は二元的なものとしては考えられていないのである．そして，これは人間の質料と形相，すなわち身体と魂についても同じである[86]．こうして，複合実体の本質は二元的に考えられた質料と形相の間に生じる関係でもなく，また外から付け加わってくる何か (aliquid superadditum) とか附帯的で事物の外にあって (accidens et extraneum a re) 実体に加えて到来するもの (illud quod superaduenit) でもなく[87]，かえって，質料と形相から複合されているものそのものを意味表示する[88]，と結論される．それゆえ，この実体という意味での本質は，事物の内在的諸原理から生じてくる内部構造を意味表示する〈言葉〉である．そして，この地平で見る限り，本質はそれなりの実在性（かかる esse）を有し，この地平での探究が可能となる．つまり，かかる実在性は形相が〈それなりの仕方で〉生ぜしめているのであり，この地平において自然はそれなりの (suo modo) 自律性を有している[89]．こうして自然物の内

---

83) 註80には"ex parte formae, quae est quodammodo finis et terminus materiae" とあった。

84) Per formam enim, que est actus materie, materia efficitur ens actu et hoc aliquid. *De ente*, c. 2, l. 31-32.

85) 「エッセと日本語（2-1）」（編者註：本書第6章 p. 134）テキスト T6。

86) *De ente*, c. 2, l. 105 以下参照。これについては，次稿で取り上げる予定である。ここで注意すべきは人間の場合である。人間の身体（質料）と魂（形相）は二元的には考えられていないが，死後魂は存続するという人間の特殊性がある。

87) *Ibid.*, c. 2, l. 33.

88) "Relinquitur ergo quod nomen essentie in substantiis compositis significat id quod ex materia et forma compositum est." *Ibid.*, l. 38-40.

89) こうした質料と形相の関係と自律性を有する自然の理解はアリストテレスの自然観によるものであるが，当時アリストテレスの著作が大いに読まれていたとはいえ，トマスに特有であり斬新なものであった。註65で述べたように，当時の多くの神学者たちはアリストテレスの体系を新プラトン主義の枠組みの中で理解していたのである。

部構造を探究する自然学が成立するのである[90]。

　しかし，形而上学者トマスの眼差しはもう一つの次元に向けられる。それは ens（自然物）の有するもう一つの側面である。この側面があることを指摘したのが②の文章である。それは ens に essentia の現実態としての esse とは異なる次元の現実性（esse）があることを示している。つまり，〈何かであること〉（esse quid）或いは〈もののあること〉（esse rei）ではなく，端的に〈あること〉の次元である[91]。そして，この次元の源（principium）あるいは原因（causa）については直接的にはまだ触れられてはいなかった。

　ところで，トマスは絶えず essentia が類と種に事物を分類する根拠であると記している[92]。こうして，分類の手段として登場する種（species）と類（genus）そして個（indiuiduum）という論理的な概念と essentia との関係が吟味されることになる。

　ここで思い出されるのは，尻切れとんぼのような終り方をした『自然の諸原理』の最後のパラグラフ（テキスト T27, 28, 29）である。ここでは先ず質料と形相の同と異が，個のレヴェル，種のレヴェル，類のレヴェルに分けて論じられ（T27）──T27では実体の原理としての質料と形相の同と異が問題とされていた──，そして，アナロギア的にのみ「同じである」と言うことができるものの諸原理は，同じくアナロギア的にのみ「同じである」と言うことができることを指摘し（T28），アナロギア的にのみ同じ ens という〈言葉〉が述語されることができる実体と附帯性の諸原理も，つまり質料と形相もまた，アナロギア的に同

90）　自然学としてここでトマスの念頭にあるのは主に博物誌（historia naturalis）つまり自然物の分類学かも知れない。しかし，ボエティウスの著作やポルフュリオスの樹が意識されていることは確かであろう。

91）　このことについて明瞭な仕方でトマスが提示するのは，晩年の著作『アリストテレス「命題論」註解』においてである。拙稿 Le problème de *esse/essentia*（編者註：本書付2に所収）参照。

92）　"Et quia... ens hoc modo dictum diuiditur per decem genera, oportet ut essentia significet aliquid commune omnibus naturis per quas diuersa entia in diuersis generibus et speciebus collocantur, sicut humanitas..." *Ibid.*, c. 1, l. 20-25; "illud per quod res constituitur in proprio genere uel specie est hoc quod significatur per diffinitionem indicantem quid est res, inde est quod nomen essentie a philosophis in nomen quidditatis mutatur..." *Ibid.*, l. 27-31; "res per essentiam suam et cognoscibilis est, et in specie ordinatur uel genere." c. 2, l. 5-7; "secundum eam aliquid ad genus uel speciem determinatur,..." *Ibid.*, l. 8-9, etc.

じ質料と形相という〈言葉〉が用いられることに注意を促してこのパラグラフ，そして，この書は終っていた。この『自然の諸原理について』と題されている書において，essentiale なる語が冒頭で一度用いられているとはいえ，essentia なる語は一度も用いられてはいない。しかし，この書で探究されていた生成する自然物の内在的原理である質料と形相は『De ente』において複合実体の essentia であることが明らかにされているのである。そして，事物の可知性の源として essentia の説明がなされていたが，その事物とは単なる〈もの〉（res）ではなくして〈あるもの〉（ens）であり，従って本来的に〈あるもの〉と言われるものは実体であることから，essentia もまた本来的に言えば実体について語られる〈言葉〉であると言ったのである。このことは，『自然の諸原理』の冒頭で「あることは二様である。つまり，事物の本質的な或いは実体的なあることがあり，……またもう一つに附帯的なあることがある……」（T5）と述べ，最終章の第6章で「実体が〈あるもの〉であるという場合の意味（ratio）と，量やその他のカテゴリー（predicamenta：類）が〈あるもの〉であるという場合の意味とは全面的に同じ意味ではなく，かえって，すべて（のカテゴリー）は実体に帰属せしめられるということから（あるものと）言われるのである。実体はすなわち他の（カテゴリーの）基体である」（T25）という言葉によって既に明言されていた。すなわち，生成する自然物の内在的原理である質料と形相はどちらも生成する自然物の本質であるが，──〈どちらも〉という表現は既述のところからして正確ではないが──質料も形相も本来的に実体について語られる言葉であり，附帯性について質料と形相という言葉が語られるのは，言葉のアナロギア的使用によってである。従って，essentia という〈言葉〉もまた，そして〈生成する〉（generari）という言葉もまた，本来的には実体について語られるのであり，附帯性については二義的に或る意味で語られるのにすぎない[93]。

ところで，「essentia とは事物の定義によって意味表示されるところのものである」と言われていた。そして，自然物の定義には形相のみならず質料も含まれる，と付け加えられていた[94]。しかし，定義とは本来普遍に関わるものであって，個物には定義がないはずである[95]。しかるに，定義のうちに個体化の原理である質料が含まれると言う。ならば

essentia は普遍的であるよりもむしろ個別のものであることになろう。これは矛盾ではなかろうか[96]。

　こうした疑問に答えるのが質料の多義性である。つまり、トマスはここでこの骨、この肉、と〈この〉と指示される具体的な質料（materia signata）と一般的に骨・肉と言う場合の抽象的な質料とを分けるのである。そして essentia という言葉の意味表示するものは、個（ソクラテス）について語られる場合と普遍（人間つまり種）について語られる場合とでは、〈この〉と指定されるか（signata）否か（non signata）の違いしかない、と言うのである[97]。しかし、ここには〈言葉〉の意味表示するものの次元の相違が看取される。すなわち、〈この〉と指で示される質料は目の前に実在する質料である。それは〈この〉人間の質料である。他方、〈この〉と指定されない〈人間〉一般の質料は、質料一般である。従って、指定される人間の質料は具体的に何立方センチと限定される三次元の拡がりであるのに対し、指定されない「人間」〈一般〉の質料はただ三次元の拡がりとしか言えない。ここには言葉と実在との微妙な関係がある。essentia とは事物の可知性に関わるものであった。そして、我々は事物の定義を通して事物を把握し、理解するのであるが、それは言葉によって事物を分類することに他ならない。つまり、我々は多種多様なる事物のうちから共通的なもの（ratio: natura, 本性）を見出し、それを名づけて言葉によって分け、事物を分ったものにするのであ

93）"Sed quia ens absolute et primo dicitur de substantiis, et per posterius et quasi secundum quid de accidentibus, inde est quod etiam essentia proprie et vere est in substantiis, sed in accidentibus est quodammodo et secundum quid." *De ente*, c. 1, l. 53-57; "illud quod superaduenit non dat esse actu simpliciter materie, sed esse actu tale, sicut etiam accidentia faciunt, ut albedo facit actu album. Vnde et quando talis forma acquiritur, non dicitur generari simpliciter sed secundum quid." *Ibid.*, c. 2, l. 33-37. このことは既に *De principiis naturae*（§1, l. 43-61）でも明白に言われていた。この書では生成のみならず消滅についても同様に言われている。

94）"diffinitio autem substantiarum naturalium non tantum formam continet sed etiam materiam,..." *De ente*, c. 2, l. 14-16.

95）"si Sortes diffinitionem haberet." *Ibid.*, l. 80.

96）トマスの時代に多くの議論の対象となった個体化の原理については、既に多くの研究がなされているが、まだ十分に歴史的研究がなされたとは言えない。

97）"essentia hominis et essentia Sortis non differt nisi secundum signatum et non signatum." *Ibid.*, l. 85-87.

る。こうして先に指摘したように，トマスは幾度となく，事物は essentia によって可知的であり，それによって種と類に分類される，と言うのである。ところで，essentia のうちには質料が含まれる，と言われたのであるが，今しがた言われたように同じ質料という〈言葉〉が個物〈この人〉に使われる場合と〈人間〉という種に使われる場合とでは意味が或る仕方で異なっている。そこには実在する具体的質料と抽象された質料との間の次元の相違があるのである。こうした相違について『自然の諸原理について』の末尾のテキストは語っていたのである。そしてこの質料という〈言葉〉のアナロギア的使用は corpus の多義性の説明によって更に明らかにされ，種・類の〈言葉〉の関係と事物の実在的な構成との相違が明らかにされていくのである。この点の検討は次稿に譲りたい。

8

具体性のエッセンチアに向かって
——エッセと日本語（3-1）——

はじめに

　トマスの最も初期の二つの著作『自然の諸原理について』（De principiis naturae）と『De ente』を検討してみると，既に述べたように，これらの小品の執筆の時点でトマスは生涯の執筆活動の計画を立てていたと思われる。彼は，この生成する自然に関する限り，西欧に新たに知られてきたアリストテレスの自然観を継承するとともに，その自然観を通しそれを超えて新たな次元を切り拓こうとする。彼はその際，アリストテレスの著作とともに翻訳されて西欧世界に紹介されたアヴィケンナとアヴェロエスの著作を傍らに置き，それらから大いに示唆を受けつつも，二人のアラブの思想家に対しては常に一定の距離を置いていることが看取される。すなわち，『自然の諸原理』のレオ版の註記が示すように，トマスはおそらくアヴェロエスの註釈書から多くの刺激を受けたであろうが，生成する自然界に関してはアリストテレスが彼の師であり従うべき権威であることを随所で示し[1]，この書をあくまでもアリストテレス自身によって纏めあげている。実際，権威としてアリストテレスを引用するのは9回に及んでいるのに対し，アヴィケンナは2回そしてアヴェロエスは〈註釈者〉の名でただ1回言及されているのみである。そしてそれも，二人はともに註釈者としてである[2]。

---

  1) "ut dicit Aristotiles in II Metaphisice (XVI De animalibus)" *De principiis naturae*, § 3, l. 16; § 4, l. 46; "ut dicitur in V Metaphisice (I Phisicorum, II Phisicorum)" § 3, l. 45, l. 60; § 4, l. 41; "Aristotiles in libro Phisicorum ponit" § 3, l. 46, "licet ponat Aristotiles... in I Phisicorum" § 3, l. 59; "unde Aristotiles in V Metaphisice dicit" § 3, l. 95; "sicut dicitur in IV Metaphisice" § 6, l. 32. （テキストは Leo 版を用いる。）

ところで，この書の第5章からは先述の新たな次元への企図が看取される，と既に指摘したのであるが[3]，この新たな次元を拓こうとする最初の試みが『De ente』であった。そして，ここでもアリストテレスに寄り添いつつ，アリストテレスの権威に自然界に関する限り従いつつ，この自然観を突破しようとする。ここで拓こうとする次元とは，神の創造行為によって与えられている自然という，旧約聖書によって齎された視点である。この視点は，旧約聖書を聖典とするユダヤ教徒にもまたイスラム教徒にも共通するものである。従って，神の創造行為を哲学的に説明しようとする試みは早くから——ユダヤ教徒の間ではキリスト教成立以前のアレクサンドリアのフィロンの試みがある——多くの創造論者（créationiste）によってなされてきた。ここで，トマスのエッセの形而上学との関連で言えば，それは，被造物がそれ自身で存在根拠（エッセ）を有たず，その存在（エッセ）に関して——ここでは一先ず存在という言葉を使っておこう——神にまったく依存していることを示そうとするさまざまな試みである。その伝統的権威として絶えず引用されてきたのは，ボエティウスの〈quod est〉と〈quo est〉の区別であった。しかし，西欧世界にアリストテレスとともにアヴィケンナやアヴェロエスが知られるようになると，esseとessentiaの相違として問題が捉え直され，取り分けアヴィケンナのesseとessentiaの区別が大きな示唆を与えることになった。しかし，周知のようにアヴィケンナもアヴェロエスも，アリストテレスの解釈に新プラトン主義の思惟体系を持ち込んでいた。というのも，超越神とその創造による世界の関係については，アリストテレスの体系よりもむしろプラトン—新プラトン主義の体系の方が親和性を有っていたからである。しかし，当時，アリストテレスの著作と新プラトン主義の著作の目録は未だ確定されておらず，新プラトン主義者プロクロスの『神学網要』から纏められた『原因論』（Liber de causis）はアリストテレスの書とされていた。それがアリストテレスの著作でないことがトマスによって見破られたことは，周知のところであ

---

　　2) "Et ponit exemplum Avicenna" § 3, l. 31; "et hoc est quod dicit Commentator in V Metaphisice" § 3, l. 123-124; "secundum quod exponit Avicenna" § 5, l. 46-47.
　　3)「エッセと日本語（2-1）」『アカデミア』人文・社会科学編 (79), (編者註：本書第6章 p. 149) を参照。

る。トマスは『De ente』において，アヴィケンナの esse と essentia の区別から示唆を得たものをもとに，『原因論』の助けを得て彼独自の説を展開する。しかしトマスは，アヴィケンナに対しても『原因論』に対しても一定の距離を保っている。そして，アヴェロエスに対しては，その「誤り」(defectus) が明らかであるとさえ言う[4]。トマスの哲学上の師はあくまでもアリストテレスであり，新プラトン主義者たちや新プラトン主義に哲学的基盤をおく神学者たちとは違って，無形の質料を措定することもなく[5]霊的実体に何らかの質料を認めることもしない。この無形の質料や霊的質料を措定するのは，生成消滅のない霊的実体（天使）の被造性を確保するために新プラトン主義の思惟体系を支えとする当時のユダヤ教・イスラム教・キリスト教神学者たちの間に広まっていた普遍的質料形相論と呼ばれるものであるが[6]，トマスはこのような質料を措定しなければならない思考法の欠陥を見抜き[7]，その解決の糸口を彼独自の esse と essentia の実在的区別に見ていたのであった。しかし，この時点でのトマスは，esse について『原因論』によって説明しようとしている。従って，この『De ente』における esse の説明は非常にプラトン―新プラトン主義的である。

しかしながら，アリストテレスの発想と新プラトン主義の発想とは根本的に異なっている[8]。そしてトマスの発想は根本的にアリストテレスのものであった。すなわち，トマスはどこまでも具体的現実の中から発想しようとするのである。従って，彼にとって esse（という〈言葉〉）[9]

---

4) "Et ideo patet defectus Commentatoris in III De anima" *De ente*, c. 3, l. 107（テキストは Leo 版を用いる。）.

5) 無形の質料 (materia informis) の説明はアウグスティヌスの『告白』第12巻第5章以下参照。

6) 拙稿「ボナヴェントゥラの存在論に関する若干の考察」『カトリック研究』(32) 1977, pp. 138-149 参照。

7) "compositionem forme et materie quidam nituntur inducere in intelligentias et in animam; cuius positionis auctor uidetur fuisse Auicebron, auctor libri Fontis uite. Hoc autem dictis philosophorum communiter repugnat, quia eas substantias separatas a materia nominant et absque omni materia esse probant." *Ibid.*, c. 4, l. 5-11.

8) もちろん，プラトンに師事したアリストテレスにプラトンの影響が見られ，また新プラトン主義の中にアリストテレスの概念が用いられていることは周知のところである。

9) 〈言葉〉は nomen（名称）の意味で用いる。「エッセと日本語（2-2）」『アカデミア』人文・社会科学編 (81)，(編者註：本書第7章 p. 167)。

はensと同じく——ensについては「エッセと日本語（1）」で論じた——具体的現実に関するものであり，その言葉の意味表示するところは具体的現実の中に見い出されるはずである。そして，essentiaについても同様である。このessentiaについては『De ente』で詳細に述べられているが，他方，esseについては，彼の意図したところが十分に表現されているとは言えない。というのも先述のように，ここでは新プラトン主義の書物『原因論』に依っているからである。トマスが哲学的にesseの次元を明確に剔出するのは晩年においてであり，それもアリストテレスに依り，アリストテレスに密着しつつ，この次元を切り拓いたのであった。この晩年の仕事について我々は既に考察した[10]。そこではesseがessentiaと明瞭に区別されるのを見たのである。ところで，このessentiaと区別されるesseという言葉にトマスが籠めた意味は何であったか，について我々は「エッセと日本語」と題して追求してきたのであるが，再び『De ente』を取り上げ，この書でどのようにesseの次元が取り出されるかを見てみよう。しかし，その前に先ず本稿で，トマスがessentiaという〈言葉〉によって何を理解していたかを見よう。

1．ensとessentia

『De ente』の冒頭の部分の文章はまことに挑戦的である。すなわち，「哲学者が『天体宇宙論』第1巻で言うとおり最初の小さな誤謬は終いにおいては大であるが，ensとessentiaは最初に知性によって捉えられるものであること，アヴィケンナが言うとおりであるから，それらについての無知から誤謬に陥ることのないよう，これらについて難解なところを明らかにするべく，（1）ensとessentiaという名称（〈言葉〉）[11]によって何が意味表示されるか，そして（2）それらがどのように見出されるか，また（3）類・種・種差という論理的概念とどのような関係に

---

10)「トマスにおける実在と言葉」『中世思想研究』(32) 1990, "Le problème de ESSE/ESSENTIA dans le commentaire de saint Thomas *In Perihermeneias*"『アカデミア』人文・社会科学編 (70), 1999（編者註：それぞれ本書第3章及び付2に所収）。

11) 註8参照。

1．ens と essentia　　　　　　　　　　　　　193

あるか，を先ず述べなければならない」[12]とトマスは言うのである。若きトマスの意気込みが感じ取られる文章である。ここには ens と essentia という〈言葉〉が当時かなり多義的に使用されていたという歴史的背景がある。そしてトマスは，これらの〈言葉〉の多義的使用を整理し，自らの新たな理解に立って，ens と essentia そして esse という三語の間の関係を確立しようとするのである。

　ところで，我々は既に ens という名称が通常 essentia と同義的に使用されていたことを見たのであるが，この意味での ens とは異なる意味でトマスは ens を理解していたことも見た[13]。つまりトマスの意味する ens は，通常理解されていたような10のカテゴリーに分かたれる ens それ以前の ens である[14]。あるいは10のカテゴリーに分類される ens の源泉である。つまり可知性の源[15]である。ところで先の序文でトマスが提起した3つの問題のうち，(1)について，ens の通常の用い方に二義あり，そのうちの1つが10のカテゴリーに分かたれるものであると言って[16]，この意味で ens が essentia と同義的に用いられることを述べたのであるが[17]，実は「essentia と ens の名称によって……意味表示されるか」と訳した部分がレオ版のテキストでは nomine essentie et entis significetur とあり，名称 (nomen) も意味表示する (significare) という動詞も単数形である。そして第2，第3の問題についても単数形の動詞 (inueniatur, habeat) が用いられている。写本によっては nomen と

---

12) "Quia paruus error in principio magnus est in fine secundum Philosophum in I Celi et mundi, ens autem et essentia sunt que primo intellectu concipiuntur, ut dicit Auicenna in principio sue Metaphisice, ideo ne ex eorum ignorantia errare continget, ad horum difficultatem aperiendam dicendum est quid nomine essentie et entis significetur, et quomodo in diuersis inueniatur, et quomodo se habeat ad intentiones logicas, scilicet genus, speciem et differentiam." De ente, prol., l. 1-10.

13) 「エッセと日本語（1）」『アカデミア』人文・社会科学編 (78), (編者註：本書第5章 p. 98-107) 参照。

14) Q. de veritate, q. 1, a. 1, c.; S. T., I, q. 5, a. 2, c.

15) "primum intelligibile" S. T., loc. cit.

16) De ente, c. 1, l. 3-4

17) "sumitur essentia ab ente primo modo dicto. Unde Commentator in eodem loco dicit quod ens primo modo dictum est quod significat essentiam rei." Ibid., c. 1, l. 17-20. Averroes, In Metaph., V, comm. 14. "Sed debes scire universaliter quod hoc nomen ens, quod significat essentiam rei, est aliud ab ente quod significat verum." (ed. Venetiis 1552, f. 55 va56) 以下アヴェロエスの引用は Leo 版の註記と C. Boyer, s. j. の註記（註32参照）による。

動詞を複数形（nominibus, inueniantur, habeant）にしているものがある一方，「と ens の（et entis）」ということばを削除しているものもある[18]。それは essentia と ens を別々の異なる意味をもつ〈言葉〉として理解したからであろうが，ens と essentia は既述のように通常はほとんど同義に用いられているゆえ，トマスは，この書においては通常の一つの意味で，つまり essentia の意味で扱っていると考えてよいであろう。事実，（2）と（3）の問題を扱っている第2章以下では，essentia が主語として現れ，ens が主題となってはいない。

　こうしてトマスは『De ente』の第1章の前半で，（1）ens という名称が二義に使用されていること（10のカテゴリーに分かたれる ens と命題の真理を意味表示する ens），（2）essentia という名称は前者の ens から取られたもので，この ens と同義に用いられることの二点を示した上で，続いて後半で essentia の同義語として用いられている言葉（quiditas, quod quid erat esse, certitudo としての forma, natura, substantia）を挙げ[19]，これらの間のニュアンスの相違を説明した上で，自らの理解する essentia と ens の意味を「しかし，essentia と言われるのは，それによって，それにおいて ens が esse を有つことによってである」という短い定式[20]によって示したのであった[21]。そして，これらの同義語を吟味しつつ，自らのエッセンティア論を展開するのである。

　ところで『自然の諸原理』で，ens という名称は実体（substantia）のみならず附帯性（accidentia）にも同じく述語されるが，しかし，この ens という〈言葉〉は両者に同名同義的に用いられるのではなくアナロギア的に用いられる，と述べられていた[22]。それゆえ『De ente』においてトマスは次のように言うのである。

---

18) この点について触れているのは Alain de Libera (p. 123, note 3)（註32参照）のみである。彼は次のように説明している。"Le texte de l'édition léonine préfère le singulier. Un pluriel n'a guère de sens, s'il doit reprendre «les noms d'essence et d'étant», car ce ne sont pas les noms qui se trouvent dans les choses. On pourrait comprendre que Thomas parle de l'étant et de l'essence, et demande comment ils se trouvent dans les choses, mais on ne voit pas bien quel sens il y aurait à se demander comment l'étant est dans les choses. Nous préféront comprendre qu'il y a un signifié des noms «étant» et «essence», pour l'instant non distingués, et que l'on demande comment signifié (cette réalité signifiée) se trouve dans les choses."

1. ens と essentia

「ところで ens は,端的にそして第一に実体について語られ,そしてより後に言うなれば或る意味で附帯性について語られるのであるから,essentia もまた本来的にそして真なる仕方では実体のうちにあり,他方,附帯性のうちには何らかの仕方で,そして或る意味であるのである。」[23]（テキスト T31 とする）

こうして essentia の探究が先ず実体に関して行われ,次いで附帯性について行われるが,この実体における本来的な意味での essentia の探究は,既に序文で表明されたように,アリストテレスに従う経験主義的方法によって行われる。すなわち,我々にとって身近な実体から始まって,つまり生成する複合実体の分析から始まって,単純実体（叡智体ないし天使,死後の人間の魂,そして神）の考察に及ぶという方法であ

---

19) quiditas の語と certitudo としての（事物の確定性を表示する意味での）forma という語はアラブの哲学者たちの用語である。"nomen essentie a philosophis in nomen quiditatis mutatur,... Dicitur etiam forma, secundum quod per formam significatur certitudo uniuscuiusque rei, ut dicit Auicenna in II Methaphisice sue...." *De ente, ibid.*, l. 30-36. これらの語はどちらもアヴィケンナに由来するのであろうか。"Unaquaeque res habet certitudinem propriam quae est eius quidditas" Avicenna, *Metaph.*, I, 6. (ed. Venetiis 1508, f. 72 va; *Avicenna Latinus, Liber de Philosophia Prima*, I-IV, éd. par Van Riet, Louvain-Leiden, 1977, p. 35, l. 63-64) "Sed haec certitudo extrinsecus adveniens est forma." *Metaph.*, II, 2. (f. 76ra; p. 78, l. 72-73) quidditas・quiditas という語は筆者の参照したいずれの辞書（Lewis and Short, Gaffiot, Blaise, Menge-Güthring）にも見出さなかった。恐らくアヴィケンナの訳語として西欧に導入されたのであろう。quod quid erat esse はアリストテレス（*Analytica posteriora* II, 4-6, 91a25-92a5; *Metaph.*, VII, c. 3-6, 1028b34-1032a29）の τὸ τί ἦν εἶναι をそのままラテン語に置き換えたものである。そして,natura と substantia はどちらもアリストテレスの用語の翻訳であるが（"et sic etiam Philosophus dicit in V Methaphisice [1014b36] quod omnis substantia est natura" *De ente*, c. 1, l. 43-45),トマスは natura の語がラテン人の間で多義的に用いられることを考慮に入れ,ここでの意味がボエティウスによって整理された第一の意味つまり事物の可知性を表すことを明記している。"Hoc etiam alio nomine natura dicitur, accipiendo naturam secundum primum modum illorum quatuor quod Boetius in libro De duabus naturis (PL. 64, 1341 B) assignat: secundum scilicet quod natura dicitur omne illud quod intellectu quoquo modo capi potest, non enim res est intelligibilis nisi per diffinitionem et essentiam suam." *De ente*, c. 1, l. 36-43. なお,註51参照。

20) "Sed essentia dicitur secundum quod per eam et in ea ens habet esse." *Ibid.*, l. 51-52.
21) 「エッセと日本語（1）」（編者註：本書第5章 pp. 107-113）。
22) 「エッセと日本語（2-2）」（編者註：本書第7章 p. 173) テキスト T26。
23) "Sed quia ens absolute et primo dicitur de substantiis, et per posterius et quasi secundum quid de accidentibus, inde est quod etiam essentia proprie et uere est in substantiis, sed in accidentibus est quodammodo et secundum quid." *De ente*. c. 1, l. 53-57.

る[24]。そして，既述のように，我々の経験する世界の実体（複合実体）の，つまり essentia の，考察に本書の多くの部分が割かれ[25]，附帯性については，同じく経験的に見出される複合物の附帯性の考察が最後の章[26]で行われている。この経験的世界の考察に関する限り，トマスの師は先述のようにアリストテレスであり，アリストテレスに関するアラブ人の権威者であるアヴィケンナとアヴェロエスに対してはトマスは一定の距離を取り[27]，むしろトマス自身が彼らの註解を行っている[28]。そしてアヴェロエスに対してはその説に批判を加えてさえいる[29]。一方，アラビア語からの翻訳を通してアリストテレスの全著作が知られてくるまでのあいだ西欧世界へのアリストテレスの思想（論理学関係）の通路であったボエティウスに関しては，トマスは彼に少なからぬ示唆を与えたこのキリスト教徒の哲学者に対して敬意を払い，第2章ではただ二回の引用ではあるが[30]，権威として引用している。

　しかしながら，この第2章で展開される essentia 論は，こうした権威ある哲学者たちへの言及にもかかわらず，トマス自身のものであり，トマスは自己の理解する essentia の意味をここで明確にしようとする。それは，取り分けアヴェロエスに対する批判であるとともに，新プラトン主義に基盤をおく伝統的なキリスト教思想家たちへの密かなる批判となっている[31]。我々は以下に第2章の展開に沿って，トマスの意味する

---

　24) "Quia uero ex compositis simplicium cognitionem accipere debemus et ex posterioribus in priora deuenire, ut a facilioribus incipientes conuenientior fiat disciplina, ideo ex significatione entis ad significationem essentie procedendum est." *Ibid.*, prol. l. 11-15; "Substantiarum uero quedam sunt simplices et quedam composite, et in utrisque est essentia; sed in simplicibus ueriori et nobiliori modo, secundum quod etiam esse nobilius habent: sunt enim causa eorum que composita sunt, ad minus substantia prima simplex que Deus est. Sed quia illarum substantiarum essentie sunt nobis magis occulte, ideo ab essentiis substantiarum compositarum incipiendum est, ut a facilioribus conuenientius fiat disciplina." *Ibid.*, c. 1, l. 58-67.
　25) 第2章と第3章；第2章は Leo 版で308行あり，第3章は155行。なお第1章は67行，第4章は200行，第5章は140行である。
　26) 最終章の第6章は Leo 版で162行。
　27) 第2章，第3章，第6章でアリストテレスの引用は13回，アヴィケンナの引用は11回，アヴェロエスの引用は4回。
　28) unde dicit..., et ideo dicit..., etiam dicit...などの言い方をしている。
　29) "quamuis hoc quidam asserere conentur." *Ibid.*, c. 2, l. 11-12; "Et ideo patet defectus Commentatoris in III De anima,..." *Ibid.*, c. 3, l. 106-107.
　30) 第1章と第4章で一回ずつ。

essentia を考察しよう。ここで表明される essentia 論は，晩年において
も一貫して保持されている。それゆえ，他の著作を参照する必要のない
限り『De ente』のテキストに限って論じていきたい[32]。

2．複合実体における essentia

　この第2章で考察される essentia は複合実体に見出されるものであ
る。ここで言う複合実体とは『自然の諸原理』で考察の対象となった生
成消滅する自然物のことである。そして，この自然物には質料と形相と
いう二つの原因，つまり内在的原理があることを見た。しかし，二つの
原因・原理と言っても，トマスにとってはそれらは二つの〈もの〉(na-
tura) ではなく，一つの実体の二つの側面であり，いわば表裏の関係を
なすものであった[33]。そして，その例として人間の魂と身体を挙げてい
る (ut in homine anima et corpus)。このトマスの質料形相論は，彼の

---

　31) アリストテレスの『形而上学』第7巻第1章の解釈に関してアヴェロエス（アラビ
ア語のテクストに基づく）とトマスの比較研究 (Laurence BAULOYE, *La Question de l'es-
sence, Averroes et Thomas d'Aquin, Commentateurs d'Aristote, Metaphysique Z1*,
Louvain-La-Neuve, 1997) がある。この著者がトマスのテキストとして取り上げているのは，
晩年の『形而上学註解』の第7巻第1章の部分である。トマスは，多くの人が指摘するよう
に，初期から晩年に至るまでその形而上学的立場において恐るべき一貫性を示している。
　32) 『De ente』のテキストと研究そして翻訳および対訳版は数多くあるが，参照するも
のは以下のもの（括弧内の年は参照した版）である。なお，引用には著者名のみ挙げる。*Le
"DE ENTE ET ESSENTIA" de S. Thomas d'Aquin*, texte établi d'après les manuscrits
parisiens. Introduction, notes et études historiques par M.-D. Roland-Gosselin, o. p., Kain
(Belgique), 1926; *S. Thomae Aquinatis opusculum De ente et essentia*, introductione et notis
auctum edidit C. Boyer, s. j. Textus et documenta, Roma, 1933 (1970); *Thomas Aquinas On
being and essence*, Translated with an Introduction and Notes by Armand Maurer, Toronto,
1949 (second revised edition 1983); *L'Être et l'Essence*, traduction et notes par Sr. Catherine
Capelle, o. p., Paris, 1947 (1985); *Thomas von Aquin, Über das Sein und das Wesen*, Deutsch-
Lateinische Ausgabe, Übersetzt und erläutert von Rudolf Allers, 2 Ausgabe, Köln und Olten,
1953 (Darmstadt, 1991); V.-M. プリオット序文，日下昭夫訳および訳注『有と本質について』
聖トマス学院，1955; *Thomas von Aquin, Über Seiendes und Wesenheit, De Ente et Essentia*,
Mit Einleitung, Übersetzung und Kommentar, herausgegeben von Horst Seidl, Hamburg,
1988; 須藤和夫解説・訳・訳注「存在者と本質について」『中世思想原典集成 14』平凡社,
1995; *Thomas d'Aquin, Dietrich de Freiberg, L'Être et l'essence, Le vocabulaire médiéval de
l'ontologie*, Traduction et commentaires par Alain de Libera et Cyrille Michon, Paris, 1996.

essentia 論を理解するために先ず押えておかなければならない点である。

ところで、essentia に関する共通の理解として（1）essentia は認識の源泉であり分類（識別）の原因であり[34]（2）そして、それは事物の〈何で (quid) あるか〉(quiditas) として[35]定義によって意味表示される[36]ということがある。しかし、忠実なアリストテレスの徒であるトマスにとって（3）この認識の源泉・原理である essentia は、自然物から離れたところにあるのではなく、現実にあるもの・具体的にあるもの (hoc aliquid)[37]のうちにある。この3つの点を押さえて、トマスは複合実体の、すなわち生成消滅する自然物の、essentia を明確にしていくのである。

先ず、（1）の、essentia が認識の源泉・原理であることからして、質料のみでは essentia とは言われえない。トマスにとって質料のみの存在は単に考えられたもの、可能的な存在 (ens in potentia) にすぎないのである。しかし、もの (res) は形相によって認識されるとはいえ、形相のみを複合実体の essentia とすることもできない。トマスはこうした essentia の理解をアヴェロエスとその説に従う人々（アヴェロエス主義者たち）のものであることを後に明らかにしているが[38]、ここでは〈ある人々〉(quidam) と述べるに止まっている。forma のみを essentia とする考えを斥けるのは、（2）からして、複合的実体である自然物の定義と materia のない数学的実体の定義の区別がなくなり、両者の essentia は同じであるということになろうからである[39]。そして、もの

---

33) こうしたことを、つまりトマスは質料と形相について二元論的考え方を採らないことを意識してであろうか、第2章の冒頭の文章では、Leo 版の写本は In substantiis igitur compositis forma et materia nota est と形相と質料を単数で扱っている。他の写本には nota sunt, notae sunt とある。Leo 版 p. 370 註記参照。質料と形相の二元論については拙稿「ボナヴェントゥラの存在論に関する若干の考察」『カトリック研究』(32), 1977, pp. 138-149 参照。

34) "res per essentiam suam et cognoscibilis est, et in specie ordinatur uel genere;... cognitionis principium est,... secundum eam aliquid ad genus uel speciem determinatur,..." Ibid., c. 2, l. 5-9.

35) Ibid., c. 1, l. 27-31.

36) "essentia est illud quod per diffinitionem rei significatur." Ibid., c. 2, l. 13-14.

37) "secundum id quod aliquid actu est." Ibid., l. 9-10.; "ens actu et hoc aliquid." l. 32.

38) In Metaph., VII, 9. Leo 版 p. 370, note 2, 12 参照。

39) 我々は既に前稿で物体（corpus）と立体（corpus）の相異について述べた。「エッセと日本語（2-2）」(編者註：本書第7章 pp. 176-177)。

2．複合実体における essentia

（res）が定義によってその何か（quiditas）が的確に捉えられ類・種に振り分けられるのは、（3）で述べられたように、何かであるもの（aliquid）が現実にあること（actu est）に従ってである[40]。トマスにとって essentia は具体的な実体の内にあるものであり、それは forma も materia も包含していなければならない[41]。それゆえ、materia は forma とともに自然的実体の内在原理としてその定義のうちに措かれるのであって、essentia の外にあるもの（ens）として外から付け加わえられる附帯性のようなものではない[42]。また、essentia は materia と forma の間の関係といった観念的なものでもない。それは、具体的な自然物を内部から〈何かあるもの〉（ens aliquid）としている原理である。そして、生成消滅の相において見られるこの自然物は、materia と forma の複合という二面性をもつものとして現れてくるのである。しかしながら、先述のように、トマスはこの二面性を二つの〈もの〉（ens, natura）の複合とするのではなく、一つの実在（res）の表裏をなす二つの側面として見ているのである。すなわち、具体的な自然物（substantia naturalis, res）は現にある実体つまり〈この何か〉であるが、それを〈何か〉としているのが forma であり、それに〈この〉という具体性を与えているのが materia である。そして自然物が生成し実体として生じるのは、materia の中にいわば隠れ潜んでいた forma が顕在化することによってである[43]。この点で実体の生成は附帯性による変化[44]とは異なっている。

---

40) "aliquid ad genus uel speciem determinatur... secundum id quod aliquid ACTU est." *De ente, ibid.*, l. 8-10. ここで quod を quo とするテキスト（註記32, Boyer, p. 16) があるが、そうであれば「forma に従って」ということになるか（「エッセと日本語（2-2）」（編者註：本書第7章 p. 178）以下参照）──トマスが forma のみを essentia とする説を斥ける意味がなくなる──あるいは「esse に従って」ということになろう。むしろ、ここでは「ens actu であることに従って」の意味である。

41) "essentia comprehendit et materiam et formam." *De ente, ibid.*, l. 25.

42) "Nec potest dici quod materia in diffinitione substantie naturalis ponatur sicut additum essentie eius uel ens extra essentiam eius, quia hic modus diffinitionum proprius est accidentibus, que perfectam essentiam non habent;" *Ibid.*, l. 18-22; "Non autem potest dici quod essentia significet relationem que est inter materiam et formam, uel aliquid superadditum ipsis, quia hoc de necessitate esset accidens et extraneum a re," *Ibid.*, l. 26-29.

43)「エッセと日本語（2-2）」（編者註：本書第7章 p. 183）参照。*Q. de potentia*, q. 3, a. 8, c. に "non proprie dicitur quod forma fiat in materia, sed magis quod de materiae potentia educatur." とある。

生成という言葉は本来的には実体にのみ適用され[45]、この生成する自然的実体について完全な意味で essentia という言葉が用いられるのである[46]。こうしてトマスは「essentia という名称は複合実体については materia と forma から複合されているものを意味表示する、ということになる」と言う[47]。従って、essentia という言葉は先ず何よりも実体について語られるものであるが、実体とは「端的に現にある」[48]という仕方で〈現にあるもの〉[49]が捉えられ、「この眼前にあるもの（hoc aliquid）は何か」の問いに対して、何か（quid）を言う、つまり意味表示する言葉である。それは〈端的に〉（simpliciter）〈ある〉（esse）と言われ（「犬である」「猫である」と言われ、「この犬」「この猫」と指さされて言われる）、〈現にかくある〉[50]ということを示す言葉ではない。それはギリシャ人の間ではウーシア（usya）という言葉で呼ばれ、ラテン人の間では essentia と呼ばれているが、ボエティウスが『範疇論註解』で「ウーシアは複合体を意味表示する」と言っている言葉に一致する、とトマスはボエティウスの権威を引き合いに出して言う[51]。そして、この

---

44) ここでは materia が forma の基体と考えられる。"accidentibus, que perfectam essentiam non habent; unde oportet quod in diffinitione sua subiectum recipient, quod est extra genus eorum." *De ente, ibid.*, l. 21-24.

45) "quando talis (accidentalis) forma acquiritur, non dicitur generari simpliciter sed secundum quid." *Ibid.*, l. 36-37.

46) "accidentibus, que perfectam essentiam non habent." *Ibid.*, l. 21-22.

47) "Relinquitur ergo quod nomen essentie in substantiis compositis significat id quod ex materia et forma compositum est." *Ibid.*, l. 38-40. ここで我々は compositio を複合と訳し、次の constitutio を構成と訳す。

48) "esse actu simpliciter" *Ibid.*, l. 33-34.

49) "ens actu" *Ibid.*, l. 32.

50) "esse actu tale" *Ibid.*, l. 34.

51) Leo 版の編者によれば、複合体を意味表示するという言葉はアルベルトゥスによってボエティウスに帰せられたが、ボエティウスの著作自身には見当らないと言う。p. 370, note 2, 42 参照。しかし、usya が essentia の訳語として用いられていることについて *Contra Eutychen* (III, 59-62) (*Loeb Classical Library*, No. 74) に次の言葉がある。"sed essentiam, subsistentiam, substantiam, personam totidem nominibus reddit, essentiam quidem οὐσία appellans." なお、アウグスティヌス (*De Trinitate*, L. V, c. 8, 9) に "Essentiam dico, quae οὐσία graece dicitur" とある。また、同書 (L. VII, c. 4, 9) で "ab eo quod esse appellatur essentia" と言われているように、esse と essentia はギリシャ語のεἶναιとοὐσίαに対応する訳語である。この点については J. Owens, *The Doctrine of Being in the Aristotelian Metaphysics*, Toronto, 1978, pp. 140-141 参照。

usyaつまりessentiaは複合されているという点でアラブの哲学者たちも一致している，と言うのである[52]。また更に，理性もこれに頷くと言う[53]。ここで理性的説明として出される理由（ratio）は，essentiaが実在（ens）に関わる〈言葉〉であることである[54]。

3．個と個別なるもの：signatioとdesignatio

ところで，essentiaという〈言葉〉が実在に関わる〈言葉〉であり（p. 198，第三の点），定義によって意味表示されるものを意味している（第二の点），ということから，一つの矛盾と思われる問題が生じてくる。それは一方でessentiaが具体的現実的実在（ens actu, hoc aliquid）の内在的原理を意味表示すると言いながら，他方で個ではなく普遍に関わる定義によって意味表示される，という，言うなれば矛盾である。この問題を切っ掛けにトマスは個体化の原理の問題を取り上げて論じているが，ここにはトマスの言葉に対する鋭い感覚が働いている。すなわち，個体を識別し認識する原理は，この，あの，と指で指し示すことのできる具体的な質料（例えば「この人」を「あの人」から区別するこの骨，この肉）である。それは決して形相（例えば人間の魂あるいは人間性）ではない。また，質料一般（骨，肉，つまり身体）でもない。それは限定された三

---

52) "Avicenna etiam dicit quod quiditas substantiarum compositarum est ipsa compositio forme et materie." *De ente, ibid.*, l. 45-47; "Commentator etiam dicit super VII Methaphisice «natura quam habent species in rebus generabilibus est aliquod medium, id est compositum ex materia et forma»" *Ibid.*, l. 47. ところで，先に，形相のみをessentiaとする人々としてアヴェロエスとその説に従う人々のことが言及されていた。これは一見矛盾に思われるが，しかし，後に見るように複合の意味するところが異なっている。なお，両者の出典は，Avicenna, *Metaph.*, V, c. 5 (fol. 90 ra F: Éd. Van Riet, p. 275, 72-73), "quidditas... composita est ex forma et materia: hec enim est quidditas compositi, et quidditas est hec compositio" Averroes, *In Metaph.*, VII, comm. 27 (fol. 83, va 42-44).

53) "Huic etiam ratio concordat," *De ente, ibid.*, l. 50-51.

54) "quia esse substantie composite non est tantum forme neque tantum materie, sed ipsius compositi; essentia autem est secundum quam res esse dicitur; unde oportet ut essentia qua res denominatur ens non tantum sit forma, neque tantum materia, sed utrumque, quamuis huiusmodi esse suo modo sola forma sit causa." *Ibid.*, l. 51-57. ここで言われているesseの意味については既に述べた。「エッセと日本語（2-2）」（編者註：本書第7章p. 181）以下参照。

次元の下に考察された質料である，とトマスは言う[55]。essentia は本来こうした質料をも含むものである（第三の点）。しかし，定義によって意味表示される時，定義の対象となるのは個（例えばソクラテス）ではなく[56]，普遍（人間 homo）である。そして，この普遍の定義の中に含められる質料は〈この〉と指で示される質料（この肉この骨 hoc os et hec caro）ではなく，切り離されて考えられた（端的な骨と肉 os et caro absolute）[57]一般的意味での，つまり〈この〉と特定されない（non signata）質料である。

トマスはこの具体的な個物（hoc aliquid）とその一般的種との区別を〈この〉と指で示されるか示されないか（signata sive non-signata），つまり特定されるか否かの区別で示したが，この（個から種の）関係を，種から類に及ぼしていく[58]。そこでは，指し示す（signare）という具体性の次元から言葉によって区別し指定する（designare）普遍性の次元への移行がある[59]。トマスはそれを signatio と designatio の使い分けによって示している[60]。すなわち，「（種である）人間の essentia と（個

---

55) "et dico materiam signatam que sub determinatis dimensionibus consideratur." *Ibid.*, l. 75-77.

56) "si Sortes diffinitionem haberet." *Ibid.*, l. 80.

57) *Ibid.*, l. 83.

58) "Sic etiam essentia generis et speciei secundum signatum et non signatum differunt." *Ibid.*, l. 90-91.

59) アヴィケンナのラテン語訳（*Metaphysica* ないし *Liber de Philosophia Prima sive Scientia Divina*）では，signatum と designatum は明瞭に別々のアラビア語に対応していることはない。(Avicenna, *Liber de Philosophia Prima sive Scientia Divina I-X*, Lexiques par Van Riet 参照）そのどちらにも現れる ashā-ra（動詞）と ishā-ra（動名詞）は専門用語として「指で指し示す」という意味で使用されているとともに，一般的な「示す」という意味でも使用されている。（沼田敦氏のご教示による）なお，*Logica* の De universalibus, 0. 12（関沢和泉氏 Transcriptio «universalibus (logica)»: Avicenna, BnF latin, 16096, fol. 71-72v）に「指で示される」（digito ostenderetur）という表現がある。トマスが『De ente』の執筆の時点でこの Logica を既に読んでいたか否かについては不明であるが，『De ente』のテキストにおいて眼前の (hoc) 具体的なる個物と個物の具体例との相違に注意を払っていることが看取される。それゆえ，筆者は signare を「（指で）指し示す」と訳し designare を「指定する」と訳したい。

60) この点について注目し，signata と designata を訳し分けているものは筆者の知る限りなかった。訳者の中には significatio と designatio を区別していないものすらある。significatio と designatio の違いについては中川純男氏「significare と praedicari—トマス『有と本質』における」『人間存在論』(3), 1997, pp. 477-486 参照。

3. 個と個別なるもの：signatio と designatio

である）ソクラテスの essentia は指で示されるか示されないかの点でしか違わない」[61]と言った後で続けて，「このように類と種の essentia もまた特定されるか（signatum）されないか（non signatum）に従って相違する。ただし，指定（designatio）の仕方は両者で別であるが」[62]と言い，これ以後は指定という言葉を用いていく。トマスがここで具体的な個における essentia を類・種・個の図式における essentia から明確に区別していることが看て取られるところである。というのも，分類の図式の中での個すなわち具体例については「種に対する個の指定」[63]と指定（designatio）という言葉を用いているからである。従って，これ以後第 2 章の終りまで類・種・個の図式の中で essentia が考察されていくのであるが，第 3 章に入ると再び具体的な個が取り上げられ，類と種の概念（ratio）と〈この〉と指し示される個別なるもの（hoc singulare signatum）[64]との関係が考察されるのである。このトマスの微妙な，そして鋭い〈言葉〉の使い分けについては既に『自然の諸原理』において見られることを我々は指摘した[65]。

さて，トマスはこうした鋭い言葉の使い分けをもって，実在（具体的な個物）と言葉の間の関係を探っていく。先ず essentia は〈この〉と指し示される具体的な個物の中にあるとはいえ，つまり形相と質料の表裏一体となった複合実体の中にあるとはいえ，その内容は定義によって意味表示されるという。ところで定義されうるものは普遍である。ということは，個的な essentia は，定義によって，つまり言葉によって表現されるとき，普遍的な形をとらざるをえない，ということである。「それゆえ，人間の essentia とソクラテスの essentia の相違はただ指し示される（特定される）か否か，のみであることは明らかである」[66]とトマ

---

61) "essentia hominis et essentia Sortis non differt nisi secundum signatum et non signatum." *Ibid.*, l. 85-87.
62) "Sic etiam essentia generis et speciei secundum signatum et non signatum differunt, quamuis alius modus designationis sit utrobique." *Ibid.*, l. 90-92.
63) "designatio individui respectu speciei" *Ibid.*, l. 93.
64) *Ibid.*, c. 3, l. 6. 個と個別の相違について Bauloye (*op. cit.*) は haeccéité empirique と haeccéité spécifique という言葉でそれを表現している。
65) 「エッセと日本語（2-1）」（編者註：本書第 6 章 p. 151），（ここで singularia を個物と訳したが，個別なるもの或いは個々のものと訳した方が問題点が一層明確になったであろう。）「同（2-2）」（編者註：本書第 7 章 p. 159）。

スは言う。そして続けて，「こうして註釈者は『形而上学』第7巻（第5章）を註釈して，《ソクラテスは動物性と理性を持つこと以外の何ものでもない。それが彼の何性である》と言うのである」[67]と言っている。この言葉には，具体的な個別的事物における essentia と種における essentia とを同じものとするアヴェロエスに対する批判が込められている[68]。

　ところで，質料と形相の二原理から成る複合実体の essentia は，この複合物の内部構造を意味している。そして，この生成する自然界に見出される個々の複合実体は，その内部構造が無限とも言えるほど多様である。この多様な内容をもった実体を人類は分類し[69]，分別によって識別し，多様な名称を付してきたのであるが，それは当初漠然と大摑みに捉えられていた essentia が，次第に明確化し，細分化して捉えられていく過程でもあった。こうして essentia が明確化し細分化して捉えられていく過程で，essentia を表示する名称が増加していく。そして，これらの名称を整理し，それらの間の関係を位置づけて示すことが必要になる。こうして類・種・個という分類の道具（論理的概念 intentiones logicae）が生まれたのであった。こうしたことに最初に取り組んだのは，ソクラテスの「とは何か」の問いを継承したプラトンであり，プラトンはこの分類をイデア論をもって説明したのであった[70]。しかし，イデア論批判の立場に立つアリストテレスは別の説明方式を採る。そしてトマスがアリストテレスを継承していることは先述のとおりであるが（p. 192），彼は自らの essentia 論がアリストテレスの偉大なる継承者たちのもの，取り分け《註釈者》アヴェロエス（と彼に従う人々）のものとは異なることをここで明らかにしようとするのである。以下にトマス

---

66) "Sic ergo patet quod essentia hominis et essentia Sortis non differt nisi secundum signatum et non signatum." *De ente*, c. 2, l. 85-87.
67) "unde Commentator dicit super Methaphisice «Sortes nichil aliud est quam animalitas et rationalitas, que sunt quiditas eius.»" *Ibid.*, l. 87-89. Averroes, *In Metaph.*, VII, comm. 20 (fol. 80 ra23).
68) これについては次稿でみよう。
69) 分類行為が人類に本性的なものであることについては，E. デュルケーム・小関藤一郎訳『分類の未開形態』叢書ウニヴェルシタス，法政大学出版局，1980年，序文参照。
70) Platon, *Sophistes*, 237c-d 14.

に従って類・種・個の図式を見てみよう。

4．類・種・個

　類→種→個の図式は大摑みに捉えられたessentia[71]が細分化していく方向である。この細分化は，指定（designatio）によって，つまり限定（determinatio）によってなされていく[72]。すなわち，類として纏められた多様な事物（res）を，それらの間の差異（differentia）を見出し指定し限定して，多様な種に振り分けていくのである。そして，類が多様な種に分けられ指定されるのと同様に，種もまた個に分けられ指定されるのである。トマスはここでは類・種・個の図式の中で個を捉えていることがわかる。というのも，先述のように（p. 202），指し示す（signare）という言葉から指定する（designare）という言葉にそっと移行させているからである。そして，個体化の原理として〈考えられている〉質料も実はこの指定されたもの，つまり限定された三次元の質料であった[73]。こうして，個と種の区別（essentiaの相違）は質料が限定されているか否かによることになる。他方，種の類に対する区別は先述のように種の（あるいは諸事物の）間の差異によるが，それは事物の形相から取られる差異であり，その差異が種を構成する，とトマスは言う[74]。ここで我々は，種の〈構成的差異〉（differentia constitutiua）が〈事物の形相から取られる〉（que ex forma rei sumitur）という言葉に注目しよう。そこには実在の次元と言葉の次元の相違に配慮するトマスの姿勢が窺われるのである[75]。すなわち，類と種の関係は種と個の関係の如く，非限

---

　71) それは類概念（ratio generis）が意味表示するものである。

　72) designatioとdeterminatioはほとんど同義に用いられている。（"determinatio uel designatio" *Ibid.*, c. 2, l. 97.) designatioは記号（signum）を付けて他と区別することであり，determinatioは境界（terminus）によって限ることである。これらの2語がsignificatioと区別されずに訳されていることを中川純男氏は指摘している。前掲論文（註60) p. 484参照。

　73) "et dico materiam signatam que sub determinatis dimensionibus consideratur." *Ibid.*, l. 75-77; "designatio individui respectu speciei est per materiam determinatam dimensionibus." *Ibid.*, l. 93-94.

　74) "designatio autem speciei respectu generis est per differentiam constitutiuam que ex forma rei sumitur." *Ibid.*, l. 94-96.

定と限定の関係である。類はそこに含まれるメンバーの間の差異によって細分化され種に分類される。こうして類概念にその差異を加えて種概念が構成されるのである。しかし，それは概念と概念の〈構成〉であり，それによって実在の essentia が意味表示されるとはいえ，essentia の内部構造である形相と質料の〈複合〉と同じではない。確かに，類と種の関係は限定のない質料を形相が限定するという質料と形相の関係を反映しているが，しかし，質料と形相という言葉は共に部分（pars integralis）として複合物（compositum）全体を形成しているものを意味表示するのに対し，類概念・種概念・差異概念は複合物の形成部分ではなく，それぞれが全体を意味表示する言葉つまり概念である[76]。トマスはこの相違を複合物の全体に述語されうるか否かで証明する。すなわち，例えば〈動物〉という類概念は，〈これ〉という個体にも，〈人間〉という種概念にも，〈これ〉〈人間〉の（ある側面ではなく）全体に述語されるが（p. 211 以下参照），もし〈動物〉がそれらの全体の essentia を意味表示するのでなければ，それは不可能である。それは種概念（例えば人間）についても，種差（例えば理性を有つ）についても同じである。ここで注意しなければならないのは，corpus という〈言葉〉の多義性である[77]。corpus には〈身体〉の意味がある。これは動物の質料的部分（pars materialis）であり，魂とともに複合体を形成する部分（pars integralis）である。この意味での corpus は類概念ではない。なぜなら，「〈これ〉は，或いは〈人間〉は，〈身体〉である」とは言えないからである。しかし，〈物体〉の意味での corpus は類概念である。なぜなら，「〈これ〉は，或いは〈人間〉或いは〈動物〉は，〈物体〉つまり三次元の広がりをもつものである」と言えるからである[78]。

ところで，物体という類概念によって包含される多様な事物は，本性

---

75) ここでは，概念的複合と実在的複合とを区別しないアヴェロエスに対する批判が意図されている。註52, 97参照。

76) Ibid., l. 164-168. 註89にテキストの引用がある。

77) これ（物体・身体・立体）については既に述べた。「エッセと日本語（2-2）」（編者註：本書第7章 p. 177）参照。

78) ここでトマスは corpus の多義について述べ，この議論においては量のカテゴリーとしての corpus（つまり立体）の意味ではなく実体のカテゴリーで捉え，三次元の広がりを指定しうるような本性（natura）をもつものとして論じている。（De ente, c. 2, l. 109-115）

4．類・種・個

のヒエラルキーとして位置づけられることも可能である。こうして〈物体〉の上に〈生命〉(vita) という本性（完全性）[79]が加えられ，更には感覚的本性が，そして更にその上に知性的本性が加えられる。こうした本性 (natura) が差異となって，〈物体〉の上に〈生き物〉が，その上に〈動物〉が，そして更にその上に〈人間〉が完全性ないし本性のヒエラルキーとして位置づけられることになる。これは類→種→個の分類の図式とは上下が逆方向である。ところで，ある一つの完全性（つまり規定された本性）の〈上に〉(super) 更なる完全性 (ulterior perfectio) が付け加えられる (adiungi) という図式においては，corpus という名称は，ただ〈物体〉，つまり三次元の広がりとして限定することのできる形相をもったもの，ということを意味表示することができるが，しかし，それ以外には何も (cum precisione) 意味表示しない。そこにはそれ以上の規定・完全性は意味表示されないのである[80]。ここでは本性

---

79) 本性 (natura) と完全性 (perfectio) の関係については，日下昭夫訳『有と本質について』（聖トマス学院中世哲学叢書 I) 1955, p. 91, 註17が参考になる。引用しよう。「ここでは natura は自然物であればどんなものでも持っているような自然的生成 (generatio naturalis) という固有な働きの終極目的 (terminus, finis) として考えられている。生成の終極目的に達するということは，自らの種 (species) の完成に達するということ，言い換えれば定義によって示されるような essentia speciei に達するということである。natura が事物の固有な働きに関係づけられる限りにおいて essentia と言われるのは，このような意味においてである。」

ところで，『自然の諸原理』第4章においては，完全性と形相との関係が述べられている。日下註の説明の裏付けとして引用しよう。"Dicitur enim aliquid prius altero generatione et tempore, et iterum in substantia et complemento. Cum ergo nature operatio procedat ab imperfecto ad perfectum et ab incompleto ad completum, imperfectum est prius perfecto secundum generationem et tempus, sed perfectum est prius in complemento: sicut potest dici quod uir est ante puerum in substantia et complemento, sed puer est ante uirum generatione et tempore. Sed licet in rebus generabilibus imperfectum sit prius perfecto et potentia prior actu, considerando in aliquo eodem quod prius est imperfectum quam perfectum et in potentia quam in actu, simpliciter tamen loquendo oportet actum et perfectum prius esse, quia quod reducit potentiam ad actum actu est, et quod perficit imperfectum perfectum est. Materia quidem est prior forma generatione et tempore, prius enim est cui aduenit quam quod aduenit; forma uero est prior materia perfectione, quia materia non habet esse completum nisi per formam. Similiter efficiens prior est fine generatione et tempore, cum ab efficiente fiat motus ad finem; sed finis est prior efficiente in quantum est efficiens in substantia et complemento, cum actio efficientis non compleatur nisi per finem. Igitur iste due cause, scilicet materia et efficiens, sunt prius per uiam generationis, sed forma et finis sunt prius per uiam perfectionis." *De principiis nature*, § 4, l. 44-78.

（natura）という言葉と形相（forma）という言葉が殆んど同義的に用いられている[81]。そして，この forma ないし natura によって規定され完結したものと看做された状態を完全性（perfectio）という言葉が示している。或いは，完全性の根拠（ex qua）として forma が理解されている。そして，このような本性ないし完全性のヒエラルキーの図式で捉えられた corpus は，一定の広がりをもった三次元のもの，つまり物体にすぎず，この上に生命（vita），感覚的本性（natura sensitiua），知性的本性（natura intellectiua）などが加えられて，生きている物体，生きており感覚作用を行い知的活動を行う物体，などと表現されていくのであるが，これらの表現にある〈物体〉それ自身はあくまでも生命も感覚も知性もない単なる〈物体〉のままである。この意味での〈物体〉は動物においては動物の質料的〈部分〉として考えられ，生命の源としての〈魂〉（anima）とは別のものとなる。つまり，魂と物体の二元論となるのである。

5．実体的形相の一性

しかし，トマスはこうした図式を採らない[82]。トマスはむしろ，先の，言うなれば上から下への図式を採る。この図式においては，corpus は三次元の広がりをのみ（cum precisione）示す〈言葉〉ではなく，先に挙げられた完全性の諸段階を示す本性ないし形相を含意し，いかなる完

---

80) "Contingit autem in rebus ut quod habet unam perfectionem, ad ulteriorem etiam perfectionem pertingat; sicut patet in homine, qui et naturam sensitiuam habet, et ulterius intellectiuam. Similiter etiam et <u>super hanc perfectionem</u> que est habere talem formam ut in ea possint tres dimensiones designari, <u>potest alia perfectio adiungi</u>, ut uita uel aliquid huiusmodi. Potest ergo hoc nomen corpus significare rem quandam que habet talem formam ex qua sequitur in ipsa designabilitas trium dimensionum, <u>cum precisione: ut scilicet ex illa forma nulla ulterior perfectio sequatur</u>, sed si quid aliud superadditur, sit <u>preter significationem</u> corporis sic dicti." De ente, ibid., l. 115-129.

81) "habet talem naturam ut in eo possint designari tres dimensiones" Ibid., l. 112-113; "habere talem formam ut in ea possint tres dimensiones designari" Ibid., l. 120-121.

82) "Et hoc modo corpus <u>erit</u> integralis et materialis pars animalis: quia sic anima <u>erit</u> preter id quod significatum est nomine corporis, et <u>erit</u> superueniens ipsi corpori, ita quod ex ipsis duobus, scilicet anima et corpore, sicut ex partibus constituetur animal." Ibid., l. 129-134.

全性のものであってもそれは三次元の広がりを伴うものである，ということを意味表示する〈言葉〉である。この意味で理解された corpus は動物の類となる。すなわち，動物という言葉には既に物体ないし身体という意味が含まれているのである[83]。「というのも，魂はあの事物において三次元が指定されることを可能にしたあの形相と別の形相であるのではないからである」とトマスは言う[84]。つまり，生きた物体すなわち身体に，物体的形相と生命を与える形相（魂）の二つの形相を指定せず，物体を生きた物体（身体）としている魂は，質料を三次元のものつまり物体としている形相と同じ一つの形相である，と言うのである。ここでは，先程の図式におけるような，三次元の広がりというただそれだけの物体を意味表示し，それ以外の完全性は切り捨てる，というのではなく，生物・無生物に関わりなく，三次元の広がりをもったものすべてが意味表示されるのである。「こうして，動物の形相は含意という仕方で（潜在的に）物体の形相に含まれているのであるが，それは，物体は動物の類である，という意味においてである。」[85]

こうした類の形相のうちに種の形相が言うなれば隠れ潜む仕方で包含されていた[86]というのは，それまで漠然と大摑みに捉えられていた essentia が次第に明確化し分類が進んだことを示している。そして，この類・種の関係は，種が新たに類となり，そのうちに隠れ潜んでいた種々なる essentia が顕在化することによって新たな種を生んでいく。これは認識の発展の相であるが，この類・種の関係による発展の図式は生物の発生の図式とよく似ている。すなわち，自然界の生物の発生の過程を見るならば，不完全なものから完全なものへの生成があり，質料の中に隠れ潜んでいた形相が次第に顕在化して完成体となるという事実がある。

---

83) "Potest etiam hoc nomen corpus hoc modo accipi ut significet rem quandam que habet talem formam ex qua tres dimensiones in ea possunt designari, quecumque forma sit illa, siue ex ea possit prouenire aliqua ulterior perfectio, siue non; et hoc modo corpus erit genus animalis, quia in animali nichil erit accipere quod non implicite in corpore contineatur." *Ibid*., l. 135-142.

84) "Non enim anima est alia forma ab illa per quam in re illa poterant designari tres dimensiones; " *Ibid*., l. 142-144.

85) "Et sic forma animalis implicite in forma corporis contineatur, prout corpus est genus eius." *Ibid*., l. 149-150.

86) "implicite... continetur." *Ibid*.

(註79参照）それは決して一つの形相の上に別の新たな形相つまり完全性が付け加わっていくのではない。むしろ，それは，生成の始めからその生命体に可能的に具わっていた完全性が次第に姿を現していく過程である。このように類・種による分類の細分化の過程も，可能的に潜んでいた完全性が次第に露わにされていく過程である。こうしてトマスは，先の図式にある，完全性の言うなれば積み重ねによる宇宙の段階的構成という見方を採らないのである[87]。引用しよう。

「そして〈動物〉の〈人間〉に対する関係もまたかかるものである。すなわち，もし〈動物〉（という名称）が自らのうちにある原理によって感覚することと働くこととができるといった完全性をもつ或るもののみを示して，他の完全性を切り離し捨象しているとすれば，その場合には別の更なる完全性がいかに付け加わってこようとも，その完全性は〈動物〉に対して共に部分であるという仕方であることになろう。そして，その完全性は〈動物〉の概念のうちに含意的に（implicite）含まれていたというものではなかろう。そして，このように〈動物〉は類ではないことになろう。しかし，〈動物〉が類であるのは，〈動物〉が意味表示する或る何らかのものは，そのものの形相から感覚と運動が生じうる，というものであって，（そのかぎりで）形相はいかなるものでもよい，つまり，単に感覚的魂のみであっても感覚的であると同時に理性的である魂であっても構わない，ということからである。」[88]（テキスト T32とする）

---

[87] トマスは実体的形相の複数性を否定する。つまり，あるものを一つの実体としているのは一つの実体的形相によるのであり，この実体的形相は，さまざまな段階の完全性を含んでいる。すなわち，より高次の完全性の中には，より低次の完全性が含まれているのである。

[88] "Et talis est etiam habitudo animalis ad hominem. Si enim animal nominaret tantum rem quandam que habet talem perfectionem ut possit sentire et moueri per principium in ipso existens, cum precisione alterius perfectionis, tunc quecumque alia perfectio ulterior superueniret haberet se ad animal per modum compartis, et non sicut implicite contenta in ratione animalis: et sic animal non esset genus. Sed est genus secundum quod significat rem quandam ex cuius forma potest prouenire sensus et motus, quecumque sit illa forma: siue sit anima sensibilis tantum, siue sensibilis et rationalis simul." *Ibid.*, l. 151-163.

6．分類・命名・述語

　トマスがこのように本性の積み重ねによるヒエラルキーの図式を採らない背景には，essentia があくまでも具体的なもののうちにあるという彼独自の立場がある。従って彼は，類・種のみならず，類・種の分類で役割を果たす種差（differentia）も定義（diffinitio）も，ともに〈全体〉（totum）を意味表示する，と強調するのである。引用しよう。

　　「そうしたわけで，類は種のうちにあるもの全体を限定されない仕方で意味表示する。というのも，類はただ単に質料のみを意味表示するのではないからである。同様にまた種差も全体を意味表示するのであって，ただ単に形相のみを意味表示するのではない。そして定義もまた或いは種もまた，全体を意味表示するのである。」[89]（テキスト T33 とする）

　例えば〈物体〉（corpus）という類も，〈生きている〉（animatum）という種差も，〈生きもの〉（animatum）という種も，すべて〈これ〉という具体的な全体を示す主語の述語になりうることが，〈全体を意味表示する〉ことの証左である。（p.222，テキスト T36参照）その全体とは〈この何か〉であり，〈この〉と言えるのは質料のゆえであり，〈何か〉が言えるのは形相のゆえであると言われていた（p.199）。更にまた〈これ〉という具体的個物でなくとも，複合物の全体的な essentia は形相のみならず質料をも含んでいると言われていた（p.200）。従って，例えば〈人間〉という種は質料と形相から，つまり身体と魂から成る複合物全体を意味表示していた。それゆえ，類である〈物体〉という〈言葉〉（nomen）も，種差である〈生きている〉という〈言葉〉も，どちらも〈人間〉という或る複合物を意味表示する主語の述語となりうるのであ

---

89) "Sic ergo genus significat indeterminate totum id quod est in specie, non enim significat tantum materiam. Similiter etiam et differentia significat totum, et non significat tantum formam; et etiam diffinitio significat totum, uel etiam species." *Ibid.*, l. 164-168.

る。しかし，類・種差・種がそれぞれ全体を意味表示する，と言っても，その仕方が異なる[90]，とトマスは言う。

ところで，同類として一つに括られているそのそれぞれのものは，同じ一つの名称で呼ばれるということであり，その同じ一つの類として括られていたものが次第にそれぞれの差異を認識され，左右に振り分けられて細分化された種に分類されていくというのは，別々の名称で呼ばれていく，ということである。従って，分類するという行為は名づけるという行為（denominatio）つまり命名でもある。それは種と類に名称を与えるというのみならず，その差異つまり種差にも名称を与えるということである。ところで，種差は通常形容詞で表されるが，名称を意味するラテン語 nomen は，そしてギリシャ語の ὄνομα もまた，単に名詞のみならず形容詞も含むということは周知のところである。我々は，この nomen を〈言葉〉と訳してきた[91]。つまり，それまで一つの名称（例えば animal）で呼ばれてきたもののうちから，次第に差異が明確に認識されるにつれ，差異を表す言葉（例えば rationale）をその名称に付加してその相違を表し，これによって他のものとの境界（finis, terminus）が定められて（difinire, determinare）つまり定義（diffinitio）され限定（determinatio）されて別の名称（例えば homo）で呼ばれるようになる，ということである。この過程は，既に述べたように（p. 199），質料に隠れ潜んでいた形相が次第に顕在化していく生物の発生過程に似ている。それゆえトマスは次のように言う。

「なぜなら，類が全体を意味表示するというのは，事物のうちで質料的であるものを固有の形相の限定なしに限定する或る命名であるからである。それゆえ，類は質料から取られる。とはいえ，類は質料ではない。」[92]（テキスト T34 とする）

---

90) "Sed tamen diuersimode." *Ibid.*, l. 169.
91) 「エッセと日本語（2-2）」（編者註：本書第 7 章 p. 167），註34参照。
92) "quia genus significat totum ut <u>quedam denominatio determinans id quod est materiale in re</u> sine determinatione proprie forme, unde genus sumitur ex materia – quamuis non sit materia–;" *De ente*, c. 2, l. 169-173.

6．分類・命名・述語

ここには実在と言葉の区別と絡み合いに対するトマスの鋭い感覚が働いている。トマスは，類を表す名称は実在の質料そのものを意味表示するのではないが，質料的であるもの（id quod est materiale in re）を限定して示す言葉である，ということを明記するのである[93]。そして，例として〈物体〉という名称を挙げて説明する。つまり，あるものが〈物体〉という名称で呼ばれるのは，〈物体〉という言葉が三次元の広がりをもつものという一つの完全性を意味表示するからであるが，しかし，そのあるものがそれ以上の完全性をもつものであれば，この三次元の広がりという完全性はそれ以上の完全性に対して質料的なあり方をしているものである，と言うのである。すなわち，他の更なる完全性を可能性として含意している，ということである。

「他方，種差は，その反対に，限定された形相から取られた或る名称（denominatio）であるが，この場合，その第一義的な（本来的な）意味に，限定された質料が含まれている，ということはない。」[94]（テキスト T35とする）

この例として〈生きている〉（animatum）という種差が挙げられている。すなわち，魂を有つ〈生きている〉ものが何であるか，物体であるか，或いは別の何かであるかは限定されないのである[95]。従って，類と種差はともに全体を意味表示するとは言っても，互いに質料と形相の二側面の一方を限定し，他方を非限定的に表示するのみである。このことから，種差と類の互いの関係と，両者の種に対する関係との相違が生じてくる。すなわち，定義（diffinitio）によって他の同類のものから区

---

93) 〈質料的であるもの〉についてトマスは *Super Boetii De Trinitate* の第4・5問題で詳しく論じている。拙著『神秘と学知』p. 315, 376-389, etc. 参照。

94) "Differentia uero e conuerso est sicut quedam denominatio a forma determinata sumpta, preter hoc quod de primo intellectu eius sit materia determinata;" *De ente, Ibid.*, l. 177-180.

95) "ut patet cum dicitur animatum, scilicet illud quod habet animam, non enim determinatur quid sit, utrum corpus uel aliquid aliud:" *Ibid.*, l. 180-183. ここで，魂を有つものが必ずしも物体的なもの，すなわち動物であるわけではなく，非物体的な天使のごときものも生きているものであることが考えられている。また，死後の人間の魂もここに含まれよう。ここには形相と質料である魂と身体の問題が含まれている。

別された種は，類を表す名称（例えば corpus）の指定する限定された質料と種差を表す名称（例えば animatum）の指定する限定された形相の両方を包含するが，この全体（種）に対して，全体の質料的側面と形相的側面とをそれぞれに表示する類と種差が，それぞれ或いは両者ともに述語される（例えば「動物〈animal〉は魂をもつ物体〈corpus animatum〉である」）のである。これに対し，類と種差は互いに一方が他方について述語されることはできない[96]。

7．分類の〈言葉〉と実在の〈言葉〉

さて，類を表す〈言葉〉が事物の質料的側面を限定して示し，種差を表す〈言葉〉が形相的側面を限定して示し，両者によって定義される種は限定された質料と限定された形相の両方を包含する，と言われたが，このことから直ちに，類を表す〈言葉〉と種差を表す〈言葉〉の意味表示するものから質料と形相の複合物である実在的なものが成立している，と考えてはならない[97]。というのは，形相も質料も現実の複合物から別々に取り出すことはできず表裏一体となってはいるが，しかし，例えば物体を生かしている根源である魂（anima）は，確かに物体（corpus）とは異なるものである。ここで物体は質料であり魂は形相であるが，形相である魂を質料である物体から現実に取り出すことはできない。

---

96) このことについて，トマスはアヴィケンナを註解するようにその言葉を引用している。"unde dicit Auicenna quod genus non intelligitur in differentia sicut pars essentie eius, sed solum sicut ens extra essentiam, sicut etiam subiectum est de intellectu passionum." *Ibid.*, l. 183-187. そして，アリストテレス（*Metaph.*, III, 8〔998 b 24〕; *Topic.*, IV, c. 2〔122 b 20〕）を権威として引用している。"ut dicit Philosophus in III Methaphisice et in IV Topicorum," *Ibid.*, l. 188-189. Avicenna に関しては *Metaph.*, V, c. 6 (fol. 90 va) [Avicenna Latinus, *Liber de Philosophia Prima seu Scientia Divina V-X*, éd. par Van Riet, Louvain-Leiden, 1980, p. 281, l. 94-96] に "Genus praedicatur de specie ita quod est pars quidditatis eius et praedicatur de differentia ita quod est comitans eum, non pars quidditatis eius." とある。

97) "Et ex hoc patet ratio quare genus, species et differentia se habent proportionaliter ad materiam et formam et compositum in natura, quamuis non sint idem quod illa:" *De ente, ibid.*, l. 195-198. ここで quamuis 以下の文章がアヴェロエスに対する批判として効いている。つまり，類・種・種差の表示するものと実在的な質料・形相との間に対応関係があるとはいえ，アヴェロエスのようにそれらを同じであるとすることは出来ないのである。

7．分類の〈言葉〉と実在の〈言葉〉

それは，物体であるよりもむしろ身体つまり生きている有機体である。生きている有機体と生きていない物体（無生物であれ，生物の死骸であれ）とを区別できるのは，生きているか否かであり，我々は，その区別を生命の原理である魂がそこにあるかないかの区別である，と理解している[98]。それゆえ，物体も魂も，つまり生きている有機体の内在的原理である質料も形相も，実在的なものを指示する〈言葉〉である。すなわち，質料と形相は複合物の essentia を意味表示する〈言葉〉であり，複合物を一つの全体として捉えた essentia の二つの部分を意味表示する〈言葉〉である。

　他方，類と種差は，それぞれ質料と形相を意味表示するのではなく，質料と形相から成る複合物を全体として，つまり質料も形相も含まれたものとしてそれぞれ意味表示するが，しかし，それぞれ質料の側から或いは形相の側から理解され認識されたところ（intellectus）を表示するのである[99]。それゆえ，類と種差は実在する（in natura）質料と形相に対応する（se habent proportionaliter）からといって，類と種差から複合物が成っていると言うことはできない。質料と形相が実在（res）の内在的原理であるのに対し，類と種差とは種の概念（intellectus）を構成する概念の構成原理なのである。トマスはこの実在的原理からの複合と概念からの構成の相違を，「人間は理性的動物である」とは言っても，「人間は魂と身体から成っている」と言うような仕方で「人間は動物と理性的なものとから成っている」とは言わないこと[100]を例に取って説明している。すなわち，人間は魂と身体の二つの実在的原理（res）から成るもの（res）であり，魂でもなければ身体でもない言うなれば第三のもの（res）である。これに対して，もし仮に「人間は動物と理性的なものから成る」と言われるとすれば，それは二つの概念から第三の概念が成っているかのように言われているのであって，二つの実在的なも

---

98) アリストテレスの『デ・アニマ』第 2 巻第 1 章で魂を「可能的に生命をもつ自然的物体の形相という意味での実体」，「物体の第一の現実態」（412a20, b11）と定義する過程を参照。
99) "quia neque genus est materia, sed a materia sumptum ut significans totum; neque differentia forma, sed a forma sumpta ut significans totum." *De ente, Ibid.*, l. 198-201.
100) "Vnde dicimus hominem esse animal rationale, et non ex animali et rationali sicut dicimus eum esse ex anima et corpore:" *Ibid.*, l. 201-204.

のから第三の実在的なものが生じているというのではない[101]。

しかし，概念と実在の間には当然のことながら何らかの対応関係（se habent proportionaliter）がある。そうでなければ自然界の実在する事物を分類する言葉は単なる主観的恣意的な虚構にすぎないことになろうからである。類と種差によってそれまで非限定的に捉えられていた側面が限定を受けて種に分化していく過程の記述は，既に述べたように（p. 209），生物の発生や進化の過程を見るかのようである。我々の自然界の認識は，その過程を辿るものとも云えるかも知れない。トマスの説明の続きを例を補いつつ見てみよう。

例えば〈動物〉という概念は，猫とか犬とか人間などの特殊な形相に限定することなく事物の本性（natura rei）を表現している。それは，質料が形相によって限定されて最終的な完成体となるように，最終的な完全性に対しては質料的なもの（materiale respectu ultime perfectionis）と看做してよい[102]。この最終的な完全態を表現するのが猫・犬・人間などの種の概念であり，この概念が成立するためには互いの区別相（差異相）を明示して猫・犬・人間などの特殊な形相に限定しなければならない。こうして，人間を猫・犬などから区別する差異相〈理性的〉が共通相〈動物〉に加えられて〈動物〉が限定され，〈理性的動物〉という〈人間〉の概念が成立する。〈理性的動物〉という二つの概念から構成された言葉は，〈人間〉を他の動物から区別する定義である。こうして，「人間は魂であるのでもなく身体であるのでもなく」（homo enim neque est anima neque corpus），その両者を形相と質料としてそれらの複合物として成っているゆえ，この実在のあり方に対応する〈言葉〉もまた同様の構造を取る。すなわち，種である〈人間〉の概念は，〈動物〉という類概念と〈理性的〉という種差概念のどちらか一方によって言い尽くされる，つまり定義されることはできず，その両者の概念を合成す

---

101) "ex anima enim et corpore dicitur esse homo sicut ex duabus rebus quedam res tertia constituta que neutra illarum est, homo enim neque est anima neque corpus. Sed si homo aliquo modo ex animali et rationali esse dicatur, non erit sicut res tertia ex duabus rebus, sed sicut intellectus tertius ex duobus intellectibus." *Ibid.*, l. 204-210.

102) "Intellectus enim animalis est sine determinatione specialis forme, exprimens naturam rei ab eo quod est materiale respectu ultime perfectionis; " *Ibid.*, l. 211-213.

ることによって，始めて他と区別された概念として確立するのである[103]。

8．essentia と natura：分類の二つの図式

　ところで，ここでトマスが〈動物〉という類概念は事物の本性（natura rei）を表現している，と言っていることに注目しよう。この長い第2章の中で（p. 196 参照），natura という語はそれほど多く使われてはいない。第1章においてトマスは quiditas, forma, substantia などとともに natura を essentia の同義語の一つとして挙げ，essentia が ens と esse との関係で語られるのに対し，natura は事物のそれぞれの働き（operatio）に関係する語であると説明していた。（p. 194 参照）そして，この第2章では，〈物体〉という類概念を三次元の広がりを指定しうるような〈本性〉をもつものを意味表示すること（p. 206 参照），更にその上に〈感覚的本性〉（natura sensitiua）をもつもの，更にまたその上に〈知性的本性〉（natura intellectiua）をもつもの，と本性のヒエラルキーが考えられること（p. 206 参照），そして，これらの本性は完全性（perfectio）として考えられていること（p. 207 および註79参照）を既に我々は見たのであるが，ここでも完全性の階層との関連の中で natura という語が用いられている。トマスはこうした細かいニュアンスの相違を踏まえながら，続く箇所では una essentia, una natura, natura speciei, natura generis, essentia speciei, と natura を essentia の同義語のように用いている[104]。しかし，類と種に関しては，natura の方をより多く用いている。ということは，先述のように，働きの観点から見られた事物の階梯の中でそれぞれの位置づけとして与えられた階層，つま

　　103）"intellectus autem huius differentie rationalis consistit in determinatione forme specialis: ex quibus duobus intellectibus (i. e., animali et rationali: 筆者) constituitur intellectus speciei uel diffinitionis. Et ideo sicut res constituta ex aliquibus non recipit predicationem earum rerum ex quibus constituitur, ita nec intellectus recipit predicationem eorum intellectuum ex quibus constituitur: non enim dicimus quod diffinitio sit genus aut differentia." Ibid., l. 214-222.
　　104）una essentia（l. 225），una natura（l. 228），natura speciei（l. 243, 254-255, 281-282），natura generis（l. 244-245, 277-278），essentia speciei（l. 252）

り完全性を表す言葉として，類と種に対応させて考えられ意識されている，ということであろう。しかし，既に述べたように（p. 206），類から種差を媒介に種が顕現してくるという分類の図式は，natura の，つまり本性の，積み重ねによって自然物の階梯を説明する図式とは本質的に異なっている。前者は漠然と（indeterminate）一括りに捉えられていたものが次第に相互の相違が認識され細分化されていく分析的プロセスであるが，後者は，言うなれば積み重ねによる綜合的プロセスである。そして，前者の図式が人間にとって，つまり人類にとって自然なものであり，人類は細分化の図式を推し進めていくのが自然である。こうして，種は新たな類になり，新しい種差によって新しい種が誕生する。新しい種が誕生するというのはもちろん人間の認識の上でのことであり，新しい名前が賦与されるということ（denominatio）である。そして，新しい名が賦与されたからといって，そのもの自身の本質が別のものになったのではない。人間の意識の中で，他との区別が不明確（indeterminate）であり不明瞭な仕方で（indistincte）他のものと一緒に（idem genus）分類されていたものが，差異（differentia）を述べることによって明確な相（forma determinata）を現したにすぎない。すべてはもともと（essentialiter）その事物の中に含まれていたのであり，類の意味表示する〈言葉〉は，不明確なところを含意（implicite）という仕方で表示していたのである。こうした認識上のプロセスは，未完了過去時制（「非限定的仕方で類によって意味表示されていた形相と」）[105]と現在時制（「限定的仕方で種差が表現している形相は，別のものではない」）[106]の使い分けによって有効に示されている。

　ところで，人間は自然界の構造（essentia）を能う限り理解し，理解したところを言葉によって表現しようとする。こうして言葉は自然界を写し取るものとなるが，この自然界を理解した限りで写し取った言葉と実在との間のギャップを人間は決して埋めることはできない。にも拘わらず，人間はしばしばこのことを忘れ，言葉が実在界に正確に対応するかのような錯覚に陥る。トマスがこうした錯覚に対して非常に鋭い感覚

105）"quam illa (forma) que indeterminate significabatur per genus" *Ibid.*, l. 235-236.
106）"(forma) quam determinate differentia exprimit, que non est alia quam illa (forma)..." *Ibid.*, l. 232-235.

8. essentia と natura：分類の二つの図式　　　219

をもっていたことは，この最も初期の作品から窺い知れるところである。

　さて，類の概念（intellectus）は，さまざまなものをその細かな差異は意識の外において，同類のもの（idem genus）として一つに括るものであると言ったが，同じ類のものとして一つに纏められる（unitas generis）根拠として，それらのものに共通の一つの essentia がある，というのだろうか。「類は種の essentia 全体を意味表示する」と言われていた言葉は，そのように理解されなくもない。しかし，トマスはこうした誤解が生じないよう，さまざまな種に共通する一つの essentia はない，と明言する[107]。というのも，今しがた言ったように，種々の差異を限定せず（indeterminatione）無視することによって無差別に（indifferentia）一つに括られているからである[108]。ところで先に（p. 216 参照），〈動物〉を例にとって類の概念は事物の本性（natura rei）を表現する，と言われていた。しかし，類の意味表示するものは，さまざまな種のうちにある同じ一つの本性（una natura numero）であって，それに類を限定して種とする種差が〈別のもの〉（res alia）として付け加わってくるというようなものではないこと，つまり，類と種差の関係は同じ一つの質料（materia una numero）を形相が限定するという実在的な関係とは異なることを，トマスは続いて明記する[109]。確かに先には（p. 213）類が質料的なもの（materiale）と言われていた。しかし，実は類が意味表示するのは〈何か〉（quid）として捉えられている〈何らかの形相〉（aliqua forma）であり，まだ明確に〈この〉〈あの〉と捉えられていない形相である。そして，内に潜んでいた形相を明確にして外に出す（exprimere）のが種差である。ところで，この種差によって表出（exprimere）される形相は，実際には限定されない仕方で類によって意味表示されていたのであった[110]。こうしてトマスは，類として異なる多様な種に共通して実際にある（つまり res としての）本性というもの

---

[107] "non tamen oportet ut diuersarum specierum quarum est idem genus, sit una essentia." *Ibid.*, l. 224-225.
[108] "quia unitas generis ex ipsa indeterminatione uel indifferentia procedit." *Ibid.*, l. 226-227.
[109] "Non autem ita quod illud quod significatur per genus sit una natura numero in diuersis speciebus, cui superueniat res alia que sit differentia determinans ipsum, sicut forma determinat materiam que est una numero; " *Ibid.*, l. 227-231.

は否定する。言い換えれば，既に述べたように（p. 208），さまざまな段階の完全性を具えた共通する本性が実際にあり，それらが積み重なってさまざまな異なる種が生じてくる，という考えを採らないのである[111]。基底的な何らかの本性を考え，その上に完全性を積み上げていくという図式は，類から種という分化の図式と言うなれば方向が逆である。しかし，こうした考え方は第一質料を想定する考え方と或る仕方で通じている。こうしてトマスはアヴェロエスを引用して[112]，「第一質料が一つであると言われるのは，あらゆる形相を除去することによってである」と言い，続けて「他方，類が一つであると言われるのは，意味表示された形相の共通性によってである。」[113]と言う。そして，「従って，種差を加えることによって，類としての一性の原因で・あ・っ・た・かの非限定性が取り除かれて，essentia によってさまざまに異なる種が残る，ということは明らかである」[114]と言うのである。

ところで，今引用したトマスの言葉のうちで「一性の原因で・あ・っ・た・」という未完了過去時制に注目しよう。ここで第一質料の一性と類の一性の類似性に注意が向けられるとともに，その相違がこの未完了過去時制によって示されている。すなわち，質料そのものは形相を理性によって剥ぎ取ることによって形相の欠如として理解されるのであり，形相がすべて剥ぎ取られて完全な欠如態として理解されたものが第一質料である。これと同じ理性上の操作を行うことによって，種の差異を剥ぎ取り，さまざまな差異を無視して同類のもの，つまり類の概念を考えることがで

---

110) "sed quia genus significat aliquam formam-non tamen determinate hanc uel illam-, quam determinate differentia exprimit, que non est alia quam illa que indeterminate significabatur per genus." *Ibid.*, l. 231-236.

111) これは既述のように実体的形相の複数性を認めないのと同じである。拙著『神秘と学知』p. 99 以下参照。

112) Averroes, *In Metaph.*, XI (= XII), comm. 14 (fol. 141 va-vb) に次のようにある。"Intendebat (Aristoteles) dare differentiam inter naturam materiae in esse et naturam formae universalis, et maxime illius quod est genus... Ista autem communitas, quae intelligitur in materia, est pura privatio, cum non intelligitur nisi secundum ablationem formarum individualium ab ea."

113) "materia prima dicitur una per remotionem omnium formarum, sed genus dicitur unum per communitatem forme significate." *De ente, ibid.*, l. 237-239.

114) "Vnde patet quod per additionem differentie remota illa indeterminatione que erat causa unitatis generis, remanent species per essentiam diuerse." *Ibid.*, l. 239-242.

8. essentia と natura：分類の二つの図式

きる。しかし，人間が自然な仕方で自然界を理解するプロセスはこの方向とは逆である。人類は先ずさまざまなものを大摑みに捉え，それを次第に差異の明らかになるに従って細分化していく。こうして，言語が次第にその語彙を増やしていくのである。そして，細分化されたさまざまな事物に反省を加え，新たに整理し位置づけていくとき，種から類へ，という綜合の方向を取るのである。

ところで，natura が essentia とほとんど同義的に用いられていること，そして natura の階層の図式が類—種差—種の図式と連絡することを先に（p. 217）見た。しかし，natura も essentia もどちらも事物の〈何で（quid）あるか〉を意味表示する〈言葉〉であるが，そこでは natura が働きの完全性の側面から理解された〈言葉〉であること，そして，essentia が ens（実在）との関連で用いられる〈言葉〉であること，というニュアンスの違いがあることも指摘されていた[115]。この違いを考慮に入れると，トマスがこの第 2 章において natura の〈言葉〉は類にも種にも用いているのに対し，essentia の〈言葉〉は類には用いていない理由が見えてこよう。すなわち，自然言語の進展のプロセスは類 1 から種 1 へ，類 2（これは種 1 であった）から種 2 へ，という展開を種差を媒介にして繰り返していくが，それは，先に述べたように，essentia が次第に明確に捉えられていく過程である。そして，この過程で得られる最終的な種（ultima species）[116]が最も明確に essentia を表現していることになる。この最も明確に捉えられた essentia は，具体的なるものに，つまり個物に最も近いものである[117]。これに対し，natura は実在（つまり個物）との関係よりもむしろ働きとの関係でより共通なものとして用いられている，と考えられるのではないだろうか[118]。こうして essentia と natura の微妙な相違が種と個の関係をめぐって明らかにされる。続くトマスの説明を追いながら，トマスが何を目指しているかを見ていこう。

---

115) p. 194 および註19, 51, 79参照。
116) 『De ente』においては ultima perfectio という表現は用いているが（l. 213），ultima species に至るプロセスについては論じていない。
117) この点については，アリストテレスが『範疇論』（Categoriae, 5, 2b7-10）で指摘している。

9．全体としての形相と全体としての essentia

「既に言われたように，種の本性は，種に対する類の本性と同じように，個に対して非限定である。それゆえ，類であるものが，種について述語されていた限りで，種のうちに限定的にあるもの全体を，その意味表示のうちに，不明瞭に（indistincte）ではあるが，含意していたように，種であるものもまた個について述語されるということに即して，個のうちにもともと可知的にある（essentialiter）もの全体を，不明瞭にではあるが意味表示しているはずである。そして，こうした仕方で，種の essentia は人間という名称（〈言葉〉）によって意味表示される。こうして，〈人間〉はソクラテスについて述語されるのである。」[119]（テキスト T36とする）

ここでも類から種への時間的プロセスに注意が向けられていることは，先に指摘したように未完了過去時制が用いられている（「述語されていた」「含意していた」）ところから明らかである。そしてまた，先に指摘したように最初に現れる言葉〈類の本性〉（natura generis）〈種の本性〉

---

118) トマスは後にアリストテレスが『形而上学』第 5 巻第 4 章（1015a11）で οὐσία（ここでは substantia と訳される）と φύσις（natura）が同義的に用いられると言っていることを註解して，次のように言っている。"Et ex hoc secundum quamdam metaphoram et nominis extensionem omnis substantia dicitur natura; quia natura quam diximus quae est generationis terminus, substantia quaedam est. Et ita cum eo quod natura dicitur, omnis substantia similitudinem habet." *In Metaph.*, V, lect. 5, n. 823（Marietti 版）
なお，natura の観点と個の観点の区別は微妙であるが，後に恩寵に関して天使と人間の比較を論じる際に重要となる。拙稿「ボナヴェントゥラのイマゴ・デイ論について」『中世思想研究』(18) 1976, pp. 56-57 参照。

119) "Et quia, ut dictum est, natura speciei est indeterminata respectu indiuidui sicut natura generis respectu speciei: inde est quod, sicut id quod est genus prout predicabatur de specie implicabat in sua significatione, quamuis indistincte, totum quod determinate est in specie, ita etiam et id quod est species secundum quod predicatur de indiuiduo oportet quod significet totum id quod est essentialiter in indiuiduo, licet indistincte. Et hoc modo essentia speciei significatur nomine hominis, unde homo de Sorte predicatur." *De ente*, l. 243-254. predicabatur に換わって predicatur となっている写本が幾つかある。Leo 版 p. 373, l. 246 註記参照。この点に関して注意している訳者は上記（註32）のものでは見当らない。

9．全体としての形相と全体としての essentia 223

(natura speciei) が種に関しては本性から essentia に言い換えられていることである。そして，ここで，類が種について述語される，種が個について述語される，という条件が加わっている。この〈述語される〉という条件は，トマスにとって重要である。というのも，トマスは述語されるか否かによって essentia と natura の微妙な相違を明らかにしているからである[120]。続く説明を見よう。

> 「しかし，他方で，もし種の本性が個体化の原理である指定された質料を切除して意味表示されるとしたら，その場合には部分という仕方であるであろう。そして，この仕方で種の本性は人間性（humanitas）という名称によって意味表示されている。というのも，人間性は人間が人間である所以のものを意味表示するからである。ところで，指定された質料は人間が人間である所以のものではない。従って，いかなる仕方であれ，人間がそこから人間であることを有つところのもののうちに含められることはない。それゆえ，人間性はその理解された意味（intellectus）のうちに，人間がそこから人間であることを有つところのもののみを有つのであるから，その意味表示からは指定された質料が除外される或いは切除される，ということは明らかである。そして，部分は全体について述語されないゆえ，そこからして，人間性は，人間にもソクラテスにも述語されないことになる。」[121] （テキスト T37 とする）

ここでは，直前に用いられた種の essentia という言葉が種の natura に言い換えられている。そして，「もし…としたら」と仮定的な表現が

---

120) この〈述語される〉ということが，esse と essentia の区別の問題において核となるのであるが，それはこの『De ente』においてはまだ明瞭な形では表現されていない。

121) "Si autem significetur natura speciei cum precisione materie designate que est principium indiuiduationis, sic se habebit per modum partis; et hoc modo significatur nomine humanitatis, humanitas enim significat id unde homo est homo. Materia autem designata non est id unde homo est homo, et ita nullo modo continetur inter illa ex quibus homo habet quod sit homo. Cum ergo humanitas in suo intellectu includat tantum ea ex quibus homo habet quod est homo, patet quod a significatione excluditur uel preciditur materia designata; et quia pars non predicatur de toto, inde est quod humanitas nec de homine nec de Sorte predicatur." *Ibid.*, l. 254-267.

なされている。ここには本性のヒエラルキーでこの世界を理解する人々に対するトマスの秘かな批判がある，と見てよいであろう。トマスはここで，natura が一般に essentia と同義的に用いられていることに配慮してであろうか，natura と essentia の区別を明確に表現してはいないが[122]，二つの言葉を非常に注意深く使い分けている。すなわち，具体性からより遠いものには essentia よりも natura の方を用いているのである。そして，それはまた essentia の同義語として挙げられていた quiditas の名称に連絡することを，アヴィケンナを註解するような仕方で[123]トマスは言う。

> 「それゆえアヴィケンナは，複合物の何性は，その何性それ自身もまた複合されているとはいえ，その何性の属している複合物それ自体ではない，と言うのである。」[124]（テキスト T38 とする）

そしてトマスはこれを例をもって説明している。

> 「例えば人間性は，複合されているとはいえ，人間ではない。むしろそれは指定された質料である何らかのものに受け取られるのでなければならないのである。」[125]（テキスト T39 とする）

ここで（1）複合物の何性（例えば人間性）は複合物（例えば人間）そのものではないこと，（2）複合物の何性は複合されていること，（3）複合物の何性は指定された質料である何らかのもののうちに受け取られなければならないこと，の三点が指摘されている。先ず（1）に関して見ると，〈人間性〉と〈人間〉という〈言葉〉を例に挙げて，〈何性〉

---

122) "natura autem uel essentia sic accepta" *Ibid.*, c. 3, l. 26; "essentia vel natura" *Ibid.*, l. 147.

123) Avicenna, *Metaph.*, V, c. 5: "Quidditas est id quod est quicquid est, forma existente conjuncta materie,...; composito etiam non est hec intentio quia composita est ex forma et materia; hec enim est quidditas compositi, et quidditas est hec compositio." (fol. 90 ra F: éd. Van Riet, p. 275, 69–73).

124) "Vnde dicit Auicenna quod quiditas compositi non est ipsum compositum cuius est quiditas, quamuis etiam ipsa quiditas sit composita; " *De ente*, c. 2, l. 267-270.

125) "sicut humanitas, licet sit composita, non est homo: immo oportet quod sit recepta in aliquo quod est materia designata." *Ibid.*, l. 270-273.

(quiditas) と言う意味での essentia と〈何〉(quid) と言う意味での essentia の区別をなしている。すなわち，○○性 (... tas) という〈言葉〉は抽象的に捉えられた essentia を表示する言葉であり，それは，先に言われたように (p. 223) 質料と形相の複合物として具体的に捉えられた essentia を表示する言葉（例えば homo）や個や個別なるもの（例えばソクラテス）について述語することができないのである。しかし，(2) として，抽象的に捉えられた essentia であるとはいえ複合物の essentia，つまり quiditas であり，その限りで quiditas も複合されているはずである。しかし，それにもかかわらず，(3) として，指定された質料である何らかのもののうちに受け取られなければならない，というのは何故だろうか。これらの点に関してトマスは続く節において説明をしている。

「しかし，既述のように，類に対する種の指定は形相により，他方，種に対する個の指定は質料によるのであるから，類の本性がそこから取られるところのものを意味表示する〈言葉〉（名称）は，種を完成する限定的な形相を切除しているのであって，全体の質料的部分を意味表示している。例えば corpus が人間の質料的部分を意味表示するように。」[126]（テキスト T40とする）

ここで corpus という〈言葉〉は類概念を意味している。従って，〈人間〉の質料的部分を意味表示するとはいえ，身体と訳すよりもむしろ物体と訳すべきであろう。実際，トマスは corpus が人間の質料——それは身体である——であるとは言わず，人間の質料的部分である，と言っているのである。それゆえ，先に指摘したように，essentia からは遠いものとして，むしろ natura という〈言葉〉が用いられている。

類としての本性が essentia から遠いのは，事物を全体として意味表

---

[126] "Sed quia, ut dictum est, designatio speciei respectu generis est per formam, designatio autem indiuidui respectu speciei est per materiam, ideo oportet ut nomen significans id unde natura generis sumitur, cum precisione forme determinate perficientis speciem, significet partem materialem totius, sicut corpus est pars materialis hominis;" *Ibid.*, l. 274-280.

示するのではなく，種の形相的部分を切除して（cum precisione）抽象的に表示するからである。こうした類の理解は先に指摘したように，未規定のもの（indeterminatum）が規定されたもの（determinatum）に，含意されたもの（implicatum）が明示されたもの（explicatum）になっていく類から種への図式上のものとは異なっている[127]。それゆえ，naturaの図式で理解された種についても同様のことが言われるのである。

　「他方，種の本性がそこから取られるところのものを意味表示する〈言葉〉（名称）は，指定された質料を切除しており，形相的部分を意味表示している。それゆえ，人間性はある種の形相のように意味表示される。そして，それは全体の形相である，と言われるのである。」[128]（テキストT41とする）

　この説明は種差の説明に似ている。すなわち，「種差は（類と反対に）限定された形相から取られた或る名称であるが，この場合，その第一義的な意味に，限定された質料が含まれている，ということはない」と言われていた。（p. 213，テキストT35）両者の違いとして気付かれることは，種差については限定された質料が第一義的な意味から外されている（preter hoc quod de primo intellectu eius sit materia determinata）のに対し，ここでは指定された質料が切除されている（cum precisione materie designate）ことである。つまり種差は含意していたのに対し，後者は切り捨て捨象していることである。しかし，ここで，〈全体の形相〉という言葉が付け加えられていることに注目しよう。この言葉を説明してトマスは次のように言うのである。

　「ただし，（このように言われる形相は）言うなればessentia的諸部分に，つまり形相と質料に，付け加わえられたというようなもの

───────────

127) それゆえcorpusという〈言葉〉は，全体に述語されうる〈物体〉という訳語よりも，トマスはここで用いていないが〈物体性〉（corporeitas）と言った方がよい。

128) "nomen autem significans id unde sumitur natura speciei, cum precisione materie designate, significat partem formalem. Et ideo humanitas significatur ut forma quedam, et dicitur quod est forma totius;" *Ibid.*, l. 281-285.

9．全体としての形相と全体としての essentia

——例えば，家の形相が家をつくりあげる諸部分に付け加えられるように——ではない。それはむしろ<u>全体である形相</u>である，つまり，形相も質料も包含しているが，しかし，もともと質料がそれによって指定されることができるところのものを切除している，というものである。」[129]（テキスト T42とする）

ここでは形相が質料を包含している，と言う。そして，それは〈全体である形相〉であると言う。それは一見，「種差もまた（類と同じく）形相ではない。それはむしろ全体を意味表示するものとして形相から取られている」[130]に通じている。つまり，種差もまた全体を意味表示し，そこには質料が含意されている。しかし，ここでは形相と質料の両者を包含する（complectens）全体としての形相であり，ここで言われている質料はあくまでも形相であって，質料を指定しうるような具体的なものはすべて切り捨てられている。つまり，それは抽象的な質料を意味する形相なのである。この意味でトマスは先に「人間性は，複合されているとはいえ，人間ではない。むしろそれは，指定された質料である何らかのものに受け取られるのでなければならない」と言っていたのであった[131]。

このように見てくると，トマスが『De ente』の冒頭で掲げた「ens と essentia に対する無知から誤りが生じるゆえ，ens と essentia という名称によって何が意味表示されるかを述べねばならない」という文章の意図[132]が明瞭になってくる。すなわち，既に述べたように，essentia を quiditas や natura（そして forma）の意味で理解するならば，トマスのエッセの形而上学は理解できない，ということである。この点を明確に押さえておくために，トマスはこの長い第 2 章を締め括る節で次のように述べている。

---

129) "non quidem quasi superaddita partibus essentialibus, scilicet forme et materie, sicut forma domus superadditur partibus integralibus eius: sed magis est <u>forma que est totum</u>, scilicet <u>formam</u> complectens et materiam, tamen cum precisione eorum per que nata est materia designari." *Ibid.*, l. 285-291.

130) "neque differentia forma, sed a forma sumpta ut significans totum." *Ibid.*, l. 200-201.

131) 西田幾多郎が〈包形相的質料〉について述べるとき（「働くもの」『西田幾多郎全集』第 4 巻 p. 183），こうした〈包質料的形相〉の問題を感じていたのではないだろうか。

132) 「エッセと日本語（1）」（編者註：本書第 5 章 p. 99）参照。

8 具体性のエッセンチアに向かって

「こうしたわけであるから,人間の essentia を〈人間〉というこの〈言葉〉と〈人間性〉というこの〈言葉〉が意味表示するが,しかし,既に言われたように異なる仕方である。すなわち,この〈人間〉という〈言葉〉は essentia を<u>全体として</u>,つまり,質料の指定を切除することなく,むしろ含意的に判然としない仕方でそれを含むということに応じて,意味表示する。それは既述のように類が種差を含むことと同様である。そして,そのゆえに,この〈人間〉という〈言葉〉は<u>個に述語される</u>のである。他方,この〈人間性〉という〈言葉〉は,essentia を<u>部分として</u>意味表示する。というのも,その意味表示の中に,人間である限りでの人間に属すること以外には含んでおらず,あらゆる指定を切り捨てているからである。従って,それは<u>個的な人間について述語されない</u>のである。」[133] (テキスト T43 とする)

この最後の節で複合物の essentia が一般に二つの意味で理解されていることを,全体としての eesentia と部分としての essentia という仕方で明瞭に示している。すなわち,具体性(質料の指定)を捨象することなく含意する仕方で捉えられた essentia と,具体性を捨象して抽象的に捉えられた essentia である[134]。そして,個について述語されうるのは前者を意味表示する〈言葉〉のみである。この個について述語されうるというのは,実在するもの(res)について述語されうるということであり,この区別は重要である。というのも,トマスが esse との区別において問題にしていくのは,この実在するものについて述語されうる essentia だからである。

---

133) "Sic igitur patet quod essentiam hominis significat hoc nomen homo et hoc nomen humanitas, sed diuersimode, ut dictum est: quia hoc nomen homo significat eam ut totum, in quantum scilicet non precidit designationem materie sed implicite continet eam et indistincte, sicut dictum est quod genus continet differentiam; et ideo predicatur hoc nomen homo de indiuiduis. Sed hoc nomen humanitas significat eam ut partem, quia non continet in significatione sua nisi id quod est hominis in quantum est homo, et precidit omnem designationem; unde de indiuiduis hominis non predicatur." *De ente, ibid.*, l. 292-304.

134) このことについては既に述べた。「エッセと日本語(1)」(編者註:本書第5章 p. 125)以下参照。

付 1

LE PROBLÈME DU LANGAGE DANS LA THÉOLOGIE DE L'IMAGE DE DIEU CHEZ SAINT BONAVENTURE ET SAINT THOMAS

Qui est l'homme? A cette question éternelle de l'humanité l'auteur de la Genèse répond: 《Dieu créa l'homme à son image et à sa ressemblance》. Ainsi, la tradition judéo-chrétienne conçoit ce mot 《image de Dieu》 comme la clé de sa propre anthropologie. Cependant cet énoncé est bien ambigu, et a suscité et suscite de nombreuses interprétations. En organisant un enseignement sur l'homme autour de ce concept, on affronte tout d'abord le problème de la justification de l'usage de ce mot pour exprimer un rapport entre Dieu, infini, et la créature, fini. Si l'on se permet d'appliquer ce langage courant du monde des êtres finis à un rapport qui les dépasse, il faut une raison métaphysique qui rende possible une comparaison entre l'infini et le fini. Car, si l'on parle de 《similitude de Dieu》 pour une créature, on demanderait tout naturellement: y a-t-il une qualité commune à Dieu et à la créature qui justifierait une telle expression? Même on l'interprèterait de façon panthéiste, ou même anthropomorphiste, car si la créature ressemble à Dieu, Dieu devrait à son tour ressembler à sa créature. Pour ne pas tomber dans une sorte de panthéisme ou bien un anthropomorphisme, ou même pour éviter le danger de rendre cette expression un concept vide, recouvert d'un mot créant une équivoque entre ressemblance divine et ressemblance créée, il faut préciser l'ordre de langage qui est convenable pour exprimer une telle similitude. Et si ce problème est résolu, un deuxième se pose: pourquoi dans l'homme se trouve une similitude fidèle qui distingue l'homme comme image, des autres créatures comme vestiges? Nous voudrions, dans cette étude, examiner comment saint Bonaventure et saint Thomas ont abordé ces problèmes et déceler autant que possible la différence de démarche qui se trouve entre les deux docteurs malgré le langage commun dont ils se servent et les conclusions pareilles qu'ils nous présentent en développant le thème de l'homme image de Dieu.

Abordant le premier problème, Bonaventure établit une classification en ce qui concerne le rapport de similitude: 1. similitude par convenance parfaite de nature: c'est le cas dans la Trinité où chacune des Personnes ressemble à l'autre; 2. similitude par participation à quelque nature universelle: ainsi l'homme et l'âne se ressemblent en tant que partageant l'animalité; 3. similitude de proportionnalité: entre un matelot et un cocher, si l'on compare leurs fonctions; ce qu'est un matelot à son navire, le cocher l'est à son coche. En d'autres termes, c'est un rapport de relations ou une similitude de quatre termes; 4. similitude par convenance d'ordre: en ce sens une copie ressemble à son modèle. On considère ici directement un terme par rapport à l'autre. Dans quelle catégorie situer alors la similitude de la créature par rapport à Dieu? Les deux premières catégories sont certainement à exclure pour 《similitudo Dei》, car il n'y a pas d'adéquation entre Dieu et la créature, ni de nature universelle qui leur soit commune. C'est seulement dans le sens des deux dernières catégories que toutes les créatures ressemblent à Dieu[1]. Mais une question vient immédiatement à l'esprit: peut-on parler vraiment, lorsqu'il s'agit du rapport de la créature à son créateur, d'une similitude de proportionnalitè ou de convenance d'ordre? Contre cette difficulté le Docteur séraphique fait appel à la notion d'analogie pour rendre compte de ce cas particulier, en précisant qu'on ne peut parler ici que de 《similitudes analogiques》[2].

Que veut dire Bonaventure en affirmant qu'il existe entre Dieu et la créature une similitude analogique par convenance d'orde? Puisque

---

1) *II Sent.*, d. 16, a. 1, q. 1, Resp. (II 394b).
2) *I Sent.*, d. 3, p. 1, a. uni., q. 2, ad 3 (I 72).

Dieu a créé l'univers pour lui-même — pour sa propre louange (cause efficiente), pour sa propre manifestation (cause exemplaire), pour sa propre communication (cause finale) — toutes les créatures lui sont ordonnées au point de vue de la triple causalité. De ce fait, il y a entre Dieu et la créature un rapport de similitude, la convenance d'ordre. Et à cause de cette analogie, la créature est à bon droit appelée 《similitude de Dieu》 malgré la dissimilitude et la distance infinie qui demeurent entre Dieu et la créature. Ainsi la similitude de convenance d'ordre exprime un rapport entre deux termes, cause-effet ou modèle-copie. Cependant ce rapport de similitude entre Dieu et la créature est tout à fait différent de celui que l'on trouve entre les êtres créés. Cette similitude de Dieu désigne la dépendance totale de la créature vis à vis de Dieu-Créateur. Une créature dépend de Dieu à tous points de vue, pour son existence, pour sa manière d'être et pour sa finalité existentielle. La similitude de Dieu alors, ne signifierait-elle qu'un fait de relation et rien de plus? Oui, répondrait-on, si l'on descendait jusqu'au fond du problème, car il n'y a pas de comparaison entre l'infini, Dieu, et le fini, la créature. Cependant, si l'on définissait la similitude de Dieu comme une relation sans plus, ce concept ne deviendrait-il pas abstrait et vide?

C'est par la notion de similitude de proportionnalité que Bonaventure donne une signification concrète et substantielle au concept de similitude de Dieu. Du fait que la créature est ordonnée à Dieu sous la triple causalité — efficiente, exemplaire et finale — la créature se rapporte à lui d'une triple façon: c'est la triple empreinte du Créateur, 《*unitas-veritas-bonitas*》. Ce sont les transcendantaux qui se trouvent 《universellement》 dans la créature, et qui se trouvent 《de façon suréminante》 dans le Créateur. Et bien qu'il n'y ait aucune comparaison au sens strict entre l'unité, la vérité et la bonté qui se trouvent dans la créature, et l'Unité, la Vérité et la Bonté du Créateur, on peut pourtant considérer ces qualités métaphysiques de la créature comme similitude de Dieu en vertu précisément de la notion d'analogie. Ainsi la créature reflète 《analogiquement》 le Dieu trinitaire et cette triple signature de Dieu en elle nous amène à la connaissance ⟨analogique⟩ de la Trinité. On peut trouver d'autres analogies trinitaires dans l'univers. L'origine, l'ordre et la distinction des puissances intrinsèques dans les créatures raisonnables (*memoria-intelligentia-voluntas*) sont proportionnelles à l'origine, l'ordre et la distinction des Personnes divines — qui sont intrinsèques à la nature divine[3]. Bonaventure appelle la première similitude le vestige et la deuxième l'image de Dieu, faisant la distinction entre eux selon quatre principes: 1. le mode de représentation de Dieu, le vestige reflétant Dieu de façon lointaine mais distincte et l'image de façon prochaine et fidèle; 2. leur rapport à Dieu, le vestige se rapportant à Dieu en tant qu'il est sa triple cause et l'image non seulement en tant que cause mais aussi en tant qu'objet; mémoire, intelligence et volonté étant les propriétés par lesquelles la créature regarde Dieu comme objet; 3. la connaissance de Dieu à laquelle ces similitudes conduisent, le vestige à la connaissance des attributs communs en tant qu'appropriés, et l'image en outre à la connaissance des attributs propres aux personnes divines; 4. la différence de degrés des êtres créés dans lesquels se trouvent ces similitudes, le vestige dans toutes les créatures tant matérielles que spirituelles et l'image dans les créatures spirituelles[4].

Saint Thomas a également creusé ce problème à fond, mais sa solution est différente de celle de saint Bonaventure. Celui-ci cherchait ce qu'il y a de *commun* entre les réalisations ⟨finies⟩ et ⟨infinies⟩, et celui-là sépare la créature de Dieu plus radicalement, par un fossé infranchissable. Même leurs formes d'interrogation sur ce sujet suggèrent cette divergence. En posant la question sous cette forme: ⟨l'homme, est-il vraiment l'image de Dieu?⟩, le Docteur franciscain semble déjà supposer qu'il existe dans la créature une similitude de Dieu. En effet, en comprenant la similitude de Dieu en premier lieu

---

[3] *Brevil.*, P. 2, c. 1, n. 1 (V 219); *II Sent.*, d. 16, a. 1, q. 1 (II 394); d. 35, a. 2, q. 1 (II 829); *I Sent.*, d. 3, p. 1, dub. 3 (I 79).

[4] *I Sent*, d. 3, p. 1, a. uni., q. 2, ad 4 (I 73).

comme similitude d'ordination, il affirme l'existence de cette similitude dans la créature, car il est de toute évidence que la créature se rapporte à Dieu par le lien essentiel, et la similitude de proportionnalité est une quasi-conséquence de la première. A ce sujet, le Docteur dominicain propose une forme plus radicale d'interrogation: 《Y a-t-il image de Dieu en l'homme? 》Il n'y a rien de commun entre Dieu et la créature, dit-il. Dieu est au-delà des catégories de genre et d'espèce, et ainsi on ne peut pas appliquer au rapport entre Dieu et la créature la notion de similitude qui se trouve entre des choses créées. Entre un agent créé et son effet, il y a un rapport de similitude, l'effet recevant de l'agent sa forme spécifique (par exemple, l'homme engendre l'homme) ou au moins sa forme générique (par exemple, le soleil laisse quelque marque de son influence sur une chose qu'il chauffe). Mais une créature ne reçoit la forme divine ni dans le sens spécifique ni dans le sens générique. Alors ne saurait-il y avoir un trait qui permettrait de qualifier une créature de 《similitude de Dieu》? Si c'était le cas, à quoi bon parler de la similitude de Dieu? Affrontant cette difficulté, Bonaventure se plaçait au plan de modalité, tandis que Thomas fait appel à l'*esse*, l'acte d'être. Il y a, répond le Docteur angélique, une seule chose ou plutôt un seul 《fait》 qui est commun au Créateur et à la créature. C'est l'acte d'être ou le fait d'exister. Dieu existe par lui-même (*a se*). Il est l'existence elle-même (*Ipsum Esse per se subsistens*). La créature n'existe pas par elle-même, mais elle reçoit l'être de la part de Dieu. Comme elle n'a pas d'existence par elle-même, elle dépend de Dieu totalement dans son acte d'être. Cependant, c'est son 《existence》 et non pas celle de Dieu qu'elle reçoit de Dieu. Ainsi, bien qu'elle n'ait qu'un être participé (*esse participatum*), en tant qu'être, elle ressemble à Dieu qui est l'Etre en soi (*ipsum Esse*). Pourtant il y a une différence infinie entre l'Etre et l'être. C'est pourquoi Thomas précise qu'on ne peut parler de la similitude de Dieu que 《selon l'analogie d'une certaine façon》 (*secundum* 《*aliqualem*》 *analogiam*)[5].

---

5) *S. T.* I, q. 4, a. 3.

Une fois que la similitude de Dieu est fondée sur l'analogie de l'être (*analogia secundum esse*), la similitude de proportionnalité paraît avoir chez lui peu d'importance. Ainsi Thomas quitte de plus en plus la perspective exemplariste de la similitude de Dieu et attache de moins en moins d'importance aux triades 《*unitas-veritas-bonitas*》 et 《*memoria-intelligentia-voluntas*》. Au lieu de chercher des vestiges et des images 《symboliques》 du Dieu trinitaire, il essaie de trouver dans la 《réalité》 des êtres créés ce qui caractérise les créatures raisonnables comme image de Dieu. Et c'est ainsi qu'il envisage la distinction entre le vestige et l'image de Dieu comme la différence de 《natures》 qui peuvent être classifiées dans les catégories de genre et d'espèce. Selon lui, l'image exige une similitude spécifique, tout au moins une similitude qui porte sur un accident propre à l'espèce. Or, dans la création, se trouvent trois degrés de similitude à l'égard de Dieu; une créature ressemble à Dieu en tant qu'elle existe, une autre en tant qu'elle vit, et encore une autre en tant qu'elle comprend. Comme la similitude spécifique se trouve dans la différence ultime, seule la créature raisonnable peut être au sens propre appelée l'image de Dieu[6]. Et c'est ainsi que pour Thomas, l'image de Dieu équivaut, dans la créature, à la nature intellectuelle. La visée du Docteur angélique est de préparer une base pour un traité phénoménologique de l'image de Dieu. Affrontant l'anthropologie positive d'Aristote, il essaie de trouver dans la nature humaine une explication pour le privilège de l'homme comme image de Dieu. Et grâce à l'analyse de l'homme en lui-même faite par le philosophe grec le Docteur dominician montre comment l'homme tend dans la direction de Dieu et s'éloigne d'autant des autres créatures. Mais la question demeure entière, car cette essence (nature) humaine, elle est la limitation intrinsèque de son 《*esse*》. Or, l'*esse* (acte d'être) n'est pas 《cernable》, il n'est pas un 《*quid*》. Il faut donc dépasser le plan phénoménologique pour poser enfin la question de fond: que reste-t-il de solide derrière le mot image? Ainsi Thomas ouvre

---

6) *Ibid.*, q. 93, a. 2.

en outre une dimension de l'image qui dépasse la nature, en dévoilant insuffisance de la nature pour que l'homme puisse atteindre sa perfection comme image de Dieu et accentuant la gratuité volontaire de la grâce divine.

Cette différence subtile de démarche entre les deux docteurs est rendue bien nette si l'on compare la solution de Thomas avec celle de Bonaventure à l'égard de la question: l'image, est-elle plus fidèle dans les anges que dans l'homme, ou au contraire, l'est-elle moins? A l'époque des deux docteurs il y avait diverses opinions à ce sujet, les uns donnant la supériorité à l'homme, les autres aux anges. L'avis du Docteur séraphique se présente comme suit. Puisque la créature raisonnable est dite image de Dieu à la fois en vertu de la convenance d'ordre et de la convenance de proportion, il faut établir la comparaison entre l'ange et l'homme selon ces deux convenances. La convenance d'ordre peut être considérée soit au plan essentiel (*esse*) soit au plan accidentel ou quantitatif (*bene esse*). Au plan essentiel, une créature est dite image de Dieu par le fait qu'elle est ordonnée à Dieu de façon immédiate. En cela l'homme, qui est né pour s'unir à Dieu de façon immédiate, est égal aux anges, qui ont la même destinée que lui. Au plan accidentel, on considère l'ordre par rapport aux autres créatures. Ainsi, d'une part, les anges sont supérieurs à l'homme, car les anges sont députés pour être les recteurs non seulement des créatures non raisonnables, mais aussi des hommes. Mais, d'autre part, l'homme est supérieur aux anges, car toutes les créatures non raisonnables sont ordonnées à l'homme comme fin ultime.

Bonaventure fait un raisonnement semblable selon la convenance de proportion. Au plan essentiel l'image consiste dans une proportion intrinsèque, à savoir celle des facultés, et, à ce propos, l'homme et les anges sont égaux, car la distinction, l'origine, l'égalité et la consubstantialité des facultés sont identiques dans l'âme humaine et dans les anges. Au plan accidentel l'âme humaine est, d'une part, une image plus expresse que les anges, car l'âme est unie au corps de telle façon qu'elle est principe du corps et qu'elle habite le corps entier: en cela, elle représente Dieu qui est principe de toutes les choses et qui est un en elles toutes. Mais, d'autre part, ce sont les anges qui représentent Dieu de la meilleure façon: Dieu est esprit pur, sans aucun mélange et totalement indépendant de toutes les créatures; de même, les anges sont des esprits séparés du corps, en acte aussi bien qu'en aptitude.

La supériorité de la nature angélique est accidentelle lorsqu'il s'agit de l'image, car l'image désigne aussi une capacité de Dieu. Ainsi, concernant l'argument qui se base sur l'《*unibilitas*》, Bonaventure précise que le fait que la nature humaine a été unie à la nature divine par l'incarnation ne permet pas de conclure à une plus grande capacité divine chez l'homme: une substance qui est moins capable de grâa *par nature* peut être rendue plus capable *par la gratia gratis data* qui dispose et élargit la capacité naturelle pour recevoir la *gratia gratum faciens*. Ce fut le cas du Christ et de la vierge. Ainsi, entre les anges et l'homme, Bonaventure maintient l'égalité parfaite en ce qui concerne l'essence de l'image et l'alternance de la supériorité du point de vue de l'accident[7].

La lecture de la *Somme théologique* nous fait saisir en quel sens la démarche de Thomas diffère de celle de Bonaventure. Le Docteur angélique trouve la raison d'image (*ratio imaginis*) tout d'abord dans la nature intellectuelle qui distingue l'homme et les anges des créatures non raisonnables. Par leur nature intellectuelle l'homme et les anges sont capables de Dieu. Or, les anges, qui ont une nature supérieure à celle de l'homme, sont situés plus haut que l'homme dans la hiérarchie des êtres créés. Par conséquent, les anges sont plus image de Dieu que l'homme, si du moins l'on se place dans l'ordre des natures[8]. Sur ce point, la différence entre Thomas et Bonaventure vient de ce que Thomas fait ici intervenir le point de vue de la hiérarchie des essences ou natures, tandis que Bonaventure s'en tient au monde plus 《unifie》 en même temps plus 《fluent》 des degrés d'une même variable. En d'autres

---

7) *II Sent.*, d. 16, a. 2, q. 1 (II 401).
8) *S. T.* I, q. 93, a. 3.

termes, il semble souligner l'aspect final plutôt que l'aspect efficient. Ce qui est bien normal, car son ontologie ne parle pas beaucoup de cause efficiente, faisante un contraste avec celle de Thomas dans laquelle la cause efficiente joue un grand rôle. Mais si l'on concevait l'image de Thomas de façon statique, demeurant au plan de l'ordre des natures, et celle de Bonaventure dynamique aspirant à s'unir immédiatement à Dieu, on ne ferait pas justice à saint Thomas. Alors que Bonaventure, toujours disciple de saint Augustin, a établi sa doctrine de l'image, sur la parole《*eo est anima imago Dei, quo capax eius est et particeps esse potest*》, Thomas s'est efforcé de produire une anthropologie chrétienne qui pourrait s'incorporer l'anthropologie d'Aristote. Alors que Bonaventure trouve l'essence de l'image dans la capacité de recevoir les dons gratuits et la grâce, Thomas qui est d'accord sur ce point et qui conçoit l'image comme la nature intellectuelle qui est un degré dans la hiérarchie de la perfection naturelle des êtres créés, a en outre essayé d'établir une harmonie entre la parole de saint Augustin ci-dessus et l'axiome d'Aristote《*anima est quoddam modo omnia*》. Ou plutôt Thomas a trouvé dans cet adage du Philosophe grec, une explication de la formule du Docteur de la Grâce. L'âme humaine ouverte sur l'indéfini de l'être (*ens in communi*) n'est que passivement et négativement habilitée à atteindre Dieu tel qu'il est en lui-même. Pour le faire, il faut qu'elle y soit apelée et qu'elle reçoive le secours de la grâce divine. Il en est de même pour la volonté. Et cette perspective semble venir de son célèbre axiome《*gratia non tollit naturam sed perficit*》.

Ainsi, à l'égard de l'égalité entre l'homme et l'ange, on trouve, chez le Docteur angélique, un argument semblable à celui du Docteur séraphique. Tout en admettant la supériorité de l'ange par rapport à l'homme quand on se place du point de vue des natures comme telles et qu'on fait correspondre à la hiérarchie de ces natures une hiérarchie dans la similitude avec Dieu, Thomas lui aussi, tient à l'égalité entre l'ange et l'homme quand il se place au point de vue de la capacité de l'un et de l'autre à l'égard de Dieu. Seules les créatures qui possèdent la nature intellectuelle sont l'image de Dieu, et donc *capax Dei*[9]. Cependant, l'objet de cette capacité de réception dépasse l'orientation déterminée de toute nature créée, ainsi que toutes les puissances naturelles[10]. La créature intellectuelle est capable de Dieu 《par la grâce》, précise-t-il[11]. Dans la *Contra Gentiles* sa position est nette. L'opération que la grâce donne à la créature intellectuelle d'effectuer, n'est pas affectée par la différence de nature intellectuelle, et par conséquent, toute créature raisonnable, même celle qui se situe au plus bas dans la hiérarchie des natures intellectuelles, peut arriver, par la grâce, à la vision béatifique de Dieu[12]. D'ailleurs, devant l'infinité divine, la différence entre les créatures finies ne signifie rien, car il n'y a pas de comparaison entre l'infini et le fini[13]. Toute créature raisonnable, en tant que nature intellectuelle, désire 《normalement》 atteindre, par delà *le quia est*, le *quid sit Deus*, dans une saisie immédiate ou vision[14]. Et un désir conforme à la nature ne peut pas être vain. Ainsi toute créature spirituelle est apte à recevoir cette vision et l'infériorité de la nature ne supprime pas cette aptitude. Thomas confirme sa position par plusieurs citations de l'Ecriture, parmi lesquelles nous avons Matt. 22, 30: 《Vous serez comme les anges de Dieu au ciel》[15].

Comment justifier l'application du mot, 《similitude》 au rapport entre Dieu et sa créature? A ce problème Bonaventure et Thomas ont répondu tous deux par la causalité divine et la notion d'analogie, mais il existe, comme nous l'avons remarqué, une divergence d'interprétation entre ces deux docteurs. Le premier, soulignant la triple causalité divine, s'est tenu à l'analogie de proportionnalité, et le dernier, mettant en valeur la causalité efficiente de Dieu, a tranché le problème par l'analogie

---

9) *Ibid.*, a. 2, c. et ad 3.
10) *Ibid.* I-II, q. 5, a. 5, ad 2.
11) *Ibid.* I-II, q. 113, a. 10, c.; III, q. 4, a. 1, c.; q. 9, a. 2, c. et ad 3.
12) *S. C. G.* III, c. 57, n. 1.
13) *Ibid.*, n. 2.
14) *S. T.* I, q. 12, a. 12, ad 1; *S. C. G.* I, c. 30 fin.
15) *S. C. G.* I, c. 30, n. 3.

de l'acte d'être. Cela reflète la différence de leurs ontologies. Pour le Docteur séraphique le monde créé est une représentation du Dieu trinitaire, Dieu imprimant sa ressemblance dans la matière, principe de la condition créé, et la créature exprimant la ressemblance divine dans son essence. Ainsi les créatures constituent une hiérarchie des essences qui s'étendent entre Dieu et le néant selon le degré de cette expression. L'homme monte cette hiérarchie comme un escalier, du degré le plus bas au degré le plus haut et atteint, à la fin, le Dieu transcendant[16]. Mais cette conception exemplariste du monde, peut-elle bien sauvegarder la transcendance mystérieuse de Dieu? La différence entre Dieu et la créature, ne devient-elle pas une différence de degrés, Dieu ayant la plénitude d'essence et la créature, sa ressemblance? Bonaventure semble avoir senti cette difficulté, car il adjoint à Dieu de nombreuses épithètes à la forme supérlative (*potentissimus, sapientissimus, benevolentissimus, optimus,* etc.) pour distinguer les attributs divins de ceux des créatures. Ne pourrions nous pas déceler les mêmes efforts dans sa conception de similitude de Dieu comme ordination à Dieu?

Décelant cette difficulté qui résulte d'une telle ontologie nourrie d'un néoplatonisme, saint Thomas essaie d'établir une autre conception de similitude de Dieu, créant une nouvelle ontologie, celle de l'acte d'être. Au lieu de concevoir le terme de la création comme une introduction des formes créés, il le précise comme le don de l'acte d'être (*esse*)[17]. Une créature existe grâce au don de l'acte d'être. Et cet acte d'être est une participation à l'Etre divin. Ainsi Thomas ouvre une nouvelle perspective sur la notion de la création et du rapport entre Dieu et la créature. L'essence divine est infinie et ineffable selon le langage humain, et entre l'essence divine et l'essence créée, qui est une limitation intrinsèque de l'acte d'être, il n'y a pas de comparaison. Mais comme *omne agens agit sibi simile*, il doit y avoir une ressemblance divine dans

---

16) *Brevil.*, P. 2, c. 12, n. 1 (V 230).
17) *S. T.* I, q. 45, a. 1-2 et a. 4, ad 1 et a. 6, c.; *S. C. G.* II, c. 18, n. 1, etc.

la créature. Et ainsi Thomas a installé l'analogie de l'acte d'être, sauvegardant à la fois la transcendance mystérieuse de Dieu et la ressemblance divine dans la créature, et a rendu possible un traité de l'homme image de Dieu à la fois philosophique et théologique.

Nous voudrions conclure cette étude en disant que malgré la communauté de visée doctrinale une certaine diversité d'approche théologique se trouve entre les deux docteurs et qu'on ne leur ferait pas justice en les comparant sans tenir compte de ce qu'il y a derrière les mots dont ils se servent communément. Bonaventure, demeurant dans le cadre néoplatonicien et augustinien, a porté le fruit de sa réflexion sur l'homme biblique, tandis que Thomas, s'inspirant du réalisme d'Aristote, a apporté une nouvelle perspective de l'homme, à la fois philosophique et biblique[18].

---

18) Nous voudrions signaler pour une étude comparée que nous pouvons trouver chez les bouddhistes un thème semblable à celui de l'homme image de Dieu. La 〈nature de Bouddha〉 que chaque personne porte en elle-même pourrait correspondre à l'image naturelle telle que la conçoit la doctrine chrétienne. Le thème du 〈devenir Bouddha〉 est, toutes proportions gardées, le thème du passage 〈de l'image à la ressemblance〉.

付 2

LE PROBLEME DE *ESSE/ESSENTIA* DANS LE COMMENTAIRE DE SAINT THOMAS *IN PERIHERMENEIAS*

L'originalité de la pensée de saint Thomas se trouve, comme il est bien connu, dans sa métaphysique de l'*esse*. Sa doctrine de l'acte d'être lui a fourni un moyen philosophique efficace pour affronter les problèmes théologiques de son temps. Thomas l'a déjà exposée tout au début de sa carrière, dans un opuscule, *De ente et essentia*. Et à cet égard il est resté cohérent tout au long de sa carrière d'enseignement théologique. Or, cette position fondamentale, propre à Thomas, n'est point facile à comprendre. La difficulté vient du fait que dans beaucoup de ses écritures il l'explique avec la métalangue, qui pourrait être trompeuse. Nous constatons que Thomas s'explique mieux dans sa maturité, surtout dans son Commentaire du *Perihermeneias* d'Aristote où il élucide sa fameuse distinction "réelle" entre l'*esse* et l'*essentia*. En analysant ce Commentaire nous essayons de mieux comprendre ce que signifie la distinction thomiste de l'*esse* et de l'*essentia*.

1. LA LANGUE QUE THOMAS ANALYSE

Le *Perihermeneias* d'Aristote porte sur l'analyse de la langue quotidienne. C'est ainsi que Thomas réfléchit sur la langue avant de commenter ce livre.

La langue est l'expression de ce qu'on pense, de ce qu'on comprend de la réalité du monde. L'homme parle pour exprimer ce qu'il comprend de la réalité: *voces significativae formantur ad exprimendas conceptiones intellectus*[1]. Elle reflète la réalité (*id quod est in re enunciatur ita esse sicut in re est*)[2], car il y a un rapport de "similitude" entre la réalité (*res*) et la conception intellectuelle (*passiones animae*), qui s'exprime par la langue, soit parlée (*voces*) soit écrite (*scriptura*)[3]. Si la parole est composée, c'est parce que la réalité est composée.

Or, il y a trois phases en langue: apprendre des mots pour nommer et désigner des choses et leurs phénomènes, apprendre à composer des phrases, et apprendre à raisonner. Cela reflète trois différentes opérations de l'intellect. Pour les deux premières étapes, Aristote a distingué deux opérations de l'intellect, à savoir, "simple saisie" d'une réalité sous l'aspect de quiddité (Aristote l'appelle *indivisibilium intelligentia*, et Thomas, tantôt *simplex apprehensio*, tantôt *simplex intellectus*, tantôt *formatio quidditatis*), ou si l'on veut "simple saisie" d'ESSENCE telle quelle, et jugement qui s'opère en associant ou en dissociant ceux qui sont saisis simplement (*compositio et divisio* selon Aristote et *iudicium* selon Thomas). Et pour la troisième étape, Thomas y ajoute la troisième opération de l'intellect, *operatio ratiocinandi*. Entre ces trois opérations de l'intellect, il y a un ordre, car composer ou dissocier n'est possible qu'après avoir compris des réalités comme *quid* par simple saisie (*non potest esse compositio et divisio, nisi simplicium apprehensorum*), et ce n'est qu'à partir des choses qu'on connaît que le raisonnement peut procéder à la certitude des choses qu'on ignore. Ces trois opérations de l'intellect correspondent aux étapes d'apprendre à parler et à utiliser la langue, car les mots expriment ce que l'homme a saisi de la réalité par une simple opération de l'intellect, et la connaissance est exprimée en énoncé soit affirmatif soit négatif[4].

Pour les deux premières opérations il s'agit de la langue quotidienne, et c'est en analysant la langue quotidienne "parlée" (*vox*,

---

1) *IN PERIHERMENEIAS*, L. I, 1. 3, n. 24.
2) *Ibid.*, l. 9, n. 111.
3) Cf. *Ibid.*, lectio 2.
4) *Ibid.*, l. 1, nn. 1-2.

dictio) que Thomas découvre un moyen philosophique pour exprimer sa célèbre formule de la distinction réelle de l'être et de l'essence.

2. *INTERPRETATIONES*

La langue est porteuse de sens (*vox significativa, quae per se aliquid significat*). Elle reflète ce que l'homme découvre des sens dans le monde. Or, il y a deux niveaux de la langue, selon les deux opérations de l'intellect. Au premier sont des vocables, substantifs, adjectifs, et verbes (ce qu'Aristote, et Thomas après lui, appellent *nomina et verba*). Ce sont des signes, soit oraux soit écrits, pour extérioriser ce qu'on saisit par simple appréhension d'essences de choses. Au deuxième sont des phrases (*orationes*) ou énoncés (*enuntiationes*), soit affirmatives soit négatives[5].

Une phrase se construit des mots qui expriment des essences, tels que substantifs, adjectifs, verbes, et des éléments qui fonctionnent pour relier des mots en précisant des relations entre eux, tels que conjonctions et prépositions. Des porteurs de sens (*interpretatio, vox significativa*) Thomas exclut ces éléments de liaison, car ces derniers n'évoquent aucun sens par eux-mêmes[6]. Il en exclut aussi des phrases tels qu'optatives et impératives, qui sont l'expressions d'*affectiones* plutôt que celle de ce que l'homme comprend de la réalité, à savoir du jugement[7]. Il va ainsi analyser des énoncés (*orationes enunciativae*), où il s'agit du vrai et du faux. Il va traiter des vocables, *nomina et verba*, seulement en tant qu'ils sont constitutifs de phrases significatives des réalités (*principia interpretationes*)[8], car *nomina et verba*, qui expriment simplement des essences ou quiddités, n'expriment par eux-même ni le

---

5) *Ibid.*, n. 2.
6) *Ibid.*, n. 3.
7) *Ibid.*
8) *Ibid.*

vrai ni le faux: *una duarum operationum intellectus est indivisibilium intelligentia, in quantum scilicet intellectus intelligit ABSOLUTE cuiusque rei QUIDDITATEM SIVE ESSENTIAM PER SEIPSAM, puta QUID est homo vel QUID album vel QUID aliud huiusmodi... in prima operatione non invenitur (veritas et falsitas)*[9].

3. *NOMINA ET VERBA*

Qu'est-ce que *nomina et verba*, constituants d'énoncés (*partes orationis*)? Ils sont des signes vocaux (*vox significativa, signum vocalis*), qui se fondent sur l'institution humaine (*ex institutione humana*). *Nomina* aussi bien que *verba* expriment ce que l'intellect appréhende des réalités de choses par une simple saisie (*nomen vel verbum significat simplicem intellectum*)[10]. *Nomen* signifie une chose comme si elle existe par elle-même, et *verbum* signifie une action ou une passion: *proprium nominis est, ut significet rem aliquam quasi per se existentem: proprium autem verbi est, ut significet actionem vel passionem*[11]. *Nomen et verbum* sont pareils en tant qu'ils expriment *quid* saisi par simple acte de l'intellect (*simplex intellectus, simplex apprehensio*): *nomina*, substantifs et adjectifs, expriment *quid* de structure (*quid est homo, quid albus*), tandis que les verbes expriment *quid* d'action, en forme d'action. Cela montre Thomas en analysant le verbe à la forme infinitive.

Il y a trois façons de signifier une action. Premièrement, on peut concevoir une action pour elle-même, dans l'abstrait. Alors l'homme la chosifie et la signifie par un substantif, tel qu'action, passion, marche, course, etc.: *uno modo, per se in abstracto, velut quaedam res, et sic significatur per nomen, ut cum dicitur actio, passio, ambulatio, cursus et similia*[12]. Deuxièmement on peut concevoir une action comme sortant

---

9) *Ibid.*, l. 3, n. 25.
10) *Ibid.*, l. 6, n. 75.
11) *Ibid.*, l. 5, n. 56.

3. *NOMINA ET VERBA* 245

d'une substance et inhérente à elle comme à un sujet. Alors on la signifie à la manière d'action, à savoir par un verbe, qui sert de prédicat: *alio modo, per modum actionis ut scilicet est egrediens a substantia et inhaerens ei ut subiecto, et sic significatur per verba aliorum modorum, quae attribuuntur praedicatis*[13]. Troisièmement, l'intellect peut appréhender ce processus ou cette inhérence d'action et la représenter comme une chose: *quia etiam ipse processus vel inhaerentia actionis potest apprehendi ab intellectu et significari ut res quaedam*[14]. C'est le cas du verbe en forme infinitive, qui désigne à la fois l'inhérence d'action à son sujet, en gardant le caractère d'un verbe, et une réalité conçue comme une chose, en fonctionnant comme un substantif: *inde est quod ipsa verba infinitivi modi, quae significant ipsam inhaerentiam actionis ad subiectum, possunt accipi ut verba, ratione concretionis, et ut nomina prout significant quasi res quasdam*[15]. Cela admet qu'on se sert du verbe à la forme infinitive comme d'un sujet aussi bien que comme d'un prédicat: *ambulare est moveri*[16].

Nomen et verbum sont pareils en tant qu'ils désignent les *quids: verba significant aliQUID, sicut et nomina*[17]. Ce *quid* est désigné par un sémantème. Prenons un exemple: CURsus, CURro, CURrere. (Saint Thomas, comme Aristote, ne traite pas l'adjectif à part, mais il en est de même de l'adjectif: par exemple, ALBum, ALBus, ALBeo.) Tous les trois désignent *quid*; substantif et adjectif désignant *quid* de structure et verbe, celui d'action. Quelle différence y a-t-il alors entre *nomen* et *verbum*?

Une différence entre le verbe et le nom (le substantif et y compris l'adjectif) est celle de la temporalité et de l'a-temporalité qui sont

---

12) *Ibid.*
13) *Ibid.*
14) *Ibid.*
15) *Ibid.*
16) *Ibid.*
17) *Ibid.*, n. 67.

IMPLIQUEES dans leurs désignations. Le verbe désigne la quiddité d'action en temps (*verbum* CONsignificat tempus: *curro*, par exemple), tandis que le nom n'implique pas le temps (*nomen non CONsignificat tempus: cursus*, par exemple). Impliquer (*CONsignificare*) le temps est différent de désigner (*significare*) le temps. Désigner le temps lui-même relève de *nomen; dies, annus*, etc[18].

Une autre différence entre le verbe et le nom se trouve dans la différence des fonctions qu'ils jouent dans un énoncé. Un nom peut être posé dans un énoncé comme un sujet aussi bien que comme un predicat: *nomina possunt subiici et praedicari*[19]. Un verbe en tant que verbe (*verbum per modum actionis*), d'autre part, ne peut être posé qu'en prédicat: *verbum significet actionem per modum actionis... semper ponitur ex parte praedicati, nunquam autem ex parte subiecti, nisi sumatur in vi nominis*[20].

C'est en analysant ces deux différences entre *nomen* et *verbum* que saint Thomas trouve un moyen efficace pour exprimer son intuition fondamentale qui est la distinction "réelle" entre l'être et l'essence.

4. *PRAEDICATIO*

Un sujet dans un énoncé s'entend comme ce à quoi quelque chose tient. Et le verbe désigne une action en forme d'action (*actionem per modum actionis*), dont la propriété est de tenir à quelque chose. Ainsi se situe le verbe du côté du prédicat. Il faut toujours un verbe pour dire quelque chose (ce qui est désigné par un prédicat) de quelque chose (ce qui est désigné par un sujet): *Dicitur verbum semper esse nota eorum quae dicuntur de altero*[21]. Cela va de soi avec le verbe, car l'action, que le

---

18) *Ibid.*, l. 4, n. 42; l. 5, n. 58.
19) *Ibid.*, l. 5, n. 66.
20) *Ibid.*, n. 59.
21) *Ibid.*

verbe désigne, tient à son sujet et le verbe peut être prédiqué directement à ce sujet. Le substantif et l'adjectif, d'autre part, ne peuvent pas être prédiqués directement, car ces deux n'impliquent pas de composition, mais ils ont besoin d'un verbe qui implique une composition, par laquelle un prédicat est lié à son sujet: *tum quia verbum semper significat id quod praedicatur; tum quia in omni praedicatione oportet esse verbum, eo quod verbum importat compositionem, qua praedicatum componitur subiecto*[22]. Ainsi c'est avec l'intermédiaire d'un verbe que l'acte de prédication se fait soit au plan d'essence (*homo est animal*, par exemple) soit au plan d'accident (*homo est albus*, par exemple): *verbum semper est signum quod aliqua praedicentur, quia omnis praedicatio fit per verbum ratione compositionis importatae, sive praedicetur aliquid essentialiter sive accidentaliter*[23].

Le verbe a une fonction unifiante, et il faut un verbe pour former un énoncé. Qu'est-ce que cela veut dire? D'où vient cette fonction? Thomas poursuit l'analyse d'Aristote de très près.

Le verbe est un certain nom, en tant qu'il nomme une certaine chose: *quia etiam ipsum agere vel pati est quaedam res, inde est quod et ipsa verba in quantum nominant idest significant agere vel pati, sub nominibus comprehenduntur communiter acceptis*[24]. La différence se trouve dans le fait que la *res* que le nom désigne est conçue comme existant par elle-même, tandis que la *res* que le verbe désigne est conçue comme inhérente à un sujet: *Nomen autem, prout a verbo distinguitur, significat rem sub determinato modo, prout scilicet potest intelligi ut per se existens*[25]. La fonction unifiante du verbe ne vient pas de ce qu'il désigne *quid* ou *res quaedam*, car le nom ne possède pas cette fonction: *in tantum dictum est quod verba sunt nomina, in quantum significant aliquid*[26]. Saint Thomas, suivant Aristote, a recours à la nature de

---

22) *Ibid.*
23) *Ibid.*, n. 60.
24) *Ibid.*, n. 66.
25) *Ibid.*

l'intellect humain, car la langue est une expression de l'opération de l'intellect.

Le verbe aussi bien que le nom, en tant qu'ils sont *voces significativae*, expriment de simples conceptions de quiddités de choses, soit structure soit action (*simplex conceptio alicuius*)[27]. Ce sont des concepts, dont chacun a son propre contenu. Quand on profère un nom ou un verbe, son auditeur comprend son contenu. Or, l'intellect humain ne s'arrête pas ici. L'auditeur reste en suspens jusqu'à ce qu'il entende une phrase complète: *sola oratio perfecta facit quiescere intellectum, non autem nomen, neque verbum, si per se dicatur*[28]. Si l'on entend un substantif, *homo* par exemple, on s'attend à un prédicat, c'est-à-dire, il veut savoir *quid de eo*, et si l'on entend un verbe, *currit* par exemple, il veut savoir *de quo* (le sujet de ce prédicat). Un nom ou un verbe, qui exprime une simple saisie de *quid* par l'intellect, ne satisfait pas l'intellect qui veut comprendre la réalité. C'est la deuxième opération de l'intellect, qui s'opère en associant ou dissociant les concepts pour atteindre la réalité[29]. C'est ici que la parole concerne la vérité ou la fausseté.

5. *HOC VERBUM QUOD EST ESSE*

Un nom, ou un verbe, dit à part, évoque un *quid*, mais il ne concerne pas la réalité. Il reste du domaine des concepts, à savoir, des essences[30].

---

26) *Ibid.*
27) *Ibid.*, n. 68.
28) *Ibid.*
29) Ille qui dicit nomen vel verbum secundum se, constituit intellectum quantum ad primam operationem, quae est simplex conceptio alicuius, et secundum hoc, quiescit audiens, qui in suspenso erat antequam nomen vel verbum proferretur et eius prolatio terminaretur; non autem constituit intellectum quantum ad secundam operationem, quae est intellectus componentis et dividentis, ipsum verbum vel nomen per se dictum: nec quantum ad hoc facit quiescere audientem. *Ibid.*
30) Nous entendons par le mot "essence" des essences substentielles aussi bien qu'accidentelles.

5. HOC VERBUM QUOD EST ESSE

Quand la parole indique la réalité, il s'agit du vrai et du faux. Cette parole est l'expression de l'opération de l'intellect qui porte un jugement sur la réalité; il le fait en associant ou dissociant des concepts, qui expriment des essences de choses telles qu'elles sont saisies par l'intellect: *(ipsum verbum vel nomen per se dictum) nondum significat aliquid per modum compositionis et divisionis, aut veri vel falsi*[31].

Saint Thomas suit l'analyse du verbe par Aristote de très près. Sa visée est de trouver dans les constituants d'énoncés l'élément qui joue le rôle d'indiquer la réalité intégrale, à savoir l'élément crucial qui rend l'énoncé vrai ou faux. Tout verbe, comme tout nom, proféré à part, signifie quelque chose, mais aucun verbe, comme aucun nom, ne signifie la réalité intégrale, qui est complexe de *quid* (*MODUS essendi, res*) et d'*esse* ("*est*"): *nullum verbum est significativum ESSE REI vel NON ESSE, idest quod RES SIT vel NON SIT... nullum verbum significat HOC TOTUM, scilicet REM ESSE vel NON ESSE*[32]. Il doit y avoir en un verbe, cependant, quelque chose de plus qu'en un nom, car un énoncé se constitue de noms et de verbes. C'est ici que Thomas met au jour le verbe "être" qui est impliqué en tout verbe (*omne verbum finitum implicet esse, quia currere est currentem esse, et omne verbum infinitum implicet non esse, quia non currere est non currentem esse*)[33], et qui joue un rôle crucial dans un énoncé. Thomas remarque une petite différence entre le texte grec d'Aristote, traduit par Moerbecke en latin, et la traduction latine, par Boèce: *Ubi notandum est quod in graeco habetur: "Neque si ENS ipsum nudum dixeris, ipsum quidem nihil est"*[34]. *Si vero dicatur, "nec ipsum ESSE", ut libri nostri habent,...*[35], et il en profite.

Thomas dit alors: *verbum (EST) non significat "rem esse" vel "non*

---

31) *Ibid.*, n. 69.
32) *Ibid.*
33) *Ibid.*
34) *Ibid.*, n. 70.
35) *Ibid.*, n. 72.

2 LE PROBLEME DE ESSE/ESSENTIA SELON SAINT THOMAS

esse", sed nec ipsum ENS significat "rem esse" vel "non esse". Et hoc est quod (Aristoteles) dicit "nihil est", idest non significat ALIQUID ESSE[36]. Ici, Thomas marque l'essentialisme d'Aristote[37], qui ne sait pas encore détacher *esse* d'*aliquid* (*ALIQUID = ESSE*). Pour le Philosophe "*est*" ne dit rien (*nihil est*), car *est* n'a aucun contenu (*non significat ALIQUID esse*). C'est alors que Thomas fait ses efforts pour dépasser l'essentialisme du Stagirite. C'est en articulant *ens* en deux vocables, *quod est* qu'il met au jour la dimension d'*esse*, qui est autre que *quid*. La réalité (un individu en concret, "*hoc*" *TOTUM*) a deux dimensions, celle de *quod* (*res*) et celle d'*est*, et le mot *ens* parait évoquer ces deux: *Ens nihil est aliud, quam QUOD EST. Et sic videtur et REM significare, per hoc quod dico QUOD, et ESSE, per hoc quod dico EST*[38]. Cependant, *ens* ne peut pas indiquer "*EST*" qui est autre que *quod*. *Ens*, qui est *un nomen*, évoque quelque chose (*res*), c'est-à-dire CE qui possède *esse*. Et si *ens* signifiait *ESSE* avant tout, comme il signifie *res*, il signifierait à la fois *ALIQUID et ESSE: Et si quidem haec dictio ENS significaret ESSE principaliter, sicut significat REM quae habet esse, procul dubio significaret ALIQUID ESSE*[39]. C'est un procédé habile pour prendre au piège un essentialiste. Par contre, Thomas donne au mot *esse* un autre sens que *res* ou *aliquid*. Voyons lequel.

(hoc verbum EST) significat enim PRIMO
illud quod cadit in intellectu
per modum ACTUALITATIS ABSOLUTE:
nam EST, simpliciter dictum, significat IN ACTU ESSE;
et ideo significat per modum verbi[40].

Le verbe *EST* signifie avant tout (*PRIMO*) ce que l'intellect saisit

---

36) *Ibid.*, n. 71.
37) Nous nous servons de l'expréssion "essentialisme" dans le seul but de mettre en relief l'originalité du "moyen philosophique" de saint Thomas.
38) *Ibid.*
39) *Ibid.*
40) *Ibid.*, n. 73.

comme actualité purement et simplement (*ABSOLUTE*). Il signifie "être en acte" (*IN ACTU ESSE*). Thomas ajoute: *et IDEO significat PER MODUM VERBI.* Il en donne cette raison: le verbe implique temporalité, à savoir, l'action évoquée par un verbe est, avant tout, celle du temps présent, en acte, dans le moment présent. Il le concède à Aristote: (*Aristoteles*) *excludit a verbo verba praeteriti et futuri temporis... quia verbum consignificat praesens tempus.* Cette concession, Thomas ne la maintiendra pas: *hoc est proprie verbum quod significat agere vel pati in actu, quod est agere vel pati simpliciter: sed agere vel pati in praeterito vel futuro est secundum quid*[41]. Le verbe EST, qui n'évoque aucun *quid* mais évoque *actualitas* purement et simplement, intervient pour signifier que le *quid*, ou *forma* qui est indiquée par un prédicat est "vraiment dans" le sujet:

Quia vero actualitas,
   quam PRINCIPALITER significat
  hoc verbum EST,
     est COMMUNITER ACTUALITAS omnis formae,
        vel actus substantialis
        vel accidentalis,
inde est quod
  cum VOLUMUS significare quamcumque formam
           vel actum
     ACTUALITER INESSE
       alicui subiecto,
SIGNIFICAMUS illud
     per hoc verbum EST
       vel simpliciter
       vel secundum quid:
         simpliciter quidem secundum praesens tempus;
         secundum quid autem secundum alia tempora.

---

41) *Ibid.*, n. 63.

Et ideo ex consequenti hoc verbum EST,
significat COMPOSITIONEM[42].

C'est ainsi que Thomas disait que tout verbe implique *"EST"*. Le sens propre d'*EST* est *in actu esse* purement et simplement, ou acte d'être, mais en tant que verbe il rattache un prédicat à son sujet. Et c'est ainsi que Thomas dit: *Et ideo EX CONSEQUENTI hoc verbum EST significat compositionem.* Ce qui lui permet de dire en même temps qu'il signifie que toute forme ou n'importe quel acte est "réellement" dans n'importe quel sujet (*ACTUALITER INESSE aliqui subjecto*).

6. *COMPOSITIO* EXPLICITEE DANS UN ENONCE

En disant *EX CONSEQUENTI significat,* Thomas corrige Aristote, qui disait: (*EST*) *CONsignificat quandam compositionem, quam sine compositis non est intelligere.* Thomas vise une composition autre que celle d'Aristote. Il remarque que tout énoncé est proféré "en acte de réalité", ou "en état d'actualité". Or, les vocables (substantifs, adjectifs, et verbes), seuls sont des constituants et des porteurs de sens. Tout vocable exprime un *quid* pour lui-même. *Quid* est CE de "ce que c'est"; c'est "DE L'ÊTRE". Or, l'homme est conscient de ce que "DE L'ÊTRE" est autre "D'UN ÊTRE". Dans l'acte d'énonciation, l'homme s'engage au nom de la réalité, et il l'exprime au moyen de vocables divers (selon les langues), tous métaphoriques, qui suggèrent que le dit ne s'agit pas seulement "de l'être", mais "D'UN ÊTRE". Un être est, en effet, un complexe indissociable de MANIERE d'être (*MODUS essendi, essentia, quid*) et d'ACTE d'être (*ACTUS essendi, esse*). "Acte d'être" ne peut pas être conceptualisé. Thomas trouve l'expression de cette dimension de la réalité que l'homme saisit, dans le verbe *EST* "dit", et celle de ce que l'homme comprend de la *compositio* d'*esse et* d'*essentia,* dans un énoncé

---

42) *Ibid.*, n. 73.

6. *COMPOSITIO* EXPLICITEE DANS UN ENONCE 253

"proféré"[43].

---

43) Nous voudrions signaler que dans la langue japonaise *IN ACTU ESSE* est exprimé soit par les mots variables non-autonomes soit par quelques particules finales qui ont, les deux, la fonction assertive. Cf. la fin de l'article du Prof. Dr. A. Zimmermann, "'Ipsum enim EST nihil est' (Aristoteles, *Periherm.* I, c. 3). Thomas von Aquin über die Bedeutung der Kopula," *Miscellanea Medievalia*, 8, 1971, pp. 270-295.

付 3

DIEU, NÉANT ABSOLU OU *IPSUM ESSE*

1. AVANT-PROPOS

Le Japon, un lieu de convergence pour diverses idées et religions
    Se situant géographiquement tout au bout de l'Extrême Orient, le Japon a été un lieu de convergence pour divers courants d'idées ou de religions originaires d'Asie. En conséquence on y rencontre diverses cultures et religions, qui cohabitent et se transforment l'une l'autre dans cette île isolée par la mer qui l'entoure. Dans le coeur des Japonais se trouvent en harmonie et sans contradiction le shintoïsme, religion indigène du Japon, le bouddhisme, qui, né en Inde, est venu au Japon passant par la Chine et la Corée, le taoïsme et le confucianisme, les deux de l'origine chinoise. Cela semblerait étonnant aux yeux des Européens et des peuples monothéistes: pourquoi les Japonais peuvent-ils accepter tous ces religions, qui toutes habitent les coeurs des Japonais individuels? N'y a-t-il pas de conflit dans leurs coeurs? Dans l'histoire japonaise lointaine, en effet, quand le bouddhisme s'est introduit au Japon au sixième siècle, il y a eu des querelles et des conflits parmi les hommes qui exerçaient le pouvoir dans ce pays. Et dans l'histoire proche de notre époque également, quand le gouvernement de Meiji a essayé de séparer politiquement le shintoïsme du bouddhisme dans le but de faire du premier la religion officielle du pays, tandis que les deux religions avaient cohabité en harmonie dans leurs temples soit shintoïstes soit bouddhistes. Ces deux cas de conflits et de luttes sont, cependant, exceptionnels dans l'histoire japonaise. Toutes ces religions susdites ont

été acceptées, et ont habité et habitent ensemble en paix en terre japonaise.

Le christianisme et les Japonais

Il n'en est pas ainsi avec le christianisme. Les premiers missionnaires chrétiens ont été bien accueillis au début, mais, par la suite, persécutés et totalement expulsés du pays. C'etait à la fin du 16e siècle et au début du 17e siècle, époque de la colonisation par les Espagnols et les Portugais. Le Japon a fermée ses portes aux Européens, et au christianisme, faisant exception des hollandais qui ne faisaient que des activités commerciales. Après 300 ans le Japon a ouvert les portes de nouveau et cette fois-ci aux Européens, aux Américains et aux Russes, et les missionnaires chrétiens y sont arrivés encore une fois. Ils ont pu exercer librement leur activité missionaire, sauf pendant la période de la deuxième guerre mondiale. Malgré cette liberté, le christianisme ne s'est pas répandu dans ce pays. Les Japonais ont accepté le bouddhisme, le taoïsme et le confucianisme sans véritable conflit ni lutte. Pourquoi n'en est-il pas ainsi avec le christianisme? Il doit y en avoir quelque raison. Les efforts d'inculturation se font plus en plus sentir chez les chrétiens: la liturgie s'adapte aux mélodies indigènes et la vie des chrétiens s'adapte petit à petit aux coutumes traditionelles: le culte des ancêtres, par exemple. Aussi dans le domaine doctrinal, il y a quelques tentatives pour s'adapter à la mentalité japonaise. S'inspirant des dialogues avec des bouddhistes et des shintoïstes, certains théologiens chrétiens, catholiques et protestants, tentent de trouver une expression théologique adaptée à la mentalité japonaise. Dans ces tentatives, la philosophie de Nishida Kitarō les inspire énormement. Nous voudrions voir dans cet exposé comment Nishida a été confronté au problème d'un dieu transcendant et créateur, étant bien entendu que cette conception du Dieu chrétien est étrangère à ce philosophe japonais et au sentiment des Japonais en général.

1. AVANT-PROPOS

Le problème de la trancendance du Dieu créateur

La transcendance de Dieu et la création par ce Dieu transcendant sont deux concepts difficiles à comprendre pour les Japonais. Pour un shintoïste, la divinité est immanente à la nature. La nature n'est pas créature mais elle-meme divine et sacrée. Pour un bouddhiste il n'y a pas de dieu transcendant, et il se concentre ainsi pour l'éveil de soi. Pour le courant de Laotse et de ses disciples, la réalité ultime est tao, qui est au-delà de toute conception intellectuelle. Et un confucianiste parle de 'Tenn', le Ciel, qui est transcendant et divin, mais non un dieu personnel, plutôt une référence éthique. À un Japonais qui habite sur la terre où cohabitent et se fondent tous ces courants d'idées, la conception chrétienne d'un Dieu transcendant et créateur est difficile à faire comprendre et accepter. Y a-t-il quelque possibilité de surmonter cette difficulté? Nous croyons que la clarification de l'idée de transcendance nous aidera à résoudre ce problème, car le peuple japonais garde un sentiment religieux de transcendance, même s'il ne manifeste pas la foi en un dieu transcendant. La critique de Nishida à l'égard de la transcendance exprimée par certains théologiens chrétiens nous fournit une clef importante à ce sujet. Affrontant les penseurs occidentaux du 19e siècle et de la première moitié du 20e siècle, ce philosophe japonais a fait tous ses efforts pour exprimer son sentiment de transcendance, qui est aussi celui du peuple du Japon, avec des moyens philosophiques occidentaux. En suivant son itinéraire nous avons pris conscience d'une certaine ressemblance de l'intuition de Nishida avec celle de saint Thomas d'Aquin. Nishida a exprimé son intuition de transcendance "divine" par l'expression 'néant absolu' et Thomas par l'expression 'Ipsum esse'. C'est ainsi que nous avons intitulé cet exposé: Dieu, néant absolu ou ipsum esse.

2. NÉANT ABSOLU OU *IPSUM ESSE*

NISHIDA Kirarō et la réalité

Nishida Kitarō est né en 1870 et mort en 1945. Il est connu comme fondateur de l'école de Kyoto, et sa pensée fondamentale est souvent nommée "la philosophie du néant absolu". Avide de connaître et de s'assimiler les pensées philosophiques occidentales de son époque, Nishida se sentait mal à l'aise avec certaines de ces pensées, surtout avec les pensées néokantiennes. Dans la préface à sa première oeuvre, "l'Essai sur le bon," il a écrit: "je veux tout expliquer a partir de l'experience pure, cette experience que je considère comme la seule réalité."[1] Et il dit: cette experience pure est antérieure à la séparation du sujet et de l'objet; c'est l'instant où l'on voit la couleur et entend le son et où il n'y a encore ni sujet ni objet.[2] Ce premier enoncé exprime bien son sentiment de transcendance: cela veut dire qu'il y a quelque chose dans la réalité qui echappe à notre intelligence. Il s'est embarqué ainsi dans une aventure: trouver une meilleure expression de cette réalité ineffable, la réalité qu'il considère comme le fondement de toutes les sciences, de l'éthique, des arts et des religions. Il y a en effet diverses visions du monde, et à l'origine de toutes les visions, soit scientifiques, soit mathématiques, soit logiques, et ainsi de suite, existe cette réalité ineffable.[3] Nous ne devons pas oublier cette réalité qui est au-delà de la subjectivité et de l'objectivité. Nishida refuse de partir des concepts dans sa spéculation philosophique. Pour lui le point de départ doit être la réalité concrète, qui est aussi le point d'arrivée ou de référence de toute pensée. Cela nous évoque *ens et esse* de saint Thomas d'Aquin; pour saint

---

1) NISHIDA Kitarō, "Zen no Kenkyū" (L'Essai sur le bon), Préface, *Les oeuvres complètes de Nishida Kitarō*, (Tokyo, 1978, en japonais), I, p. 4.
2) *Ibid.*, p. 9.
3) "Shujuno Sekai" (Divers mondes), *Ibid.*, II, p. 337-350.

2. NÉANT ABSOLU OU *IPSUM ESSE*

Thomas *ens* est le fondement du vrai et du bien,[4] et *esse* est une réalité qui est participation à l'acte créateur de Dieu.[5] Nishida, qui n'était pas très heureux avec beaucoup de pensées modernes et contemporaines, se trouvait à l'aise avec des penseurs médiévaux tels que saint Augustin, Denys l'Aréopagite, Jean Scot Erigène, et Nicola de Cuès. Il s'est trouvé en affinité avec eux, car ces médiévaux le fournirent en théologie négative. Et saint Thomas ? Nishida a témoigné son respect envers ce Docteur universel quand il a vu de ses yeux ses oeuvres complètes à leur arrivée à la bibliothèque de l'Université de Kyoto, mais il n'a pas été malheusement tenté de les lire.[6] Malgré ce fait, la pensée fondamentale de Nishida est plus proche de celle de saint Thomas que de celles des théologiens néoplatonistes sus-dits. Tous ces penseurs, Nishida et les théologiens chrétiens avaient la même préoccupation: comment peut-on exprimer la réalité ultime ou divine qui refuse toute conceptualisation?

Au-delà de l'être et du néant

Un bouddhiste dit: la vraie réalité, c'est le néant ou le vide. Ces deux termes expriment la réalité à la fois sur le plan psychologique et sur le plan épistémologique: l'homme doit se vider de tous les éléments égocentriques et s'anéantir devant la réalité qui ne s'exprime que par le mot néant ou vide. Nishida n'était pas cependant satisfait de cette expression qui est le néant ou le vide simple. Pour lui, le néant évoque l'étant. Ce mot reste sur le plan des êtres. Il n'exprime la réalité ineffable que par rapport aux êtres. Le néant reste relatif à l'étant.[7] Il faut

---

4) "illud autem quod primo intellectus concipit quasi notissimum et in quod conceptiones omnes resolvit est ens... ens non potest esse genus.... In anima autem est vis cognitiva et appetitiva. Convenientiam ergo entis ad appetitum exprimit hoc nomen bonum, ... Convenientiam vero entis ad intellectum exprimit hoc nomen verum...." Saint Thomas, *De veritate*, q. 1, a. 1, c.
5) Cf. notes 15 et 16.
6) "Tomasu Akuinasu Zenshū" (Les oeuvres complètes de Saint Thomas d'Aquin: un essai), *Ibid.*, XII, p. 204-5.
7) "Basho" (Lieu), *Ibid.*, IV, p. 218.

'anéantir le néant' ou 'vider le vide'. Il critique ainsi la conception chrétienne de Dieu comme être infini, car même s'il y a une différence entre l'infini et le fini, les deux restent néanmoins sur le même plan de comparaison.[8] Il est nécessaire de trouver une autre expression qui distingue la réalité ultime d'avec tous les êtres de façon radicale et absolue. C'est ainsi que Nishida préfère l'expression 'le néant absolu' pour désigner la réalité ultime. Il veut dire que la réalité ultime n'est ni étant (l'être) ni néant mais au-delà de l'être et du néant.[9] Il a nommé sa pensée "la dialectique du néant absolu."[10]

Le néant absolu, qui est au-delà de l' être et du néant, où se trouve-il alors? Nishida le trouve dans ce monde, au coeur de cette vie quotidienne. Pour toutes les activités humaines, soit scientifiques soit artistiques soit n'importe lesquelles, l'homme doit partir d'une prise de conscience de cette réalité ultime. Il a cherché à exprimer cette réalité que l'on vit quotidiennement dans ce monde même.[11] Et ce fut Aristote qui l'inspira beaucoup, surtout par son analyse du langage. Nishida a essayé d'exprimer sa vision du monde par des verbes ou des prédicats. Au lieu de substantifier ce monde, il l'a conçu comme le lieu de l'acte du Néant Absolu, l'acte étant exprimé par des verbes. Concevoir ce monde comme le lieu de l'acte du Néant Absolu, c'est une vision religieuse du monde. Cependant, Nishida ne prend pas une attitude de mystique. Pour lui, c'est une prise de conscience de la réalité fondamentale, sans laquelle toutes les activités des hommes dans la vie quotidienne s'effonderaient. Et cette prise de conscience doit guider les activités humaines dans tous les domaines de la vie.[12]

---

8) "Bashoteki Ronri to Shūkyōteki Sekaikann" (La logique de *'topos'* et la vision religieuse du monde), *Ibid.*, XI, p. 405.
9) "Shujuno Sekai" *Ibid.*, II, p. 341.
10) "Shokann (Lettre) 2259" *Ibid.*, XIX, p. 465-466.
11) "Bashoteki Ronri to ...." *Ibid.*, XI, p. 418seq.
12) *Ibid.*, p. 371seq.

2. NÉANT ABSOLU OU *IPSUM ESSE*

Saint Thomas d'Aquin et la transcendance divine

L'inspiration originale de Nishida et son cheminement de pensée nous évoquent le cas de saint Thomas d'Aquin. Gardant son intuition originale propre, Thomas a affronté les théologies traditionelles qui se sont nourries de néoplatonisme. Tous les Pères de l'Eglise et les théologiens chrétiens médiévaux ont eu le souci de sauvegarder la transcendance divine tout en admettant la présence de Dieu dans ce monde. Soucieux d'accentuer la transcendance divine, certains théologiens désignaient Dieu par le mot *nihil*, néant, ou *non-ens*, non-être.[13] Et d'autres, soucieux de sauvegarder la présence de Dieu dans le monde, désignaient Dieu à la fois transcendant et immanent au monde par le mot l'être, *ens* ou *esse*. Thomas, s'inspirant de la théologie négative de Denys l'Aréopagite, ne dit pas néanmoins que Dieu est le néant ou *nihil*. Il suit les théologiens qui nommaient Dieu l'être *(esse)* ou l'étant *(ens)*. Tous les théologiens reconnaissaient que les termes '*esse*' ou '*ens*' appliqués à Dieu étaient à distinguer des termes *esse* ou *ens* appliqués aux créatures.

Comment les penseurs de théologie affirmative, ont-ils distingué Dieu d'avec ses créatures ? Pour montrer qu'il y a un fossé infranchissable entre le Créateur et la créature, ils ont attribué au Créateur des épithètes telles que suprême, infini, premier, et ainsi de suite.[14] Or, même si l'on accumule des épithètes à l'infini, on reste toujours sur le même plan de comparaison, et ce que Nishida critiqua. Saint Thomas en était conscient. Comment est-il sorti de cette difficulté?

"Ipsum esse" et *"esse participatum"*

Saint Thomas a désigné Dieu comme *Ipsum Esse per se subsitens*, et dans la créature se trouve la distinction réelle de l'essence et de l'être, l'être qui n'est que l'*esse* participé, dit-il. Qu'est-ce que cet *esse* qui est

---

13) Boèce, par exemple. Cf. Boethius, *Contra Eutychen et Nestorium (De duabus naturis)*, Loeb Classical Library, vol. 74, p. 78.

14) Cf. par exemple, Saint Bonaventure, *Itinerarium mentis in Deum*, c. 4 [V 398-310].

attribué à Dieu aussi bien qu'à la créature? Même s'il y a une différence entre *Esse* majuscule et *esse* minuscule, les deux restent sur le même plan, si cet *esse* est considéré comme substantif. Saint Thomas a discerné cette difficulté avec ses yeux pénétrants. Utilisant le même terme *esse* que d'autres théologiens, passés et contemporains, il s'est efforcé d'exprimer philosophiquement la transcendance et l'immanence de Dieu créateur. Pour distinguer Dieu d'avec la créature, saint Thomas a énoncé la distinction réelle de l'être et de l'essence, la distinction qui se trouve dans toutes les créatures et a montré la différence entre *Ipsum esse* et *esse participatum*.[15] Il avait déjà fait cette distinction dans un de ses premiers écrits, le *De ente et essentia*.[16] Mais il a continué à chercher de meilleures expressions philosophiques, et ce fut vers la fin de sa vie qu'il trouva à s'exprimer le mieux. Ce fut aussi Aristote, comme pour Nishida, qui a inspiré le Docteur Angélique.

Hoc verbum 'Est'

L'analyse de langage faite par le Stagirite dans son *Périhérménéias* a aidé le Docteur Universel. Commentant le *Périhérménéias* Thomas a trouvé dans le verbe *EST* un moyen pour l'expression de la réalité qui refuse toute conceptualisation. Thomas ne parle plus d'*esse*, qui est à la forme infinitive et qui peut être compris aussi comme substantif,[17] mais il souligne en disant "*hoc verbum est*" l'importance du verbe à la forme du présent et du singulier.[18] Quelle différence y a-t-il entre *esse* et *est* ? *Esse* peut être compris soit comme un verbe soit comme un substantif.

---

15) "quia sicut illud quod habet ignem et non est ignis est ignitum per participationem, ita illud quod habet esse et non est esse est ens per participationem...." Saint Thomas, *S. T.* I, q. 3, a. 4, c.; "ens predicatur de solo Deo essencialiter, eo quod esse diuinum est esse subsistens et absolutum; de qualibet autem creatura predicatur per participationem: nulla enim creatura est suum esse, set est habens esse." *Quodlibet.* II, q. 2, a. 1, 34-38; "In quocumque enim aliud est essentia, et aliud est esse eius, oportet quod illud alio sit et alio aliquid sit; nam per esse suum de quolibet dicitur quod est, per essentiam uero suam de qualibet dicitur quid sit...." *Compend. Theol.*, c. 11, 2-6, etc.

16) *De ente et essentia,* cc. 4 et 5.

2. NÉANT ABSOLU OU *IPSUM ESSE*

Quand on parle de l'*esse* de Dieu et de l'*esse* de la créature, l'*esse* évoque un concept à cause de sa fonction de substantif. Ainsi on a traduit souvent *esse* avec le mot 'existence'. Tous les verbes aussi, sauf ce mot *est*, impliquent des concepts, autrement dit des contenus.[19] Seul ce mot *est*, est vide de tous contenus. Et saint Thomas dit avec Aristote que tous les verbes impliquent ce verbe *est/esse*.[20] Ce verbe *est*, qu'est ce qu'il veut signifier ? Aristote a dit, rien *(nihil)*,[21] et il n'a pas trouvé son importance. Et saint Thomas, en contraste, a mis une grande importance sur ce verbe *est* qui est tout vide de contenu et qui signifie l'*actualitas* purement et simplement.[22] L'importance de ce mot surgit, quand l'homme prononce *'est'* dans l'acte de prédication (Thomas dit: *per/in hoc quod DICO 'est'*).[23] Dans un acte de jugement, l'homme prend

---

17) Cet *esse* est l'acte d'essence, l'acte désignant substance. "essentia dicitur cuius actus est esse, ... Esse enim est actus alicuius ut quod est, ..." *I Sent.*, d. 23, q. 1, a. 1, c.; "esse dicitur tripliciter. Uno modo.... Alio modo dicitur esse ipse actus essentiae; sicut vivere, quod est esse viventibus, est animae actus; non actus secundus, qui est operatio, sed actus primus.... Tertio modo dicitur esse quod significat veritatem compositionis in propositionibus, secundum quod ⟨est⟩ dicitur copula." *Ibid.*, d. 33, q. 1, a. 1, ad 1; "uerba infinitivi modi, quando in subiecto ponentur, habet uim nominis." *Expositio libri Peryhermenias*, lib. I, l. 5, ll. 52-54. Aussi *In Metaph.*, lib. IX, l. 5, nn. 1828-1829. Cf. "Quemadmodum enim esse habent ad invicem lux et lucere et lucens, sic sunt ad se invicem essentia et esse et ens, hoc est existens sive subsistens." Saint Anselme, *Monologion*, c. 6, fin. (*Opera omnia*, p. 20); "esse est actus entis et vivere viventis; sed nullus actus est, qui non sit a Deo immediate, ergo nullum esse et nullum vivere" Saint Bonaventure, *II Sent.*, d. 37, a. 1, q. 2, f. 2 [II 864a]; "est considerare triplicem differentiam in creatura... tertia est differentia entis et esse.... Tertia differentia est in omni creato et concreato: quia enim omne, quod est praeter Deum, accipit esse aliunde, sive principium sit sive principiatum; ideo nihil est suum esse, sicut lux non est suum lucere." Ibid., *I Sent.*, d. 8, p. 2, a. uni., q. 2 [I 168a].

18) *Expositio libri Peryhermenias*, lib. I, l. 5, ll. 377-407.

19) "uerba significant aliquid, sicut et nomina." *Ibid.*, ll. 257-258.

20) "omne uerbum finitum implicet esse, quia currere est currentem esse, et omne uerbum infinitum implicet non esse, quia non currere est non currentem esse."*Ibid.*, ll. 304-307.

21) "non solum uerbum non significat rem esse uel non esse, set nec hoc ipsum 'ens' significat rem esse uel non esse, et hoc est quod (Aristoteles) dicit: "nichil est", id est non significat aliquid esse."*Ibid.*, ll. 358-361.

22) "(hoc uerbum 'est') significat enim id quod primo cadit in intellectu per modum actualitatis absolute: nam 'est' simpliciter dictum significat esse actu, ..." *Ibid.*, ll. 394-396; "actualitas, quam principaliter significat hoc uerbum 'est', ..."*Ibid.*, ll. 397-398.

23) *Ibid.*, l. 365 et ll. 369-70.

conscience de la réalité et il se réfère à la réalité, la réalité qui est autre que l'essence et qui refuse toute conceptualisation. Et prononçant son jugement l'homme s'engage au nom de la réalité en signifiant par le verbe *est* la vérité de ce qu'il dit *(veritas propositionis)*.

Le 'est' de 'hoc verbum est' exprimé par 'DA', verbe auxiliaire, dans la langue japonaise

Saint Thomas et Nishida se ressemblent dans leur intuitions originales et ils se rapprochent de l'un de l'autre grâce à Aristote. Cependant, pour l'expression de la réalité ultime ou divine qui refuse toute conceptualisation, Nishida est finalement resté sur le plan de concept (le Néant Absolu), tandis que Thomas a trouvé le verbe *Est*. Or, cet *est*, qu'est-ce que cela veut dire ?

Le verbe *est* ne désigne que l'*actualitas* pure et simple, dit saint Thomas.[24] Quand on le prononce, il signifie la vérité de proposition, et il fonctionne pour unifier le sujet et le prédicat. Quand on dit: A est B, il signifie que A et B sont un dans le suppôt *(suppositum)* "réellement et vraiment". Les japonais ont traduit l'*esse* dans la langue japonaise par le mot, SONZAI, qui désigne l'existence. Mais nous voudrions proposer un verbe auxiliaire, DA, qui signifie une assertion dans l'acte de prédication. Quand on dit ⟪*Deus est*⟫, il nous faut accepter la réalité de Dieu

---

24) Saint Thomas ne meconnait ni la function du verbe *est* comme copule ("... propositione, quam intellectus significat per hoc verbum Est prout est verbalis copula...." *In Metaph.*, lib. V, l. 9, n. 896; "et ideo ex consequenti hoc uerbum 'est' significat compositionem." *Expositio libri Peryhermenias*, loc. cit., ll. 405-407) ni le fait que ce verbe est souvent employé pour designer l'existence, et concernant le dernier il dit: '*Socrates est*' veut dire '*Socrates est in rerum natura*' ("hoc uerbum 'est' quandoque in enunciatione predicatur secundum se, ut cum dicitur: 'Sortes est', per hoc quod nichil aliud intendimus significare quam quod Sortes sit in rerum natura" *Ibid.*, lib. II, l. 2, ll. 36-40; "Ens multipliciter dicitur. Uno modo dicitur ens quod per decem genera dividitur; et sic ens significat aliquid in natura existens, sive sit substantia, ut homo, sive accidens ut color. Alio modo dicitur ens, quod significat veritatem propositionis.... Quaecumque ergo dicuntur entia quantum ad primum modum, sunt entia quantum ad secundum modum; quia omne quod habet naturale esse in rebus potest significari per propositionem affirmativam esse, ut cum dicitur: color est vel homo est." *II Sent.*, d. 34, q. 1, a. 1, c.

purement et simplement. L'homme ne peut pas ajouter des épithètes, car la réalité divine dépasse toute notre intelligence.

Tu es mon Créateur, Seigneur.
　　Je suis ta créature.
Tu veux travailler à travers mon corps.
　　Tu sais tout. Tu connais tout,
　　car Tu es mon Créateur
Prends pitié de moi, ta petite et pauvre créature.
Je te rends toute mon existence.
　　J'ai toute confiance en Toi, car Tu es mon Créateur.

（著者による2007年6月6日の手記より）

著者あとがき[*]

本書は未完の書である。未完のまま出版することを恥ずかしく思う。しかし，時間と体力と気力がそれを完成させることを許さない。したがって，未完のまま出版することをお許し願いたい。

本書は『トマス・アクィナスのエッセ研究』と題した。私がこの本の出版を急ぐことを多くの方は不思議に思うかもしれない。というのも，私はトマスよりもボナヴェントゥラの方に熱心であると思われているからである。しかし，実際は，私の心の中でトマス研究は大きな位置を占めてきた。ボナヴェントゥラよりも，むしろトマスのほうが気になっていたと言ったほうがよい。

トマスの esse について私は長い間気になっていた。esse について，私なりに理解しようと懸命の努力を払ってきた。それとともに，トマスの esse と日本語との関係について，大きなヒントを与えてくださったのは，ストラスブール大学名誉教授のアントワーヌ・シャバス先生であることを特に記しておきたい。シャバス先生は私がトマスの esse について関心を持っていることに大変興味を示され，多くの時間を割いてくださった。シャバス先生なくして，私のトマス研究における esse 理解は進まなかったと思う。改めて先生に心から感謝を申し上げたい。

結論から言えば，トマスの esse は日本語の助動詞「だ」に相当する。というよりは，それで全てである。それを理解していただくために，私は2，3本の論文を書く予定でいた。実に，最初期の著作である『有と本質について』から最晩期の著作である『命題論註解』に至るまでのトマスの立場は，一貫したものであるようには見受けられない。むしろ，トマスの理解は，新プラトン主義的な esse からアリストテレスの esse

---

[*] このあとがきは著者が2008年1月にテープレコーダーに録音したものである。ここに起こすにあたって，ご家族の大きな助けを得た。記して感謝したい。

へと，そして独自の esse へと変わってきているように思われる。そうした道筋を辿ることが残された課題のひとつでもあった。

　しかし，時間ももうなくなった。したがって，そのプロセスを追うことは，トマスの esse に関心を持つ人に譲りたいと思う。そうすれば，私がしたことが分かって頂けると思う。再度，未完のまま出版することをお許し頂きたい。もう道筋は出来ており，アリストテレス註解，特に『形而上学註解』の中にトマスが言いたい部分が明瞭な形で現れている。後に続いて esse の研究をしてくださる方は，トマスの『命題論註解』をまず研究して頂ければお分かりになると思う。

　私がトマスに関心を持ったのは，高田三郎先生を初め，山田晶先生，そして，V.-M. プリオット師，竹島幸一師，その他数多くの方々のご厚意と励ましなくしてはありえなかった。ここで心から感謝を記したいと思う。

　また，本書を出版するに当たって，多くの協力を惜しまなかった知泉書館の小山光夫氏に心から感謝申し上げる。

　また，私のゼミ生である松村良祐君に深い感謝の気持ちを表したい。松村君は私の研究に興味を持ち，献身的に私の研究とその編集公刊に協力してくださった。ここで，感謝の意を表しておきたい。松村君は新進のトマス研究者である。彼の将来に多くの期待を持ちながら，彼に私の研究を委ねていきたいと思う。

　この本の出版に至るまでに多くの方々のご援助を得た。その方々に心から感謝し，この書を贈りたいと思う。

　皆さん，本当にありがとうございました。

2008年1月

長倉　久子

編者あとがき

　本書は，長倉久子先生のご逝去にあたって，先生のご業績の中からトマス・アクィナスに関する論考を主に選び，時間的順序に従って配列して纏めた論文集である。本書が収録するのは，1969年の『中世思想研究』発表論文から2007年の国際中世学会の発表草稿までの11本の論考である。ボナヴェントゥラに関する著者の論考を集めたものも近く公刊する予定である。これら論文集の計画は著者がご生前の2007年7月頃にまで遡るものであって，そこに収める論考の取捨選択は著者本人のご意思を反映したものでもある。

　しかしながら，本書の編集作業は著者の没後に開始されたものであるため，著者自身によるその後の加筆や訂正を経ることなく，中には著者にとって未だ習作とみなされるべき論考も含まれているかもしれない。論文の内容が重複しているものや，表現が統一されていない箇所も一部ある。編者が心掛けたことは著者のオリジナル原稿を出来る限り尊重することであって，論文を収録する上で必要な幾つかの箇所を訂正・統一することに留めた。特に説明を要する箇所には編者註を付け，（　）内にその旨を記した。なお，巻末の文献表，索引，略年譜，業績表は編者の手によるものであるが，業績表には，著者の研究業績以外にも，そのお人柄を偲ばせる随筆や講演の記録も配した。

　著者が「あとがき」の中で繰り返し述べているように，本書で行われている研究は未完であって，その完成はこの研究を引き継ぐ人々の手に委ねられている。この論文集の公刊を機縁として，著者が育てられたトマス研究の苗木を出来るだけ多くの人に届けることが出来れば，編者にとってもこれに勝る喜びはない。

　編者は大学，大学院に在籍したほぼ全ての期間を通じて著者にその学恩を被った。大学での諸講義を通じて，編者が主に目にしたのは，トマスやボナヴェントゥラ，或いは西田幾多郎のテクストを精緻に読み解く

研究者としてのお顔であったように思う。しかし，巻末にある業績表からもお分かりいただけるように，著者の活動は研究者としての顔に留まらない。当時静岡県掛川市で行われていた「三人委員会哲学塾」に参加され，新しい地域共同体の在り方を模索されたり，静岡市のご自宅で「文化の小さな窓」と題した市民講座をお姉様と共に主宰なさったりとその活動は幅広い。こうした活動へと著者を駆り立てたのはその知的好奇心もさることながら，その根幹にはご自身を貫く哲学というものに対する基本姿勢があったのではないかと思う。それはトマスやボナヴェントゥラといった古典を読むことが，著者にとっては現実との関連を失った空理空論ではなく，実り豊かな現実への適用を引き出すことができる多くの可能性を有したものである，という確信だったのではないだろうか。著者の思考は，テクストの前に静坐したものでありながらも，現実に生きる人間と実在との関わりを失ってはいなかったようにも思われる。

2007年の3月頃より体調を崩され，ご病床にあった著者が心残りとされていたことのひとつは，大学で担当していた講義がご病気により中断されてしまったことであった。「もし病気が治ったら何がしたいですか」という医師の問いに「まず講義がしたい」とお答えになられた著者のお顔を苦笑いしながら見つめたことを覚えている。こうした著者の気持ちを知ってか，受講不可能とわかっても尚も講義を待ち望んでいた学生が多くいたと聞いている。著者の授業は厳しいながらもどこかに静謐な雰囲気があり，授業の合間にお話になられる京都大学やストラスブール大学の思い出を楽しみにする学生もいたように思う。ご病気によって，著者を慕う多くの人々との交わりが妨げられたことは残念でならない。

さて，本書に収録されている諸論考は，神の似像，創造，そしてesseという三つの問題を主題として取り扱ったものであるが，中でも著者がその後半生において心血を注がれたのは，トマスのesse理解を巡る一連の論考である。これらは本書に収録されている論考の内の大部分を占めている。ところで，esseがトマスの形而上学の肝心要であることは周知のことであるが，その意味は必ずしも明らかではない。それはひとつにはトマス自身がesseという語の重要性を示唆しながらも，その意味についてはそれほど明瞭な形では述べていないからである。そして，またひとつには，トマスが常に同じ意味でesseの語を用いてい

るとは限らないからでもある。トマスはその革新性を打ち出すにあたってアリストテレスが語る ens の多義性に寄り添い考察を進めているのであって，これらのことがトマスの根本的洞察を分かりにくいものにしているように思われる。

しかしながら，トマスは esse の意味について明瞭に述べていないわけではない。先の言葉と矛盾するようであるが，トマスは或る意味では非常に明晰に自分の真意を明らかにしているともされる。著者が本書の中で繰り返し述べるように，トマスの明確な表現が読み取られるのは執筆活動の終わりに差し掛かってのことであって，それは『命題論註解』や『形而上学註解』第7巻といった最晩期の著作を通してのことなのである。しかし，トマスが最晩期の著作の中で esse の意味を剔出して見せているにせよ，そこに理解の一致があるわけではない。その理由のひとつには印欧語の存在詞が孕む言語的制約の問題があるのだ，と著者は予測する。著者は，これらの論考の中で，印欧語には異質の日本語に訳語を求めることで，トマスが esse に籠める真意を明らかにしようと試みるのである。

そこで，こうした著者の言わんとしたことを明確にしてくれるもののひとつは，本書第4章に収録されている「〈だ〉そのものなる神」である。その中で著者はトマスの esse と西田幾多郎の絶対無とを比較検討することで，トマスが目指したものを解き明かそうとする。彼らが共に目指したものは，言葉（西田によれば対象論理の，トマスによれば essentia の）によって概念化されえない現実である。しかし，トマスに比して，「場所」や「無」という表象の中で思索を続ける西田には，その剔出のプロセスを巡って尚も不徹底が残るのだと著者は言う。この点を明らかにするために，著者は『命題論註解』の中でトマスが行う言語分析に寄り添い，est という動詞の機能を問い披こうとするのである。この est は，概念化を拒む現実性を表示するものであり，トマスはそれをこの語の動詞の形態の内に見出している。そして，著者はこのトマスの根本的洞察を言い表す手掛かりを「だ」や「です」といった助動詞の内に求めているのである。

さて，そこでの考察は著者によれば試論（エッセー）としての位置を有するに過ぎない。しかし，そこで提示された問題はその後の「エッセ

と日本語」の中にも明確に引き継がれている。その一連の諸論考の中で行われる作業は，トマスにおける esse 理解の独自性を同時代の神学者との関わりの中で浮き彫りにすると共に，その初期のテクストからも吟味を加え，そうして明らかとなったトマスの esse にふさわしい訳語を日本語から探る，という入念なプロセスを辿るものである。しかし，これらのプロセスの終着点に行き着くことなく，トマスの esse と日本語文法との関係の考察を残したまま，筆が置かれることとなった。著者の構想によれば，「エッセと日本語（3-2）言葉の生まれるところ・消えゆくところ」の中でこの問題が扱われる予定であった。しかし，本書に収録されている諸論考の所々にその思索の一端を見出すことが可能であろう。

　残された原稿を纏めるにあたって，また著者に関する研究業績資料を広く集める上で多くの方々のお世話になった。編集の仕事を温かく見守ってくださった学内外の学恩ある先生方と先輩諸氏が脳裡に去来している。右も左も分からぬままに意気込むばかりの編者に具体的な助言を与え，導いてくださったのはそうした方々であった。お一人お一人の名前を挙げることはできないが，とりわけ，南山大学において著者と長年のご同僚であった蒔苗暢夫先生や大森正樹先生にはこの機会に感謝を述べることにしたい。また，編集作業に従事する上で，的確なご示唆を頂いた坂下浩司先生，松根伸治先生には様々な仕方でお世話になったことを謝したい。

　そして，本書の出版を快く引き受けてくださった知泉書館の小山光夫社長に心から感謝を申し上げたい。仕事が遅れがちな編者の歩みには多くのご迷惑をおかけしたが，本書をよいものに作り上げるために尽力いただき，ひとかたならぬお世話を頂いた。改めてお礼を申し上げたい。

　末尾になったが，亡くなった本書の著者である長倉久子先生のご家族，とりわけ長倉禮子氏には今回の論文集公刊に関して，多大なご助力をいただいた。氏の支えと励まし，そして啓発がなかったならば，本書の出版はならなかったのではないかと思う。

　本書を亡き長倉久子先生の霊に捧げることとしたい。

2009年5月

松　村　良　祐

初 出 一 覧

(本書を構成する各章の初出は以下の通りである。ただし，本書に纏める上で章によっ
ては原論文の書式等に若干の変更を加えている場合があることをお断りしておく。)

───────

1　トマス・アクィナスにおける神の像なる人間について
　　　（中世哲学会『中世思想研究』第11号，1969年，88-117頁）
2　トマスの創造論──ボナヴェントゥラの創造論に対するトマスの批判
　　　（『中世思想研究』第21号，1979年，119-136頁）
3　トマスにおける実在と言葉──言語の分析より ESSE の意味へ
　　　（『中世思想研究』第32号，1990年，21-47頁）
4　〈だ〉そのものなる神──〈絶対無〉と〈存在〉を超えて
　　　（南山大学宗教文化研究所編『宗教と宗教の〈あいだ〉』風媒社，2000
　　　年所収，202-220頁）
5　ESSENTIA-ESSE-ENS──エッセと日本語（1）
　　　（南山大学人文・社会科学編『アカデミア』第78号，2004年，93-128
　　　頁）
6　生成する自然の究極的根拠を求めて──エッセと日本語（2-1）
　　　（南山大学人文・社会科学編『アカデミア』第79号，2004年，35-63
　　　頁）
7　自然の形而上学的分析から言語の分析へ──エッセと日本語（2-2）
　　　（南山大学人文・社会科学編『アカデミア』第81号，2005年，1-38頁）
8　具体性のエッセンチアに向かって──エッセと日本語（3-1）
　　　（南山大学人文・社会科学編『アカデミア』第82号，2006年，45-88
　　　頁）
付1　Le probléme du langage dans la théologie de l'image de Dieu chez
　　　Saint Bonaventure et Saint Thomas
　　　（In J. P. Beckmann et al. (hrsg.), *Sprache und Erkenntnis im Mittelalter
　　　II,* Berlin: Walter de Gruyter, 1981, pp. 952-960. 1977年8月にボンで開
　　　かれた国際中世哲学会 Société Internationale pour l'Étude de la

Philosophie Médiévale での研究発表をもとに発表論文集に寄稿したものである。研究発表のタイトルは Théologie de l'image de Dieu pour une rencontre entre le christianisme et le bouddhisme であった。)

付2 Le probléme de *ESSE/ESSENTIA* dans le Commentaire de Saint Thomas *In Perihermeneias*

(南山大学人文・社会科学編『アカデミア』第70号, 1999年, 395-409頁。1992年8月にオタワで開かれた国際中世哲学会での研究発表をもとに寄稿したものである。研究発表のタイトルは Le probléme de ESSE/ESSENTIA dans le Commentaire de St. Thomas sur le *Perihermeneias* d'Aristote であった。)

付3 Dieu, néant absolu ou *ipsum esse*

(2004年9月にメキシコ・シティーで行われた世界カトリック大学連盟哲学部門大会 Conférence mondiale des institutions universitaires catholiques de philosophie の「宗教と宗教の媒介としての哲学」部門での研究発表を纏め直したものである。著者はこれをもとに2007年9月にパレルモで開かれた国際中世哲学会での研究発表の準備を進めていた。)

長倉久子略年譜

1940（昭和15）年10月10日　静岡市に生まれる
1959（昭和34）年3月　静岡県立静岡高等学校卒業
1959（昭和34）年4月　京都大学文学部入学
1961（昭和36）年4月　留学　フィリピン，セント・ポール大学文学部（現ディヴァイン・ワード大学文学部）
1963（昭和38）年3月　セント・ポール大学文学部英文科卒業
1964（昭和39）年3月　セント・ポール大学院文学研究科（修士課程）修了　英文学修士（M. A. in English Literature）
1966（昭和41）年3月　京都大学文学部哲学科西洋哲学史専攻卒業
1968（昭和43）年3月　京都大学大学院文学研究科（修士課程）西洋哲学史専攻修了　文学修士
1971（昭和46）年3月　京都大学大学院文学研究科（博士課程）西洋哲学史専攻満期退学
1971（昭和46）年10月　留学　フランス，フランス政府給費生，ストラスブール大学人文学部神学科
1975（昭和50）年1月　ストラスブール大学人文学部神学科第三期課程修了　宗教学博士（Docteur en sciences religieuses）
1976（昭和51）年4月　南山大学宗教文化研究所所員（昭和56年3月まで）
1979（昭和54）年4月　南山大学文学部講師（昭和55年3月まで）
1980（昭和55）年4月　南山大学文学部助教授（昭和62年3月まで）
1985（昭和60）年4月　留学　フランス，ストラスブール大学人文学部神学科（昭和61年9月まで）
1987（昭和62）年4月　南山大学大学文学部教授（平成12年3月まで）
1988（昭和63）年6月　フランス，ストラスブール大学人文学部神学科　神学博士（Docteur en théologie）
1996（平成8）年4月　慶應義塾大学言語文化研究所兼任所員（平成9年3月まで）
2000（平成12）年4月　人文学部設置に伴い，南山大学人文学部キリスト教学科教授
2008（平成20）年1月11日　逝去（享年67）
2008（平成20）年3月　南山大学人文学部キリスト教学科名誉教授

　上記の他，京都大学大学院，名古屋大学総合言語センター，聖心女子大学，愛知大学非常勤講師などを歴任

主な所属学会：国際中世哲学会（1977.9-2008.1），中世哲学会（1969.11-2008.1），日本基督教学会（1975.9-2008.1），関西哲学会（1970.10-2008.1），中部哲学会（1976.10-2008.1），京大中世哲学研究会（1980.9-2008.1）

主要業績一覧

学位論文

1964（昭和39）年　A Study of the Influence of Naturalism on Rofu Miki as seen in Haien（セント・ポール大学英文学修士）

1966（昭和41）年　トマス・アクィナスに於ける成聖の恩寵について──Summa Theologiae I-II, QQ. 109-114 を中心に（京都大学文学士）

1968（昭和43）年　神の似像なる人間──トマスにおける神学的人間論（京都大学文学修士）

1971（昭和46）年　トマス・アクィナスにおける自然と恩寵──人間の究極目的を中心に（京都大学文学部博士課程報告論文）

1975（昭和50）年　L'homme à l'image et à la ressemblance de Dieu selon saint Bonaventure（ストラスブール大学宗教学博士）

1988（昭和63）年　Un Dieu transcendant: Créateur et exemplaire selon saint Bonaventure: Un essentialisme cohérent（ストラスブール大学神学博士）

著書（註解を含む）

1988（昭和63）年　Un Dieu transcendant: Créateur et exemplaire selon saint Bonaventure: Un essentialisme cohérent, Lille: Atelier national de reproduction des thèses, Université de Lille.

1993（平成5）年　『ボナヴェントゥラ〈魂の神への道程〉註解』創文社

1996（平成8）年　『トマス・アクィナス　神秘と学知〈ボエティウス「三位一体論」に寄せて〉翻訳と研究』創文社

2007（平成19）年　『恩寵の旅路』知泉書館

編　著

1978（昭和53）年　『宗教体験と言葉』南山大学宗教文化研究所共編，紀伊国屋書店

1981（昭和56）年　『絶対無と神──西田・田辺の伝統とキリスト教』南山大学宗教文化研究所共編，春秋社

1988（昭和63）年　『トマス・アクィナス〈神学大全〉語彙集（羅和）』蒔苗暢夫・大森正樹共編，新世社

学術論文（＊は『ボナヴェントゥラ〈魂の神への道程〉註解』に収録）

1969（昭和44）年 （1）トマス・アクィナスにおける神の像なる人間について（中世哲学会『中世思想研究』第11号）

1976（昭和51）年 （2）ボナヴェントゥラのイマゴ・デイ論について（『中世思想研究』第18号）

1977（昭和52）年 （3）神の像から神の相似へ—罪と恩恵に関するボナヴェントゥラの教説について（山田晶編『聖トマス学院論叢—V.-M. プリオット師献呈論文集』所収，聖トマス学院）

（4）ボナヴェントゥラの存在論に関する若干の考察（上智大学神学会『カトリック研究』第32号）

1978（昭和53）年 （5）ボナヴェントゥラにおける創造の問題（南山大学文学部神学科『南山神学』第1号）

1979（昭和54）年 （6）トマスの創造論——ボナヴェントゥラの創造論に対するトマスの批判（『中世思想研究』第21号）

（7）ボナヴェントゥラにおける神と世界（南山大学人文・社会科学編『アカデミア』第29号）

1980（昭和55）年 （8）神の創造的知—ボナヴェントゥラのイデア論序説（『アカデミア』第31号）

1981（昭和56）年 （9）Le problème du langage dans la théologie de l'image de Dieu chez saint Bonaventure et saint Thomas. (In J. P. Beckmann et al. (hrsg.), *Sprache und Erkenntnis im Mittelalter II*, Berlin: Walter de Gruyter.)

1982（昭和57）年 （10）ボナヴェントゥラ『魂の歴程』序文註解（＊）（『南山神学』第5号。その後，1989（平成1）年に「精神の神への道程」として哲学書房『季刊哲学』第9号に掲載）

1984（昭和59）年 （11）ボナヴェントゥラ『魂の歴程』第1章註解（＊）（『南山神学』第7号。その後，1990（平成2）年に「精神の神への道程」として『季刊哲学』第10号に掲載）

1985（昭和60）年 （12）ボナヴェントゥラ『魂の歴程』第2章註解（＊）（『南山神学』第8号。その後，1991（平成3）年に「精神の神への道程」として『季刊哲学』第12号に掲載）

1986（昭和61）年 （13）L'homme au centre de l'univers créé, L'humanisme de saint Bonaventure. (In C. Wenin (éd.), *L'homme et son univers au moyen âge*, Louvain: Éditions de L'Institut-Supérieur de Philosophie.)

（14）事物の類似たるイデア—ボナヴェントゥラのイデア論における問題（京都哲学会『哲学研究』第47巻第552号）

（15）〈みること〉と〈あること〉—アウグスティヌスとイデ

ア（『アカデミア』第40号）
(16) ボナヴェントゥラ『魂の歴程』第3・4章 翻訳と註解（＊）（『南山神学』第9号）

1988（昭和63）年 (17) ボナヴェントゥラ『魂の歴程』第5章 翻訳と註解（＊）（『南山神学』第11号）

1989（平成元）年 (18) ボナヴェントゥラ『魂の歴程』第6章 翻訳と注解（＊）（『南山神学』第12号）

1990（平成2）年 (19) トマスにおける実在と言葉―言語の分析より ESSE の意味へ（『中世思想研究』第32号）
(20) ボナヴェントゥラ『魂の歴程』第7章 翻訳と註解（＊）（『南山神学』第13号）

1991（平成3）年 (21) ボナヴェントゥラの自然観（上智大学中世思想研究所編『中世の自然観』所収，創文社）
(22) La réalité aux yeux de Saint Bonaventure. (In S. Knuuttila et al. (ed.), *Knowledge and the Science in Medieval Philosophy*, Helsinki: The Proceedings of the 8th International Congress of Medieval Philosophy, The Philosophical Society of Finland.)

1994（平成6）年 (23) 神より神へ―ボナヴェントゥラの神秘思想（『南山神学』第17号）

1996（平成8）年 (24) ボナヴェントゥラの神秘思想におけるフランシスカニズム（『中世思想研究』第38号）
(25) トマス・アクィナスとその時代―ボナヴェントゥラ（内山勝利・中川純男編『西洋哲学史――古代・中世編』所収，ミネルヴァ書房）

1997（平成9）年 (26) 知恵としての神学―ボナヴェントゥラにおける観想と実践の問題（中川純男（他）編『観想と実践―古代ギリシアからルネサンス期に至る―』所収，慶應義塾大学言語文化研究所）

1999（平成11）年 (27) Le probléme de ESSE/ESSENTIA dans le Commentaire de saint Thomas *In Perihermeneias*. （『アカデミア』第70号）

2000（平成12）年 (28) 〈だ〉そのものなる神―〈絶対無〉と〈存在〉を超えて（南山大学宗教文化研究所編『宗教と宗教の〈あいだ〉』所収，風媒社）
(29) 人間的営みの意味を求めて―ボナヴェントゥラに学ぶ教養と文化（稲垣良典編『教養の源泉をたずねて―古典との対話』所収，創文社）

2002（平成14）年	(30) Quelques réflexions sur la logique de la coincidentia oppositorum. (In K. Yamaki (ed.), *Nicholas of Cusa, A Medieval Thinker for the Modern Age*, Tokyo: Curzon Press.) (31) 中世哲学に〈真理〉を求めて——渡部菊郎先生と中世哲学（『恩寵の旅路』に収録）（関西大学哲学会『関西大学哲学』第21号）
2004（平成16）年	(32) ESSENTIA-ESSE-ENS——エッセと日本語（1）（『アカデミア』第78号） (33) 生成する自然の究極的根拠を求めて——エッセと日本語（2-1）（『アカデミア』第79号）
2005（平成17）年	(34) 自然の形而上学的分析から言語の分析へ——エッセと日本語（2-2）（『アカデミア』第81号）
2006（平成18）年	(35) 具体性のエッセンティアに向かって——エッセと日本語（3-1）（『アカデミア』第82号） (36) Abstraction et illumination: Une théorie de la connaissance chez saint Bonaventure. (In M. C. Pacheco et al. (éd.), *Intellect et imagination dans la philosophie médiévale: actes du XIe Congrès international de philosophie médiévale de la Société internationale pour l'étude de la philosophie médiévale (S. I. E. P. M.)*, Turnhout: Brepols.)
2007（平成19）年	(37) ボナヴェントゥラの神秘思想とその実践的射程（東京フランシスカン研究所『フランシスカン研究』第3巻）
2008（平成20）年	(38) ボナヴェントゥラ（中川純男編『哲学の歴史3——神との対話』所収，中央公論新社）

翻　訳

1976（昭和51）年	F. シャトレ『シャトレ哲学史Ⅱ　中世の哲学』山田晶監訳，白水社，担当箇所77-166，223-277頁。
1981（昭和56）年	A. フロアッサール（他）『図説大聖書　第5巻』新見宏監訳，講談社，担当箇所25-68頁。
1993（平成5）年	『ボナヴェントゥラ〈魂の神への道程〉註解』創文社（論文10-12, 16-18, 20を収録する）
1996（平成8）年	『トマス・アクィナス　神秘と学知〈ボエティウス「三位一体論」に寄せて〉翻訳と研究』創文社
2001（平成13）年	「ボナヴェントゥラ〈討論問題集　キリストの知について〉」，上智大学中世思想研究所編『中世思想原典集成12』所収，平凡社
2008（平成20）年	『トマス・アクィナス〈自然の諸原理について〉』松村良祐共

訳，知泉書館

書　評

1982（昭和57）年　J. Quinn, *Historical Constitution of St. Bonaventure's Philosophy*.（京大中世哲学研究会『中世哲学研究（VERITAS）』第1号）

1985（昭和60）年　Z. Hayes, *The Hidden Center: Spirituality and Speculative Christology in St. Bonaventure*.（『中世哲学研究（VERITAS）』第4号）

1992（平成4）年　S. B. M. Wissink (ed.), *The Eternity of the World: in the thought of Thomas Aquinas and his contemporaries*.（『中世思想研究』第34号）

2000（平成12）年　渡部菊郎著，『トマス・アクィナスの真理論』（『中世思想研究』第42号）

2002（平成14）年　J.-P. Torrell O. P. *Saint Thomas d'Aquin, maître spirituel, initiation 2*.（『中世思想研究』第44号）

研究発表（学会誌等への収録にあたり，タイトルの変更や加筆訂正が行われたものも多い。→は関連する論文番号。）

1968（昭和43）年　トマス・アクィナスにおける神の像なる人間について（中世哲学会，上智大学）　→論文（1）

1975（昭和50）年　ボナヴェントゥラのイマゴ・デイ論について（中世哲学会，九州大学）　→論文（2）

1977（昭和52）年　（ボナヴェントゥラの存在論について（名古屋哲学会，南山大学）　→論文（4）
　　　　　　　　　Théologie de l'image de Dieu pour une rencontre entre le christianisme et le bouddhisme.（国際中世哲学会，ボン大学／ドイツ）　→論文（9）

1978（昭和53）年　ボナヴェントゥラの創造論に対するトマスの批判（中世哲学会，慶應義塾大学）　→論文（6）

1982（昭和57）年　L'homme au centre de l'univers créé, L'humanisme de saint Bonaventure.（国際中世哲学会，ルーヴァン大学／ベルギー）　→論文（13）
　　　　　　　　　国際中世哲学会帰朝報告（京大中世哲学研究会，京都大学文学部演習室）

1987（昭和62）年　La réalité aux yeux de Saint Bonaventure.（国際中世哲学会，ヘルシンキ大学／フィンランド）　→論文（22）

1989（平成元）年　トマスにおける実在と言葉（中世哲学会，関西学院大学）

→論文（19）

1992（平成 4 ）年　Le probléme de ESSE/ESSENTIA dans le Commentaire de St. Thomas sur le *Perihermeneias* d'Aristote.（国際中世哲学会，オタワ大学／カナダ）　→論文（27）

1994（平成 6 ）年　中世哲学における自然概念（早稲田大学・国際中世哲学会・日本中世哲学会共同主催，国際コロキウム，早稲田大学／コメンテーター）

1995（平成 7 ）年　テオリアとプラクシス—ボナヴェントゥラとトマスの場合（三田哲学会，慶応義塾大学）　→論文（26）
ボナヴェントゥラの神秘思想におけるフランシスカニズム（中世哲学会，岡山大学／シンポジウム提題）　→論文（24）

2000（平成12）年　La logique de la Coincidentia oppositorum et la logique de 'Est'.（東京国際クザーヌス会議，早稲田大学）　→論文（30）

2001（平成13）年　渡部菊郎先生と中世哲学研究（関西大学哲学会，関西大学図書館）　→論文（31）

2002（平成14）年　認識とイデア：ボナヴェントゥラ『討論問題集キリストの知』（京大中世哲学研究会，京大会館）
Abstraction et illumination: Une théorie de la connaissance chez saint Bonaventure.（国際中世哲学会，ポルト大学／ポルトガル）　→論文（36）
エッセと日本語（中世哲学会，東京学芸大学）　→論文（32-35）

2004（平成16）年　Dieu, néant absolu ou ipsum esse.（世界カトリック大学連盟哲学部門大会「宗教と宗教の媒介としての哲学」部門，イベロアメリカーナ大学／メキシコ）

随筆・その他活動（†は『恩寵の旅路』に収録）

1977（昭和52）年　老哲学者とママン（†）（『世紀：カトリック総合文化誌』第29巻第324号，エンデルレ書店）

1979（昭和54）年　Father V.-M. Pouliot O. P. Apostle for Intellectuals in Japan（*Nanzan institute for Religion and Culture Bulletin*, vol. 3）

1980（昭和55）年　猫ちゃんとめぐみ先生（†）（『時報』11月号）

1982（昭和57）年　老聖書学者の微笑み（†）（『世紀：カトリック総合文化誌』第34巻第388号）

1985（昭和60）年　ジャン・ギャバンの馬と人間の値（†）（『世紀：カトリック総合文化誌』第37巻第417号）

1990（平成 2 ）年　アルザスの小さな村で（†）（『世紀：カトリック総合文化

誌』第42巻第477号)
1991（平成3）年　壁1（†）(『世紀：カトリック総合文化誌』第43巻第491号)
　　　　　　　　壁2（†）(『世紀：カトリック総合文化誌』第43巻第495号)
1993（平成5）年　ボナヴェントゥラ研究事始め（†）(『創文』343号，創文社)
1994（平成6）年　時の中州で（†）(『聲』1379号，木鐸舍)
1998（平成10）年　ヨーロッパの中世の森で（†）（南山大学広報委員会編『南山』第124号)
2000（平成12）年　講演「教育と時間——子供の時間を取り戻す」（三人委員会哲学塾，於静岡県掛川市〈加茂荘〉）
2001（平成13）年　無我とカリタス（†）（護国禅寺編『一行一貫—玄忠和尚追悼文集』美功社）
　　　　　　　　ヴィヴァリウム（†）（南山大学「カトリック文庫委員会」編『南山大学図書館カトリック文書通信（カトリコス）』第16号）
2004（平成16）年　通訳・解説：E. リーデル博士講演「優しさの中で死を迎える——フランス人女医の語る人間らしい死」文化の小さな窓，於静岡県静岡市〈がれりあ布半〉
　　　　　　　　通訳・解説：M. エーゲル仙林講演「フランス人尼僧——日本文化に魅せられて」生涯学習講座，於愛知県瀬戸市〈瀬戸市民会館〉
2005（平成17）年　企画・実施：地域ルネッサンス広場「地域社会の再生に向けて——連続講演会」於静岡県静岡市〈がれりあ布半〉
2006（平成18）年　大学紛争のただ中で（†）（「京都大学文学部の百年」編集委員会編『京都大学文学部の百年』京都大学文学部・文学研究科）
　　　　　　　　企画・実施：地域ルネッサンス広場「環境問題から考える地域社会の再生—連続講演会」於静岡県静岡市〈がれりあ布半〉
2007（平成19）年　一期一会の露風先生（†）（三鷹市芸術文化振興財団編『三鷹で暮らした「赤とんぼ」の詩人——三木露風の歩み』はる書房）

付　録（上記の論考・翻訳に関する書評等として以下のものがある）

坂部　恵「現代へ呼びかける13世紀西欧の思想的宝庫——ボナヴェントゥラ著，長倉久子訳註『魂の神への道程』註解書評」(『創文』第349号，1993年，23-26頁)

坂口昂吉「ボナヴェントゥラ著，長倉久子訳註『魂の神への道程』註解書評」(『中世思想研究』第36号，1994年，172-176頁)

渡部菊郎「『トマス・アクィナス——神秘と学知〈ボエティウス三位一体論に寄せて〉翻訳と研究』書評」(『中世思想研究』第39号，1997年，171-175頁)

佐々木亮「トマスとハイデガー　長倉久子〈だ〉そのものなる神——〈絶対無〉と〈存在〉を超えて——を巡って」(京都宗教哲学会『宗教哲学研究』第25号，2008年，20-36頁)

(上記の略年譜・主要業績一覧の作成に当たって，長倉先生が南山大学に提出された研究業績資料を主に参考とした。また，お力添えを頂いた学内外の先生方に感謝したい。)

文　献　表

I　テキスト

（初出時に脚注に掲載されたものもある。参照されたものに限り近代語訳を挙げる。）

トマス・アクィナス

THOMAS AQUINAS, *Sancti Thomae de Aquino Opera omnia iussu Leonis XIII. P. M. edita,* (Roma: Commissio Leonina, 1882-).

In Sent. *Commentum in libros Sententiarum Magistri Petri Lombardi,* (Paris: Vivès, 1882).

Scriptum super libros Sententiarum Magistri Petri Lombardi, ed. P. Mandonnet et M. F. Moos, 4 vols., (Paris: P. Lethielleux, 1929-1947).

S. C. G. *Summa contra Gentiles,* ed. Leonina 13-15, (Roma: Commissio Leonina, 1920-30).

Summa contra Gentiles, ed. D. P. Marc, (Torino-Roma: Marietti, 1961).

S. T. *Summa theologiae,* ed. Leonina 4-12, (Roma: Commissio Leonina, 1888-1906).

Summa theologiae, ed. P. Caramello, (Torino-Roma: Marietti, 1948).

Somme Théologique, traduction par A. -D. Sertillanges et al., (Paris: Desclée, 1947-60).

『神学大全』高田三郎（他）訳，創文社，1960年-。

De Veritate *Quaestiones disputatae de veritate,* ed. Leonina 22, (Roma: Commissio Leonina, 1970-74).

Quaestiones disputatae de veritate, ed. R. Spiazzi et al., (Torino-Roma: Marietti, 1949).

De Potentia *Quaestiones disputatae de potentia Dei,* ed. P. M. Pession, (Torino-Roma: Marietti, 1949).

De Malo *Quaestiones disputatae de malo,* ed. Leonina 23, (Roma: Commissio Leonina, 1982).

Quaestiones disputatae de malo, ed. P. Bazzi et al., (Torino-Roma: Marietti, 1949).

Quodl.	Quaestiones de quolibet, ed. Leonina 25, (Roma: Commissio Leonina, 1996).
In Periherm.	Expositio in libros Peri Hermenias, ed. Leonina 1, (Roma: Commissio Leonina, 1882).
	In libros Peri Hermeneias Expositio, ed. R. Spiazzi, (Torino-Roma: Marietti, 1964).
	「命題論註解」山本耕平訳『中世思想原典集成14　トマス・アクィナス』上智大学中世思想研究所編訳・監修, 平凡社, 1993年, 所収。
In Phy.	Expositio in libros Physicorum Aristotelis, ed. Leonina 2, (Roma: Commissio Leonina, 1884).
	In octo libros Physicorum Aristotelis Expositio, ed. P. M. Maggiòlo, (Torino-Roma: Marietti, 1965).
In Metaphy.	In duodecim libros Metaphysicorum Aristotelis Expositio, ed. M.-R. Cathala et R. Spiazzi, (Torino-Roma: Marietti, 1964).
Super de Trinitate	Super Boetium de Trinitate, ed. Leonina 50, (Roma: Commissio Leonina, 1992).
	『神秘と学知——トマス・アクィナス「ボエティウス〈三位一体論〉に寄せて」翻訳と研究』長倉久子訳註, 創文社, 1996年。
In Psal.	In Psalmos Davidis Expositio, (Paris: Vivès, 1876).
Super Coloss.	Super epistolam ad Colossenses Lectura, ed. P. R. Cai, (Torino-Roma: Marietti, 1953).
Super I Cor.	Super primam epistolam ad Corinthios Lectura, ed. P. R. Cai, (Torino-Roma: Marietti, 1953).
Super II Cor.	Super secundam epistolam ad Corinthios Lectura ed. P. R. Cai, (Torino-Roma: Marietti, 1953).
Super Heb.	Super epistolam ad Hebraeos Lectura, ed. P. R. Cai, (Torino-Roma: Marietti, 1953).
De princi. naturae	De principiis naturae, ed. Leonina 43, (Roma: Commissio Leonina, 1976).
	De principiis naturae, Introduction and Critical Text by J. J. Pauson, (Fribourg: Société Philosophique, 1950).
	Thomas Aquinas on Matter and Form and Elements: A Translation and Interpretation of the De Principiis Naturae and the De Mixtione Elementorum of St. Thomas Aquinas, translated by J. Bobik, (Notre Dame: Univ. of Notre Dame Press, 1998).
De ente.	De ente et essentia, ed Leonina 43, (Roma: Commissio Leonina, 1976).

Le "DE ENTE ET ESSENTIA" de S. Thomas d'Aquin, texte établi d'après les manuscrits parisiens. Introduction, notes et études historiques par M. -D. Roland-Gosselin, o. p., (Paris: J. Vrin, 1926).

S. Thomae Aquinatis opusculum De ente et essentia, introductione et notis auctum edidit C. Boyer, s. j. Textus et documenta, Series Philosophica, 5, (Roma: Pontificia Universitas Gregoriana, 1933).

L'Être et l'essence, traduction et notes par C. Capelle, o. p., (Paris: J. Vrin, 1965).

Über Seiendes und Wesenheit (De Ente et Essentia), mit Einleitung, Übersetzung und Kommentar, herausgegeben von H. Seidl, (Hamburg: Felix Meiner Verlag, 1988).

On Being and Essence, Translated with an Introduction and Notes by A. Maurer, (Toronto: The Pontifical Institute of Mediaeval Studies, 1983).

Über das Sein und das Wesen, Deutsch-Lateinische Ausgabe, Übersetzt und Erläutert von R. Allers, (Darmstadt: Wissenschaftliche Buchgesellschaft, 1991).

Thomas d'Aquin, Dietrich de Freiberg: L'Être et l'essence, Le vocabulaire médiéval de l'ontologie, Traduction et commentaires par A. de Libera et C. Michon, (Paris: Éditions du Seuil, 1996).

『有と本質について』V. -M. プリオット・日下昭夫訳註，聖トマス学院，1955年。

「存在者と本質について」須藤和夫訳『中世思想原典集成14トマス・アクィナス』上智大学中世思想研究所編訳・監修，平凡社，1993年，所収。

Comp. Theol.	*Compendium theologiae seu brevis compilatio theologiae ad fratrem Raynaldum*, ed. Leonina 42, (Roma: Commissio Leonina, 1979).
	Compendium theologiae ad fratrem Reginaldum socium suum carissimum, ed. R. Verardo, (Torino-Roma: Marietti, 1954).
De aet. Mundi	*De aeternitate mundi contra Murmurantes*, ed. R. Spiazzi, (Torino-Roma: Marietti, 1954).

その他（トマス以外）

AMMONIUS, *Commentaire sur le Peri Hermeneias d'Aristote*, traduction de Guillaume de Moerbeke, édition critique par G. Verbeke, (Louvain: Universitaires de Louvain, 1961).

―――, *On Aristotle's On Interpretation 1-8*, translated by D. Blank, (Ithaca, New York:

Cornell UP, 1996).
ANSELMUS CANTUARIENSIS, S. *Anselmi Cantuariensis Archiepiscopi Opera Omnia*, t. 1, ed. F. S. Schmitt, (Stuttgart-Bad Cannstatt: Friedrich Frommann Verlag, 1964).
――――, 『アンセルムス全集』古田暁訳, 聖文舎, 1980年。
ARISTOTELES, *Aristotelis Opera*, ex recensione I. Bekkeri, editio altera O. Gigon, 2 vols., (Berlin: de Gruyter, 1960).
――――, *Aristoteles Latinus XXV: Metaphysica*, editioni curandae praesidet G. Verbeke et al., (Leiden-Paris: E. J. Brill-Desclée de Brouwer, 1970-95).
――――, 『アリストテレス全集』出隆監修・山本光雄編, 岩波書店, 1968-73年。
AUGUSTINUS, *Œuvres de saint Augustin*, Les confessions: vol. 13-14, La Trinité: vol. 15-16, La Cité de Dieu: vol. 33-37, (Paris: Desclée de Brouwer, 1955-62).
AVERROES, *Aristotelis opera cum Averrois commentariis*, Venice 1562-1574, 11 vols. Repr., (Frankfurt: Minerva, 1962).
――――, *Averrois in librum V(Δ) metaphysicorum Aristotelis commentarius*, ed. R. Ponzalli, (Berna: Edizioni Francke, 1971).
AVICENNA, *Avicenne perhypatetici philosophi ac medicorum facile primi Opera*, Venice, 1508, (Réimpression, Louvain: Édition de la Bibliothèque S. J., 1961).
――――, *Liber de anima seu Sextus de naturalibus*, édition critique par S. van Riet; introduction doctrinale par G. Verbeke, 2 vols., (Louvain: E. Peeters, 1968-72).
――――, *Liber de philosophia prima sive scientia divina*, édition critique par S. van Riet; introduction doctrinale par G. Verbeke, 2 vols., (Louvain: E. Peeters, 1977-80).
――――, *Le livre de science*, traduction par M. Achena et H. Masse, (Paris: Les Belles Lettres, 1986).
BOETHIUS, *Manlii Serverini Boetii Opera Omnia*, J.-P. Migne (éd.), Patrologia Latina, t. 64, (Paris: Vives, 1891).
――――, *The Theological Tractates with an English Translation*, (Loeb Classical Library 74), translated by H. F. Stewart and E. K. Rand and S. T. Tester, (Cambridge, Mass.: Harvard UP, 1973).
BONAVENTURA, *Bonaventurae doctoris seraphici Opera Omnia*, 10 vols., (Quaracchi: Collegium S. Bonaventurae, 1882-1902).
――――, 『ボナヴェントゥラ「魂の神への道程」註解』長倉久子訳註, 創文社, 1993年。
PETRUS LOMBARDUS, *Sententiae in IV libris distinctae*, t. 1-2., (Roma: Collegium S. Bonaventurae, 1971-1981).
PLATON, *Opera*, ed. J. Burnet, (Oxford: E. Typographeo Clarendoniano, 1902-6).
――――, *Œuvres complètes*, traduction par E. Chambry et al., (Paris: Société d'édition "Les Belles Lettres", 1925-1934).
――――, 『プラトン全集』田中美知太郎・藤沢令夫編, 岩波書店, 1974-78年。
西田幾多郎, 『西田幾多郎全集』第3版, 岩波書店, 1978-80年。

聖 書

Septuaginta: id est Vetus Testamentum graece iuxta LXX interpretes, ed. A. Rahlfs, 2 vols., (Stuttgart: Württembergische Bibelanstalt, 1965).

Biblia Sacra: iuxta Vulgatam versionem, ed. R. Weber, 2 vols., (Stuttgart: Deutsche Bibelgesellschaft, 1969).

La Sainte Bible, trad. en français sous la direction de l'École biblique de Jérusalem, (Paris: Cerf, 1961).

『聖書 原文からの批判的口語訳』(『創世記』他), フランシスコ会聖書研究所, 1958年-。

『聖書 新共同訳』日本聖書協会, 1992年。

II 研究文献
(主に本書の中で言及された文献を掲載した)

欧文研究文献

AUBENQUE, P., *Le problème de l'être chez Aristote*, (Paris: PUF, "Quadrige", 1994).

BATHEN, N., *Thomistische Ontologie und Sprachanalyse*, (Freiburg; München: K. Alber, 1988).

BAULOYE, L., *La question de l'essence, Averroes et Thomas d'Aquin, Commentateurs d'Aristote, Metaphysique Z1*, (Louvain-La-Neuve: Éditions Peeters, 1997).

BEAURECUEIL, L. De, "L'Homme Image de Dieu selon Saint Thomas d'Aquin," *Études et Recherches*, (8) 1952, pp. 45-82 & (9) 1955, pp. 37-97.

BIGI, V. Ch., "La dottrina della temporalità e del tempo in san Bonaventura," *Antonianum*, (39) 1964, pp. 437-488 & (40) 1965, pp. 96-151.

BONANSEA, B. M., "The Question of an Eternal World in the Teaching of St. Bonaventure," *Franciscan Studies*, (34) 1974, pp. 7-33.

―――, "The Impossibility of Creation from Eternity According to St. Bonaventure," *Proceedings of the American Catholic Philosophical Association*, (48) 1974, pp. 121-135.

BROWN, M., "Thomas Aquinas and the Real Distinction: A Re-evaluation," *New Blackfriars*, (69) 1988, pp. 270-277.

BUONPENSIERE, H., *Commentaria in I. P. Summae Theologicae S. Thomae Aquinatis, De Deo Trino*, (Rome: Pustet, 1902).

BURRELL, D., *Aquinas, God and Action*, (London: Routledge and Kegan Paul Ltd., 1979).

CAMELOT, P. Th., "La Théologie de l'Image de Dieu," *Revue des Sciences philosophiques et théologiques*, (40) 1956, pp. 443-471.

CHENU, M. -D., *Introduction à l'étude de S. Thomas d'Aquin*, (Paris: J. Vrin, 1954).

COCCIA, A., "De aeternitate mundi apud Sanctum Bonaventuram et recentiores," chez J.-G. Bougerol (éd.), *S. Bonaventura 1274-1974, vol. 3*, (Roma: Collegio S. Bonaventura, 1974), pp. 279-306.

DAVIS, B., "Aquinas, God, and Being," *The Monist*, (80) 1997, pp. 500-520.

DURKHEIM, E., "De quelques formes primitives de classification," *L'Année Sociologique*, (6) 1901-1902, pp. 2-72. 小関藤一郎訳『分類の未開形態』法政大学出版局，1980年，所収，1-136頁。

GARRIGOU-LAGRANGE, R., *De Deo Trino et Creatore, Commentarium in Summam Theologicam S. Thomae (Ia q. XXVII-CXIX)*, (Taurini-Paris: Marietti-Desclée, 1943).

GILSON, É., *Le thomisme*, (Paris: J. Vrin, 1979) 6e éd.

――, *La philosophie de saint Bonaventure*, (Paris: J. Vrin, 1943).

――, *L'être et l'essence*, (Paris: J. Vrin, 1972) réed.

――, *Autour de saint Thomas*, (Paris: J. Vrin, 1983).

――, *Constantes philosophiques de l'être*, (Paris: J. Vrin, 1983).

HAMESSE, J. et STEEL, C. (éd.), *L'Élaboration du vocabulaire philosophique au moyen âge*, (Turnhout: Brepols, 2000).

HENRY, A. M. (ed.), *Theology Library, God and His Creation: vol. II, Man and His Happiness: vol. III*, translated by C. Miltner, (Chicago: Fides Publishers Association, 1955-56).

HUGHES, D., "The Dynamics of Christian Perfection," *The Thomist*, (15) 1952, pp. 247-288.

KENNY, A., *Aquinas on Being*, (Oxford: Clarendon Press, 2002).

KOVACH, F. J., "The Question of the Eternity of the World in St. Bonaventure and St. Thomas―A Critical Analysis," in R. W. Shahan and F. J. Kovach (ed.), *Bonaventure and Aquinas, Enduring Philosophers*, (Norman: Univ. of Oklahoma Press, 1976), pp. 155-186.

LAFONT, G., *Structures et Méthode dans la Somme Théologique de Saint Thomas d'Aquin*, (Paris: Desclée de Brouwer, 1961).

LAPORTA, J., *La Destinée de la Nature Humaine selon Thomas d'Aquin*, (Paris: J. Vrin, 1965).

LE TROQUER, R., *Homme, qui sais-je? Essai d'Anthropologie Chrétienne*, (Paris: A. Fayard, 1957).

MANSION, S., *Le jugement d'existence chez Aristote*, (Louvain: Éditions de l'institut supérieur de philosophie, 1976).

MARC, A., "L'idée de l'être chez saint Thomas et dans la scolastique postérieure," *Archives de Philosophie*, (10) 1933, pp. 1-144.

MARIN, A. R., *Teologia de la perfection cristiana*, (Madrid: Biblioteca de Autores Cristianos, 1955).

MARTINELLI, L., *Thomas d'Aquin et l'analyse linguistique*, (Paris: J. Vrin, 1963).

MONDREGANES, P. A., "De impossibilitate aeternae creationis ad mentem S. Bonaventurae," *Collectanea Franciscana*, (5) 1935, pp. 529-570.

MONTAGNES, B., *La doctrine de l'analogie de l'être d'après Saint Thomas d'Aquin*, (Louvain-Paris: Béatrice-Nauwelaerts, 1963).
MOREWEDGE, P. (ed.), *Philosophies of Existence, Ancient and Medieval*, (New York: Fordham UP, 1982).
NAGAKURA, H., *Un Dieu transcendant, Créateur et Exemplaire selon Saint Bonaventure: Un essentialisme cohérent*, (Lille: Atelier National de Reproduction des Thèses, Université de Lille, 1988).
OWENS, J., *The Doctrine of Being in the Aristotelian Metaphysics*, (Toronto: Pontifical Institute of Mediaeval Studies, 1978).
PATT, W., "Aquinas's Real Distinction and Some Interpretations," *The New Scholasticism*, (62) 1988, pp. 1-29.
PREUS, H. A. and SMITS, E. (ed.), *The Doctrine of Man in Classical Lutheran Theology*, trans. from the works of M. Chemnitz and J. Gerhard, (Minnesota: Augusburg Publishing House, 1962).
PROUVOST, G. (éd.), *É. Gilson et J. Maritain: Deux approches de l'être correspondance, 1923-1971*, (Paris: J. Vrin, 1991).
RABEAU, G., *Le jugement d'existence*, (Paris: J. Vrin, 1938).
RADHAKRISHNAN, S. and RAJU, P. T. (ed.), *The Concept of Man, A Study in Comparative Philosophy*, (London: George Allen and Unwin Ltd., 1966).
RUELLO, F., "La signification du mot nature dans le *De principiis naturae* de saint Thomas d'Aquin," *Rivista di filosofia neoscolastica*, (66) 1974, pp. 613-625.
SARANYANA, J. I., "La creación ab aeterno; controversia de S. Tomás y Raimundo Marti con S. Buenaventura," *Scripta Theologica*, (5) 1973, pp. 127-174.
TAVARD, G. H., "On a Misreading of St. Bonaventure's Doctrine of Creation," *The Downside Review*, (69) 1951, pp. 276-288.
TORRELL, J.-P., *Initiation à saint Thomas d'Aquin. Sa personne et son œuvre*, (Fribourg: Éditions universitaires Fribourg, 1993).
VAN STEENBERGHEN, F., "Saint Bonaventure contre l'éternité du monde," chez J.-G. Bougerol (éd.), *S. Bonaventura 1274-1974, vol. 3*, (Roma: Collegio S. Bonaventura, 1974), pp. 259-78.
WEISHEIPL, J., *Friar Thomas D'Aquino: His Life, Thought, and Works*, (Washington, D. C.: Catholic Univ. of America Press, 1983).
YAMAMOTO, B., *De temporis habitudine ad creationem iuxta S. Bonaventuram*, (Roma: Pontificium Athenaeum Antonianum, 1956).
ZIMMERMANN, Z., "Ipsum enim ⟨est⟩ nihil est' (Aristoteles, Periherm. I, c. 3): Thomas von Aquin über die Bedeutung der Kopula," A. Zimmermann (hrsg.), *Der Begriff der Repraesentatio im Mittelater; Miscellanea Mediaevalia, 8*, (Berlin; New York: Walter de Gruyter, 1971), pp. 282-295.

邦文研究文献

井筒俊彦『イスラーム思想史』中公文庫，1991年。

上枝美典「トマス・アクィナスの存在論研究――エッセの現実態としてのエッセ」『福岡大学人文論叢』（福岡大学総合研究所）第30号，1998年，1-47頁。

―――，「分析的トミズムのエッセ批判について」『中世思想研究』（中世哲学会）第44号，2002年，19-35頁。

上田閑照『西田哲学への導き 経験と自覚』岩波書店，1998年。

沖永宜司「肯定としての『無』――禅言語の二つの次元」『宗教研究』（日本宗教学会）第73号，1999年，1-26頁。

加藤雅人「トマス・アクィナスにおけるエッセの意味論」『哲学』（日本哲学会）第54号，2003年，204-214頁。

桜部建（他）『講座仏教思想1 存在論・時間論』理想社，1974年。

桜部建・上山春平『仏教の思想2――存在の分析〈アビダルマ〉』角川書店，1957 年。

田口啓子「S. Thomae Aquinatis Opuscula Philosophica の研究――その一，De Principiis Naturae ad Fr. Sylvestrum」『清泉女子大学紀要』（清泉女子大学）第23号，1975年，23-34頁。

時枝誠記『言語本質論』岩波書店，1973年。

中川純男「significare と praedicari――トマス『有と本質』における」『人間存在論』（京都大学『人間存在論』刊行会）第 3 号，1997年，477-486頁。

長倉久子「ボナヴェントゥラのイマゴ・デイ論について」『中世思想研究』（中世哲学会）第18号，1976年，45-65頁。

―――，「ボナヴェントゥラの存在論に関する若干の考察」『カトリック研究』（上智大学神学会）第32号，1977年，345-371頁。

P. ネメシェギ・縄纒康兵『神の恵みの神学』南窓社，1966年。

山田晶『トマス・アクィナスの〈エッセ〉研究』創文社，1978年。

―――，『トマス・アクィナスの〈レス〉研究』創文社，1986年。

III 参考資料
（辞書・辞典類）

Dictionnaire latin-français, F. Gaffiot éd., (Paris: Hachette, 1934).

A Latin dictionary: Founded on Andrews' edition of Freund's Latin dictionary, rev., enl., and in great part rewritten by C. T. Lewis and C. Short., (Oxford: Clarendon Press, 1966).

Dictionnaire latin-français des auteurs chrétiens, A. Blaise éd.; revu spécialement pour le vocabulaire théologique par H. Chirat, (Turnhout, Belgique: Brepols, 1967).

Syntaxe latine, A. Ernout et F. Thomas éd., (Paris: Librairie C. Klincksieck, 1972).

尚学図書編集『国語大辞典』小学館，1981年。

松平千秋・国原吉之助『新ラテン文法』南江堂，1968年。

人名索引

(本文及び註に登場する主な人名を採った。仏語論文の人名は仏語も併記する。頁数の後の（ ）は註番号を示す。＊の後に研究者名を配置する。)

アヴィケンナ（Avicenna）……39, 98, 100, 103, 105(31), 111(47), 149, 189-192, 195(19), 196, 202(59), 214(96), 224

アヴェロエス（Averroes）……39, 149, 167, 189-191, 196, 198, 201(52), 204, 206(75), 214(97), 220

アウグスティヌス（Augustinus, Augustin）……4, 5, 10(44), 11(47), 12(49), 25, 29, 40, 96, 105(31), 145, 191(5), 200(51), 237, 259

アナクサゴラス（Anaxagoras）……41

アリストテレス（Arisoteles, Aristote）……39, 48-54, 60-63, 65, 67, 71, 79, 81-83, 85-88, 92-93, 96, 99, 101, 105(31), 107-108, 110, 112, 129-133, 137-140, 148-149, 157-161, 166-168, 172-173, 178-179, 184(89), 189-192, 195-196, 198, 204, 234, 237, 240, 241-243, 245, 247, 249-252, 260, 262-264

アルベルトゥス・マグヌス（Albertus Magnus）……200(51)

アレクサンドロス，アフロディシアスの（Alexandros）……85(37)

アンセルムス（Anselmus）……75-76, 97(3), 105(31), 114, 116-118, 122-123, 125, 127, 129, 148

アンモニオス（Ammonios Hermeiou）……85(37)

イサアク（Isaac Israeli）……105(31)

エイレナイオス（Eirenaios）……4(8), 13(51)

エリウゲナ（Eriugena, Jean Scot Erigène）……96, 259

エンペドクレス（Empedokles）……41

オリゲネス（Origenes）……4(8), 73(2)

ギヨーム，サン・ティエリの（Willelmus Sancti Theodorici, Guillaume de Saint-Thierry）……4

キリスト（Christus）……3-4, 236

ギレルムス，メルベケの（Guillelmus de Moerbeka, Guillaume de Moerbecke）……87, 249

クザーヌス（Cusanus, Nicola de Cuès）……96, 259

グレゴリウス，ニュッサの（Gregorius Nyssenus）……4(8)

クレメンス，アレクサンドリアの（Clemens）……4(8), 73(2)

ソクラテス（Sokrates）……204

ダマスケヌス（Damascenus）……16

ディオニュシオス（Dionysios, Denys l'Aréopagite）……4(10), 96, 259, 261

人名索引

西田幾多郎（Nishida Kitarō） …… 73-74, 76-78, 85, 88, 89(38), 91-93, 95-96, 256-262, 263
ハイデッガー（Heidegger, M.） ……………………………………………… 74
パウロ（Paulus） ……………………………………………………………… 3-4, 8
パルメニデス（Parmenides） …………………………………………………… 145
ヒラリウス（Hilarius） ………………………………………………… 105(31)
フィロン，アレクサンドリアの（Philon） …………………………… 190
フーゴー，サン・ヴィクトルの（Hugo de Sancto Victore） …………………… 5
プラトン（Platon） …………………………………………… 138, 191(8), 204
プロクロス（Proklos） ………………………………………………………… 190
プロタゴラス（Protagoras） …………………………………………………… 82
ペトルス・ロンバルドゥス（Petrus Lombardus） ……………………… 5, 116
ベルナルドゥス，クレルヴォーの（Bernardus Claraevallensis） ……………… 4
ボエティウス（Boethius, Boèce） ……… 79(21), 80, 85, 87, 167, 185(90), 190, 195(19), 200, 249
ボナヴェントゥラ（Bonaventura, Bonaventure） …… 29, 30(2), 31(5), 32-33, 36-40, 42-43, 47, 65, 71, 74-75, 97(3), 113(58), 114, 116-119, 121-123, 125-127, 129, 148, 230-233, 235-240
ポルフュリオス（Porphyrios） ………………………………………… 85(37)
マリウス・ヴィクトリーヌス（Marius Victorinus） ………………… 73(2)
リカルドゥス，サン・ヴィクトルの（Richardus de SanctoVictore） ……… 40

* * *

オーウェンス（Owens, J.） …………………………………………… 200(51)
ガリグ・ラグランジュ（Garrigou-Lagrange, R.） …………………… 18(80)
ガルデイユ（Gardeil, H.-D.） ………………………………………………… 3(2)
ケニー（Kenny, A.） ……………………………………………… 97(3), (6)
コッキア（Coccia, A.） ……………………………………………………… 39(53)
コバック（Kovach, F. J.） …………………………………………… 39(52), (53)
サランヤナ（Saranyana, J. I.） ……………………………………………… 46
シャバス（Chavasse, A.） ………………………………… 46, 71, 72, 92(45)
シュニュ（Chenu, M.-D.） …………………………………… 39(53), 40(57)
ジルソン（Gilson, E.） ……………………………… 39(53), 48(2), 97(3)
セルティランジュ（Sertillange, A.） ………………………………… 33(13)
タヴァード（Tavard, G. H.） ………………………… 31(5), 32(8), 39(53)
ツィンマーマン（Zimmermann, A.） ………………………… 72, 253(43)
デイヴィス（Davis, B.） ……………………………………………………… 97(3)
ド・リベラ（de Libera, A.） ………………………………………… 194(18)
ビージ（Bigi, V. Ch.） ……………………………………………………… 39(53)
ファン・ステーンベルゲン（Van Steenberghen, F.） …… 33(13), 39(53), 45(89), (90)
ブオンペンシェーレ（Buonpensiere, H.） ………………………………… 8(32)

ポーソン（Pauson, J.）	133(12)
ボビック（Bobik, J.）	133(12)
ボナンセア（Bonansea, B. M.）	32(8), 33(13), 39(53), 45(91)
ボーロイエ（Bauloye, L.）	197(31), 203(64)
ボワイエ（Boyer, C.）	193(17)
マウラー（Maurer, A.）	181(77)
モンターニュ（Montagnes, B.）	169(44)
モンドレガーネス（Mondreganes, P. A.）	39(53)
ルエロ（Ruello, F.）	133(12)
ローラン・ゴスラン（Roland-Gosselin, M.-D.）	111(47), 133(12)
上枝美典	97(3)
加藤雅人	97(3)
日下昭夫	37(36), (41), 207(79)
国原吉之助	134(13)
高田三郎	37(36), (41)
田口啓子	133(12)
時枝誠記	92(43)
中川純男	202(60), 205(72)
山田晶	36(30), 76(9), 97(3)
山田孝雄	91

事項索引

（邦語論文を対象とし，n は脚註）

ア 行

愛（amor）　4, 9, 10-11, 13-19, 20, 22, 23-25
　──徳（カリタス）（caritas）　4, 22-25 →徳
　自然本性的な──（amor naturalis）17, 22, 23
　友──（amicitia）　22
アヴェロエス主義者　198
悪（malum）　19-20, 113n
アナロギア（analogia）　164-80, 185-86, 188, 194
ある・あること（エッセ）（esse）　51-55, 57, 59-61, 63, 66, 68, 74, 78, 87-88, 90-91, 96-99n, 100, 107-08, 110-11, 113-27, 129-35, 137, 144-45, 148, 150, 153-54, 155-58, 179-86, 190-94, 199, 217, 228 et passim.
　──ことそのもの（ipsum esse）74, 78, 91-92
　──の現実態（actus essendi）　47-48, 59-60, 68-71, 74n, 103
あるもの（エンス）（ens）　53, 63-64, 70, 85-87, 90, 98-127, 129-32, 134-35, 149, 153, 155-56, 158-59, 165-66, 168-70, 172-74, 178-80, 182-86, 192-95, 198-99, 201, 217, 221, 227 et passim.
あらぬもの・あらざるもの（non ens）134, 156　→非有
あるところのもの（quod est）　52, 86-87, 124, 126, 190
意志（知性的な欲求）（voluntas）　4-5, 10, 15, 17, 20, 24, 26, 41-43

一なるもの（unum）　103, 109
一致　82-83, 104-05, 164-66, 168, 173-74, 176, 178
　──事物と知性との一致・合致　82-83, 104-05
イデア　6, 138, 204
運動・運動変化（motus）　16, 26, 33-35, 36n, 39, 41-44, 139n, 210
　神への──（motus in Deum）　16, 26
永遠性（aeternitas）　29, 38-41, 43-46
　──支持論者　44
　──否定論者　44-45
　世界の──　29, 38-41, 43-46
栄光（gloria）　12-13, 16, 24-25
　──の光（lumen gloriae）　12, 16, 24-25 →光
御子（Filius）　4, 8-10, 31, 114n
音声（vox）　80 →声
恩寵（gratia）　3-4, 12-13, 16, 19-26, 222n
　──の光（lumen gratiae）　22 →光
　──の啓示（revelatio gratiae）　22
　常在の──（gratia habitualis）　20
　成聖の──（gratia sanctificans）21, 24n

カ 行

外在的な　139, 157-160, 177
　──原因（causa extrinseca）　139, 158, 177　→原因
懐念（conceptus, conceptio）　84, 100-01, 106
概念（ratio）　104, 131, 138, 167, 170,

事項索引

175, 203, 205n
　第一次―（intentio prima）　174
　第二次―（intentio secunda）　175
可能態（potentia）　31, 44, 57-58, 119, 134, 137-38, 143-46, 149, 151-52, 156-59, 161-63, 175, 177, 181, 183-84
神（Deus）　3-20, 22-26, 29-31, 34-39, 41-46n, 70, 73-78, 83, 85, 92-93, 117-18, 121, 190, 195
　――の意志（voluntas Dei）　41-43
　――の痕跡（vestigium Dei）　7
　――の全能（omnipotentia Dei）　46n
　――の像（imago Dei）　3-6, 8-10, 12-16, 19, 22-26　→像
　――の存在証明　75
　――の直視（visio Dei）　22
　――への還帰　6
　第一原因としての――　6, 149-151, 158-160, 163
感覚（sensus）　70, 82-83, 167, 208, 210
関係（relatio, comparatio）　31-32, 34-37, 41-42, 57, 61, 171
　超範疇的――（relatio transcendentalis）　37n
　範疇としての――（relatio praedicamentalis）　37n
　付帯性としての――　37
完成体（complementum, perfectum）　146, 177, 209, 216
完全性（perfectio）　207-10, 213, 216-18, 220-21
技術（ars）　→人為
帰属（attributio）　168-69, 171-72, 174, 186
基体（subiectum）　31-33, 36-37, 40, 44, 49-50, 55, 61-62, 82, 89, 101, 118, 122, 136-38n, 142, 148, 157, 168-69, 171-72, 174, 177, 186
京都学派　73

ギリシア教父　4, 8, 12
功徳（meritum）　25
傾向（inclinatio）　15, 17, 19, 139
啓示（revelatio）　22
繋辞（copula）　69, 89, 93, 115
形而上学（metaphysica）　47-48, 96, 98, 108, 138n, 155, 158, 161, 166, 176n-77, 185, 190, 227
形象（species）　104, 106
形相（forma）　6, 7n, 9-10, 12n, 21, 24, 31, 33, 37-38, 40-41, 54-55, 57-58, 71, 85, 89, 104-06, 125-26, 134-40, 142-44, 146-150, 153, 156-160, 162-65, 169, 173-78, 180-86, 197-98, 200-01, 203-16, 218-20, 222, 225-27
　――の賦与者（dator formarum）　37
　実体的――（forma substantialis）　208, 210n, 220n
　付帯的――（forma accidentalis）　24, 150
結果（effectus, causatum）　139n, 143, 146-48, 151-52, 160-63, 177
結合-分離（compositio-divisio）　50-51, 53, 63-64, 66, 69, 79, 84
欠如（privatio）　109, 113, 131, 134-38, 143, 146, 150, 156-57, 175, 177-78, 181, 183, 220
原因（causa）　6-8, 17, 22, 25, 30-31, 33-34, 38, 41-44, 104, 133, 138-53, 157-63, 168, 175, 177-78, 182-83, 185, 197-98, 220
　――の中の原因（目的因）（causa causarum）　142-43, 145
　外在的な――（causa extrinseca）　139, 158, 177
　形相因（causa formalis）　140, 145-47, 149, 153, 160, 162-63
　個別的な――（causa singularis）　149, 151, 159, 163
　作動因・作出因（causa efficiens）

299

6, 10, 25, 44, 138, 140-43, 145-50, 153, 157-60, 161n, 162, 177-78
質料因（causa materialis）　30, 31, 140, 149, 153, 160, 162
第一――（causa prima）　6, 149-151, 158-160, 163
第二――（causa secunda）　38
動因（causa movens）　140, 159
道具因（causa instrumentalis）　38
特殊的――（causa specialis）　150, 159, 163
内在的な――（causa intrinseca）　139n, 158
範型因（causa exemplaris）　6, 25
普遍的――（causa universalis）　34, 149-152, 159-160, 163
目的因（causa finalis）　6, 25, 138, 140-43, 145-47, 149, 150, 153, 157, 160, 162-63, 177
四――　133, 140, 143-45, 149, 161
『原因論』（Liber de causis）　161, 190-92
健康（sanitas）　141-42, 145, 150, 168
原罪（peccatum originale）　3, 4, 18-20
現実性（actualitas, actu esse）　54-55, 57, 65, 68, 84, 88-91, 93, 95, 145, 150, 183, 185
現実態（actus）　10-11, 14-15, 23-24, 31, 54, 56-58, 60, 70, 103, 114-17, 119-25, 127, 129-30, 136n-38, 143-46, 148-49, 151-52, 157-58, 160-61, 163, 175, 177-78, 181, 183-85, 215n
　完全――　60, 136n
　純粋――（actus purus）　14-15
　第一――（actus primus）　115, 121, 148, 152, 157-58
　第二――（actus secundus）　24, 115, 121, 148, 152, 157-58, 160
言語　47-48, 55-60, 64, 68, 78-79, 83-84, 88, 92-93, 95-96, 110-11, 113, 131, 159, 161, 166, 176n-77, 179, 221
　日常――　48, 55-56, 59-60
　メタ――　55, 59, 110-11, 113, 131, 166, 179,
元素（elementum）　137, 138n-39n, 148n, 158
原理（principium）　30, 33n, 37, 57, 100, 120, 134-35, 137-39, 157-59, 163-65, 172-73, 175-78, 183-86, 197-99, 204-05, 210, 215, 223
　個体化の――（principium individuationis）　138n, 186-87n, 201, 205, 223
　内在的な――（principium interius）　159, 163-65, 173, 177-78, 183-84, 186, 197, 199, 201, 215
声（vox）　167　→音声
個物（individuum, singularia）　125-26, 151, 174, 178, 186, 188, 203n, 211, 221
痕跡（vestigium）　7, 9-10, 12n, 13

サ　行

作製（factio）　43, 44
指し示す（signare）・指定する（designare）　202-03
三位一体（Trinitas）　3-5, 8, 12n, 22, 31
　――の像（imago Trinitatis）　4, 10-11　→像
　――論　3-5
志向（intentio）　15, 17, 139, 141, 146
自然・本性（natura）　12-13, 15-23, 25-26, 31, 33, 36-39, 41-42, 57, 63, 65, 83, 99, 101-02, 108, 111, 113-15, 120, 132-33, 137, 139-140, 145, 148-149, 157-61, 163, 165, 172, 177-78, 181-82, 184-86, 189-90, 197-200, 204, 207, 209, 211, 216-26
自然学（physica）　83, 140, 161-63, 165, 172, 177, 184
自然と恩寵　20, 24, 26

事 項 索 引

自然本性的な愛（amor naturalis）
　→愛
自然物（res naturalis, substantia naturalis）　113, 137, 160, 177-78, 181-82, 184-186, 197-99, 207n, 218
感覚的本性（natura sensitiva）207-08, 217
健全なる自然本性（natura integra）18
堕落せる自然本性（natura lapsa）18
知性的本性（natura intellectiva）9, 207-08, 217
実在　47-48, 51, 55-60, 62, 64, 66-70, 82-85, 90, 95-96, 102, 104-06, 109-10, 113, 118, 129, 131-32, 135-36, 138, 145, 148, 151, 157, 170, 176, 178, 180, 182, 184, 187-88, 191, 199, 201, 203, 205-06, 213-16, 218-19, 221, 228
　（実在的）区別　47, 55, 96, 113, 121, 127, 191-92
実体（substantia）　10, 12n, 14n, 15, 19, 21, 23, 31, 33, 36, 41-43, 49, 54, 56, 62, 67, 76-77, 81, 86, 88-89, 102, 103n, 109, 112-13, 118, 121-22, 124, 130-32, 138n, 144, 148, 156-57, 160, 165-69, 172-86, 191, 194-95, 197-200, 203-04
　単純──（substantia simplex）181, 195
　複合──（substantia composita）181-84, 186, 195, 197-98, 200, 203-04
質料（materia）　30-31, 33, 36-37, 39-41, 43-44, 58, 83, 85, 125-26, 134-40, 142, 144, 148-49, 153, 156-60, 162-65, 169, 173-78, 181-88, 191, 197-206, 208-09, 211-16, 219-20, 223-28
　──一般（materia communis）187, 201
　指定された──（materia signata）187, 202n, 223-27　→指し示す

　第一──（materia prima）44, 85, 137, 220
　無形の──（materia informis）33, 36, 40, 191
シトー学派　4
至福（beatitudo）　17, 21, 22, 24-26
種（species）　101-02, 110, 129, 131, 146-47, 150, 159-60, 162, 164, 166, 172-76, 185, 187-88, 192, 202-07, 209-23, 225-26
自由意志（liberum arbitrium）　4-5, 15-16
終極（finis）　5, 13-14n, 17, 22, 24, 34, 141-42, 146-48, 153, 159-60, 207n　→目的
主語　50-51, 53-55, 61-62, 65-69, 78, 82, 88, 90, 122, 170, 179, 194, 211
種差（differentia）　9, 101, 192, 206, 211-16, 218-221, 226-28
述語　50-51, 53-55, 60-63, 65-69, 78, 82, 88-90, 108-09, 113, 126, 165-73, 177-81, 185, 194, 206, 211, 214, 222-23, 225, 228
受肉（incarnatio）　4
純粋経験　88, 95-96, 100, 106
消滅（corruptio）　134, 156
助動詞　92, 96-97
　断定の──　92
所有態（habitus）　24n, 150
人為（ars）　36-37, 134n, 150, 183
神学（theologia, scientia divina）　47, 71, 75, 77, 83, 93, 99, 153
　──の方法　93, 99n, 153
　否定──　77
真偽　51, 53, 55, 64, 67, 81-84, 87
信仰（fides）　38, 42-43
真なるもの（verum）　90, 100, 103-04, 109
　──あるもの（ens）との置換　90
新プラトン主義（ネオ・プラトニズム）37, 39, 40, 160n, 178n, 184n, 190-92, 196

真理 (veritas)　63, 82-83, 100, 104-05, 108, 114-15, 130-31, 135, 194
数学 (mathematica)　83-84, 89, 177, 181, 198
精神 (mens)　4, 6, 10n, 11, 12n, 13, 15, 17, 25-26, 71, 74-75
生成・生成する (generatio, generare)　134-38, 140, 143-48, 153, 156-62, 177-78, 181, 184, 186, 189, 195, 199-200, 204, 210
聖霊 (Spiritus Sanctus)　8-10, 21-23, 114n
　　──の触発 (instinctus Spiritus Sancti)　21
　　──の賜物 (donum Spiritus Sancti)　21, 22
　　──の実 (fructus Spiritus Sancti)　21
善・善性 (bonum, bonitas)　6, 15, 17, 19, 22, 42, 57
　　最高── (bonum summum)　6, 15
　　部分的── (bonum particulare)　17
　　普遍的── (bonum universale seu commune)　17
全堕落説　19
創造・創造する (creatio, creare)　3, 5-6, 10, 13n, 14, 18n, 20-21, 29-45, 71, 118, 190
　　──主 (creator)　13, 35, 37
　　──論　3, 5-6, 29-30, 37, 40-43, 45
　　──論者 (créationiste)　190
　　時とともなる── (creatio cum tempore)　40
　　時に従った── (creatio ex temore)　40
　　無からの── (creatio ex nihilo)　31-33, 39-42, 44
像 (imago)　3-26
　　──から類似性へ　4-5, 12, 13n
　　(──の) 三つの段階　12-15

栄光による類似の──　24
恩寵による相似の──　20
神の── (imago Dei)　3-6, 8-10, 12-16, 19, 22-26
三位一体の── (imago Trinitatis)　4, 10-11
自然本性的適性としての──　16
存在 (esse, existere)　30-38, 41-44, 71, 74-75, 77-78, 91-93, 96-97, 113, 116-17, 123, 126, 190　→あること
　　──という訳語　74, 91, 96-97
　　──者 (ens)　37, 71, 74, 117, 126, 129　→あるもの, 有
　　──論　37, 43, 71, 165n, 172, 176-77

タ　行

第一原因 (causa prima)　6, 149-51, 158-60, 163
第二原因 (causa secunda)　38
立ち返り・立ち帰り (reflexio)　70, 84, 89
魂 (anima)　4-5, 9, 18n-21, 24, 39, 40, 44, 83, 113, 115, 121, 167, 174, 184, 195, 197, 201, 206, 208, 211, 213-16
　　──の能力 (potentia animae)　19-21
　　──の本質 (essentia animae)　21
知恵 (sapientia)　15, 16
知性 (intellectus)　4-5, 9-11n, 22, 24, 26, 49-50, 54, 58, 60, 63-68, 70-71, 77, 79, 82-84, 88, 95-96, 98-102, 104-06, 180-81, 192, 208
　　──認識 (intelligere)　70
　　人間── (intellectus humanus)　50, 58, 64, 66-68, 71, 77, 84, 104
　　能動── (intellectus agens)　22, 70, 101
『註解』(Glossa)　13n
抽象 (abstractio)　49, 70, 83, 119
作り出すもの (efficiens)　139-41,

事項索引　　　　　　　　303

144-45, 147, 162
定義（definitio）　58, 60, 80, 104, 110-11, 114-15, 137, 150, 167-68, 170, 179-81, 186-87, 198-99, 201-03, 207n, 211-14
天使（angelus）　3, 9, 15-16, 83, 191, 195, 213n, 222n
天体（corpus caeleste）　43, 45
統宰（gubernatio）　6
動詞　49, 54-57, 59, 61-63, 65, 69, 80-82, 86-90, 93, 97, 115, 121-23, 125, 135, 148, 167n, 179, 193, 202n
同名異義（aequivocatio）　166-68, 170-71, 173, 177
同名同義（univocatio）　165-68, 170-73, 175, 194
徳（virtus）　4, 10, 17-19, 21-22
　　愛——（カリタス）（caritas）　→愛
　　習得的——（virtus acquisita）　18
　　対神——（virtus theologica）　21-22, 24n
　　注入——（virtus infusa）　21

ナ　行

内在的な　139n, 158-59, 163-65, 173, 177-78, 183-84, 186, 197, 199, 201, 215
　　——原因（causa intrinseca）　139n, 158　→原因
　　——原理（principium interius）　159, 163-65, 173, 177-78, 183-84, 186, 197, 199, 201, 215　→原理
何かあるもの（aliquid）　76, 103, 109
何性（quidditas）　57, 103, 109-11, 114-15, 179, 194, 198, 204, 217, 224-25, 227
日常言語　48, 55-56, 59-60
人間（homo）　3-6, 9-24, 30, 39, 45, 50, 55, 57-58, 60, 62, 64, 66-68, 71, 77, 80, 82, 84, 93, 101, 104, 110-11, 113, 125-26, 133, 138n, 142, 146-47, 150, 156, 160-62, 164, 167, 174, 184, 187-88, 195, 197, 201-03, 215-16, 218, 221-24, 226-28
　　——性（humanitas）　57-58, 111, 126, 201, 223-24, 226-28
　　——知性（intellectus humanus）　50, 58, 64, 66-68, 71, 77, 84, 104
認識　4, 11n, 12n, 13, 15-19, 22, 24-25, 32n, 33-34, 45, 64, 70-71, 79, 82-84, 99-100, 104-06, 137, 198, 201, 209, 212, 215-16, 218
　　——主体　24
　　——対象　24
　　——論　70, 79, 83
　　把握的——（comprehensio）　24
能動者（agens）　30, 35, 38-39, 41, 43-44
　　意志的——（agens voluntarium）　39, 43
　　特殊的——（agens particulare）　30, 38, 41, 44
　　普遍的——（agens universale）　41, 44
能力（potentia）　4, 14, 19-20, 118

ハ　行

場所　77-78, 91, 93
　　真の無の——　77, 91, 93
はたらき・働き　14-15, 17-18, 21, 34-36, 41, 49-51, 55-57, 64, 70, 77, 79, 81, 89-90, 96, 111, 115, 118, 119, 121-22, 139-42, 145-48, 150, 152, 157, 159-60, 177, 207n, 217, 221
発出（processio）　5-6, 8, 31, 42
範型（exemplar）　4, 6-8, 25
　　——因（causa exemplaris）　6, 25
判断　64-69, 79-80, 82-84, 87, 89, 91-92, 105-06
範疇（praedicamentum）　62-63, 108, 114, 129-31
　　超——的なるもの（transcendentia）　103n, 109　→類を超えたもの
光（lumen, lux）　12, 16, 22, 24-25,

71, 74, 101, 116-20, 122-23, 148
　栄光の―― (lumen gloriae)　12, 16, 24-25
　恩寵の―― (lumen gratiae)　22
　自然理性の―― (lumen naturalis rationis)　22
　信仰の―― (lumen fidei)　22
　無償の―― (lumen gratuitum)　22
　予言の―― (lumen prophetiae)　22
否定 (negatio)　79, 84, 109, 113, 131
被造的世界　43
被造物 (creatura)　3, 5-7, 9-11, 13-18n, 20, 22, 24-25, 29, 31, 34-38, 40, 42, 45, 47, 76, 117-18, 121, 190
　非理性的―― (creatura irrationalis)　9-10, 25
　物体的―― (creatura corporalis)　13
　理性的―― (creatura rationalis)　7, 9, 16
　霊的―― (creatura spiritualis)　13
非存在 (non esse)　30-31, 43
非有 (non ens)　30, 32, 40, 73, 134-35, 156　→あらぬもの
表象 (imaginatio, phantasia)　22, 29, 32, 34, 36-37, 70
　――像 (phantasma)　22
平常底　91
比例 (proportio)　171, 175
付帯性 (accidens)　7-9, 14-15, 19, 21, 23, 36-37, 88, 101-02, 112, 118, 130-32, 166, 172-80, 185-86, 194-96, 199
物体 (corpus)　163, 172, 176-77, 206n, 209, 211, 213-15, 217, 225
　――と立体　176-77, 198n
不動の第一動者 (primum movens immobile)　140
普遍・普遍的 (universale)　83, 150-51, 153, 159, 186-87, 201-03

普遍的質料形相論　191
文 (oratio)　50-51, 53, 55, 61, 69, 80-82, 88, 115
　希求――　51
　命題――　51, 55　→命題
　命令――　51, 80
分有 (participatio)　21, 71, 111, 112n, 132
ペルソナ (persona)　8, 10-11
変化 (mutatio)　31, 33-36, 38-42, 44, 132, 134, 138-40, 143, 145, 148, 156-57, 160, 199
本質 (エッセンチア) (essentia)　57, 60, 67-68, 71, 74, 79, 91, 98-99, 103, 106, 108-27, 129-33, 153-54, 155n-56, 179-181, 185-87, 190-206, 209, 211, 215, 217-28
　――エッセンチアリスム (essentialisme)　48n
本性　→自然・本性

マ 行

マニ教　29, 40
御言葉 (Verbum)　4, 9-11
途 (via)　17
　肯定の―― (via affirmativa)　17
　卓越の―― (via eminentiae)　17
　否定の―― (via negativa)　17, 77
無　30-34, 37, 39-42, 44, 69, 73-75, 77-79, 84-86, 88-93
　――からの創造 (creatio ex nihilo)　31-33, 39-42, 44
　絶対――　73-75, 77-79, 85, 90-91
　相対的――　73, 77, 85
名詞・名称 (nomen)　49-51, 54-57, 59, 63, 66-67, 69, 80-82, 86, 121-23, 125, 166, 167n, 168, 174-75, 148, 179, 191n-93, 200, 204, 212-14, 222-25, 227
命題 (propositio, interpretatio)　51, 55, 63-68, 80-81, 83, 88, 108, 114-15, 130-31, 135, 194

——の真理（veritas propositionis） 108, 114-15, 130-31, 135, 194
仮言—— 80
肯定—— 66
定言—— 80
否定—— 66
メタ言語　55, 59, 110-11, 113, 131, 166, 179,
目的（finis）　6, 13-15, 17, 139, 141-47, 153, 157, 159-62, 168, 171, 174, 177, 207n
究極——（finis ultimus）　6, 13-14, 17

ヤ 行

有（エンス）（ens）　30, 32-34, 40, 42, 69, 73-74, 77-78, 85-86, 96, 119, 123, 125-26, 129, 134-35, 156-57, 162, 168　→あるもの・存在者
友愛（amicitia）　22　→愛
善きもの（bonum）　103-04, 109
欲求（appetitus）　15, 17, 104
　自然的——（appetitus naturalis）　15
　理性的——（appetitus rationalis）　15

ラ 行

ラテン教父　8
理性（ratio）　9-10, 15-17, 20, 38-39, 42, 80, 101, 201, 204, 206, 210, 215-16, 220
　自然——（ratio naturalis）　22
量（quantitas）　165, 169, 172-73, 175-77, 179, 186, 206n
類（genus）　101-02, 108-10, 129, 131, 150, 159, 164-66, 169n, 172-76, 178-79, 185, 188, 192, 199, 202-07, 209-23, 225-28
　——を超えたもの（transcendentia）　103n, 109　→範疇
類似性（similitudo）　4-13, 16-17
論理学（logica）　81, 102, 151, 159, 163, 175-76, 196

出 典 索 引

(頁の後の ( ) は註番号。校訂版により章・節が異なるものに限り、
著作の後に各論文で用いた校訂版を記す。)

トマス・アクィナス (Thomas Aquinas)
『命題集註解』(In Sent.)

I, d. 3	5(12)
I, d. 3, q. 2, a. 1	7(27)
I, d. 3, q. 3, a. 1	8(32), 10(41)
I, d. 3, q. 3, a. 1, ad 5	9(37)
I, d. 8, q. 4, a. 1, ad 1	55(17)
I, d. 19, q. 5, a. 1	105(32)
I, d. 19, q. 5, a. 1, ad 1	108(37), 109(39)
I, d. 23, q. 1, a. 1	55(15), 56(18), (19), 124(73), 125(75), 263(17)
I, d. 28, q. 2, a. 1	7(28)
I, d. 33, q. 1, a. 1, ad 1	109(40), 114(59), 115(60), 263(17)
I, d. 38, q. 1, a. 3	57(21), 64(52), (53)
I, d. 38, q. 1, a. 3, ad 2	64(54)
I, d. 48, q. 1, a. 1	24(115)
II, d. 1, q. 1-2	32(7)
II, d. 1, q. 1, a. 2	31(5), (6), 42(66)
II, d. 1, q. 1, a. 2, ad 5	35(28)
II, d. 1, q. 1, a. 3	38(48)
II, d. 1, q. 1, a. 4	38(47)
II, d. 1, q. 1, a. 5	42(65), 43(77), (78), 44(79), (80), (81), 45(88)
II, d. 1, q. 1, a. 5, ad 1-9	44(82), (83)
II, d. 1, q. 1, a. 5, ad 2	31(5)
II, d. 1, q. 1, a. 5, ad 3	44(84)
II, d. 1, q. 1, a. 5, ad 4	42(67), 44(84)
II, d. 1, q. 1, a. 5, ad 5	44(85), (86)
II, d. 1, q. 1, a. 5, ad 7	42(67), 43(73)
II, d. 1, q. 1, a. 5, ad 9	43(73)
II, d. 16	5(12)
II, d. 16, q. 1, a. 1	8(32)
II, d. 16, q. 1, a. 3	10(39)
II, d. 34, q. 1, a. 1	113(54), (55), (57), (58), 264(24)
II, d. 37, q. 1, a. 2, ad 3	113(56)
III, d. 6, q. 2, a. 2	108(37), 120(69)
III, d. 34, q. 1, a. 1	108(37)

『対異教徒大全』(S. C. G.)

I, C. 1	75(7)
I, C. 13	75(8)
I, C. 14	77(14)
I, C. 30	238(14), (15)
II, C. 11	7(24)
II, C. 17	34(18)
II, C. 18	35(27), 36(32), 239(17)
II, C. 21	38(48)
II, C. 31-37	43(76)
II, C. 32	43(77)
II, C. 33	43(78)
II, C. 34	44(80)
II, C. 35-38	42(65)
II, C. 35	42(67), (69), 43(77)
II, C. 36	44(79)
II, C. 37	44(81)

II, C. 38	33(14), 43(75), 44(82), (83), (84), (85), (86)	I, q. 6, a. 1	15(60)
		I, q. 6, a. 3	14(56), (57)
		I, q. 6, a. 4	14(58), 15(60)
		I, q. 8, a. 1	37(39)
II, C. 54	55(17), 58(23)	I, q. 12, a. 1	24(120)
		I, q. 12, a. 2	24(119)
III, C. 16	15(60)	I, q. 12, a. 4	17(71), 24(119)
III, C. 17	15(60)		
III, C. 19	15(60)	I, q. 12, a. 6	25(122)
III, C. 57	238(12), (13)	I, q. 12, a. 7	24(121)
		I, q. 12, a. 11	22(104)
III, C. 65	38(51)	I, q. 12, a. 12	16(69), 17(72)
IV, C. 7	8(32)		
IV, C. 26	5(15), 10(41)	I, q. 12, a. 12, ad 1	238(14)
		I, q. 12, a. 13	22(100)
IV, C. 52	18(80)	I, q. 12, a. 13, ad 1	22(102), (104)
『神学大全』(S. T.)			
I, q. 1, a. 1	22(103)	I, q. 13, a. 1	16(69)
I, q. 1, a. 8, ad 2	23(113)	I, q. 13, a. 7	35(26)
I, q. 2, a. 1	75(7)	I, q. 13, a. 12	67(61), (62)
I, q. 2, a. 2-3	75(8)	I, q. 14, a. 14	67(63), (64)
I, q. 3, prologus	77(14)	I, q. 22, a. 2, ad 4	15(64)
I, q. 3, a. 1, ad 2	13(52)	I, q. 28, a. 2, ad 1	109(38)
I, q. 3, a. 3	125(75)	I, q. 28, a. 3, ad 1	35(24)
I, q. 3, a. 4	37(38), 38(45), 112(49), 58(23), 262(15)	I, q. 30, a. 3	103(22)
		I, q. 32, a. 1	22(101)
		I, q. 35, a. 1	7(29), 8(31), (34)
I, q. 3, a. 4, ad 1	55(16)	I, q. 35, a. 1, ad 1	8(32), (33)
I, q. 4, a. 1	14(55)	I, q. 35, a. 2	5(14), 9(36)
I, q. 4, a. 1, ad 3	37(38)	I, q. 35, a. 2, ad 3	8(32), 9(37)
I, q. 4, a. 2	14(57)	I, q. 39, a. 3, ad 3	103(22)
I, q. 4, a. 3	7(24), 8(32), 14(59), 233(5)	I, q. 41, a. 1, ad 2	35(24)
		I, q. 44, a. 1	6(19)
		I, q. 44, a. 3	6(20)
I, q. 4, a. 3, ad 2-3	7(26)	I, q. 44, a. 4	6(23)
I, q. 5, a. 1	14(55)	I, q. 45, a. 1-2	239(17)
I, q. 5, a. 2	193(14), (15)	I, q. 45, a. 1	6(19), 30(3), 31(5)
I, q. 5, a. 3	14(55), (59)	I, q. 45, a. 1, ad 3	31(4)
I, q. 5, a. 4	15(60)	I, q. 45, a. 2, ad 2	34(18), (19),

	35(24)	I, q. 47, a. 2, ad 1	6(22)
I, q. 45, a. 2, ad 3	34(23)	I, q. 47, a. 2, ad 3	6(22)
I, q. 45, a. 2, ad 4	34(20)	I, q. 47, a. 3	6(22)
I, q. 45, a. 2, ad 5	32(12)	I, q. 48, a. 2, ad 2	108(37)
I, q. 45, a. 3	5(17),34(22),35(25)	I, q. 48, a. 4	19(82),(84)
		I, q. 56, a. 3	16(69),(70)
I, q. 45, a. 3, ad 1	35(26)	I, q. 59, a. 1	15(61)
I, q. 45, a. 3, ad 2	35(28),36(31)	I, q. 60, a. 5	16(69),17(73)
I, q. 45, a. 3, ad 3	36(34),(35),38(51)	I, q. 62, a. 1	17(75)
		I, q. 62, a. 3	18(80)
I, q. 45, a. 4	37(42)	I, q. 62, a. 4	15(65)
I, q. 45, a. 4, ad 1	34(21),239(17)	I, q. 62, a. 5	15(65),(66),17(75)
I, q. 45, a. 4, ad 2	37(40)	I, q. 62, a. 5, ad 1	15(66)
I, q. 45, a. 5	6(19),37(37),38(44),(46),(48)	I, q. 62, a. 7	23(113)
		I, q. 65, a. 2	6(22)
		I, q. 65, a. 2, ad 3	6(22)
I, q. 45, a. 6	6(20),239(17)	I, q. 73, a. 1	14(56),(59)
		I, q. 73, a. 1, ad 1	23(111)
I, q. 45, a. 7	5(14),6(20),7(27),7(29)	I, q. 75, a. 1	21(92)
		I, q. 76, a. 3	15(62)
I, q. 45, a. 8	38(43)	I, q. 77, a. 2	15(62),(66),17(75)
I, q. 46, a. 1, arg. 1	44(80)		
I, q. 46, a. 1, arg. 2-7	43(78)	I, q. 80, a. 1	15(62)
I, q. 46, a. 1	42(68),43(76)	I, q. 88, a. 3, ad 3	8(32)
		I, q. 89, a. 1	14(56)
I, q. 46, a. 1, ad 1	44(81)	I, q. 93	5(14),(16)
I, q. 46, a. 1, ad 2-7	44(79)	I, q. 93, prologus.	13(53)
I, q. 46, a. 1, ad 4	42(67)	I, q. 93, a. 1	8(31),(32)
I, q. 46, a. 1, ad 6	41(63),42(70)	I, q. 93, a. 1, ad 2	9(37)
		I, q. 93, a. 1, ad 3	7(26)
I, q. 46, a. 1, ad 8-10	43(77)	I, q. 93, a. 2	7(29),(30),9(38),234(6),238(9)
I, q. 46, a. 2	42(65),(66),43(75),44(83),45(88)		
		I, q. 93, a. 2, ad 3	238(9)
I, q. 46, a. 2, ad 2	32(12)	I, q. 93, a. 3	10(39),236(8)
I, q. 46, a. 2, ad 5	43(73)		
I, q. 46, a. 2, ad 6	44(84)	I, q. 93, a. 4	13(50),16(69)
I, q. 46, a. 2, ad 7	44(85)		
I, q. 46, a. 2, ad 8	45(87)	I, q. 93, a. 5	10(42)
I, q. 47, a. 1-2	6(22)	I, q. 93, a. 6	10(41),(43)

出 典 索 引

I, q. 93, a. 7	11(45)	I-II, q. 67, a. 6	25(125)
I, q. 93, a. 7, ad 2	11(47)	I-II, q. 68	21(96)
I, q. 93, a. 7, ad 3	11(47)	I-II, q. 69	21(97)
I, q. 93, a. 7, ad 4	11(48)	I-II, q. 70	21(98)
I, q. 93, a. 8	12(49)	I-II, q. 83	18(80)
I, q. 93, a. 8, ad 3	16 (69), 19 (87)	I-II, q. 83, a. 3	20(89)
		I-II, q. 85	18(80)
I, q. 93, a. 9	7 (24), 13 (51), 55(17)	I-II, q. 85, a. 1	19(83), (85)
		I-II, q. 85, a. 3	20(88)
I, q. 94, a. 1	18(80)	I-II, q. 109, a. 1	22(99), (101)
I, q. 95, a. 1	18(80)		
I, q. 95, a. 3	18(80)	I-II, q. 109, a. 2	18(81)
I, q. 97, a. 1	18(80)	I-II, q. 109, a. 3	16(69)
I, q. 97, a. 3	18(80)	I-II, q. 109, a. 3, ad 1	22(106)
I, q. 103, a. 1	6(23)	I-II, q. 110, a. 1	21(90)
I, q. 103, a. 1, ad 1	15(61)	I-II, q. 110, a. 2	21(90)
I, q. 103, a. 2	6 (23), 15 (60)	I-II, q. 110, a. 2, ad 1	24(116)
		I-II, q. 110, a. 2, ad 2	21 (90), 23 (112)
I, q. 103, a. 4	6(23)		
I, q. 104, a. 1	6 (19), 38 (49)	I-II, q. 110, a. 3	21(91)
		I-II, q. 110, a. 3, ad 3	21(91)
I, q. 104, a. 1, ad 4	38(50)	I-II, q. 110, a. 4	21(93)
I, q. 105, a. 5	14(56)	I-II, q. 111, a. 1, ad 1	24(116)
I, q. 109, a. 3	17(73)	I-II, q. 111, a. 3, ad 2	25(127)
I-II, prologus.	16(67), (68)	I-II, q. 113, a. 10	26(130), 238(11)
I-II, q. 3, a. 2	14(55), (56)		
I-II, q. 3, a. 2, ad 4	17(75)	I-II, q. 114, a. 3, ad 3	25(128)
I-II, q. 3, a. 8	26(131)	I-II, q. 114, a. 4	25(123)
I-II, q. 5, a. 1	26(131)	I-II, q. 114, a. 8	25(124)
I-II, q. 5, a. 5, ad 2	238(10)	II-II, q. 2, a. 3	22(105)
I-II, q. 5, a. 7	17(75)	II-II, q. 23, a. 1	22(106)
I-II, q. 12, a. 3	24(118)	II-II, q. 23, a. 2	23(107)
I-II, q. 49, a. 4	17(76)	II-II, q. 24, a. 3, ad 2	25(126)
I-II, q. 55, a. 1	17(76)	II-II, q. 24, a. 4	23(108)
I-II, q. 56, a. 4	17(77)	II-II, q. 24, a. 5	23(108)
I-II, q. 56, a. 6	17(77)	II-II, q. 24, a. 7	23(109)
I-II, q. 62	21(94)	II-II, q. 24, a. 8	23(110)
I-II, q. 62, a. 1, ad 3	17(74)	II-II, q. 24, a. 11	24(118)
I-II, q. 63, a. 1	17(78)	II-II, q. 175, a. 1, ad 2	25 (129), 26 (130)
I-II, q. 63, a. 2	18(79)		
I-II, q. 63, a. 3-4	21(95)	III, q. 4, a. 1	238(11)
I-II, q. 66, a. 5, ad 4	55(17)	III, q. 9, a. 2	238(11)

III, q. 9, a. 2, ad 3	238(11)		(66), (67), (68),
III, q. 60, a. 7	183(80), 184(83)		43(76), 44(83)
		q. 3, a. 17, ad 1	43(77)
III, q. 69, a. 1-6	18(80)	q. 3, a. 17, ad 2	44(79)
『真理論』(De veritate)		q. 3, a. 17, ad 3	44(79)
q. 1, a. 1	47(1), 54(12), 100(16), 101(17), 102(20), 105(30), 193(14)	q. 3, a. 17, ad 4	43(77)
		q. 3, a. 17, ad 5	44(79)
		q. 3, a. 17, ad 6	43(77)
		q. 3, a. 17, ad 7	43(77)
q. 1, a. 3	64(52)	q. 3, a. 17, ad 8	43(71), (77)
q. 1, a. 9	106(33)	q. 3, a. 17, ad 9	43(77)
q. 10	5(13)	q. 3, a. 17, ad 10	44(81)
q. 10, a. 1, ad 5	9(38)	q. 3, a. 17, ad 12	43(77), 44(81)
q. 10, a. 3	11(46), (47), (48)	q. 3, a. 17, ad 13	43(77)
q. 10, a. 7	12(49)	q. 3, a. 17, ad 14	43(77)
『能力論』(De potentia)		q. 3, a. 17, ad 15	44(79)
q. 3, a. 1, ad 7	31(4)	q. 3, a. 17, ad 16	44(79)
q. 3, a. 1, ad 10	32(12), 33(14)	q. 3, a. 17, ad 17	44(79)
q. 3, a. 2	33(14), (17)	q. 3, a. 17, ad 18	44(79)
q. 3, a. 2, ad 1	34(18)	q. 3, a. 17, ad 19	43(77)
q. 3, a. 3	33(17), 35(26), (28)	q. 3, a. 17, ad 20	43(73), (77)
		q. 3, a. 17, ad 21	43(77)
q. 3, a. 3, ad 3	36(34)	q. 3, a. 17, ad 22	43(77)
q. 3, a. 3, ad 6	38(51)	q. 3, a. 17, ad 23	43(77)
q. 3, a. 4	38(48)	q. 3, a. 17, ad 24	44(79)
q. 3, a. 7	38(47)	q. 3, a. 17, ad 25	44(79)
q. 3, a. 8	199(43)	q. 3, a. 17, ad 26	43(77)
q. 3, a. 17, arg. 2	43(78)	q. 3, a. 17, ad 27	44(79)
q. 3, a. 17, arg. 3	43(78)	q. 3, a. 17, ad 28	44(79)
q. 3, a. 17, arg. 5	43(78)	q. 3, a. 17, ad 29	44(79)
q. 3, a. 17, arg. 10	44(80)	q. 3, a. 17, ad 30	43(77)
q. 3, a. 17, arg. 12	44(80)	q. 7, a. 2, ad 9	58(24), (25), 59(26)
q. 3, a. 17, arg. 15	43(78)		
q. 3, a. 17, arg. 16	43(78)	q. 9, a. 9	5(15)
q. 3, a. 17, arg. 17	43(78)	『悪について』(De malo)	
q. 3, a. 17, arg. 18	43(78)	q. 1, a. 1	113(58)
q. 3, a. 17, arg. 24	43(78)	q. 1, a. 1, ad 19	108(37)
q. 3, a. 17, arg. 25	43(78)	『自由討論集』(Quodlibet)	
q. 3, a. 17, arg. 27	43(78)	II, q. 2, a. 1	262(15)
q. 3, a. 17, arg. 28	43(78)	II, q. 2, a. 3	112(49)
q. 3, a. 17, arg. 29	43(78)	IV, a. 3	108(37)
q. 3, a. 17	41(64), 42(65),	IX, q. 2, a. 2	112(51), 120(68)

出典索引

『自然の諸原理について』(De principiis naturae), (Leonina edn.)
- § 1　134 (13), 135 (15), 137 (24), 138 (25), 145 (37), 150 (47), 156 (4), 157 (5), (6), 187 (93)
- § 2　135 (16), 136 (18), (19), (20), 137 (23), (24), 138 (26)
- § 3　139 (27), 140 (28), (29), 189 (1), 190 (2)
- § 4　135 (17), 136 (21), 141 (30), (31), 142 (32), 143 (33), (34), 144 (35), 146 (38), 147 (39), 148 (40), 149 (42), 157 (6), 162 (23), (24), 189 (1), 207 (79)
- § 5　149 (43), (44), (45), 151 (48), (49), 152 (50), (51), 158 (8), (9), 159 (13), (14), (15), 163 (25), 190 (2)
- § 6　102 (21), 150 (47), 164 (27), 165 (28), (29), 166 (32), (33), 167 (37), (38), 168 (41), 169 (43), 171 (46), (47), (48), (49), (50), 172 (51), 173 (54), 174 (55), 175 (57), 176 (59), 189 (1)

『有と本質について』(De ente et essentia) (Leonina edn.)
- Prologus　99 (14), 193 (12), 196 (24)
- C. 1　108 (36), (37), 110 (42), (43), (45), 111 (46), (47), (48), 112 (50), 113 (52), 131 (8), (9), 179 (67), 180 (69), (70), (72), (74), 181 (76), 183 (81), 185 (92), 187 (93), 193 (16), (17), 195 (19), (20), (23), 196 (24), 198 (35)
- C. 2　125 (75), 182 (79), 184 (84), (86), (87), (88), 185 (92), 187 (93), (94), (95), (97), 196 (29), 198 (34), (36), (37), 199 (40), (41), (42), 200 (44), (45), (46), (47), (48), (49), (50), 201 (52), (53), (54), 202 (55), (56), (57), (58), 203 (61), (62), (63), 204 (66), (67), 205 (72), (73), (74), 206 (76), (78), 208 (80), (81), (82), 209 (83), (84), (85), (86), 210 (88), 211 (89), 212 (90), (92), 213 (94), (95), 214 (96), (97), 215 (99), (100), 216 (101), (102), 217 (103), (104), 218 (105), (106), 219 (107), (108), (109), 220 (110), (113), (114), 221 (116), 222 (119), 223 (121), 224 (124), (125), 225 (126), 226 (128), 227 (129), (130), 228 (133)
- C. 3　125 (75), 176 (61), 191 (4), 196 (29), 203 (64), 224 (122)
- C. 4-5　262 (16)
- C. 4　113 (53), (58), 191 (7)

『神学綱要』(Compendium Theologiae)
- I, C. 11　57 (22), 262 (15)

『世界の永遠性について』(De aet. mundi) (Marietti edn.)
- n. 299　41 (62)
- n. 304　31 (5)
- n. 306　43 (74)
- n. 309　43 (73)

n. 310	44(86), 45(87)

『命題論註解』(In Peri Hermeneias)
(ここでは Marietti 版を標準テクストとする。Leonina 版に拠る場合も Marietti 版の節番号に従うが，註番号の後ろに＊を記すことで表す。)

I, lect. 1, n. 1-2	242(4)
I, lect. 1, n. 2	243(5)
I, lect. 1, n. 3	243(6), (7), (8)
I, lect. 2	242(3)
I, lect. 3, n. 24-25	64(52)
I, lect. 3, n. 24	64(51), 242(1)
I, lect. 3, n. 25	244(9)
I, lect. 3, n. 26	66(59), (60)
I, lect. 4, n. 38	167(35*)
I, lect. 4, n. 42	246(18)
I, lect. 5, n. 56	49(3), 121(71*), 244(11), 245(12), (13), (14), (15), (16), 263(17*)
I, lect. 5, n. 58	246(18)
I, lect. 5, n. 59	50(4), 246(20), (21), 247(22)
I, lect. 5, n. 60	247(23)
I, lect. 5, n. 63	251(41)
I, lect. 5, n. 66	167(34*), 246(19), 247(24), (25), 248(26)
I, lect. 5, n. 67	245(17), 263(19*)
I, lect. 5, n. 68	50(5), 64(52), 248(27), (28), (29)
I, lect. 5, n. 69	51(6), (7), (8), 249(31), (32), (33), 263(20*)
I, lect. 5, n. 70	51(9), 249(34)
I, lect. 5, n. 71	52(10), 54(13), 103(26*), 250(36), (38), (39), 263(21*), (23*)
I, lect. 5, n. 72	53(11), 249(35), 263(18*)
I, lect. 5, n. 73	54(14), 250(40), 252(42), 263(22*), 264(24*)
I, lect. 6, n. 75	244(10)
I, lect. 6, n. 78	68(66)
I, lect. 9, n. 111	242(2)
I, lect. 9, n. 112	66(58)
II, lect. 2, n. 212	66(57), 264(24*)

『自然学註解』(In Phys.)

III, lect. 5, n. 322	109(38)

『形而上学註解』(In Metaph.) (Marietti edn.)

IV, lect. 2, n. 550-552	59(27)
IV, lect. 2, n. 553	54(12), 158(7)
IV, lect. 2, n. 558	59(27), 158(7)
V, lect. 5, n. 823	222(118)
V, lect. 9, n. 885	61(31), (32), (33), (34), 63(45)
V, lect. 9, n. 886	61(35)
V, lect. 9, n. 887-888	61(36)
V, lect. 9, n. 889	62(37), 63(44), (46), 101(19), 108(37), 109(38), 113(56)
V, lect. 9, n. 890	62(37), (38), (39), 63(42)
V, lect. 9, n. 891	62(40)
V, lect. 9, n. 893	62(41), 63(43)
V, lect. 9, n. 895	63(47), (48), 64(50), 65(55)
V, lect. 9, n. 896	63(49), (50), 264(24)
V, lect. 22, n. 1126	68(65)
VII, lect. 5, n. 1379	125(75)
VII, lect. 9, n. 1467	111(47)
IX, lect. 1, n. 1769	109(38)

出典索引　313

IX, lect. 5, n. 1825　　59(28)
IX, lect. 5, n. 1826　　60(29)
IX, lect. 5, n. 1827　　60(30)
IX, lect. 5, n. 1828-1829　121(70), 263(17)
IX, Lect. 10, n. 1982　108(37)
『三位一体論註解』(Super De Trinitate)
　q. 4-5　　　　　　213(93)
『詩篇註解』(Super Psalmos)
　8　　　　　　　　　5(15)
『コリント前書註解』(Super I Cor.)
　C. 2, lect. 1　　　15(63)
　C. 11, lect. 2　　　5(15)
『コリント後書註解』(Super II Cor.)
　C. 4, lect. 2　　　　5(15)
『コロサイ書註解』(Super Col.)
　C. 1, lect. 4　　　　5(15)
『ヘブライ書註解』(Super Heb.)
　C. 1, lect. 2　　　　5(15)
プラトン (Platon)
『ソフィステス』(Sophistes)
　237c-d14　　　　　204(70)
アリストテレス (Aristoteles)
『範疇論』(Categoriae)
　C. 5, 2b7-10　　　221(117)
『命題論』(Peri hermeneias)
　C. 2, 16a19　　　　167(35)
　C. 3, 16b20　　　　167(34)
　C. 3, 16b24-26　　103(26)
『分析論後書』(Analytica posteriora)
　II, C. 4-6, 91a25-92a25　195(19)
『トピカ』(Topica)
　IV, C. 2, 122b20　214(96)
『自然学』(Physica)
　II, C. 8, 199a19　134(14)
『天体論』(De caelo)
　I, C. 5, 271b8-13　99(11)
『魂について』(De anima)
　II, C. 1, 412a20　215(98)
　II, C. 1, 412b11　215(98)
『形而上学』(Metaphysica)
　III, C. 8, 998b24　214(96)

IV, C. 7, 1012a22　168(40)
V, C. 4, 1015a11　222(118)
V, C. 7　　　　　107(34)
VI, C. 2　　　　　107(34)
VI, C. 4　　　　　107(34)
VII, C. 3-6, 1028b34-1032a29
　　　　　　　　　195(19)
アウグスティヌス (Augustinus)
『告白』(Confessiones)
　XI, C. 13　　　　29(1)
　XI, C. 30　　　　29(1)
　XII, C. 5　　　　191(5)
『神の国』(De civitate Dei)
　XI, C. 6　　　　29(1)
『三位一体論』(De Trinitate)
　V, C. 8　　　　　200(51)
　V, C. 9　　　　　200(51)
　VII, C. 4　　　　200(51)
　VII, C. 9　　　　200(51)
　VIII-XV　　　　4(9)
　IX, C. 4　　　　11(47)
　XII, C. 4　　　　12(49)
　XIV, C. 7　　　　11(47)
　XIV, C. 8　　　　12(49)
　XIV, C. 12　　　12(49)
ボエティウス (Boethius)
『区分について』(De divisione)
　　　　　　　　　167(39)
『三位一体論』(De Trinitate)
　C. 2　　　　　　178(65)
『エウテュケスとネストリウス駁論』
(Contra Eutychen et Nestorium)
　C. 1　　　　85(33), 261(13)
　C. 3　　　　　　200(51)
アヴィセンナ (Avicenna)
『形而上学』(Metaph.)
　I, C. 5　　　99(10), 103(25)
　I, C. 6　　　　195(19)
　II, C. 2　　　　195(19)
　V, C. 5　　　201(52), 224(123)
　V, C. 6　　　　214(96)
アンセルムス (Anselmus)

『モノロギオン』（Monologion）
 C. 6 116（63），117（64），263（17）

ロンバルドゥス（Lombardus）
『命題集』（Sententiae）
 I, d. 3 5（11）
 II, d. 16 5（11）

アヴェロエス（Averroes）
『形而上学註解』（In Metaph.）
 IV, comm. 2 167（39）
 V, comm. 14 193（17）
 VII, comm. 9 198（38）
 VII, comm. 20 204（67）
 VII, comm. 27 201（52）
 XI(=XII), comm. 14 220（112）

ボナヴェントゥラ（Bonaventura）
『命題集註解』（In Sent.）
 I, d. 3, p. 1, a. uni., q. 2, ad 3 230（2）
 I, d. 3, p. 1, a. uni., q. 2, ad 4 232（4）
 I, d. 3, p. 1, dub. 3 232（3）
 I, d. 7, a. uni., q. 1 65（56）
 I, d. 8, p. 2, a. uni., q. 2 118（66），263（17）
 II, d. 1, p. 1, a. 1, q. 2, arg. 39（54）
 II, d. 1, p. 1, a. 1, q. 2 40（56）
 II, d. 1, p. 1, a. 1, q. 2, f. 40（56）
 II, d. 1, p. 1, a. 1, q. 2, f. 5 40（57）
 II, d. 1, p. 1, a. 3, q. 1, ad 7 32（9）
 II, d. 1, p. 1, a. 3, q. 2 32（10），36（33）
 II, d. 2, p. 1, a. 2, q. 2 40（58）
 II, d. 2, p. 1, dub. 2 40（59）
 II, d. 12, a. 1-2 178（65）
 II, d. 16, a. 1, q. 1 230（1），232（3）
 II, d. 16, a. 2, q. 1 236（7）
 II, d. 34, a. 2, q. 3, ad 3 65（56），113（58），119（67）
 II, d. 35, a. 2, q. 1 232（3）
 II, d. 37, a. 1, q. 2, f. 2 116（62），117（65），263（17）

『神学綱要』（Breviloquium）
 p. 2, c. 1 32（9），40（58）
 p. 2, c. 1, n. 1 232（3）
 p. 2, c. 12, n. 1 239（16）

『魂の神への道程』（Itinerarium mentis in Deum）
 C. 4 261（14）
 C. 5, n. 4 71（67）

『ヘクサエメロン講解』（Coll. in Hexaem.）
 VI, 4 40（57）

西田幾多郎
（『西田幾多郎全集』岩波書店，1974年に拠る。（　）内は巻数）
「善の研究」（1）
 序 258（1）
 第1章 89（38），95（1），96（2），258（2）
「種々の世界」（2） 258（3），260（9）
「働くもの」（4）
 第1章 227（131）
「場所」（4）
 第1章 259（7）
 第2章 92（44）
 第4章 91（40）
「左右田博士に答ふ」（4）
 第5章 78（18）
「場所的論理と宗教的世界観」（11）
 第1章 260（12）
 第2章 76（12），78（15），85（35），260（8）
 第3章 93（47），260（11）
 第4章 91（41）
「トマス・アクィナス全集」（12） 92（46），259（6）
「書簡 2259 逢坂吉郎宛」（19） 85（36），260（10）

長倉　久子（ながくら・ひさこ）

1940年生まれ．京都大学大学院文学研究科博士課程修了．南山大学名誉教授．宗教学博士（ストラスブール大学），神学博士（同）．2008年1月逝去．

〔著訳書〕Un Dieu transcendant, Creatéur et Exemplaire, selon saint Bonaventure: Un essentialisme cohérent（Strasboug, 1988）．『ボナヴェントゥラ　魂の神への道程』（創文社），『神秘と学知』（創文社），『恩寵の旅路』，（知泉書館）『自然の諸原理』（共訳知泉書館）

〔論文〕L'homme a l'image et a la resemblance de Dieu selon Saint Bonaventure,「事物の類似たるイデア――ボナヴェントゥラのイデア論における問題」「ボナヴェントゥラにおける創造の問題」「トマスの創造論――ボナヴェントゥラの創造論に対するトマスの批判」「トマスにおける実在と言葉」他．

〔トマス・アクィナスのエッセ研究〕　　　　ISBN978-4-86285-062-1

2009年6月25日　第1刷印刷
2009年6月30日　第1刷発行

著者　　長倉久子
発行者　　小山光夫
印刷者　　藤原愛子

発行所　〒113-0033 東京都文京区本郷1-13-2
　　　　電話03(3814)6161　振替00120-6-117170
　　　　http://www.chisen.co.jp
　　　　株式会社　知泉書館

Printed in Japan　　　　　　　印刷・製本／藤原印刷